추리

언어추리

어휘추리

1 유의 관계

두 개 이상의 어휘가 서로 소리는 다르나 의미가 비슷한 경우를 유의 관계라고 하고, 유의 관계에 있는 어휘를 유의어(類義語)라고 한다.

- 원어의 차이 : 한국어는 크게 고유어, 한자어, 외래어로 구성되어 있다. 따라서 하나의 사물에 대해서 각각 부르는 일이 있을 경우 유의 관계가 발생하게 된다.
- 전문성의 차이 : 같은 사물에 대해서 일반적으로 부르는 이름과 전문적으로 부르는 이름이 다른 경우가 많다. 이런 경우에 전문적으로 부르는 이름과 일반적으로 부르는 이름 사이에 유의 관계가 발생한다.
- 내포의 차이 : 나타내는 의미가 완전히 일치하지는 않으나, 유사한 경우에 유의 관계가 발생한다.
- 완곡어법 : 문화적으로 금기시하는 표현을 둘러서 말하는 것을 완곡어법이라고 하며, 이러한 완곡어법 사용에 따라 유의 관계가 발생한다.

2 반의 관계

두 개 이상의 어휘의 의미가 서로 짝을 이루어 대립하는 경우를 반의 관계라고 하고, 반의 관계에 있는 어휘를 반의어(反意語)라고 한다.

- 반의어의 종류 : 반의어에는 상보 반의어와 정도 반의어, 관계 반의어, 방향 반의어가 있다.
  ① 상보 반의어 : 한쪽 말을 부정하면 다른 쪽 말이 되는 반의어이며, 중간항은 존재하지 않는다.
  ② 정도 반의어 : 한쪽 말을 부정하면 반드시 다른 쪽 말이 되는 것이 아니며, 중간항을 갖는 반의어이다.
  ③ 관계 반의어 : 관계 반의어는 상대가 존재해야만 자신이 존재할 수 있는 반의어이다.
  ④ 방향 반의어 : 맞선 방향을 전제로 하여 관계나 이동의 측면에서 대립을 이루는 단어 쌍이다. 방향 반의어는 공간적 대립, 인간관계 대립, 이동적 대립 등으로 나누어 볼 수 있다.

3 상하 관계

상하 관계는 단어의 의미적 계층 구조에서 한쪽이 의미상 다른 쪽을 포함하거나 다른 쪽에 포섭되는 관계를 말한다.

4 부분 관계

부분 관계는 한 단어가 다른 단어의 부분이 되는 관계를 말하며, 전체 – 부분 관계라고도 한다. 부분 관계에서 부분을 가리키는 단어를 부분어(部分語), 전체를 가리키는 단어를 전체어(全體語)라고 한다.

명제추리

1 연역 추론

이미 알고 있는 판단(전제)을 근거로 새로운 판단(결론)을 유도하는 추론이다. 연역 추론은 진리일 가능성을 따지는 귀납 추론과는 달리, 명제 간의 관계와 논리적 타당성을 따진다. 즉, 연역 추론은 전제들로부터 절대적인 필연성을 가진 결론을 이끌어내는 추론이다.

절취선

■ 개별 블록과 완성된 입체도형을 비교하여 공통된 부분을 찾는다.

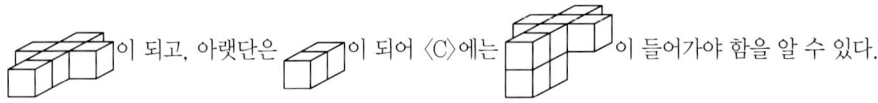

■ 완성된 입체도형에서 각각의 블록에 해당되는 부분을 색칠하며 오답을 소거한다. 전체 블록은 16개의 정육면체가 2단으로 쌓인 것으로, 제일 윗단 중 모양이 유사한 부분에서 〈A〉와 〈B〉를 제하면 윗단은 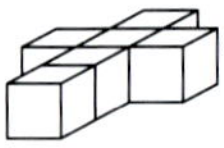이 되고, 아랫단은 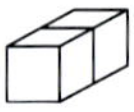이 되어 〈C〉에는 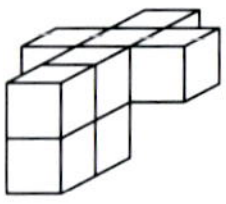이 들어가야 함을 알 수 있다.

입체도형 활용

정육면체 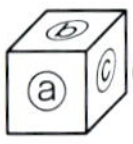

에서 보이는 면은 ⓐ, ⓑ, ⓒ 세 면이다. 이것을 펼치면 전면 ⓐ를 기준으로 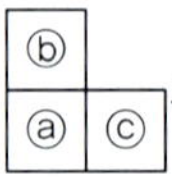

와 같이 나타남을 기억한다.

회전하는 경우를 전개도에서 바로 확인할 수 있도록 다음과 같이 정리할 수 있다.

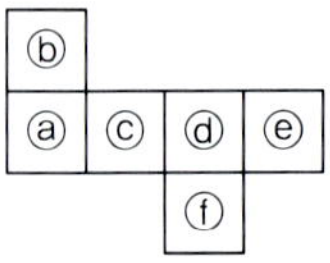

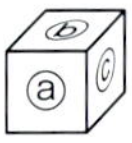

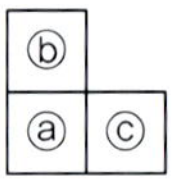

회전		정면 ⓐ	윗면 ⓑ	오른면 ⓒ(시계 방향)
뒤	1칸	ⓐ의 아랫면(ⓕ)	ⓐ면	ⓒ면 90° 회전
	2칸	ⓐ면과 마주보는 면(ⓓ)	ⓑ면과 마주보는 면(ⓕ)	ⓒ면 180° 회전
	3칸	ⓐ의 윗면(ⓑ)	ⓐ면과 마주보는 면(ⓓ)	ⓒ면 270° 회전

회전		정면 ⓐ	윗면 ⓑ	오른면 ⓒ(반시계 방향)
앞	1칸	ⓐ의 윗면(ⓑ)	ⓐ면과 마주보는 면(ⓓ)	ⓒ면 90° 회전
	2칸	ⓐ면과 마주보는 면(ⓓ)	ⓑ면과 마주보는 면(ⓕ)	ⓒ면 180° 회전
	3칸	ⓐ의 아랫면(ⓕ)	ⓐ면	ⓒ면 270° 회전

회전		정면 ⓐ	윗면 ⓑ(반시계 방향)	오른면 ⓒ
오른쪽	1칸	ⓒ면과 마주보는 면(ⓔ)	ⓑ면 90° 회전	ⓐ면
	2칸	ⓐ면과 마주보는 면(ⓓ)	ⓑ면 180° 회전	ⓒ면과 마주보는 면(ⓔ)
	3칸	ⓒ면	ⓑ면 270° 회전	ⓐ면과 마주보는 면(ⓓ)

회전		정면 ⓐ	윗면 ⓑ(시계 방향)	오른면 ⓒ
왼쪽	1칸	ⓒ면	ⓑ면 90° 회전	ⓐ면과 마주보는 면(ⓓ)
	2칸	ⓐ면과 마주보는 면(ⓓ)	ⓑ면 180° 회전	ⓒ면과 마주보는 면(ⓔ)
	3칸	ⓒ면과 마주보는 면(ⓔ)	ⓑ면 270° 회전	ⓐ면

도형

평면도형

펀칭&자르기

1 대칭점이 모두 존재하는 경우

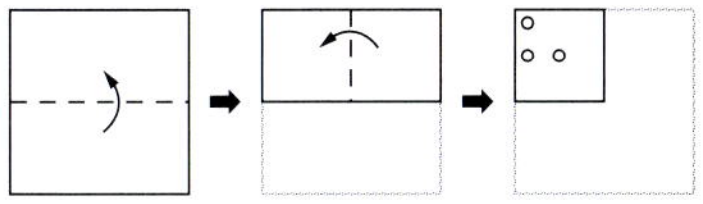

문제와 반대로 역순으로 종이를 펼치며 대칭되는 구멍 표시

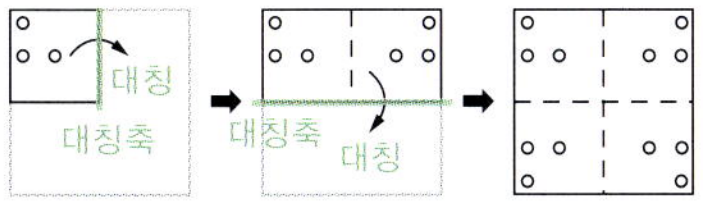

2 대칭점이 존재하지 않는 경우

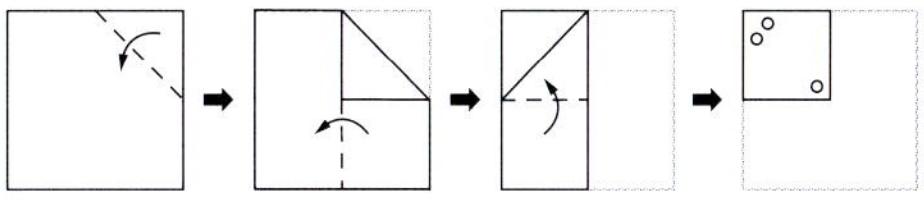

펼쳤을 때 대칭되는 곳에 종이가 없으면 구멍 미표시

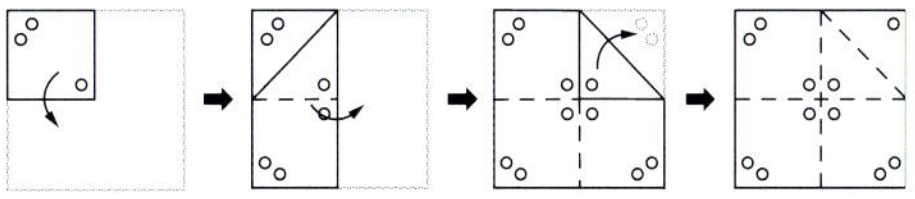

모양 유추

--------------- 앞으로 접기　-·-·-·-·-·-·- 뒤로 접기　-··-··-··-··- 앞 또는 뒤로 접기

1 -··-··- 앞, 뒤로 접었을 때 앞면

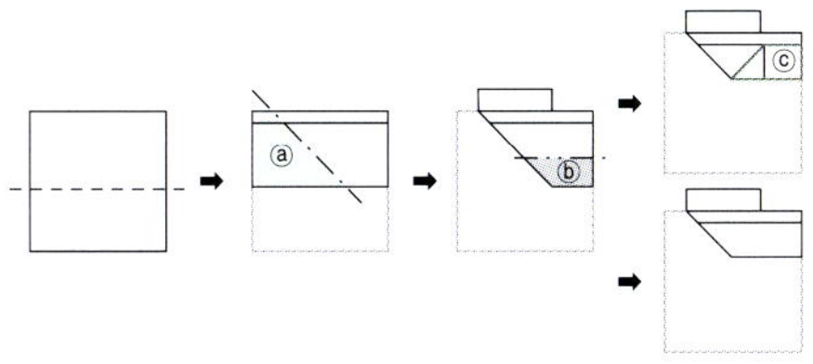

2 -··-··- 앞, 뒤로 접었을 때 뒷면

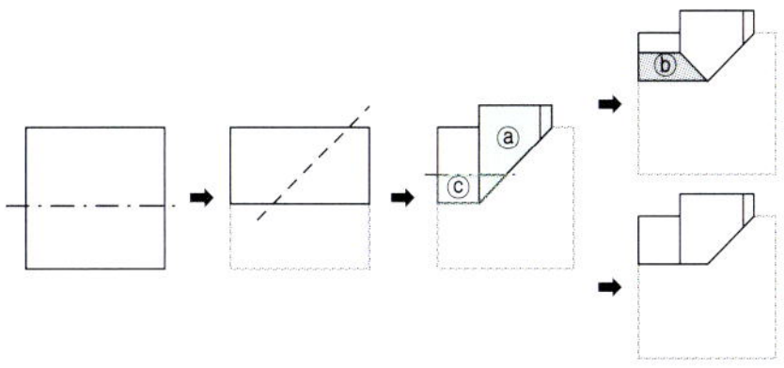

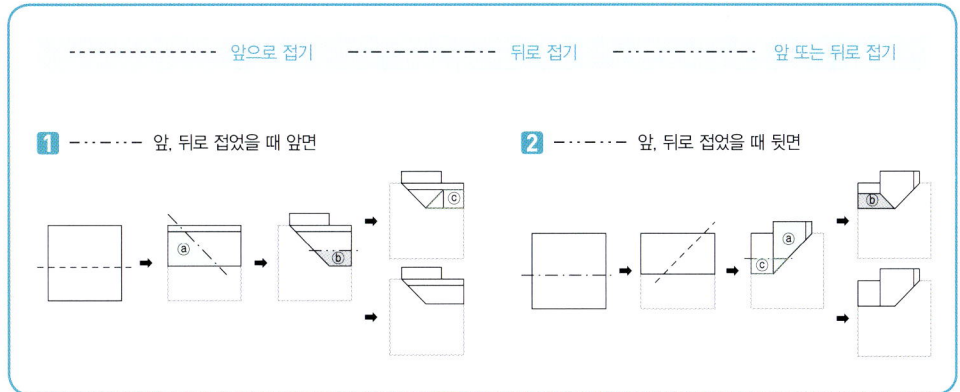

조각찾기 | 찾을 조각의 각 변의 선을 연장하여 시각적으로 찾기 쉽게 변형

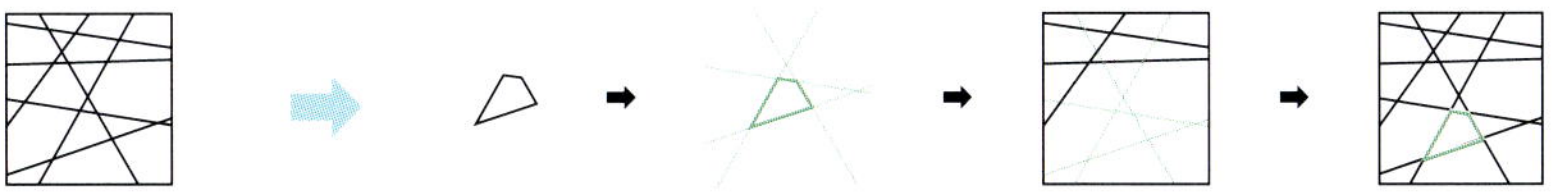

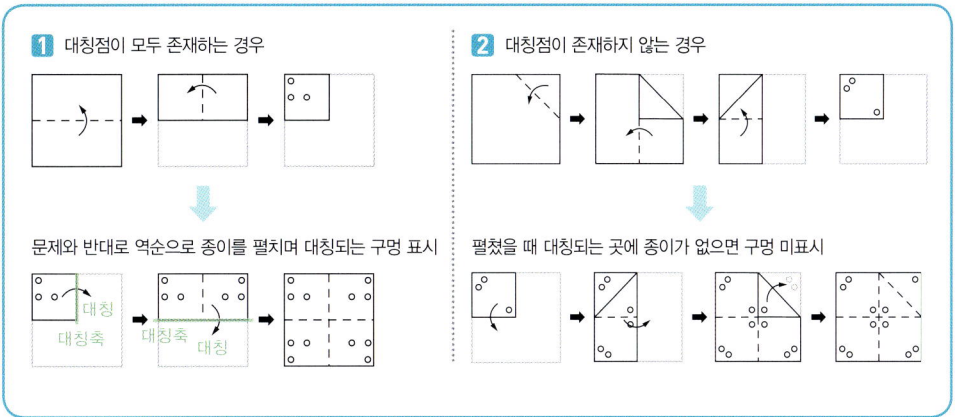

문자추리

① 정의 : 숫자가 문자로 변환된 형태의 수열
② 계산 : 문자를 대응하는 숫자로 변환 후 수열의 규칙을 찾는다.

한글 - 자음

1	2	3	4	5	6	7	8	9	10	11	12	13	14
ㄱ	ㄴ	ㄷ	ㄹ	ㅁ	ㅂ	ㅅ	ㅇ	ㅈ	ㅊ	ㅋ	ㅌ	ㅍ	ㅎ

한글 - 단모음

1	2	3	4	5	6	7	8	9	10
ㅏ	ㅑ	ㅓ	ㅕ	ㅗ	ㅛ	ㅜ	ㅠ	ㅡ	ㅣ

알파벳

1	2	3	4	5	6	7	8	9	10	11	12	13
A	B	C	D	E	F	G	H	I	J	K	L	M
14	15	16	17	18	19	20	21	22	23	24	25	26
N	O	P	Q	R	S	T	U	V	W	X	Y	Z

도식/도형추리

1 180° 회전한 도형은 좌우와 상하가 모두 대칭이 된 모양이 된다.

예

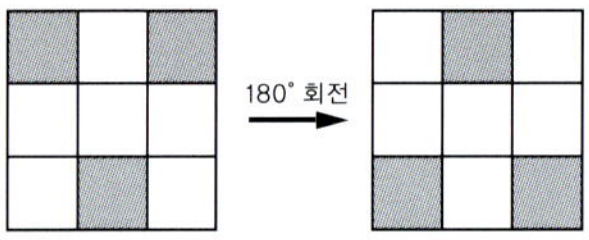

2 시계 방향으로 90° 회전한 도형은 시계 반대 방향 270° 회전한 도형과 같다.

예

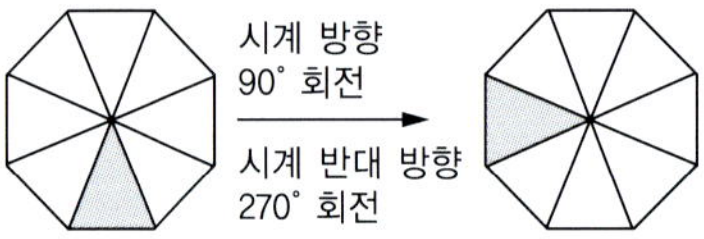

3 좌우 반전 → 좌우 반전, 상하 반전 → 상하 반전은 같은 도형이 된다.

예

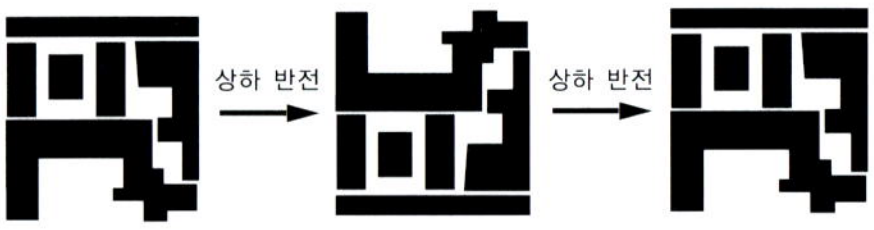

4 도형을 거울에 비친 모습은 방향에 따라 좌우 또는 상하로 대칭된 모습이 나타난다.

예

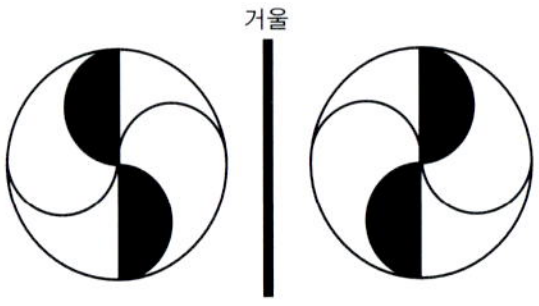

■ 직접 추론 : 한 개의 전제로부터 중간적 매개 없이 새로운 결론을 이끌어내는 추론이며, 대우명제가 그 대표적인 예이다.

■ 간접 추론 : 둘 이상의 전제로부터 새로운 결론을 이끌어내는 추론이다. 삼단논법이 가장 대표적인 예이다.

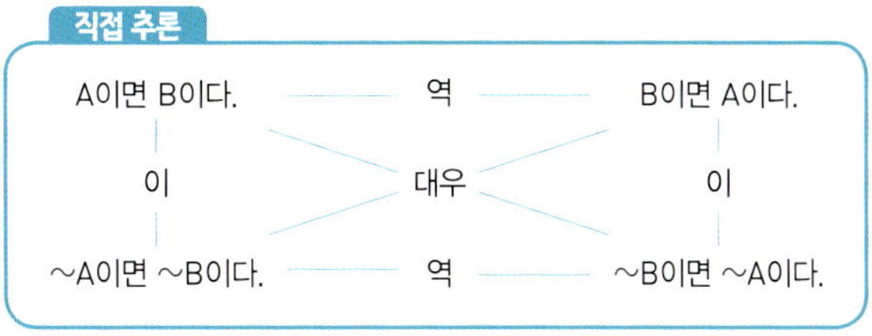

① 정언 삼단논법 : 세 개의 정언명제로 구성된 간접추론 방식이다. 세 개의 명제 가운데 두 개의 명제는 전제이고, 나머지 한 개의 명제는 결론이다. 세 명제의 주어와 술어는 세 개의 서로 다른 개념을 표현한다. (P는 대개념, S는 소개념, M은 매개념이다)

② 가언 삼단논법 : 가언명제로 이루어진 삼단논법을 말한다. 가언명제란 두 개의 정언명제가 '만일 ~이라면'이라는 접속사에 의해 결합된 복합명제이다. 여기서 '만일'에 의해 이끌리는 명제를 전건이라고 하고, 그 뒤의 명제를 후건이라고 한다. 가언 삼단논법의 종류로는 혼합가언 삼단논법과 순수가언 삼단논법이 있다.

㉠ 혼합가언 삼단논법 : 대전제만 가언명제로 구성된 삼단논법이다. 긍정식과 부정식 두 가지가 있으며, 긍정식은 'A이면 B이다. A이다. 그러므로 B이다.'이고, 부정식은 'A이면 B이다. B가 아니다. 그러므로 A가 아니다.'이다.

㉡ 순수가언 삼단논법 : 대전제와 소전제 및 결론까지 모두 가언명제들로 구성된 삼단논법이다.

③ 선언 삼단논법 : '~이거나 ~이다'의 형식으로 표현되며 전제 속에 선언 명제를 포함하고 있는 삼단논법이다.

④ 딜레마 논법 : 대전제는 두 개의 가언명제로, 소전제는 하나의 선언명제로 이루어진 삼단논법으로, 양도추론이라고도 한다.

2 귀납 추론

특수한 또는 개별적인 사실로부터 일반적인 결론을 이끌어 내는 추론을 말한다. 귀납 추론은 구체적 사실들을 기반으로 하여 결론을 이끌어 내기 때문에 필연성을 따지기보다는 개연성과 유관성, 표본성 등을 중시하게 된다.

■ 완전 귀납 추론 : 관찰하고자 하는 집합의 전체를 다 검증함으로써 대상의 공통 특질을 밝혀내는 방법이다.

■ 통계적 귀납 추론 : 통계적 귀납 추론은 관찰하고자 하는 집합의 일부에서 발견한 몇 가지 사실을 열거함으로써 그 공통점을 결론으로 이끌어 내려는 방식을 가리킨다.

■ 인과적 귀납 추론 : 관찰하고자 하는 집합의 일부 원소들이 지닌 인과 관계를 인식하여 그 원인이나 결과를 이끌어 내려는 방식을 말한다.

① 일치법 : 공통적인 현상을 지닌 몇 가지 사실 중에서 각기 지닌 요소 중 어느 한 가지만 일치한다면 이 요소가 공통 현상의 원인이라고 판단하는 추론이다.

② 차이법 : 어떤 현상이 나타나는 경우와 나타나지 않은 경우를 놓고 보았을 때, 각 경우의 여러 조건 중 단 하나만이 차이를 보인다면 그 차이를 보이는 조건이 원인이 된다고 판단하는 추론이다.

③ 일치 · 차이 병용법 : 몇 개의 공통 현상이 나타나는 경우와 몇 개의 그렇지 않은 경우를 놓고 일치법과 차이법을 병용하여 적용함으로써 그 원인을 판단하는 추론이다.

④ 공변법 : 관찰하는 어떤 사실의 변화에 따라 현상의 변화가 일어날 때 그 변화의 원인이 무엇인지 판단하는 추론이다.

⑤ 잉여법 : 앞의 몇 가지 현상이 뒤의 몇 가지 현상의 원인이며, 선행 현상의 일부분이 후행 현상의 일부분이라면, 선행 현상의 나머지 부분이 후행 현상의 나머지 부분의 원인임을 판단하는 추론이다.

3 유비 추론

두 개의 대상 사이에 일련의 속성이 동일하다는 사실에 근거하여 그것들의 나머지 속성도 동일하리라는 결론을 이끌어내는 추론, 즉 이미 알고 있는 것에서 다른 유사한 점을 찾아내는 추론을 말한다.

구분	도형 모양	전개도	꼭짓점의 수	모서리의 수	면의 수
정사면체	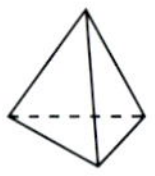		4	6	4
정육면체	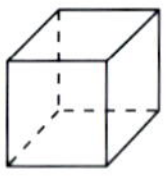		8	12	6
정팔면체	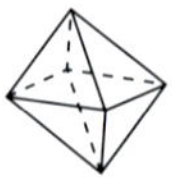	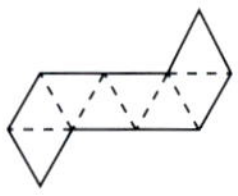	6	12	8
정십이면체	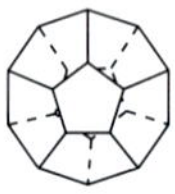	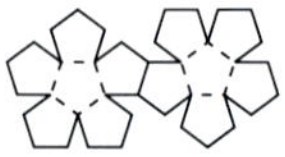	20	30	12
정이십면체		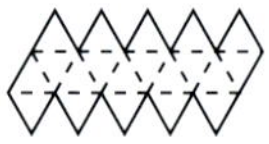	12	30	20

블록

1 블록의 결합

두 개의 블록을 조합하였을 때 나올 수 있는 또는 없는 입체도형을 고르는 유형

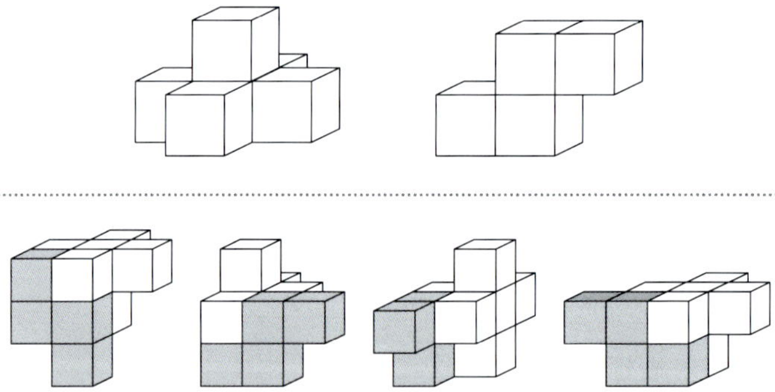

2 블록의 분리

직육면체의 입체도형을 세 개의 블록으로 분리했을 때, 들어갈 블록의 모양으로 옳은 것을 고르는 유형

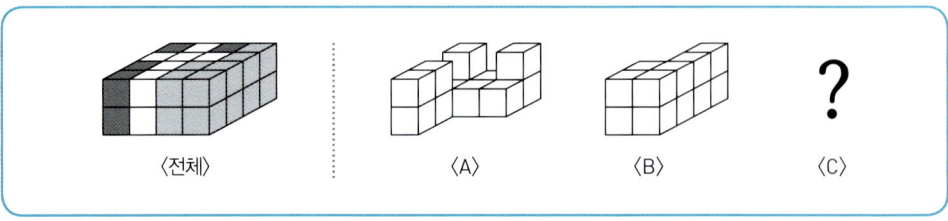

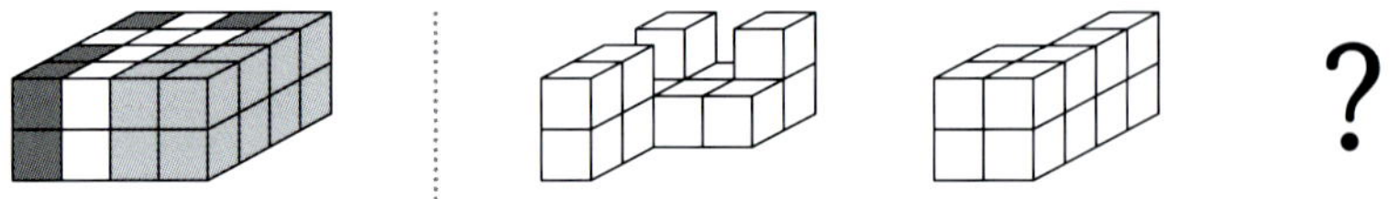

〈전체〉 〈A〉 〈B〉 〈C〉

도형 완성 | 각 조각에서 완성 모양인 사각형의 모서리 모양과 같은 부분을 표시하여 가장 큰 도형부터 대입

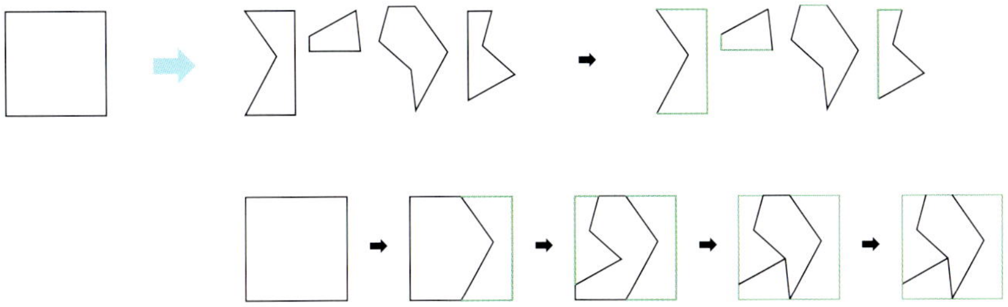

입체도형

전개도

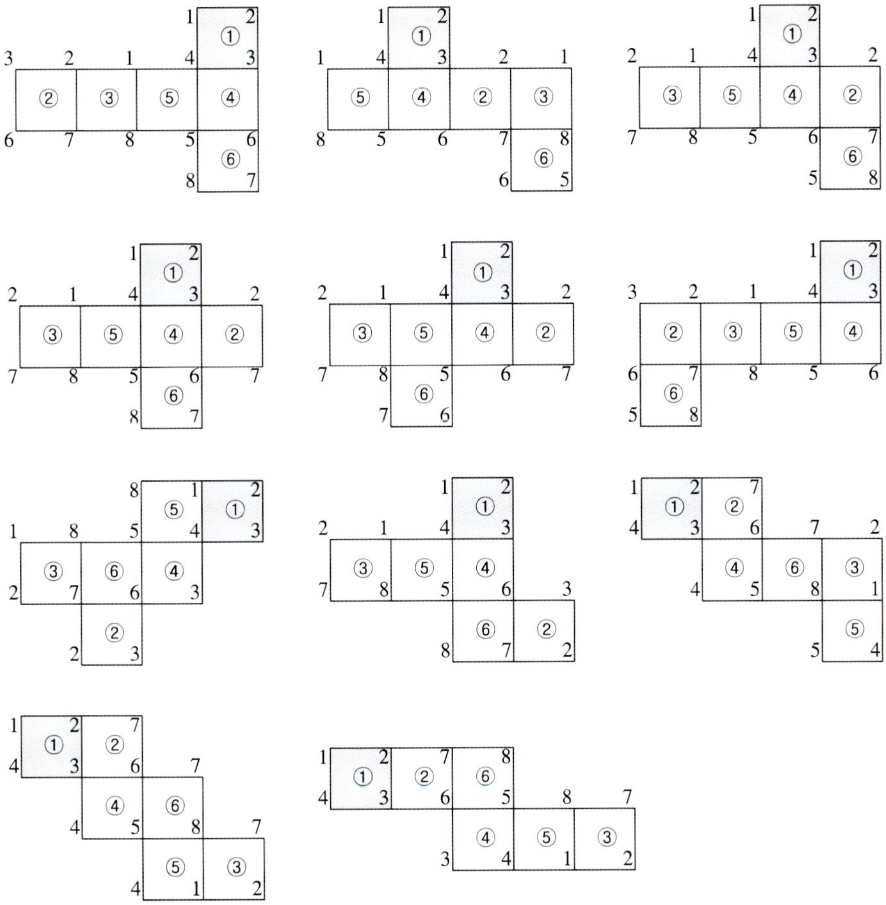

수/문자추리

수추리

1 등차수열 ⋯› a : 첫째 항, d : 공차, a_n : 수열 $\{a_n\}$의 n번째 항

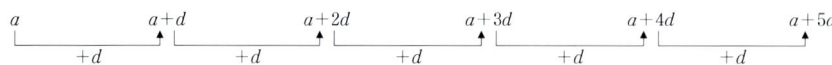

$$a \xrightarrow{+d} a+d \xrightarrow{+d} a+2d \xrightarrow{+d} a+3d \xrightarrow{+d} a+4d \xrightarrow{+d} a+5d$$

① 정의 : 차이가 일정한 수열

② 계산 : $a_{n+1}-a_n=d$

2 등비수열 ⋯› a : 첫째 항, r : 공비, a_n : 수열 $\{a_n\}$의 n번째 항

$$a \xrightarrow{\times r} ar \xrightarrow{\times r} ar^2 \xrightarrow{\times r} ar^3 \xrightarrow{\times r} ar^4 \xrightarrow{\times r} ar^5$$

① 정의 : 비율이 일정한 수열

② 계산 : $\dfrac{a_{n+1}}{a_n}=r$

3 계차수열 ⋯› a_n : 수열 $\{a_n\}$의 n번째 항, b_m : 수열 $\{b_m\}$의 m번째 항

$$a_1 \xrightarrow{b_1} a_2 \xrightarrow{b_2} a_3 \xrightarrow{b_3} a_4 \xrightarrow{b_4} a_5 \xrightarrow{b_5} a_6$$

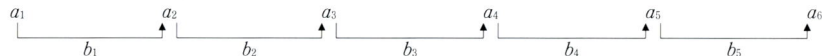

① 정의 : 수열 $\{a_n\}$의 차 $\{b_m\}$이 또다시 수열을 이룰 때, 수열 $\{b_m\}$은 수열 $\{a_n\}$의 계차수열

② 계산 : $a_{n+1}-a_n=b_n$ (단, n은 자연수)

4 피보나치수열 ⋯› a_n : 수열 $\{a_n\}$의 n번째 항

$$a_1 \quad a_2 \quad \underset{a_1+a_2}{a_3} \quad \underset{a_2+a_3}{a_4} \quad \underset{a_3+a_4}{a_5} \quad \underset{a_4+a_5}{a_6}$$

① 정의 : 앞의 두 항의 합이 그 다음 항의 수가 되는 수열

② 계산 : $a_{n-1}+a_n=a_{n+1}$ $(n\geq 2)$

5 건너뛰기 수열 ⋯› a_n : 수열 $\{a_n\}$의 n번째 항, b_m : 수열 $\{b_m\}$의 m번째 항

$$a_1 \quad b_1 \quad a_2 \quad b_2 \quad a_3 \quad b_3$$

① 정의 : 두 개 이상의 수열이 일정한 간격을 두고 번갈아가며 나타나는 수열. 주로 두 개의 수열로 이루어진 건너뛰기 수열이 출제

② 계산 :

- 홀수 항 : 수열 $\{a_n\}$의 규칙에 따라 계산
- 짝수 항 : 수열 $\{b_m\}$의 규칙에 따라 계산

6 군수열 ⋯› a_n : 수열 $\{a_n\}$의 n번째 항

$$a_1 \quad a_1 \quad a_2 \quad a_1 \quad a_2 \quad a_3 \quad a_1 \quad a_2 \quad a_3 \quad a_4$$

① 정의 : 일정한 규칙을 갖고 몇 항씩 끊어서 규칙을 이루는 수열

② 계산 : $a_1 \quad \underline{a_1 \quad a_2} \quad \underline{a_1 \quad a_2 \quad a_3} \quad \underline{a_1 \quad a_2 \quad a_3 \quad a_4}$

유튜브로 쉽게 끝내는

인적성검사

추리·도형 완성

시대에듀

유튜브로 쉽게 끝내는 인적성검사 추리 · 도형 완성

Always **with you**

사람의 인연은 길에서 우연하게 만나거나 함께 살아가는 것만을 의미하지는 않습니다.
책을 펴내는 출판사와 그 책을 읽는 독자의 만남도 소중한 인연입니다.
시대에듀는 항상 독자의 마음을 헤아리기 위해 노력하고 있습니다. 늘 독자와 함께하겠습니다.

머리말 PREFACE

취업을 준비하기 위해서는 인적성검사라는 관문을 통과해야 하고, 인적성검사에 포함되어 있는 영역이 추리 영역과 도형 영역이다. 추리 · 도형 영역은 인적성을 준비하는 수험생들에게 항상 어렵고, 힘든 과목으로 인식되어 왔으며 잠깐 문제집으로 공부한다고 해서 실력이 향상될 것이라 여겨지지 않는 영역이다. 그렇지만 추리가 출제되든, 도형이 출제되든 추리 · 도형이 출제되는 인적성검사에서 해당 영역이 차지하는 비중이 적지 않기 때문에 빠듯한 시간 속에서 유형을 익히고, 문제를 풀어야만 한다.

따라서 시대에듀에서는 인적성검사를 준비하는 수험생들이 시험에 효과적으로 대비할 수 있도록 다음과 같은 특징의 본서를 출간하게 되었다.

도서의 특징

❶ 2024년 주요기업 기출복원문제를 수록하여 최신 출제 경향을 한눈에 파악할 수 있도록 하였다.

❷ 추리 · 도형 영역 핵심이론과 대표예제를 수록하여 개념 정리가 가능하도록 하였다.

❸ 유형풀이를 수록하여 기본 실력을 키울 수 있도록 하였다.

❹ 영역별 실전문제를 수록하여 충분히 연습할 수 있도록 하였다.

❺ 실전모의고사 2회를 수록하여 자신의 능력을 스스로 점검할 수 있도록 하였다.

끝으로 본서를 통해 인적성검사를 준비하는 수험생 여러분 모두에게 합격의 기쁨이 있기를 진심으로 기원한다.

SDC(Sidae Data Center) 씀

도서 200% 활용하기 STRUCTURES

핵심이론 및 대표예제로 기초 다지기!

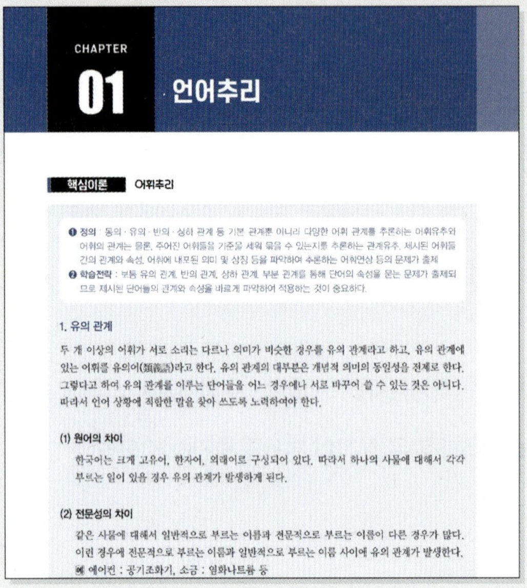
CHAPTER 01 언어추리

핵심이론 어휘추리

❶ 정의 : 동의 · 유의 · 반의 · 상하 관계 등 기본 관계뿐 아니라 다양한 어휘 관계를 추론하는 어휘유추와 어휘의 관계는 물론, 주어진 어휘들을 기준을 세워 묶을 수 있는지를 추론하는 관계유추, 제시된 어휘들 간의 관계와 속성, 어휘에 내포된 의미 및 상징 등을 파악하여 추론하는 어휘연상 등의 문제가 출제

❷ 학습전략 : 보통 유의 관계, 반의 관계, 상하 관계, 부분 관계를 통해 단어의 속성을 묻는 문제가 출제되므로 제시된 단어들의 관계와 속성을 바르게 파악하여 적용하는 것이 중요하다.

1. 유의 관계

두 개 이상의 어휘가 서로 소리는 다르나 의미가 비슷한 경우를 유의 관계라고 하고, 유의 관계에 있는 어휘를 유의어(類義語)라고 한다. 유의 관계의 대부분은 개념적 의미의 동일성을 전제로 한다. 그렇다고 하여 유의 관계를 이루는 단어들을 어느 경우에나 서로 바꾸어 쓸 수 있는 것은 아니다. 따라서 언어 상황에 적합한 말을 찾아 쓰도록 노력하여야 한다.

(1) 원어의 차이

한국어는 크게 고유어, 한자어, 외래어로 구성되어 있다. 따라서 하나의 사물에 대해서 각각 부르는 일이 있을 경우 유의 관계가 발생하게 된다.

(2) 전문성의 차이

같은 사물에 대해서 일반적으로 부르는 이름과 전문적으로 부르는 이름이 다른 경우가 많다. 이런 경우에 전문적으로 부르는 이름과 일반적으로 부르는 이름 사이에 유의 관계가 발생한다.
예 에어컨 : 공기조화기, 소금 : 염화나트륨 등

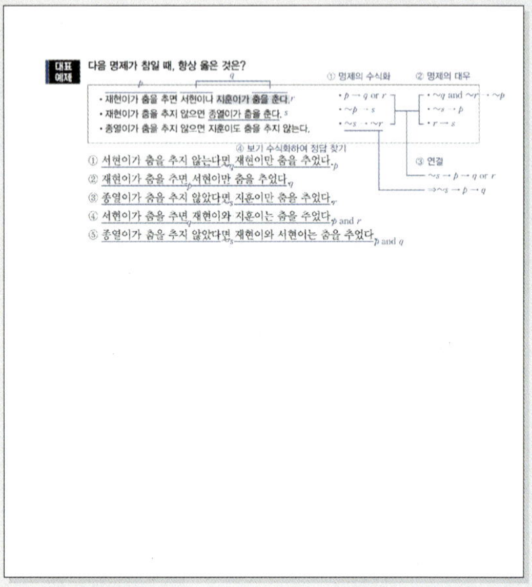
대표예제 다음 명제가 참일 때, 항상 옳은 것은?

• 재현이가 춤을 추면 서현이나 지훈이가 춤을 춘다.
• 재현이가 춤을 추지 않으면 종열이가 춤을 춘다.
• 종열이가 춤을 추지 않으면 지훈이도 춤을 추지 않는다.

① 서현이가 춤을 추지 않는다면 재현이만 춤을 추었다.
② 재현이가 춤을 추면 서현이만 춤을 추었다.
③ 종열이가 춤을 추지 않았다면 지훈이만 춤을 추었다.
④ 서현이가 춤을 추면 재현이와 지훈이는 춤을 추었다.
⑤ 종열이가 춤을 추지 않았다면 재현이와 서현이는 춤을 추었다.

▸ 추리 · 도형 영역에서 출제되는 문제를 풀기 위해 필요한 모든 이론 정리
▸ 이론별 대표예제와 상세한 풀이 과정으로 앞서 배운 개념 강화

유형풀이로 기본 실력 키우기!

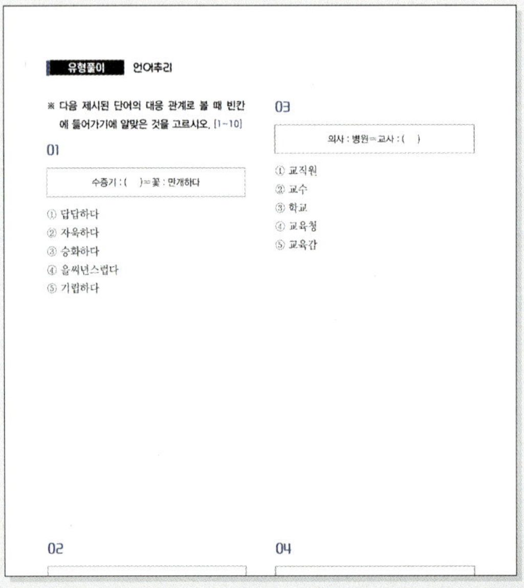
유형풀이 언어추리

※ 다음 제시된 단어의 대응 관계로 볼 때 빈칸에 들어가기에 알맞은 것을 고르시오. [1~10]

01
수줍기 : ( ) = 꽃 : 만개하다
① 답답하다 ② 자욱하다 ③ 승화하다 ④ 움씨년스럽다 ⑤ 기립하다

03
의사 : 병원 = 교사 : ( )
① 교직원 ② 교수 ③ 학교 ④ 교육청 ⑤ 교육감

02

04

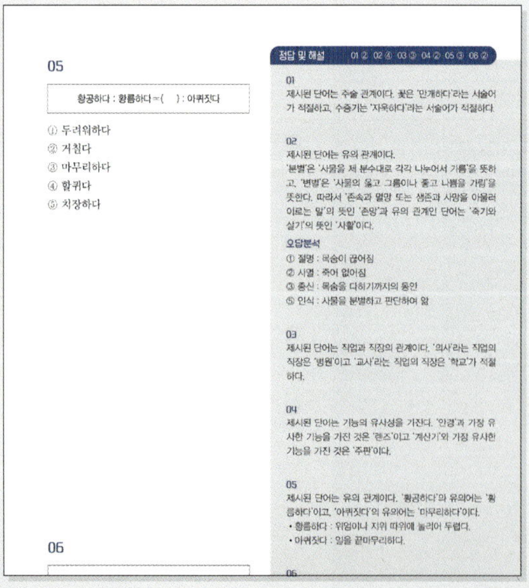
05
황공하다 : 황름하다 = ( ) : 아퀴짓다
① 두려워하다 ② 거칠다 ③ 마무리하다 ④ 할퀴다 ⑤ 치장하다

06

정답 및 해설 01 ② 02 ④ 03 ③ 04 ② 05 ③ 06 ②

01
제시된 단어는 주술 관계이다. 꽃은 '만개하다'라는 서술어가 적절하고, 수증기는 '자욱하다'라는 서술어가 적절하다.

03
제시된 단어는 직업과 직장의 관계이다. '의사'라는 직업의 직장은 '병원'이고 '교사'라는 직업의 직장은 '학교'가 적절하다.

▸ 이론을 익힐 수 있는 기초적인 문제로 구성한 기본 문제 모음
▸ 문제와 정답 및 해설을 함께 수록하여 빠르게 유형 파악 가능

실전문제로 추리 · 도형 능력 끌어올리기!

PART 1 실전문제

정답 및 해설 p.002

※ 다음 제시된 단어의 대응 관계로 볼 때 빈칸에 들어가기에 알맞은 것을 고르시오. [1~5] 언어추리

01

위임 : 의뢰 = ( ) : 계몽

① 대리 ② 수문
③ 효시 ④ 개화
⑤ 미개

02

낱말 : 문장 = ( ) : 태양계

① 우주 ② 인공위성
③ 행성 ④ 은하계
⑤ 블랙홀

PART 1 추리

문제 p.086

01	02	03	04	05	06	07	08	09	10	11	12	13	14	15	16	17	18	19	20
④	③	②	①	②	①	①	⑤	①	③	④	⑤	①	④	②	③	④	⑤	②	⑤
21	22	23	24	25	26	27	28	29	30	31	32	33	34	35	36	37	38	39	40
②	①	②	④	①	②	④	④	②	①	②	①	①	④	④	④	⑤	④	④	①
41	42	43	44	45	46	47	48	49	50	51	52	53	54	55	56	57	58	59	60
①	①	④	①	③	①	⑤	①	①	④	②	①	②	④	①	④	②	①	②	⑤

01 정답 ④

제시된 단어는 유의 관계이다.
'위임'은 '어떤 일을 책임 지워 맡김'을 뜻하고, '의뢰'는 '남에게 부탁함'을 뜻한다. 따라서 '지식수준이 낮거나 인습에 젖은 사람을 가르쳐서 깨우침'의 뜻인 '계몽'과 유의 관계인 단어는 '사람의 지혜가 열려 새로운 사상, 문물, 제도 따위를 가지게 됨'의 뜻인 '개화'이다.

오답분석

① 대리 : 남을 대신하여 일을 처리함
② 주문 : 다른 사람에게 어떤 일을 하도록 요구하거나 부탁함
③ 효시 : 어떤 사물이나 현상이 시작되어 나온 맨 처음을 비유적으로 이르는 말
⑤ 미개 : 사회가 발전되지 않고 문화 수준이 낮은 상태

02 정답 ③

제시된 단어는 상하 관계이다. '문장' 안에는 '낱말'이 있고, '태양계' 안에는 '행성'이 있다.
선택지 중 태양계의 범주에 포함될 수 있는 어휘를 선택해야 한다. 태양계는 중심에 태양이 있고, 그 주위를 공전하는 행성, 소행성, 왜소행성, 혜성이 있으며, 행성 주위를 도는 위성과 작은 천체 조각인 유성체로 이루어져 있다.

03 정답 ②

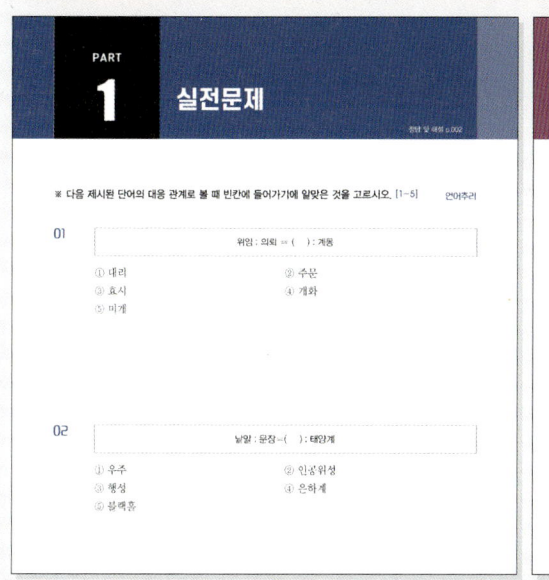

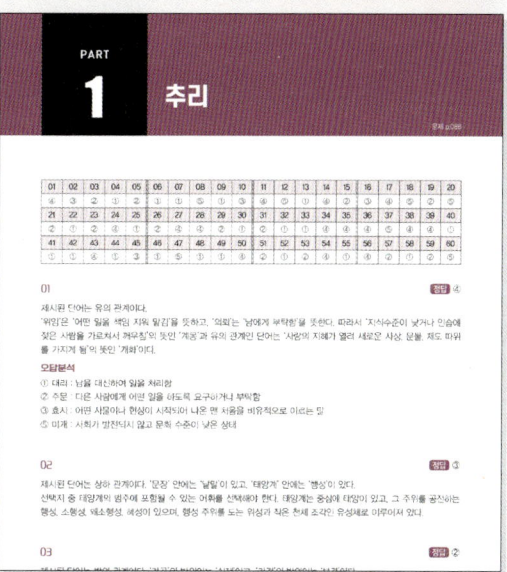

- ▸ 문제 풀이에 집중할 수 있도록 구성한 실전문제로 실력 확인
- ▸ 상세한 해설 및 오답분석으로 풀이까지 완벽 마무리

실전모의고사로 추리 · 도형 능력 최종 점검하기!

제1회 실전모의고사

모바일 OMR

정답 및 해설 p.022

응시시간 : 40분 | 문항 수 : 30문항

추리

01 제시된 단어의 대응 관계로 볼 때, 빈칸에 들어가기에 알맞은 것은?

( ) : 혼절 = 감사 : 사례

① 나태 ② 소멸
③ 충격 ④ 곡해
⑤ 오해

02 제시된 낱말의 대응 관계로 볼 때, 빈칸에 들어가기에 알맞은 것으로 짝지어진 것을 고르면?

자립 : ( ) = 심야 : ( )

① 독립, 광명 ② 의존, 백주
③ 의타심, 꼭두새벽 ④ 의지, 한밤
⑤ 식민지, 암흑

03 다음 명제가 참일 때, 빈칸에 들어갈 명제로 가장 적절한 것은?

제2회 실전모의고사

정답 및 해설 p.030

응시시간 : 40분 | 문항 수 : 30문항

추리

01 제시된 단어의 대응 관계로 볼 때 빈칸에 들어가기에 알맞은 것은?

이단 : 전통 = 모방 : ( )

① 사설 ② 종가
③ 모의 ④ 답습
⑤ 창안

02 제시된 단어와 동일한 관계가 성립하도록 빈칸 안에 들어갈 단어를 순서대로 나열한 것은?

( ) : 간식 = ( ) : 술

① 니코틴, 녹차 ② 카페, 보리차
③ 비타민, 커피 ④ 과자, 막걸리
⑤ 주식, 밀가루

03 다음 문장을 읽고 유추할 수 있는 것은?

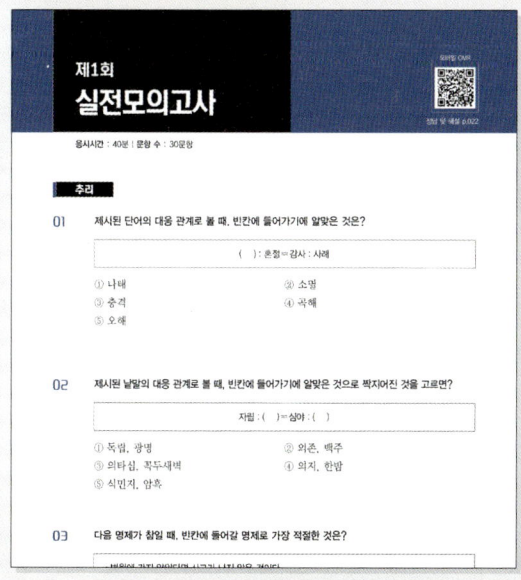

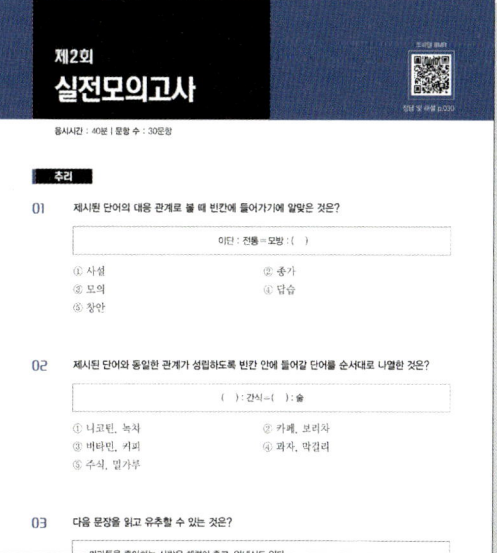

- ▸ 추리 · 도형 능력을 최종 점검할 수 있는 실전모의고사 2회 수록
- ▸ 모바일 OMR 답안채점/성적분석 서비스 제공

학습방법 STUDY PLAN

1 목표 기업의 인적성검사 출제 영역 확인(2024년 기준)

구분	추리	도형
삼성	○	○
LG	○	
SK	○	
이랜드	○	
KT	○	○
롯데	○	
포스코	○	○
두산	○	○
GS	○	
S-OIL	○	○
CJ	○	
샘표		○
KCC	○	
삼양	○	

2 자신의 실력과 성향에 따라 학습 방법 선택

- 인적성검사에 출제되는 추리 · 도형 영역의 유형을 모르며, 추리 · 도형 실력이 부족함 ···› A코스
- 인적성검사에 출제되는 추리 · 도형 영역의 유형을 잘 알고 있으며, 추리 · 도형 실력이 부족하지 않음 ···› B코스
- 인적성검사에 출제되는 추리 · 도형 영역의 유형을 잘 알고 있으며, 추리 · 도형 실력이 뛰어나 문제 풀이에 집중하고자 함 ···› C코스

	STEP 1	STEP 2	STEP 3	STEP 4
A코스	핵심이론 →	대표예제 →	유형풀이 →	실전문제
B코스	유형풀이 →	핵심이론 →	대표예제 →	실전문제
C코스	대표예제 →	유형풀이 →	실전문제	

3 집중적으로 공부할 영역의 체계적인 학습을 위한 PLANNER 작성

MONTHLY PLANNER

일	월	화	수	목	금	토
__월 __일 ☑ • 언어추리 대표예제 학습	☐	☐	☐	☐	☐	☐
☐	☐	☐	☐	☐	☐	☐
☐	☐	☐	☐	☐	☐	☐
☐	☐	☐	☐	☐	☐	☐
☐	☐	☐	☐	☐	☐	☐

D-DAY PLANNER

일	월	화	수	목	금	토
D-13 ☐	D-12 ☐	D-11 ☐	D-10 ☐	D-9 ☐	D-8 ☐	D-7 ☐
D-6 ☐	D-5 ☐	D-4 ☐	D-3 ☐	D-2 ☐	D-1 ☐	D-DAY ☐ • 추리·도형 완성 공략집 복습 • 추리·도형 만점

이 책의 차례 CONTENTS

Add+

2024년 주요기업 기출복원문제

(삼성 / LG / SK / 포스코 / KT)

2024 주요기업 기출복원문제

※ 정답 및 해설은 기출복원문제 바로 뒤 p.24에 있습니다.

삼성

01 다음 명제가 모두 참일 때, 빈칸에 들어갈 명제로 가장 적절한 것은?

> 전제1. 하루에 두 끼를 먹는 어떤 사람도 뚱뚱하지 않다.
> 전제2. 아침을 먹는 모든 사람은 하루에 두 끼를 먹는다.
> 결론. ______________________

① 하루에 세 끼를 먹는 사람이 있다.
② 아침을 먹는 모든 사람은 뚱뚱하지 않다.
③ 뚱뚱하지 않은 사람은 하루에 두 끼를 먹는다.
④ 하루에 한 끼를 먹는 사람은 뚱뚱하지 않다.
⑤ 아침을 먹는 어떤 사람은 뚱뚱하다.

02 다음 명제가 모두 참일 때, 공장을 짓는다는 결론을 얻기 위해 빈칸에 들어갈 명제는?

> • 재고가 있다.
> • 설비투자를 늘리지 않는다면, 재고가 있지 않다.
> • 건설투자를 늘릴 때에만, 설비투자를 늘린다.
> • ______________________

① 설비투자를 늘린다.
② 건설투자를 늘리지 않는다.
③ 재고가 있거나 설비투자를 늘리지 않는다.
④ 건설투자를 늘린다면 공장을 짓는다.
⑤ 설비투자를 늘리지 않을 때만 공장을 짓는다.

03

8개의 좌석이 있는 원탁에 수민, 성찬, 진모, 성표, 영래, 현석 6명이 앉아 있다. 앉아 있는 〈조건〉이 다음과 같다고 할 때, 다음 중 항상 참인 것은?

> **조건**
>
> • 수민이와 현석이는 서로 옆자리이다.
> • 성표의 맞은편에는 진모가, 현석이의 맞은편에는 영래가 앉아 있다.
> • 영래와 수민이는 둘 다 한쪽 옆자리만 비어 있다.
> • 진모의 양 옆자리에는 항상 누군가가 앉아 있다.

① 성표는 어떤 경우에도 빈자리 옆이 아니다.
② 성찬이는 어떤 경우에도 빈자리 옆이 아니다.
③ 영래의 오른쪽에는 성표가 앉는다.
④ 현석이의 왼쪽에는 항상 진모가 앉는다.
⑤ 진모와 수민이는 1명을 사이에 두고 앉는다.

04

S사는 직원 A~F 6명 중에서 임의로 선발하여 출장을 보내려고 한다. 다음 〈조건〉에 따라 출장 갈 인원을 결정할 때, A가 출장을 간다면 출장을 가는 최소 인원은 몇 명인가?

> **조건**
>
> • A가 출장을 가면 B와 C 둘 중 1명은 출장을 가지 않는다.
> • C가 출장을 가면 D와 E 둘 중 적어도 1명은 출장을 가지 않는다.
> • B가 출장을 가지 않으면 F는 출장을 간다.

① 1명
② 2명
③ 3명
④ 4명
⑤ 5명

05 **A～F 6명은 각각 뉴욕, 파리, 방콕, 시드니, 런던, 베를린 중 한 곳으로 여행을 가고자 한다. 다음 〈조건〉에 따라 여행지를 고를 때, 항상 참인 것은?**

> **조건**
>
> • 여행지는 서로 다른 곳으로 선정한다.
> • A는 뉴욕과 런던 중 한 곳을 고른다.
> • B는 파리와 베를린 중 한 곳을 고른다.
> • D는 방콕과 런던 중 한 곳을 고른다.
> • A가 뉴욕을 고르면 B는 파리를 고른다.
> • B가 베를린을 고르면 E는 뉴욕을 고른다.
> • C는 시드니를 고른다.
> • F는 A～E가 선정하지 않은 곳을 고른다.

① A가 뉴욕을 고를 경우, E는 런던을 고른다.
② B가 베를린을 고를 경우, F는 뉴욕을 고른다.
③ D가 런던을 고를 경우, B는 파리를 고른다.
④ E가 뉴욕을 고를 경우, D는 런던을 고른다.
⑤ F는 뉴욕을 고를 수 없다.

※ 다음 제시된 도형의 규칙을 보고 물음표에 들어갈 도형으로 가장 적절한 것을 고르시오. [6~8]

06

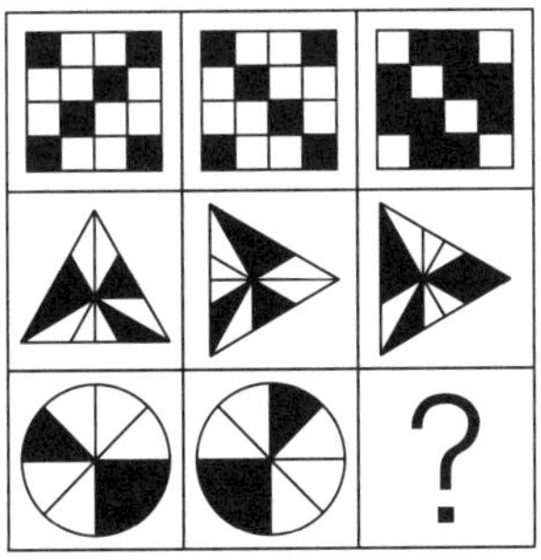

① 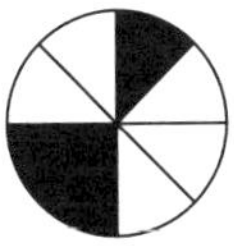

② 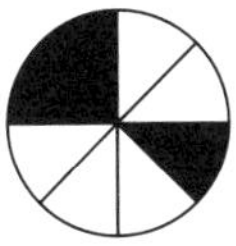

③ 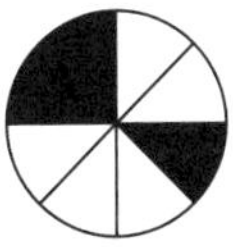

④ 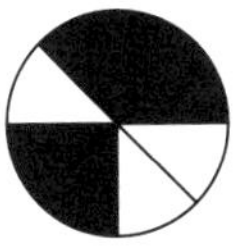

⑤ 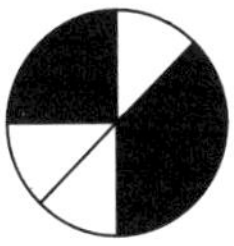

07

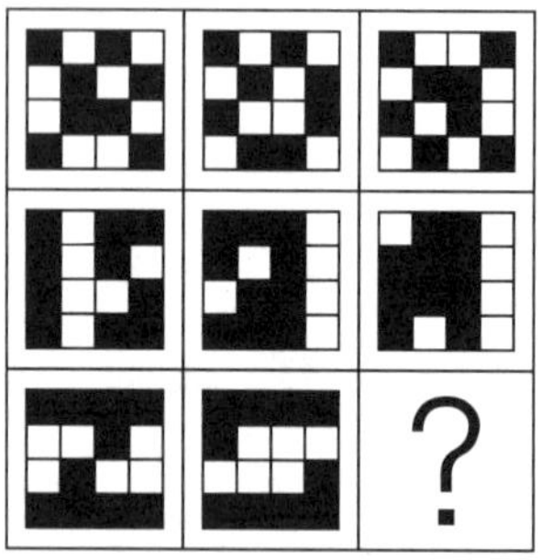

① 

② 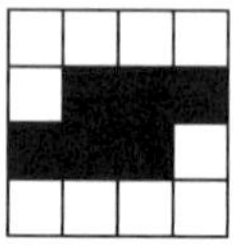

③ 

④ 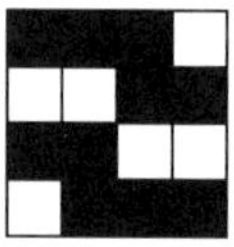

⑤ 

08

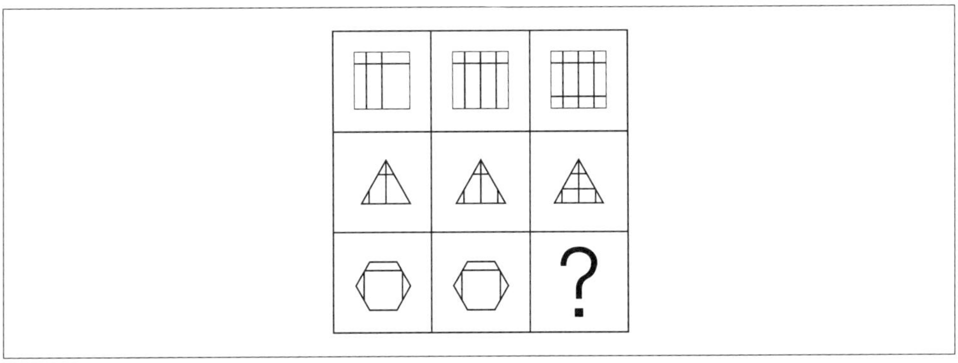

① 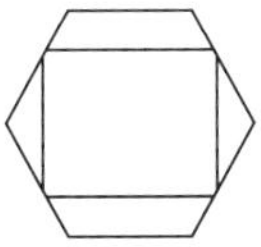

② 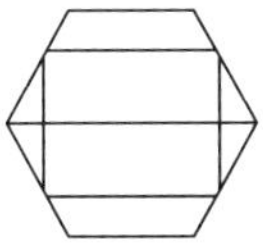

③ 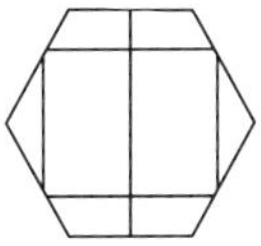

④ 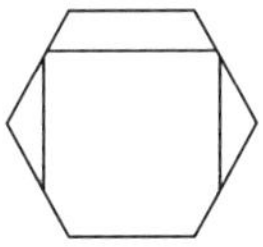

⑤ 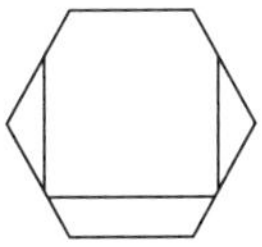

※ 다음 도식에서 기호들은 일정한 규칙에 따라 문자를 변화시킨다. 물음표에 들어갈 알맞은 문자를 고르시오(단, 규칙은 가로와 세로 중 한 방향으로만 적용되며, 모음은 일반모음 10개를 기준으로 한다). [9~10]

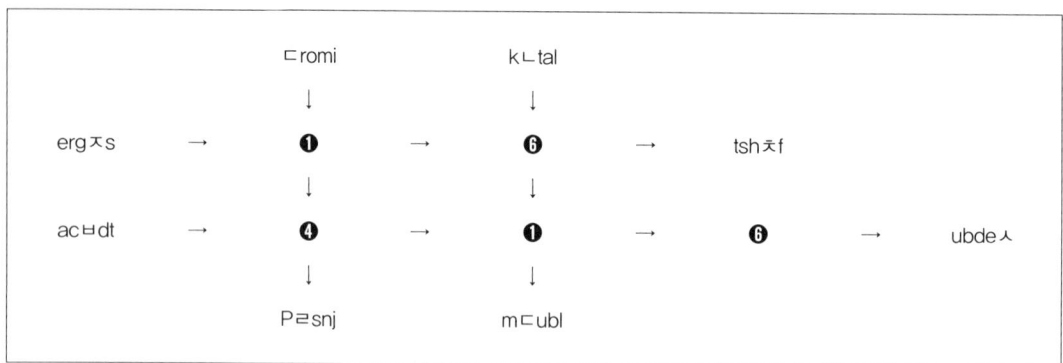

	ㄷromi	kㄴtal		
	↓	↓		
ergㅈs →	❶ →	❻ →	tshㅊf	
	↓	↓		
acㅂdt →	❹ →	❶ →	❻ →	ubdeㅅ
	↓	↓		
	Pㄹsnj	mㄷubl		

09

ㅏㅓㅋㅛㄷ → ❹ → ❶ → ?

① ㅌㅑㅕㅜㄹ
② ㅌㅣㅛㅕㄱ
③ ㅍㅡㅛㅓㄴ
④ ㅍㅣㅛㄴㅕ
⑤ ㅌㅣㅛㄱㅓ

10

4ㅑㄴdㅛ → ❻ → ❹ → ?

① ㄴㅗㅑd3
② ㄱㅕㅠd3
③ ㄱㅑㅛd4
④ ㄴㅜㅓd4
⑤ ㄴㅛㅑd4

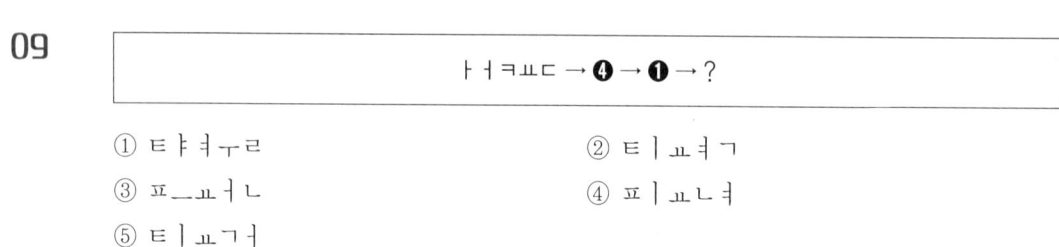

01 다음 명제가 모두 참일 때, 빈칸에 들어갈 명제로 가장 적절한 것은?

- 광물은 매우 규칙적인 원자 배열을 가지고 있다.
- 다이아몬드는 광물이다.
- ______________________

① 광물은 다이아몬드이다.
② 광물이 아니면 다이아몬드이다.
③ 다이아몬드가 아니면 광물이 아니다.
④ 다이아몬드는 매우 규칙적인 원자 배열을 가지고 있다.
⑤ 광물이 아니면 규칙적인 원자 배열을 가지고 있지 않다.

02 어느 사무실에 도둑이 들어서 갑~무 5명의 용의자를 대상으로 조사를 했다. 이 중 1명만 진실을 말하고 나머지는 거짓을 말한다고 할 때, 범인은 누구인가?

- 갑 : 을이 범인이에요.
- 을 : 정이 범인이 확실해요.
- 병 : 저는 확실히 도둑이 아닙니다.
- 정 : 을은 거짓말쟁이에요.
- 무 : 제가 도둑입니다.

① 갑
② 을
③ 병
④ 정
⑤ 무

03 재은이는 얼마 전부터 건강을 위해 매일 아침마다 달리기를 한다. 다음 사실로부터 추론할 수 있는 것은?

> • 재은이는 화요일에 월요일보다 50m 더 달려 200m를 달렸다.
> • 재은이는 수요일에 화요일보다 30m 적게 달렸다.
> • 재은이는 목요일에 수요일보다 10m 더 달렸다.

① 재은이는 월요일에 수요일보다 50m 적게 달렸다.
② 재은이는 수요일에 가장 적게 달렸다.
③ 재은이는 목요일에 가장 많이 달렸다.
④ 재은이는 목요일에 가장 적게 달렸다.
⑤ 재은이는 목요일에 화요일보다 20m 적게 달렸다.

04 김대리, 박과장, 최부장 중 한 명은 점심으로 짬뽕을 먹었다. 다음 여러 개의 진술 중 두 개의 진술만 참이고 나머지는 모두 거짓일 때, 짬뽕을 먹은 사람과 참인 진술을 바르게 연결한 것은?(단, 중국집에서만 짬뽕을 먹을 수 있고, 중국 음식은 짬뽕뿐이다)

> 김대리 : 박과장이 짬뽕을 먹었다. … ㉠
> 나는 최부장과 중국집에 갔다. … ㉡
> 나는 중국 음식을 먹지 않았다. … ㉢
> 박과장 : 김대리와 최부장은 중국집에 가지 않았다. … ㉣
> 나는 점심으로 짬뽕을 먹었다. … ㉤
> 김대리가 중국 음식을 먹지 않았다는 것은 거짓말이다. … ㉥
> 최부장 : 나와 김대리는 중국집에 가지 않았다. … ㉦
> 김대리가 점심으로 짬뽕을 먹었다. … ㉧
> 박과장의 마지막 말은 사실이다. … ㉨

① 김대리, ㉡ · ㉥
② 박과장, ㉠ · ㉤
③ 박과장, ㉤ · ㉨
④ 최부장, ㉡ · ㉦
⑤ 최부장, ㉡ · ㉢

※ 다음과 같이 일정한 규칙으로 수를 나열할 때, 빈칸에 들어갈 알맞은 수를 고르시오. [5~7]

05

1	3	5	7
11	15	19	23
30	35	40	45
98	( )	74	62

① 80
② 82
③ 84
④ 86
⑤ 88

06

1 -2 1 -2 4 -8 1 -2 ( )

① 8
② 9
③ 10
④ 11
⑤ 12

07

100 80 61 43 ( ) 10 -5

① 28
② 27
③ 26
④ 25
⑤ 24

01 다음 〈조건〉을 바탕으로 A～F 6명을 일렬로 줄 세울 때, 가능한 경우의 수는?

> **조건**
> - A는 B의 바로 뒤쪽에 서야 한다.
> - C는 D와 붙어 있어야 한다.
> - E는 맨 앞이나 맨 뒤에 서야 한다.

① 10가지
② 12가지
③ 24가지
④ 48가지
⑤ 64가지

02 A팀 직원 10명은 S레스토랑에서 회식을 진행하였다. 다음 〈조건〉과 같이 10명 모두 식사와 후식을 하나씩 선택하였을 때, 양식과 커피를 선택한 직원은 모두 몇 명인가?

> **조건**
> - 식사는 한식과 양식 2종류가 있고, 후식은 커피, 녹차, 홍차 3종류가 있다.
> - 홍차를 선택한 사람은 3명이며, 이 중 2명은 한식을 선택했다.
> - 녹차를 선택한 사람은 홍차를 선택한 사람보다 많지만, 5명을 넘지 않았다.
> - 한식을 선택한 사람 중 2명은 커피를, 1명은 녹차를 선택했다.

① 1명
② 2명
③ 3명
④ 4명
⑤ 5명

03 A~F 6명은 경기장에서 배드민턴 시합을 하기로 하였다. 경기장에 도착하는 순서대로 다음과 같은 토너먼트 배치표의 1~6에 1명씩 배치한 후 모두 도착하면 토너먼트 경기를 하기로 하였다. 다음 〈조건〉을 참고할 때, 항상 거짓인 것은?

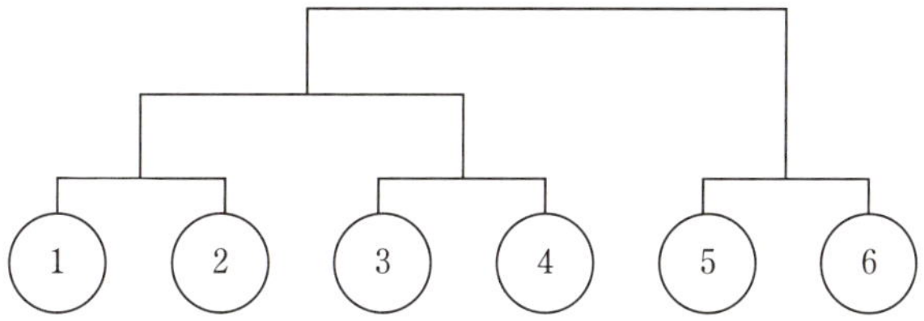

조건

- C는 A 바로 뒤에 도착하였다.
- F는 마지막으로 도착하였다.
- E는 D보다 먼저 도착하였다.
- B는 두 번째로 도착하였다.
- D는 C보다 먼저 도착하였다.

① A는 최대 2번 경기를 하게 된다.
② B는 최대 3번 경기를 하게 된다.
③ C는 다섯 번째로 도착하여 최대 2번 경기를 하게 된다.
④ D는 첫 번째 경기에서 A와 승부를 겨룬다.
⑤ E는 가장 먼저 경기장에 도착하였다.

04 다음 명제가 모두 참일 때, 반드시 참인 것은?

- 마포역 부근의 어떤 정형외과는 토요일이 휴진이다.
- 공덕역 부근의 어떤 치과는 토요일이 휴진이다.
- 공덕역 부근의 모든 치과는 화요일이 휴진이다.

① 마포역 부근의 어떤 정형외과는 화요일이 휴진이다.
② 모든 공덕역 부근의 치과는 토요일이 휴진이 아니다.
③ 마포역 부근의 모든 정형외과는 화요일이 휴진이 아니다.
④ 공덕역 부근의 어떤 치과는 토요일과 화요일이 모두 휴진이다.
⑤ 마포역 부근의 어떤 정형외과는 토요일과 화요일이 모두 휴진이다.

※ 일정한 규칙에 따라 수를 나열할 때, 빈칸에 들어갈 수로 가장 적절한 것을 고르시오. [5~9]

05

$$\frac{5}{12} \quad \frac{8}{15} \quad \frac{13}{18} \quad (\quad) \quad \frac{17}{12} \quad \frac{55}{27}$$

① $\frac{31}{21}$
② $\frac{4}{3}$
③ $\frac{25}{21}$
④ 1
⑤ $\frac{17}{21}$

06

0 0.01 0.05 0.14 0.3 0.55 ( ) 1.4 2.04

① 0.72
② 0.85
③ 0.91
④ 1.04
⑤ 1.4

07

$$5 \quad 4 \quad 4\frac{1}{5} \quad 4\frac{4}{7} \quad 5 \quad (\quad) \quad 5\frac{12}{13} \quad 6\frac{2}{5}$$

① $5\frac{5}{11}$
② $5\frac{6}{11}$
③ $5\frac{7}{11}$
④ $5\frac{8}{11}$
⑤ $5\frac{9}{11}$

08

$$\frac{1{,}000}{33} \quad \frac{994}{33} \quad \frac{994}{35} \quad \frac{988}{35} \quad \frac{988}{37} \quad \frac{982}{37} \quad \frac{982}{39} \quad \frac{976}{39} \quad \frac{976}{41} \quad (\quad)$$

① $\frac{973}{41}$
② $\frac{970}{41}$
③ $\frac{973}{43}$
④ $\frac{970}{43}$
⑤ $\frac{970}{45}$

09

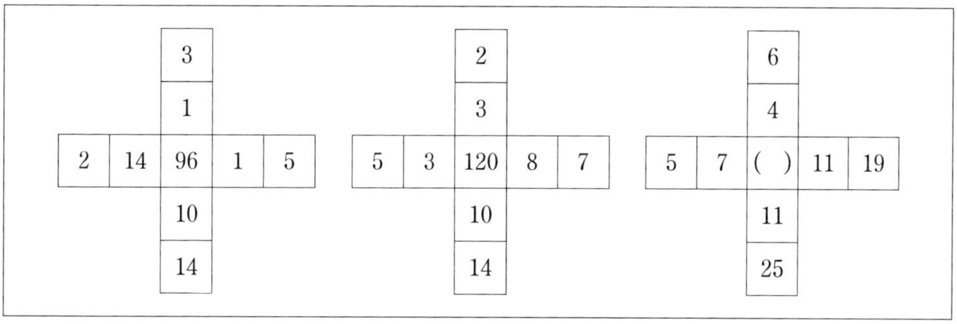

① 120
② 240
③ 360
④ 480
⑤ 600

포스코

※ 일정한 규칙으로 수를 나열할 때, 빈칸에 들어갈 알맞은 수를 고르시오. [1~2]

01

-2　6　10　-30　-26　(　)

① 78　② -56
③ 24　④ -11

02

-1　2　-5　6　-25　10　-125　(　)

① -15　② 14
③ -5　④ 20

03 **P회사에 재직 중인 A～D 4명은 각자 서로 다른 지역인 인천, 세종, 대전, 강릉에서 근무하고 있다. 4명 모두 연수에 참여하기 위해 서울에 있는 본사를 방문한다고 할 때, 다음에 근거하여 바르게 추론한 것은?(단, A～D 모두 같은 종류의 교통수단을 이용하고, 이동시간은 거리가 멀수록 많이 소요되며, 그 외 소요되는 시간은 서로 동일하다)**

> • 서울과의 거리가 먼 순서대로 나열하면 강릉 – 대전 – 세종 – 인천 순이다.
> • D가 서울에 올 때, B보다 더 많은 시간이 소요된다.
> • C가 서울에 올 때, A보다는 많이 B보다는 적게 시간이 소요된다.

① B는 세종에 근무한다.
② C는 대전에 근무한다.
③ D는 강릉에 근무한다.
④ C는 B보다 먼저 출발해야 한다.

04 **P회사 영업팀의 A～E사원은 출장으로 인해 Y호텔에 투숙하게 되었다. Y호텔은 5층 건물로 A～E사원이 서로 다른 층에 묵는다고 할 때, 다음에 근거하여 바르게 추론한 것은?**

> • A사원은 2층에 묵는다.
> • B사원은 A사원보다 높은 층에 묵지만, C사원보다는 낮은 층에 묵는다.
> • D사원은 C사원 바로 아래층에 묵는다.

① E사원은 1층에 묵는다.
② B사원은 4층에 묵는다.
③ E사원은 가장 높은 층에 묵는다.
④ C사원은 D사원보다 높은 층에 묵지만, E사원보다는 낮은 층에 묵는다.

01 **제시된 내용을 바탕으로 내린 A, B의 결론에 대한 판단으로 항상 옳은 것은?**

- 원숭이를 좋아하면 코끼리를 좋아한다.
- 낙타를 좋아하면 코끼리를 좋아하지 않는다.
- 토끼를 좋아하면 원숭이를 좋아하지 않는다.

A : 코끼리를 좋아하면 토끼를 좋아한다.
B : 낙타를 좋아하면 원숭이를 좋아하지 않는다.

① A만 옳다.
② B만 옳다.
③ A, B 모두 옳다.
④ A, B 모두 틀리다.
⑤ A, B 모두 옳은지 틀린지 판단할 수 없다.

02 **회사원 K씨는 건강을 위해 평일에 다양한 영양제를 먹고 있다. 요일별로 비타민 B, 비타민 C, 비타민 D, 칼슘, 마그네슘을 하나씩 먹는다고 할 때, 다음에 근거하여 바르게 추론한 것은?**

- 비타민 C는 월요일에 먹지 않으며, 수요일에도 먹지 않는다.
- 비타민 D는 월요일에 먹지 않으며, 화요일에도 먹지 않는다.
- 비타민 B는 수요일에 먹지 않으며, 목요일에도 먹지 않는다.
- 칼슘은 비타민 C와 비타민 D보다 먼저 먹는다.
- 마그네슘은 비타민 D보다 늦게 먹고, 비타민 B보다는 먼저 먹는다.

① 비타민 C는 금요일에 먹는다.
② 마그네슘은 수요일에 먹는다.
③ 칼슘은 비타민 C보다 먼저 먹지만, 마그네슘보다는 늦게 먹는다.
④ 마그네슘은 비타민 C보다 먼저 먹는다.
⑤ 월요일에는 칼슘, 금요일에는 비타민 B를 먹는다.

※ 일정한 규칙으로 수를 나열할 때, 빈칸에 들어갈 알맞은 수를 고르시오. [3~6]

03

77 35 42 −7 49 ( ) 105 −161

① −54
② −56
③ −58
④ −60
⑤ −64

04

$\frac{3}{35}$ $\frac{15}{63}$ $\frac{35}{99}$ ( ) $\frac{99}{195}$ $\frac{143}{255}$

① $\frac{63}{143}$
② $\frac{67}{143}$
③ $\frac{63}{147}$
④ $\frac{67}{147}$
⑤ $\frac{70}{149}$

05

6 24 60 120 ( ) 336 504 720

① 198
② 210
③ 256
④ 274
⑤ 292

06

<u>( ) 3 81</u> <u>2 4 16</u> <u>3 5 125</u>

① 1
② 3
③ 4
④ 5
⑤ 7

※ 다음 도식의 기호들은 일정한 규칙에 따라 도형을 변화시킨다. 〈보기〉의 규칙을 찾고 ?에 들어갈 알맞은 도형을 고르시오(단, 규칙은 A, B, C 각각의 4개의 칸에 동일하게 적용된 것을 말하며, A, B, C 규칙은 서로 다르다). [7~8]

07

보기

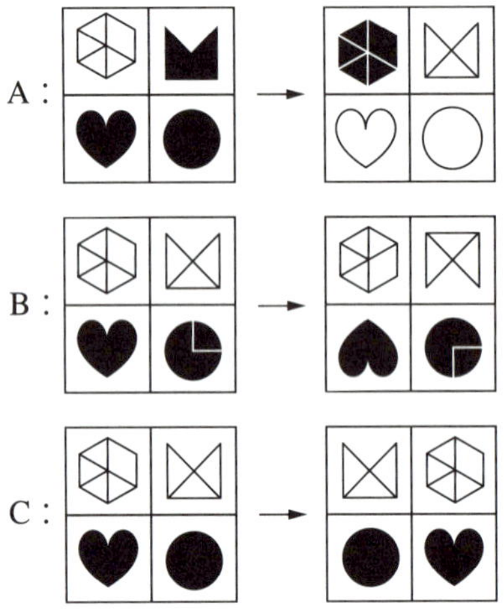

○ : 색이 처음과 같으면 Yes, 다르면 No

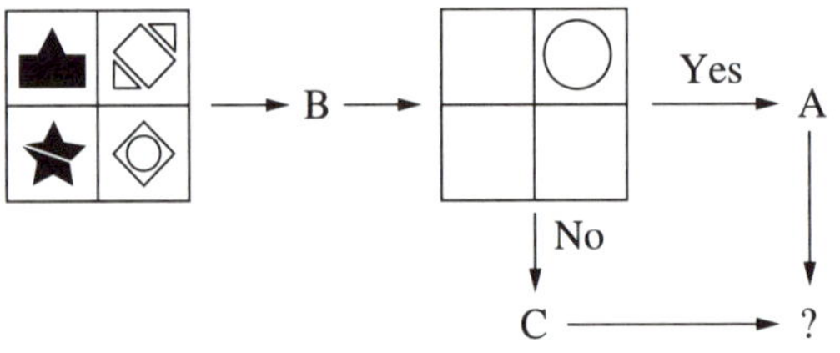

① 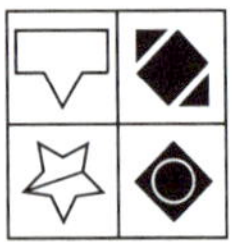

② 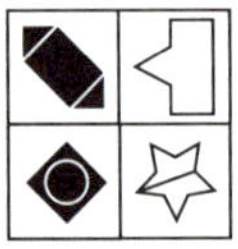

③ 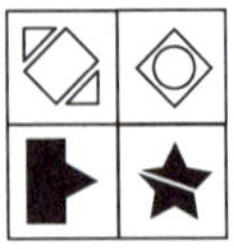

④ 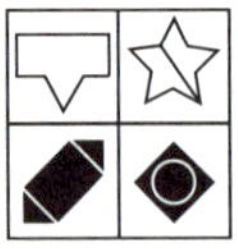

⑤ 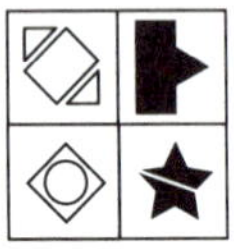

08

보기

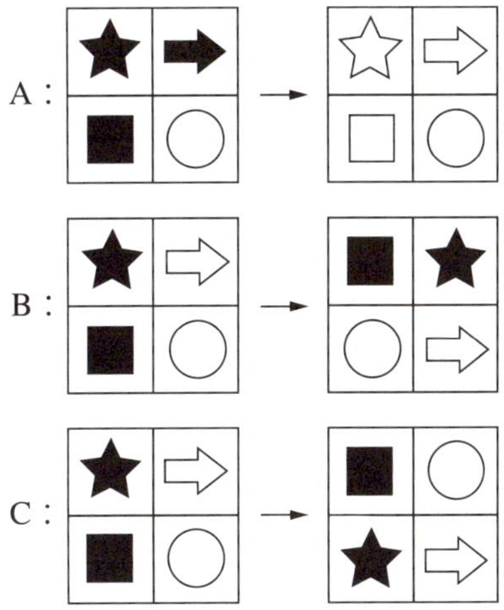

□ : 도형의 모양이 처음과 같으면 Yes, 다르면 No

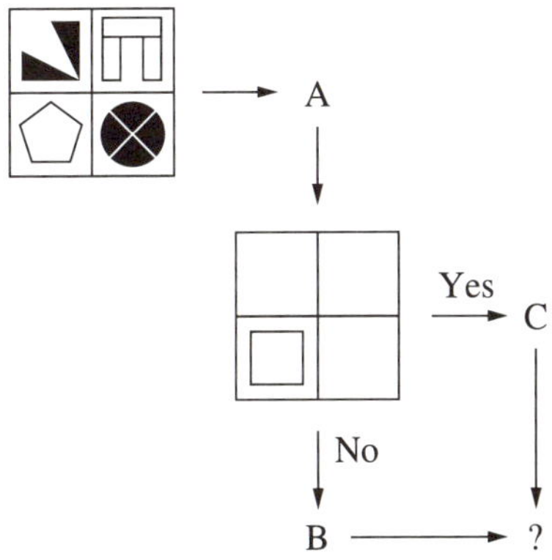

① 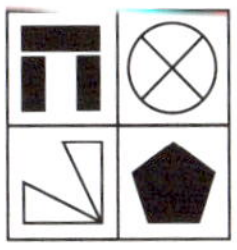

② 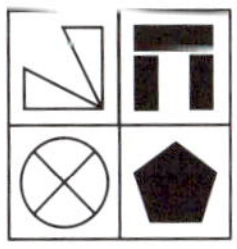

③ 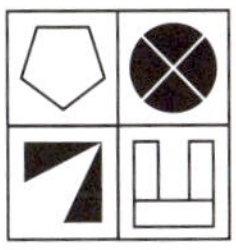

④ 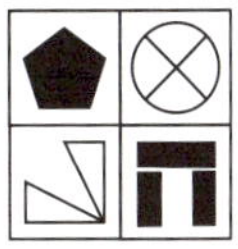

⑤ 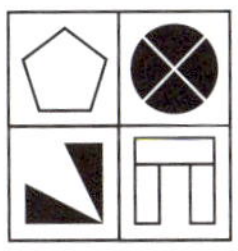

※ 다음 기호들은 일정한 규칙에 따라 도형을 변화시킨다. 〈보기〉의 도식에 따라 주어진 도형을 변화시켰을 때의 결과로 옳은 것을 고르시오(단, 주어진 조건이 두 가지 이상일 때, 모두 일치해야 Yes로 이동한다). [9~10]

보기

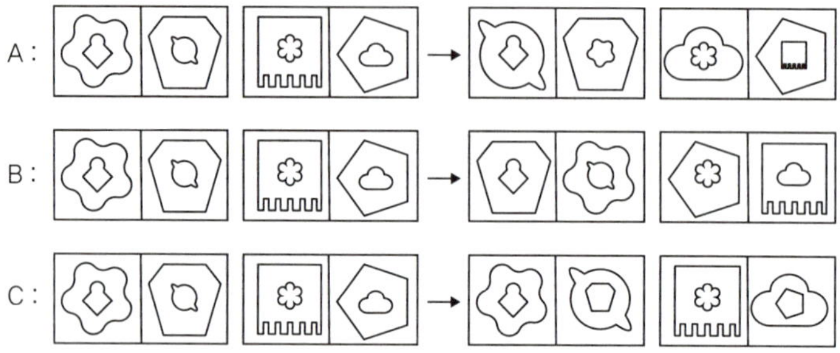

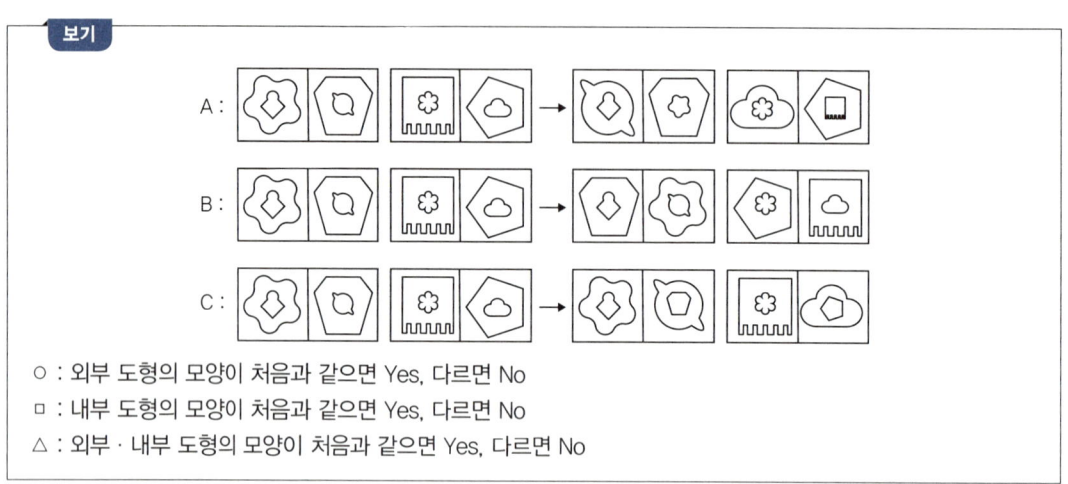

○ : 외부 도형의 모양이 처음과 같으면 Yes, 다르면 No
□ : 내부 도형의 모양이 처음과 같으면 Yes, 다르면 No
△ : 외부 · 내부 도형의 모양이 처음과 같으면 Yes, 다르면 No

09

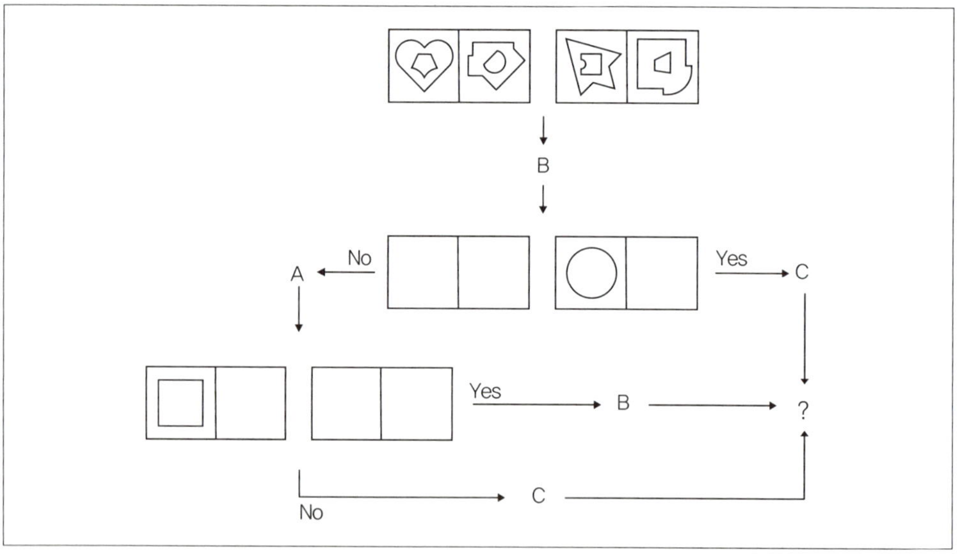

①
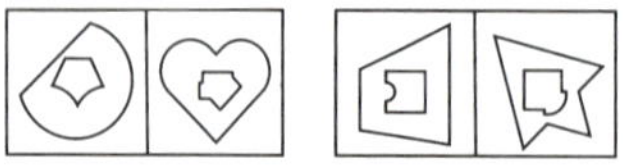

②
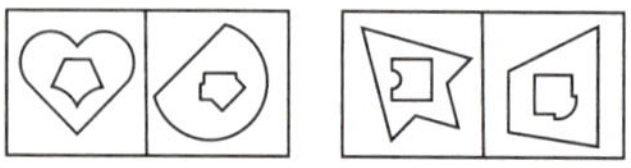

③
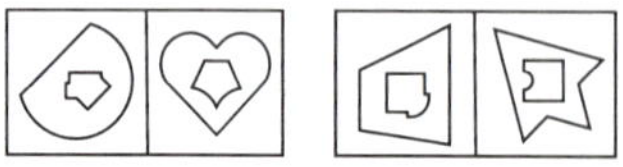

④
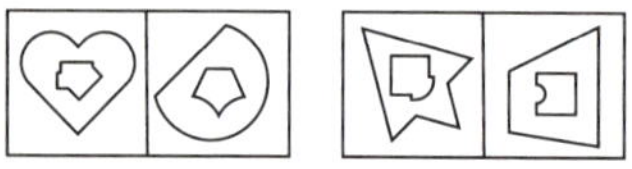

⑤

10

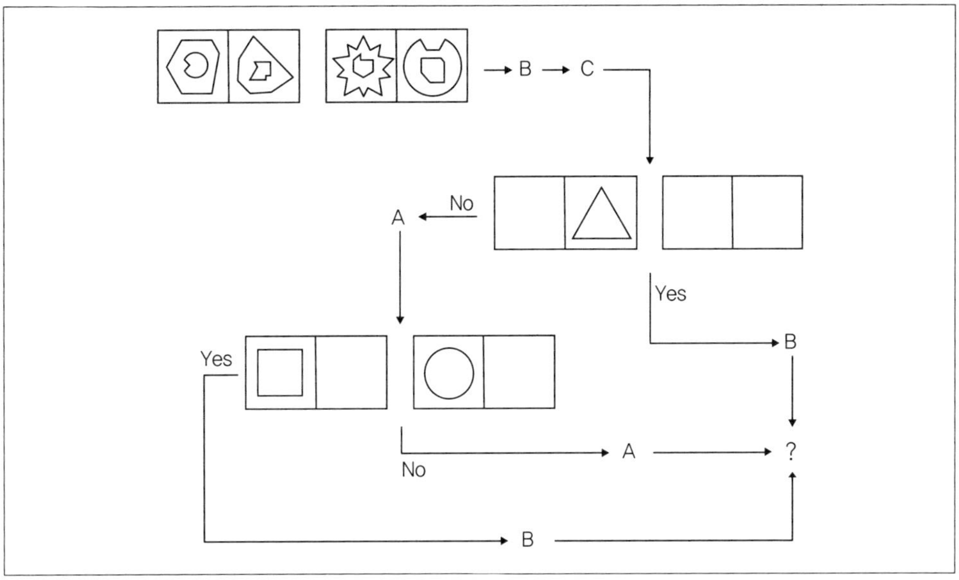

①

②
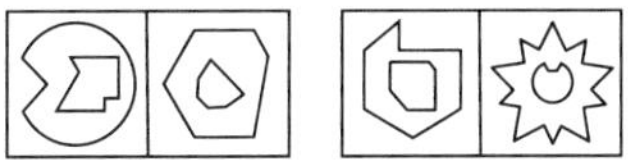

③
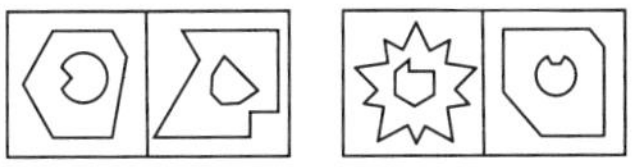

④
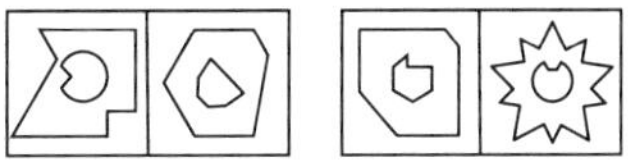

⑤

삼성

01	02	03	04	05	06	07	08	09	10
②	④	⑤	②	③	⑤	③	①	①	⑤

01

정답 ②

'하루에 두 끼를 먹는 어떤 사람도 뚱뚱하지 않다.'를 다르게 표현하면 '하루에 두 끼를 먹는 모든 사람은 뚱뚱하지 않다.'이다. 따라서 전제2와 연결하면 '아침을 먹는 모든 사람은 하루에 두 끼를 먹고, 하루에 두 끼를 먹는 사람은 뚱뚱하지 않다.'이고, 이를 정리하면 ②가 된다.

02

정답 ④

제시된 명제들을 순서대로 논리기호화하면 다음과 같다.

- 첫 번째 명제 : 재고
- 두 번째 명제 : ~설비투자 → ~재고
- 세 번째 명제 : 건설투자 → 설비투자('~때에만'이라는 한정 조건이 들어가면 논리기호의 방향이 바뀐다)

첫 번째 명제가 참이므로 두 번째 명제의 대우(재고 → 설비투자)에 따라 설비를 투자한다. 세 번째 명제는 '건설투자를 늘릴 때에만'이라는 한정 조건이 들어갔으므로 역(설비투자 → 건설투자) 또한 참이다. 이를 토대로 공장을 짓는다는 결론을 얻기 위해서는 '건설투자를 늘린다면, 공장을 짓는다(건설투자 → 공장건설).'라는 명제가 필요하다.

03

정답 ⑤

영래의 맞은편이 현석이고 현석이의 바로 옆자리가 수민이므로, 이를 기준으로 주어진 조건에 맞추어 자리를 배치해야 한다.

영래의 왼쪽 · 수민이의 오른쪽이 비어 있을 때 또는 영래의 오른쪽 · 수민이의 왼쪽이 비어 있을 때는 성표와 진모가 마주보면서 앉을 수 없으므로 성립하지 않는다. 그러므로 영래의 왼쪽 · 수민이의 왼쪽이 비어 있을 때와 영래의 오른쪽 · 수민이의 오른쪽이 비어 있을 때를 정리하면 다음과 같다.

ⅰ) 영래의 왼쪽, 수민이의 왼쪽이 비어 있을 때

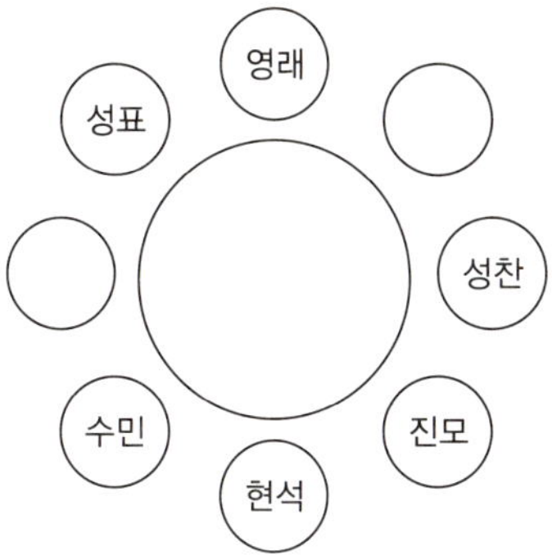

ⅱ) 영래의 오른쪽, 수민이의 오른쪽이 비어 있을 때

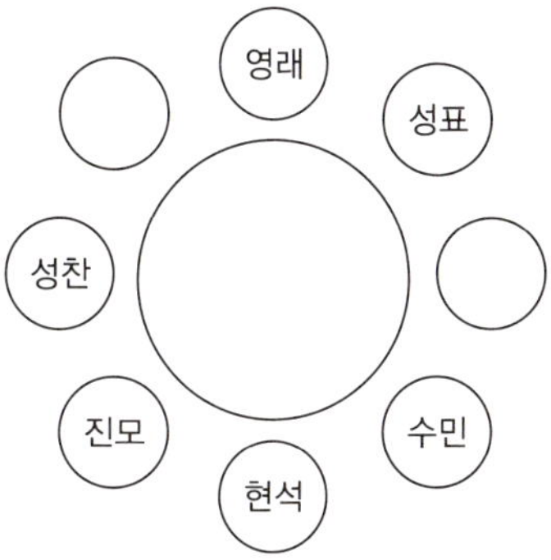

따라서 어느 상황에서든 진모와 수민이는 1명을 사이에 두고 앉는다.

04

정답 ②

먼저 첫 번째 조건에 따라 A가 출장을 간다고 하면 다음의 2가지 경우로 나뉜다.

A출장○	B출장○, C출장×
	B출장× C출장○

또한 두 번째 조건에 따라 C가 출장을 가면 D와 E 중 1명이 출장을 가지 않거나 2명 모두 가지 않는 3가지 경우가 생기고, C가 출장을 가지 않으면 D와 E의 출장 여부를 정확히 알 수 없으므로 4가지 경우가 된다. 그리고 세 번째 조건에 따라 B가 출장을 가지 않으면 F는 출장을 가므로 이를 정리하면 다음과 같다.

A출장○	B출장○, C출장×	D출장○, E출장×	F출장○ 또는 출장×
		D출장×, E출장○	
		D출장×, E출장×	
		D출장○, E출장○	
	B출장×, C출장○	D출장○, E출장×	F출장○
		D출장×, E출장○	
		D출장×, E출장×	

따라서 A가 출장을 갈 때, 최소 인원이 되는 경우는 B와 둘이서 가는 것이다.

05

정답 ③

D가 런던을 고른 경우, A는 뉴욕만 고를 수 있으므로 B는 파리를 고른다.

오답분석

① A가 뉴욕을 고를 경우, D가 런던을 고르면 E는 방콕 또는 베를린을 고른다.
② B가 베를린을 고를 경우, F는 파리를 고른다.
④ E가 뉴욕을 고를 경우, A는 런던을 고르므로 D는 방콕을 고른다.
⑤ A가 런던을 고르고 B가 파리를 고를 경우, F는 뉴욕을 고를 수 있다.

06

정답 ⑤

규칙은 가로로 적용된다.
첫 번째 도형을 90° 회전한 것이 두 번째 도형이고, 두 번째 도형의 색을 반전시킨 것이 세 번째 도형이다.

07

정답 ③

규칙은 가로로 적용된다.
첫 번째 도형에서 색칠된 칸이 오른쪽으로 2칸씩 이동한 것이 두 번째 도형이고, 두 번째 도형에서 색칠된 칸이 아래쪽으로 2칸씩 이동한 것이 세 번째 도형이다.

08

정답 ①

규칙은 가로로 적용된다.
첫 번째 도형 안쪽의 선을 좌우 반전하여 합친 것이 두 번째 도형이고, 두 번째 도형을 상하 반전하여 합친 것이 세 번째 도형이다.

09

정답 ①

- ❶ : 각 자릿수 +1
- ❹ : 12345 → 31245
- ❻ : 12345 → 52341

ㅏㅓㅋㅛㄷ → ㅋㅏㅓㅛㄷ → ㅌㅑㅕㅜㄹ
❹ ❶

10

정답 ⑤

4ㅑㄴdㅛ → ㅛㅑㄴd4 → ㄴㅛㅑd4
❻ ❹

LG

01	02	03	04	05	06	07			
④	③	⑤	⑤	④	③	③			

01

정답 ④

다이아몬드는 광물이고, 광물은 매우 규칙적인 원자 배열을 가지고 있다.
따라서 다이아몬드는 매우 규칙적인 원자 배열을 가지고 있다.

02

정답 ③

만약 갑의 말이 진실이면 을의 말은 거짓, 병의 말은 진실, 정의 말도 진실, 무의 말은 거짓이 되어 진실을 말한 사람이 3명이 되므로 1명만 진실을 말한다는 조건에 맞지 않는다. 따라서 갑의 말은 거짓이다. 또한, 을이나 무의 말이 진실이라면 병의 말이 진실이 되므로 이 역시 1명만 진실을 말한다는 조건에 어긋나 을과 무의 말 역시 거짓이다. 병의 말이 진실이라면 을의 말은 거짓, 정의 말은 진실이 되므로 병의 말도 거짓이다.
따라서 진실을 말한 사람은 정이고, 갑, 을, 병, 무의 말은 모두 거짓이 된다. 그러므로 병이 범인이다.

03

정답 ⑤

재은이가 요일별로 달린 거리를 표로 정리하면 다음과 같다.

월	화	수	목
200−50=150m	200m	200−30=170m	170+10=180m

따라서 재은이가 목요일에 화요일보다 20m 적게 달린 것을 알 수 있다.

04

정답 ⑤

ⓛ과 ⓡ · ⓢ은 상반되며, ⓒ과 ⓑ · ⓞ · ⓩ 역시 상반된다.

- 김대리가 짬뽕을 먹은 경우 : ⓑ, ⓞ, ⓩ 세 개의 진술이 참이 되므로 성립하지 않는다.
- 박과장이 짬뽕을 먹은 경우 : ⓖ, ⓒ, ⓜ 세 개의 진술이 참이 되므로 성립하지 않는다.
- 최부장이 짬뽕을 먹은 경우 : 최부장이 짬뽕을 먹었으므로 ⓖ, ⓜ, ⓞ은 반드시 거짓이 된다. 이때, ⓒ은 반드시 참이 되므로 상반되는 ⓑ, ⓩ은 반드시 거짓이 되고, ⓡ, ⓢ 또한 반드시 거짓이 되므로 상반되는 ⓛ이 참이 되는 것을 알 수 있다.

따라서 짬뽕을 먹은 사람은 최부장이고, 참인 진술은 ⓛ · ⓒ이다.

05

정답 ④

각 행은 인접한 두 수의 차이가 일정한 수열이다.

1행 : $1 \xrightarrow{+2} 3 \xrightarrow{+2} 5 \xrightarrow{+2} 7$

2행 : $11 \xrightarrow{+4} 15 \xrightarrow{+4} 19 \xrightarrow{+4} 23$

3행 : $30 \xrightarrow{+5} 35 \xrightarrow{+5} 40 \xrightarrow{+5} 45$

4행 : $62-74=-12$이므로 앞의 항에 12씩 빼는 수열임을 알 수 있다.

$98 \xrightarrow{-12} (86) \xrightarrow{-12} 74 \xrightarrow{-12} 62$

따라서 ($)=98-12=86$이다.

06

정답 ③

$\times(-2)$와 $+(3$의 배수)를 번갈아 가면서 적용하는 수열이다.

따라서 ($)=(-2)+12=10$이다.

07

정답 ③

앞의 항에 -20, -19, -18, -17, -16, …인 수열이다.

따라서 ($)=43-17=26$이다.

SK

01	02	03	04	05	06	07	08	09	
③	①	①	④	④	③	①	②	③	

01

정답 ③

첫 번째 조건에 따라 A는 B의 바로 뒤쪽에 서야 하므로 (AB) 그룹으로 묶을 수 있다. 또한, C와 D는 서로 붙어 있으므로 (CD) 혹은 (DC)로 묶을 수 있다. 그러므로 (AB), (CD / DC), E, F 4그룹으로 분류하고, 세 번째 조건에 따라 E가 맨 앞이나 맨 뒤에 오는 경우를 구하면 된다. 따라서 E를 제외하고 남은 3그룹을 줄 세우는 경우의 수는 $3!=6$가지이고, C와 D의 위치가 바뀔 수 있으므로 $6\times2=12$가지이다. 마지막으로 E가 맨 앞 또는 맨 뒤에 있을 수 있으므로 $12\times2=24$가지이다.

02

정답 ①

두 번째 조건에 따라 홍차를 선택한 사람은 3명이고, 세 번째 조건에 따라 녹차를 선택한 사람은 4명이다. 따라서 커피를 선택한 사람은 3명이 된다. 이후 네 번째 조건에 따라 한식을 선택한 사람 중 2명이 커피를 선택했으므로 양식과 커피를 선택한 사람은 1명이다.

03

정답 ①

B는 두 번째, F는 여섯 번째로 도착하였고, A가 도착하고 바로 뒤에 C가 도착하였으므로 A는 세 번째 또는 네 번째로 도착하였다. 그런데 D는 C보다 먼저 도착하였고 E보다 늦게 도착하였으므로 A는 네 번째로 도착하였음을 알 수 있다.

따라서 도착한 순서는 E－B－D－A－C－F이고, A는 네 번째로 도착하였으므로 토너먼트 배치표에 의해 최대 3번 경기를 하게 된다.

04

정답 ④

'어떤'과 '모든'이 나오는 명제는 벤 다이어그램으로 정리하면 편리하다. 제시된 명제를 정리하면 다음과 같다.

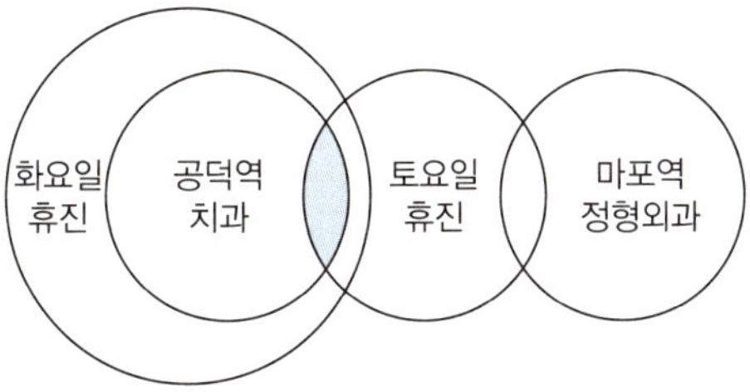

위의 벤 다이어그램을 통해 '공덕역 부근의 어떤 치과는 토요일과 화요일이 모두 휴진이다.'를 추론할 수 있다.

오답분석

① 마포역 부근의 어떤 정형외과는 토요일이 휴진이다.
② 공덕역 부근의 어떤 치과는 토요일이 휴진이기 때문에 거짓이다.
③ 제시된 명제만으로는 알 수 없다.
⑤ 마포역 부근의 어떤 정형외과가 화요일도 휴진인지는 알 수 없다.

05

정답 ④

분모는 ＋3을 하고, 분자는 앞의 두 항의 합이 다음 항이 되는 피보나치 수열이다.

따라서 ( )$=\frac{8+13}{18}+3=\frac{21}{21}=1$이다.

06

정답 ③

앞의 항에 $+0.1^2$, $+0.2^2$, $+0.3^2$, …을 하는 수열이다.

따라서 ( )$=0.55+0.6^2=0.55+0.36=0.91$이다.

07

정답 ①

자연수와 대분수를 가분수로 바꾸었을 때, 분모는 ＋2, 분자는 ＋7, ＋9, ＋11, …을 하는 수열이다.

따라서 ( )$=\frac{45+15}{9+2}=\frac{60}{11}=5\frac{5}{11}$이다.

08

정답 ②

홀수 번째 항일 때 앞의 항의 분모에 +2, 짝수 번째 항일 때 앞의 항의 분자에 −6을 하는 수열이다.

따라서 (　)$=\frac{976-6}{41}=\frac{970}{41}$이다.

09

정답 ③

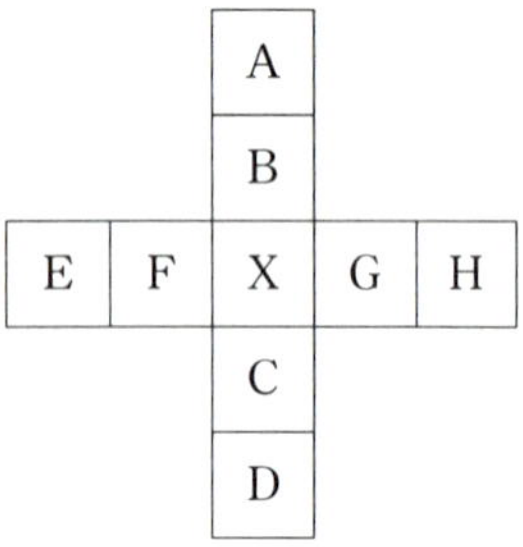

제시된 수열은 $(A+B)\times(C+D)=(E+F)\times(G\times H)=X$이다.
따라서 (　)$=(6+4)\times(11+25)=(5+7)\times(11+19)=360$이다.

포스코

01	02	03	04						
①	②	③	①						

01

정답 ①

$\times(-3)$, $+4$가 반복되는 수열이다. 따라서 (　)$=(-26)\times(-3)=78$이다.

02

정답 ②

홀수 항은 5씩 곱하고, 짝수 항은 4씩 더하는 수열이다. 따라서 (　)$=10+4=14$이다.

03

정답 ③

이동시간이 긴 순서대로 나열하면 'D－B－C－A'이다. 이때 이동시간은 거리가 멀수록 많이 소요된다고 하였으므로 서울과의 거리가 먼 순서에 따라 D는 강릉, B는 대전, C는 세종, A는 인천에서 근무하는 것을 알 수 있다.

04

정답 ①

B사원은 2층에 묵는 A사원보다 높은 층에 묵지만, C사원보다는 낮은 층에 묵으므로 3층 또는 4층에 묵을 수 있다. 그러나 D사원이 C사원 바로 아래층에 묵는다고 하였으므로 D사원이 4층, B사원은 3층에 묵는 것을 알 수 있다. 따라서 A～D사원을 높은 층에 묵는 순서대로 나열하면 'C－D－B－A'가 되며, E는 남은 1층에 묵는 것을 알 수 있다.

KT

01	02	03	04	05	06	07	08	09	10
②	⑤	②	①	②	③	①	④	②	④

01

정답 ②

제시된 내용을 정리하면 다음과 같다.

P : 원숭이를 좋아한다.

Q : 코끼리를 좋아한다.

R : 낙타를 좋아한다.

S : 토끼를 좋아한다.

- 원숭이를 좋아하면 코끼리를 좋아한다. : P → Q
- 낙타를 좋아하면 코끼리를 좋아하지 않는다. : R → ~Q
- 토끼를 좋아하면 원숭이를 좋아하지 않는다. : S → ~P

A : 코끼리를 좋아하면 토끼를 좋아한다. : 추론할 수 없음

B : 낙타를 좋아하면 원숭이를 좋아하지 않는다. : R → ~Q → ~P

따라서 B만 옳다.

02

정답 ⑤

월요일에 먹는 영양제는 비타민 B와 칼슘, 마그네슘 중 하나이다. 마그네슘의 경우 비타민 D보다 늦게 먹고, 비타민 B보다는 먼저 먹어야 하므로 마그네슘과 비타민 B는 월요일에 먹을 수 없다. 그러므로 K씨가 월요일에 먹는 영양제는 칼슘이다.

또한 비타민 B는 화요일 또는 금요일에 먹을 수 있는데, 화요일에 먹게 될 경우 마그네슘을 비타민 B보다 먼저 먹을 수 없게 되므로 비타민 B는 금요일에 먹는다. 나머지 조건에 따라 K씨가 요일별로 먹는 영양제를 정리하면 다음과 같다.

월	화	수	목	금
칼슘	비타민 C	비타민 D	마그네슘	비타민 B

따라서 회사원 K씨가 월요일에는 칼슘, 금요일에는 비타민 B를 먹는 것을 알 수 있다.

03

정답 ②

(앞의 항)$-$(뒤의 항)$=$(다음 항)인 수열이다.

따라서 빈칸에 들어갈 알맞은 수는 $-7-49=-56$이다.

04

정답 ①

n번째 항일 때 $\frac{(2n-1)(2n+1)}{(2n+3)(2n+5)}$인 수열이다.

따라서 빈칸에 들어갈 알맞은 수는 $\frac{(2\times4-1)(2\times4+1)}{(2\times4+3)(2\times4+5)}=\frac{7\times9}{11\times13}=\frac{63}{143}$이다.

05

정답 ②

n번째 항일 때 n(n+1)(n+2)인 수열이다.
따라서 빈칸에 들어갈 알맞은 수는 $5\times6\times7=210$이다.

06

정답 ③

A B C → $B^A=C$이다.
따라서 빈칸에 들어갈 알맞은 수는 $3^4=81$이므로 4이다.

07

정답 ①

- A : 색 반전
- B : 상하 반전(도형의 위치 고정)
- C : 도형의 좌우 위치 변경(도형의 색상 고정)

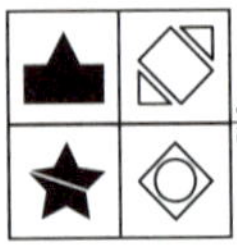
을 숫자로 표현하면

①	2
③	4

이므로

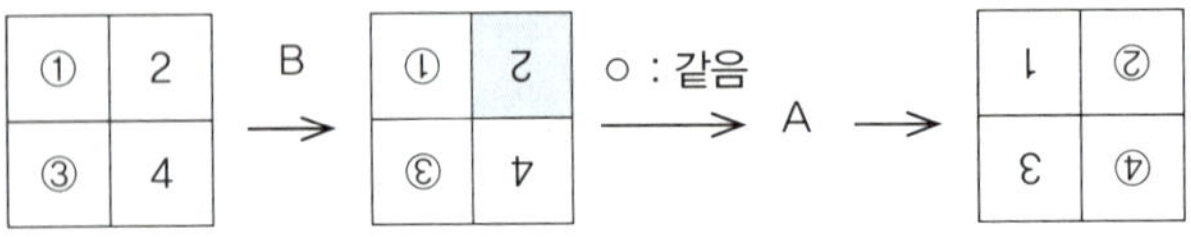

이다.

08

정답 ④

- A : 색 반전
- B : 시계 방향으로 도형 한 칸 이동
- C : 도형의 상하 위치 변경(도형의 색상 고정)

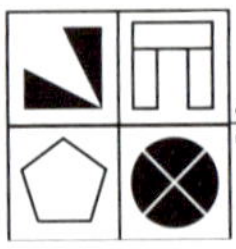
을 숫자로 표현하면

①	2
3	④

이므로

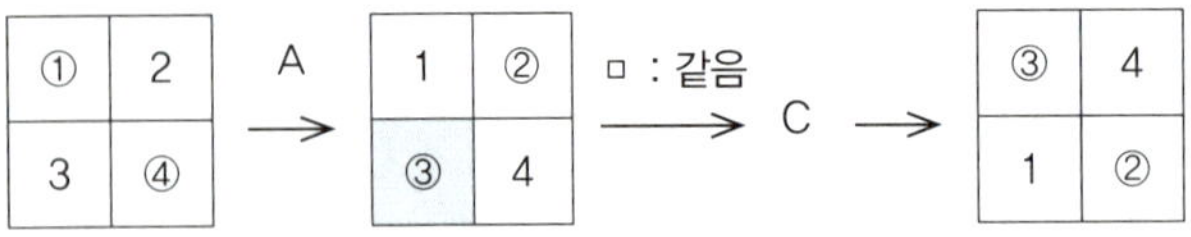

이다.

09

정답 ②

- A : 왼쪽 외부 도형과 오른쪽 내부 도형 위치 변경

					→				
외부도형	①	②	③	④		2	②	4	④
내부도형	1	2	3	4		1	①	3	③

• B : 왼쪽 외부 도형과 오른쪽 외부 도형 위치 변경

외부도형	①	②	③	④	→	②	①	④	③
내부도형	1	2	3	4		1	2	3	4

• C : 오른쪽 외부 도형과 오른쪽 내부 도형 위치 변경

외부도형	①	②	③	④	→	①	2	③	4
내부도형	1	2	3	4		1	②	3	④

외부도형	①	②	③	④	→	②	①	④	③	No →	2	①	4	③	Yes →	①	2	③	4
내부도형	1	2	3	4	B	1	2	3	4	A	1	②	3	④	B	1	②	3	④

10

정답 ④

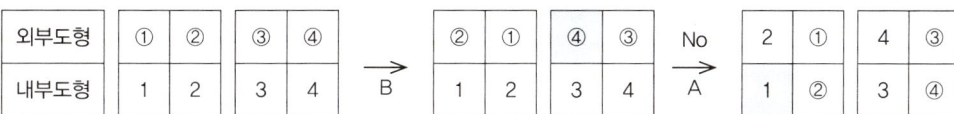

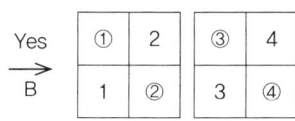

• A : 왼쪽 외부 도형과 오른쪽 내부 도형 위치 변경

외부도형	①	②	③	④	→	2	②	4	④
내부도형	1	2	3	4		1	①	3	③

• B : 왼쪽 외부 도형과 오른쪽 외부 도형 위치 변경

외부도형	①	②	③	④	→	②	①	④	③
내부도형	1	2	3	4		1	2	3	4

• C : 오른쪽 외부 도형과 오른쪽 내부 도형 위치 변경

외부도형	①	②	③	④	→	①	2	③	4
내부도형	1	2	3	4		1	②	3	④

외부도형	①	②	③	④	→	②	①	④	③	→	②	2	④	4	No →	①	2	③	4	Yes →	2	①	4	③
내부도형	1	2	3	4	B	1	2	3	4	C	1	①	3	③	A	1	②	3	④	B	1	②	3	④

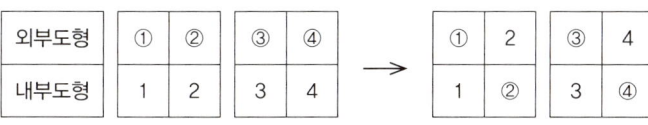

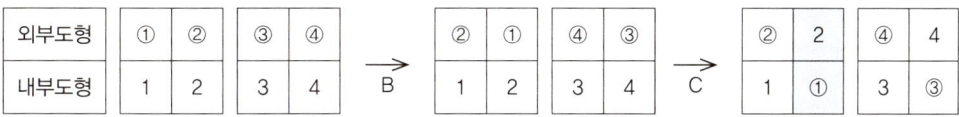

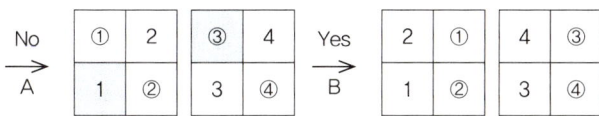

SDEDU 합격의 공식 시대에듀

교육은 우리 자신의 무지를 점차 발견해 가는 과정이다.

– 윌 듀란트 –

PART 1
추리

CHAPTER

01 언어추리

핵심이론 어휘추리

❶ **정의** : 동의 · 유의 · 반의 · 상하 관계 등 기본 관계뿐 아니라 다양한 어휘 관계를 추론하는 어휘유추와 어휘의 관계는 물론, 주어진 어휘들을 기준을 세워 묶을 수 있는지를 추론하는 관계유추, 제시된 어휘들 간의 관계와 속성, 어휘에 내포된 의미 및 상징 등을 파악하여 추론하는 어휘연상 등의 문제가 출제

❷ **학습전략** : 보통 유의 관계, 반의 관계, 상하 관계, 부분 관계를 통해 단어의 속성을 묻는 문제가 출제되므로 제시된 단어들의 관계와 속성을 바르게 파악하여 적용하는 것이 중요하다.

1. 유의 관계

두 개 이상의 어휘가 서로 소리는 다르나 의미가 비슷한 경우를 유의 관계라고 하고, 유의 관계에 있는 어휘를 유의어(類義語)라고 한다. 유의 관계의 대부분은 개념적 의미의 동일성을 전제로 한다. 그렇다고 하여 유의 관계를 이루는 단어들을 어느 경우에나 서로 바꾸어 쓸 수 있는 것은 아니다. 따라서 언어 상황에 적합한 말을 찾아 쓰도록 노력하여야 한다.

(1) 원어의 차이

한국어는 크게 고유어, 한자어, 외래어로 구성되어 있다. 따라서 하나의 사물에 대해서 각각 부르는 일이 있을 경우 유의 관계가 발생하게 된다.

(2) 전문성의 차이

같은 사물에 대해서 일반적으로 부르는 이름과 전문적으로 부르는 이름이 다른 경우가 많다. 이런 경우에 전문적으로 부르는 이름과 일반적으로 부르는 이름 사이에 유의 관계가 발생한다.

예 에어컨 : 공기조화기, 소금 : 염화나트륨 등

(3) 내포의 차이

나타내는 의미가 완전히 일치하지는 않으나, 유사한 경우에 유의 관계가 발생한다.

예 즐겁다 : 기쁘다, 친구 : 동무 등

(4) 완곡어법

문화적으로 금기시하는 표현을 둘러서 말하는 것을 완곡어법이라고 하며, 이러한 완곡어법 사용에 따라 유의 관계가 발생한다.

예 변소 : 화장실, 죽다 : 돌아가다 등

2. 반의 관계

(1) 개요

반의어(反意語)는 둘 이상의 단어에서 의미가 서로 짝을 이루어 대립하는 경우를 말한다.
즉, 반의어는 어휘의 의미가 서로 대립하는 단어를 말하며, 이러한 어휘들의 관계를 반의 관계라고 한다. 한 쌍의 단어가 반의어가 되려면, 두 어휘 사이에 공통적인 의미 요소가 있으면서도 동시에 서로 다른 하나의 의미 요소가 있어야 한다.
반의어는 반드시 한 쌍으로만 존재하는 것이 아니라, 다의어(多義語)이면 그에 따라 반의어가 여러 개로 달라질 수 있다. 즉, 하나의 단어에 대하여 여러 개의 반의어가 있을 수 있다.

(2) 반의어의 종류

반의어에는 상보 반의어와 정도 반의어, 관계 반의어, 방향 반의어가 있다.

① **상보 반의어** : 한쪽 말을 부정하면 다른 쪽 말이 되는 반의어이며, 중간항은 존재하지 않는다. '있다'와 '없다'가 상보적 반의어이며, '있다'와 '없다' 사이의 중간 상태는 존재할 수 없다.

② **정도 반의어** : 한쪽 말을 부정하면 반드시 다른 쪽 말이 되는 것이 아니며, 중간항을 갖는 반의어이다. '크다'와 '작다'가 정도 반의어이며, 크지도 작지도 않은 중간이라는 중간항을 갖는다.

③ **관계 반의어** : 관계 반의어는 상대가 존재해야만 자신이 존재할 수 있는 반의어이다. '부모'와 '자식'이 관계 반의어의 예이다.

④ **방향 반의어** : 맞선 방향을 전제로 하여 관계나 이동의 측면에서 대립을 이루는 단어 쌍이다. 방향 반의어는 공간적 대립, 인간관계 대립, 이동적 대립 등으로 나누어 볼 수 있다.

㉠ 공간적 대립

예 위 : 아래, 처음 : 끝 등

㉡ 인간관계 대립

예 스승 : 제자, 남편 : 아내 등

㉢ 이동적 대립

예 사다 : 팔다, 열다 : 닫다 등

3. 상하 관계

상하 관계는 단어의 의미적 계층 구조에서 한쪽이 의미상 다른 쪽을 포함하거나 다른 쪽에 포섭되는 관계를 말한다. 상하 관계를 형성하는 단어들은 상위어(上位語)일수록 일반적이고 포괄적인 의미를 지니며, 하위어(下位語)일수록 개별적이고 한정적인 의미를 지닌다.
따라서 상위어는 하위어를 함의하게 된다. 즉, 하위어가 가지고 있는 의미 특성을 상위어가 자동적으로 가지게 된다.

4. 부분 관계

부분 관계는 한 단어가 다른 단어의 부분이 되는 관계를 말하며, 전체－부분 관계라고도 한다. 부분 관계에서 부분을 가리키는 단어를 부분어(部分語), 전체를 가리키는 단어를 전체어(全體語)라고 한다. 예를 들면, '머리, 팔, 몸통, 다리'는 '몸'의 부분어이며, 이러한 부분어들에 의해 이루어진 '몸'은 전체어이다.

① 제시된 단어 뜻 파악
자기의 손이나 발처럼 마음대로 부리는 사람을 비유적으로 이르는 말

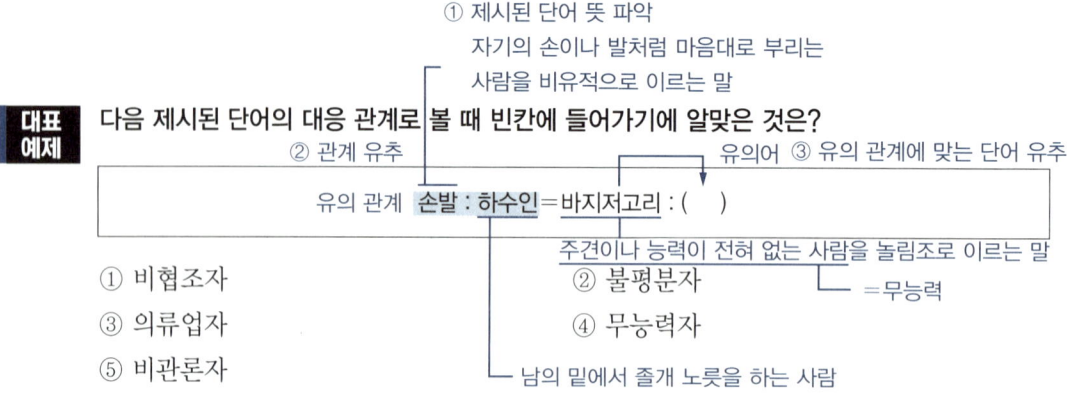

대표 예제 **다음 제시된 단어의 대응 관계로 볼 때 빈칸에 들어가기에 알맞은 것은?**

② 관계 유추 / 유의어 ③ 유의 관계에 맞는 단어 유추

유의 관계 손발 : 하수인 ＝ 바지저고리 : ( )

주견이나 능력이 전혀 없는 사람을 놀림조로 이르는 말 ＝무능력

① 비협조자
② 불평분자
③ 의류업자
④ 무능력자
⑤ 비관론자

남의 밑에서 졸개 노릇을 하는 사람

정답 및 해설 정답 ④

제시문은 유의 관계이다. '손발'의 유의어는 '하수인'이고 '바지저고리'의 유의어는 '무능력자'이다.
• 바지저고리 : 주견이나 능력이 전혀 없는 사람을 놀림조로 이르는 말

오답분석

② 불평분자 : 어떤 조직체의 시책에 불만을 품고 투덜거리는 사람
⑤ 비관론자 : 비관론을 따르거나 주장하는 사람

핵심이론 명제추리

❶ **정의** : 명제의 역 · 이 · 대우를 활용하여 제시된 명제가 옳은지, 옳지 않은 지를 구분하는 문제와 명제 간의 참 · 거짓 · 알 수 없음을 확인하는 문제, 또는 참인 결론을 제시하고 빈칸에 들어갈 전제를 찾는 문제 등이 출제

❷ **학습전략** :
- 주어진 명제를 수식화하여 명제 간에 연결고리를 찾아 최대한 이어본다.
- 참인 명제의 대우도 참임을 이용한다.

1. 연역 추론

이미 알고 있는 판단(전제)을 근거로 새로운 판단(결론)을 유도하는 추론이다. 연역 추론은 진리일 가능성을 따지는 귀납 추론과는 달리, 명제 간의 관계와 논리적 타당성을 따진다. 즉, 연역 추론은 전제들로부터 절대적인 필연성을 가진 결론을 이끌어내는 추론이다.

(1) 직접 추론 : 한 개의 전제로부터 중간적 매개 없이 새로운 결론을 이끌어내는 추론이며, 대우명제가 그 대표적인 예이다.

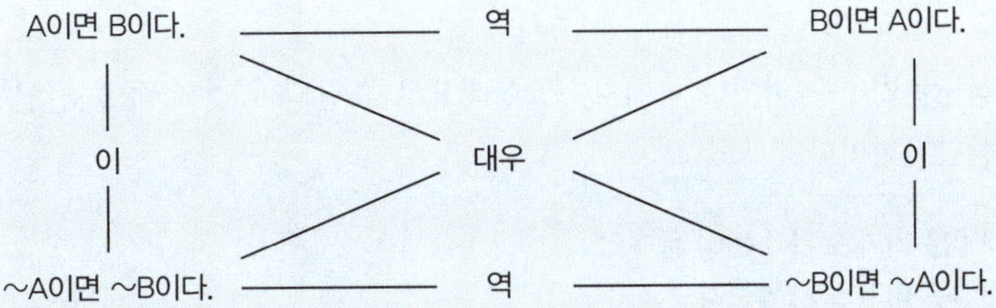

• 한국인은 모두 황인종이다.	(전제)
• 그러므로 황인종이 아닌 사람은 모두 한국인이 아니다.	(결론1)
• 그러므로 황인종 중에는 한국인이 아닌 사람도 있을 수 있다.	(결론2)

(2) 간접 추론 : 둘 이상의 전제로부터 새로운 결론을 이끌어내는 추론이다. 삼단논법이 가장 대표적인 예이다.

① **정언 삼단논법** : 세 개의 정언명제로 구성된 간접추론 방식이다. 세 개의 명제 가운데 두 개의 명제는 전제이고, 나머지 한 개의 명제는 결론이다. 세 명제의 주어와 술어는 세 개의 서로 다른 개념을 표현한다. (P는 대개념, S는 소개념, M은 매개념이다)

• 모든 곤충은 다리가 여섯이다.	M은 P이다. (대전제)
• 모든 개미는 곤충이다.	S는 M이다. (소전제)
• 그러므로 모든 개미는 다리가 여섯이다.	S는 P이다. (결론)

② **가언 삼단논법** : 가언명제로 이루어진 삼단논법을 말한다. 가언명제란 두 개의 정언명제가 '만일 ~이라면'이라는 접속사에 의해 결합된 복합명제이다. 여기서 '만일'에 의해 이끌리는 명제를 전건이라고 하고, 그 뒤의 명제를 후건이라고 한다. 가언 삼단논법의 종류로는 혼합가언 삼단논법과 순수가언 삼단논법이 있다.

㉠ 혼합가언 삼단논법 : 대전제만 가언명제로 구성된 삼단논법이다. 긍정식과 부정식 두 가지가 있으며, 긍정식은 'A면 B다. A다. 그러므로 B다.'이고, 부정식은 'A면 B다. B가 아니다. 그러므로 A가 아니다.'이다.

- 만약 A라면 B다.
- B가 아니다.
- 그러므로 A가 아니다.

㉡ 순수가언 삼단논법 : 대전제와 소전제 및 결론까지 모두 가언명제들로 구성된 삼단논법이다.

- 만약 A라면 B다.
- 만약 B라면 C다.
- 그러므로 만약 A라면 C다.

③ **선언 삼단논법** : '~이거나 ~이다.'의 형식으로 표현되며 전제 속에 선언 명제를 포함하고 있는 삼단논법이다.

• 내일은 비가 오거나 눈이 온다.	A 또는 B이다.
• 내일은 비가 오지 않는다.	A가 아니다.
• 그러므로 내일은 눈이 온다.	그러므로 B다.

④ **딜레마 논법** : 대전제는 두 개의 가언명제로, 소전제는 하나의 선언명제로 이루어진 삼단논법으로, 양도추론이라고도 한다.

• 만일 네가 거짓말을 하면, 신이 미워할 것이다.	(대전제)
• 만일 네가 거짓말을 하지 않으면, 사람들이 미워할 것이다.	(대전제)
• 너는 거짓말을 하거나, 거짓말을 하지 않을 것이다.	(소전제)
• 그러므로 너는 미움을 받게 될 것이다.	(결론)

2. 귀납 추론

특수한 또는 개별적인 사실로부터 일반적인 결론을 이끌어 내는 추론을 말한다. 귀납 추론은 구체적 사실들을 기반으로 하여 결론을 이끌어 내기 때문에 필연성을 따지기보다는 개연성과 유관성, 표본성 등을 중시하게 된다. 여기서 개연성이란, 관찰된 어떤 사실이 같은 조건에서 앞으로도 관찰될 수 있는가 하는 가능성을 말하고, 유관성은 추론에 사용된 자료가 관찰하려는 사실과 관련되어야 하는 것을 일컬으며, 표본성은 추론을 위한 자료의 표본 추출이 공정하게 이루어져야 하는 것을 가리킨다. 이러한 귀납 추론은 일상생활 속에서 많이 사용하고, 우리가 알고 있는 과학적 사실도 이와 같은 방법으로 밝혀졌다.

- 히틀러도 사람이고 죽었다.
- 스탈린도 사람이고 죽었다.
- 그러므로 모든 사람은 죽는다.

그러나 전제들이 참이어도 결론이 항상 참인 것은 아니다. 단 하나의 예외로 인하여 결론이 거짓이 될 수 있다.

- 성냥불은 뜨겁다.
- 연탄불도 뜨겁다.
- 그러므로 모든 불은 뜨겁다.

위 예문에서 '성냥불이나 연탄불이 뜨거우므로 모든 불은 뜨겁다.'라는 결론이 나왔는데, 반딧불은 뜨겁지 않으므로 '모든 불이 뜨겁다.'라는 결론은 거짓이 된다.

(1) 완전 귀납 추론

관찰하고자 하는 집합의 전체를 다 검증함으로써 대상의 공통 특질을 밝혀내는 방법이다. 이는 예외 없는 진실을 발견할 수 있다는 장점은 있으나, 집합의 규모가 크고 속성의 변화가 다양할 경우에는 적용하기 어려운 단점이 있다.

예 1부터 10까지의 수를 다 더하여 그 합이 55임을 밝혀내는 방법

(2) 통계적 귀납 추론

통계적 귀납 추론은 관찰하고자 하는 집합의 일부에서 발견한 몇 가지 사실을 열거함으로써 그 공통점을 결론으로 이끌어 내려는 방식을 가리킨다. 관찰하려는 집합의 규모가 클 때 그 일부를 표본으로 추출하여 조사하는 방식이 이에 해당하며, 표본 추출의 기준이 얼마나 적합하고 공정한가에 따라 그 결과에 대한 신뢰도가 달라진다는 단점이 있다.

예 여론조사에서 일부의 국민에 대한 설문 내용을 바탕으로, 이를 전체 국민의 여론으로 제시하는 것

(3) 인과적 귀납 추론

관찰하고자 하는 집합의 일부 원소들이 지닌 인과 관계를 인식하여 그 원인이나 결과를 이끌어 내려는 방식을 말한다.

① **일치법** : 공통적인 현상을 지닌 몇 가지 사실 중에서 각기 지닌 요소 중 어느 한 가지만 일치한다면 이 요소가 공통 현상의 원인이라고 판단하는 추론이다.

예 마을 잔칫집에서 돼지고기를 먹은 사람들이 집단 식중독을 일으켰다.
따라서 식중독의 원인은 상한 돼지고기가 아닌가 생각한다.

② **차이법** : 어떤 현상이 나타나는 경우와 나타나지 않은 경우를 놓고 보았을 때, 각 경우의 여러 조건 중 단 하나만이 차이를 보인다면 그 차이를 보이는 조건이 원인이 된다고 판단하는 추론이다.

예 현수와 승재는 둘 다 지능이나 학습 시간, 학습 환경 등이 비슷한데 공부하는 태도에는 약간의 차이가 있다.
따라서 둘의 성적이 차이를 보이는 것은 학습 태도의 차이 때문으로 생각된다.

③ **일치 · 차이 병용법** : 몇 개의 공통 현상이 나타나는 경우와 몇 개의 그렇지 않은 경우를 놓고 일치법과 차이법을 병용하여 적용함으로써 그 원인을 판단하는 추론이다.

예 학업 능력 정도가 비슷한 두 아동 집단에 대해 처음에는 같은 분량의 과제를 부여하고 나중에는 각기 다른 분량의 과제를 부여한 결과, 많이 부여한 집단의 성적이 훨씬 높게 나타났다. 이로 보아, 과제를 많이 부여하는 것이 적게 부여하는 것보다 학생의 학업 성적 향상에 도움이 된다고 판단할 수 있다.

④ **공변법** : 관찰하는 어떤 사실의 변화에 따라 현상의 변화가 일어날 때 그 변화의 원인이 무엇인지 판단하는 추론이다.

예 담배를 피우는 양이 각기 다른 사람들의 집단을 조사한 결과, 담배를 많이 피울수록 폐암에 걸릴 확률이 높다는 사실이 발견되었다.

⑤ **잉여법** : 앞의 몇 가지 현상이 뒤의 몇 가지 현상의 원인이며, 선행 현상의 일부분이 후행 현상의 일부분이라면, 선행 현상의 나머지 부분이 후행 현상의 나머지 부분의 원인임을 판단하는 추론이다.

예 어젯밤 일어난 사건의 혐의자는 정은이와 규민이 두 사람인데, 정은이는 알리바이가 성립되어 혐의 사실이 없는 것으로 밝혀졌다.
따라서 그 사건의 범인은 규민이일 가능성이 높다.

3. 유비 추론

두 개의 대상 사이에 일련의 속성이 동일하다는 사실에 근거하여 그것들의 나머지 속성도 동일하리라는 결론을 이끌어내는 추론, 즉 이미 알고 있는 것에서 다른 유사한 점을 찾아내는 추론을 말한다. 그렇기 때문에 유비 추론은 잣대(기준)가 되는 사물이나 현상이 있어야 한다. 유비 추론은 가설을 세우는 데 유용하다. 이미 알고 있는 사례로부터 아직 알지 못하는 것을 생각해 봄으로써 쉽게 가설을 세울 수 있다. 이때 유의할 점은 이미 알고 있는 사례와 이제 알고자 하는 사례가 매우 유사하다는 확신과 증거가 있어야 한다. 그렇지 않은 상태에서 유비 추론에 의해 결론을 이끌어 내면, 그것은 개연성이 거의 없고 잘못된 결론이 될 수도 있다.

- 지구에는 공기, 물, 흙, 햇빛이 있다.
  A는 a, b, c, d의 속성을 가지고 있다.
- 화성에는 공기, 물, 흙, 햇빛이 있다.
  B는 a, b, c, d의 속성을 가지고 있다.
- 지구에 생물이 살고 있다.
  A는 e의 속성을 가지고 있다.
- 그러므로 화성에도 생물이 살고 있을 것이다.
  그러므로 B도 e의 속성을 가지고 있을 것이다.

대표 예제 다음 명제가 참일 때, 항상 옳은 것은?

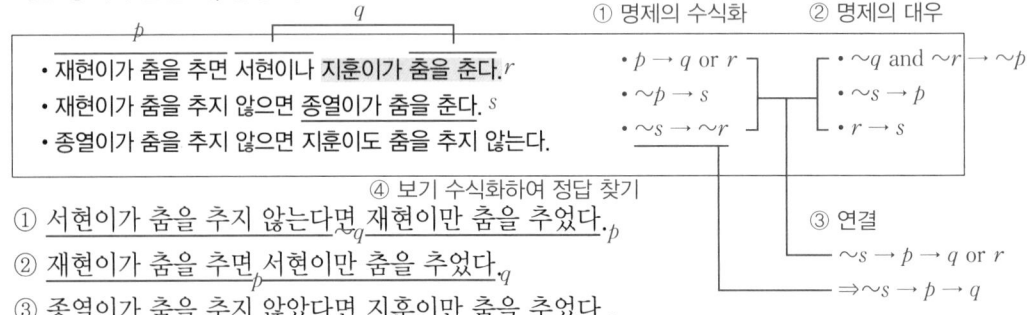

- 재현이가 춤을 추면 서현이나 지훈이가 춤을 춘다.
- 재현이가 춤을 추지 않으면 종열이가 춤을 춘다.
- 종열이가 춤을 추지 않으면 지훈이도 춤을 추지 않는다.

(재현이가 춤을 추면: p, 서현이나 지훈이가 춤을 춘다: q, 지훈이가 춤을 춘다: r, 종열이가 춤을 춘다: s)

① 명제의 수식화
- $p \rightarrow q$ or r
- $\sim p \rightarrow s$
- $\sim s \rightarrow \sim r$

② 명제의 대우
- $\sim q$ and $\sim r \rightarrow \sim p$
- $\sim s \rightarrow p$
- $r \rightarrow s$

③ 연결
$\sim s \rightarrow p \rightarrow q$ or r
$\Rightarrow \sim s \rightarrow p \rightarrow q$

④ 보기 수식화하여 정답 찾기

① 서현이가 춤을 추지 않는다면($\sim q$) 재현이만 춤을 추었다.(p)
② 재현이가 춤을 추면(p) 서현이만 춤을 추었다.(q)
③ 종열이가 춤을 추지 않았다면($\sim s$) 지훈이만 춤을 추었다.(r)
④ 서현이가 춤을 추면(q) 재현이와 지훈이는 춤을 추었다.(p and r)
⑤ 종열이가 춤을 추지 않았다면($\sim s$) 재현이와 서현이는 춤을 추었다.(p and q)

정답 및 해설 정답 ⑤

'재현이가 춤을 추다.'를 p, '서현이가 춤을 추다.'를 q, '지훈이가 춤을 추다.'를 r, '종열이가 춤을 추다.'를 s라고 하면 주어진 명제는 순서대로 $p \rightarrow q$ or r, $\sim p \rightarrow s$, $\sim s \rightarrow \sim r$이다. 두 번째 명제의 대우는 $\sim s \rightarrow p$이고 이를 첫 번째 명제와 연결하면 $\sim s \rightarrow p \rightarrow q$ or r이다. 세 번째 명제에서 $\sim s \rightarrow \sim r$라고 하였으므로 $\sim s \rightarrow p \rightarrow q$임을 알 수 있다. 따라서 '종열이가 춤을 추지 않았다면 재현이와 서현이는 춤을 추었다.'는 옳다.

핵심이론 논리추리

❶ **정의** : 제시된 조건을 바탕으로 사람이나 사물을 배열하거나 분류하는 문제, 참/거짓 진술을 구분하는 문제 등이 출제

❷ **학습전략** :
- 제시된 여러 조건/상황/규칙들을 정리하여 경우의 수를 구한 후 문제를 해결해야 한다.
- 고정 조건을 중심으로 표나 도식으로 정리하여 확실한 조건과 배제해야 할 조건들을 정리해 나간다.

① 정보 확인 (환자 / 처방약 / 증세)

대표예제 **약국에 희경, 은정, 소미, 정선 4명의 손님이 방문하였다. 약사는 이들로부터 처방전을 받아 A, B, C, D 네 봉지의 약을 조제하였다. 다음 조건이 참일 때 옳은 것은?**

- 방문한 손님들의 병명은 몸살, 배탈, 치통, 피부병이다.
- 은정이의 약은 B에 해당하고, 은정이는 몸살이나 배탈 환자가 아니다.
- A는 배탈 환자에 사용되는 약이 아니다.
- D는 연고를 포함하고 있는데, 이 연고는 피부병에만 사용된다.
- 희경이는 임산부이고, A와 D에는 임산부가 먹어서는 안 되는 약품이 사용되었다.
- 소미는 몸살 환자가 아니다.

① 은정이는 피부병에 걸렸다.
② 정선이는 몸살이 났고, 이에 해당하는 약은 C이다.
③ 소미는 치통 환자이다.
④ 희경이는 배탈이 났다.
⑤ 소미의 약은 A이다.

② 표로 시각화하여 정리

처방약 \ 환자 \ 증세		몸살	배탈	치통	피부병
A	임산부×, 소미×, 희경× → 정선	○	×	×	×
B	은정	×	×	○	×
C	희경	×	○	×	×
D	임산부×, 소미	×	×	×	○

정답 및 해설

정답 ④

- 증세

증세에 따른 처방전에 대한 조건을 정리하면 다음과 같다.

A : 세 번째 조건 – 배탈 ×　　B : 두 번째 조건 – 몸살 ×, 배탈 ×　　D : 네 번째 조건 – 피부병 ○

처방전 D의 증세는 피부병이므로 처방전 B의 증세는 치통이다. 처방전 B와 D의 증세에 따라 처방전 A의 증세는 몸살이고 나머지 처방전 C의 증세는 배탈이다.

- 처방전

환자와 처방전에 대한 조건을 정리하면 다음과 같다.

A : 다섯 번째 조건 – 임산부 ×　　B : 두 번째 조건 – 은정 ○　　D : 다섯 번째 조건 – 임산부 ×

다섯 번째 조건에서 희경이는 임산부라고 하였는데 처방전 A와 D는 임산부가 먹어서는 안 되는 약품이라고 하였으므로 희경이의 처방전은 C이다. 마지막 조건에 의해 소미는 몸살 환자가 아님을 알 수 있는데 처방전 A는 몸살 환자에게 필요한 약품이므로 소미의 처방전은 D이다.

따라서 희경이가 배탈이 났다는 ④는 옳다.

※ 다음 제시된 단어의 대응 관계로 볼 때 빈칸에 들어가기에 알맞은 것을 고르시오. [1~10]

01

수증기 : ( )=꽃 : 만개하다

① 답답하다
② 자욱하다
③ 승화하다
④ 을씨년스럽다
⑤ 기립하다

02

분별 : 변별=( ) : 존망

① 절명
② 사멸
③ 종신
④ 사활
⑤ 인식

03

의사 : 병원=교사 : ( )

① 교직원
② 교수
③ 학교
④ 교육청
⑤ 교육감

04

안경 : 렌즈=계산기 : ( )

① 핸드폰
② 주판
③ 볼펜
④ 컴퓨터
⑤ 가계부

05

황공하다 : 황름하다=( ) : 아퀴짓다

① 두려워하다
② 거칠다
③ 마무리하다
④ 할퀴다
⑤ 치장하다

06

행성 : 항성=지사 : ( )

① 물품
② 본사
③ 영업
④ 회사
⑤ 가게

정답 및 해설 01 ② 02 ④ 03 ③ 04 ② 05 ③ 06 ②

01
제시된 단어는 주술 관계이다. 꽃은 '만개하다'라는 서술어가 적절하고, 수증기는 '자욱하다'라는 서술어가 적절하다.

02
제시된 단어는 유의 관계이다.
'분별'은 '사물을 제 분수대로 각각 나누어서 가름'을 뜻하고, '변별'은 '사물의 옳고 그름이나 좋고 나쁨을 가림'을 뜻한다. 따라서 '존속과 멸망 또는 생존과 사망을 아울러 이르는 말'의 뜻인 '존망'과 유의 관계인 단어는 '죽기와 살기'의 뜻인 '사활'이다.

오답분석
① 절명 : 목숨이 끊어짐
② 사멸 : 죽어 없어짐
③ 종신 : 목숨을 다하기까지의 동안
⑤ 인식 : 사물을 분별하고 판단하여 앎

03
제시된 단어는 직업과 직장의 관계이다. '의사'라는 직업의 직장은 '병원'이고 '교사'라는 직업의 직장은 '학교'가 적절하다.

04
제시된 단어는 기능의 유사성을 가진다. '안경'과 가장 유사한 기능을 가진 것은 '렌즈'이고 '계산기'와 가장 유사한 기능을 가진 것은 '주판'이다.

05
제시된 단어는 유의 관계이다. '황공하다'의 유의어는 '황름하다'이고, '아퀴짓다'의 유의어는 '마무리하다'이다.
• 황름하다 : 위엄이나 지위 따위에 눌리어 두렵다.
• 아퀴짓다 : 일을 끝마무리하다.

06
제시된 단어는 주변-중심 관계이다. '행성'은 스스로 빛을 낼 수 없어 '항성' 주위를 돌고, '지사'는 '본사'의 업무를 대신 맡아주는 곳을 뜻한다.
• 행성(行星) : 중심별의 강한 인력의 영향으로 타원 궤도를 그리며 중심별의 주위를 도는 천체
• 항성(亢星) : 천구 위에서 서로의 상대 위치를 바꾸지 아니하고 별자리를 구성하는 별

07

냄비 : 조리 = 연필 : (　)

① 필기
② 용지
③ 문방구
④ 지우개
⑤ 공책

08

치환 : 대치 = 포고 : (　)

① 국면
② 공포
③ 전위
④ 극명
⑤ 은닉

09

현실주의 : 리얼리즘 = 서정주의 : (　)

① 모더니즘
② 리리시즘
③ 다다이즘
④ 니힐리즘
⑤ 매너리즘

10

통거리 : 100% = 가웃 : (　)

① 10%
② 25%
③ 33.3%
④ 50%
⑤ 75%

※ **다음 제시된 단어와 동일한 관계가 성립하도록 빈칸 안에 들어갈 단어를 순서대로 바르게 나열한 것을 고르시오.** [11~20]

11

서적 : (   )=(   ) : 냉장고

① 양서, 가전
② 도서, 보관
③ 소설, 냉장
④ 고서, TV
⑤ 신간, 전기

12

(   ) : 빗자루=찍다 : (   )

① 치우다, 돋보기
② 씹다, 컴퓨터
③ 집다, 안경
④ 쓸다, 카메라
⑤ 들다, 거위

정답 및 해설 07 ① 08 ② 09 ② 10 ④ 11 ① 12 ④

07
제시된 단어는 용도 관계이다. '냄비'는 '조리'가 목적이고, '연필'은 '필기'가 목적이다.

08
제시된 단어는 유의 관계이다. '치환'은 '바꾸어 놓음'을 뜻하고, '대치'는 '다른 것으로 바꾸어 놓음'을 뜻한다. 따라서 '반에게 널리 알림'의 뜻인 '포고'와 유의 관계인 단어는 '일반 대중에게 널리 알림'의 뜻인 '공포'이다.

09
제시된 단어는 유의 관계이다. '현실주의'의 유의어는 '리얼리즘'이며, '서정주의'의 유의어는 서정적인 정취라는 뜻을 가진 '리리시즘'이다.

오답분석
① 모더니즘 : 1920년대에 일어난 근대적인 감각을 나타내는 예술상의 여러 경향
③ 다다이즘 : 제1차 세계대전 말엽부터 유럽과 미국을 중심으로 일어난 예술 운동
④ 니힐리즘 : 허무주의를 이르는 말
⑤ 매너리즘 : 1520년경부터 17세기 초에 걸쳐 주로 회화를 중심으로 유럽 전체를 풍미한 미술 양식

10
제시된 단어는 유의 관계이다. '통거리'는 '100%'를 뜻하며, '가웃'은 '50%'를 뜻한다.
• 가웃 : 되, 말, 자의 수를 셀 때 그 단위의 약 반에 해당하는 남는 분량을 이르는 접미사

11
제시된 단어는 상하 관계이다. '서적'의 하의어는 '양서'이며, '냉장고'의 상의어는 '가전'이다.
• 서적(書籍) : 일정한 목적, 내용, 체재에 맞추어 사상, 감정, 지식 따위를 글이나 그림으로 표현하여 적거나 인쇄하여 묶어 놓은 것≒책
• 양서(良書) : 내용이 교훈적이거나 건전한 책

12
제시된 단어는 물건과 용도의 관계이다. '빗자루'는 바닥을 '쓰는' 데 쓰이고, '카메라'는 사물이나 사람을 '찍는' 데 사용된다.

13

대패 : ( ) = ( ) : 조리사

① 목수, 식칼
② 몽짜, 껄떡이
③ 자격루, 표준시
④ 마마, 종두법
⑤ 도리깨, 보리타작

14

창조 : ( )=개선 : ( )

① 창출, 수정
② 발명, 발견
③ 수정, 창출
④ 개발, 계발
⑤ 소득, 소비

15

( ) : 거대하다=( ) : 감퇴하다

① 미세하다, 수축하다
② 왜소하다, 증진하다
③ 우람하다, 나아가다
④ 광활하다, 증가하다
⑤ 높다랗다, 전진하다

16

분노 : ( )=( ) : 이기다

① 꺼리다, 격려
② 삭이다, 유혹
③ 치다, 술
④ 담담하다, 칭찬
⑤ 부치다, 밥

17

( ) : 마리＝포도 : ( )

① 달걀, 나무
② 닭, 송이
③ 소, 사과
④ 동물, 나무
⑤ 개, 농장

18

배제 : ( )＝정세 : ( )

① 배려, 정황
② 호의, 경우
③ 배척, 상황
④ 경감, 기회
⑤ 합류, 눈치

정답 및 해설 13 ① 14 ① 15 ② 16 ② 17 ② 18 ③

13
도구(연장)와 그것을 주로 사용하는 사람의 관계이다. '대패'는 '목수'가 주로 사용하고, '식칼'은 '조리사'가 주로 사용한다.

오답분석
② '몽짜'는 음흉하고 심술궂게 욕심을 부리는 짓을, '껄떡이'는 음식이나 재물 따위에 욕심을 내는 사람을 뜻한다.
③ '자격루'는 세종대왕의 명을 받아 장영실 등이 만든 물시계이다. '표준시'는 현대 각 나라 · 지방에서 태양이 자오선을 통과하는 때를 기준으로 정한 표준 시각이다.
④ '마마(媽媽)'는 천연두를 일상적으로 이르는 말이며, '종두법'은 천연두를 예방하기 위하여 백신을 접종하는 방법을 가리킨다.
⑤ '도리깨'는 곡식의 낟알을 떠는 데 쓰는 농기구이며, '보리타작'을 할 때에 주로 도리깨를 사용한다.

14
제시된 단어는 유의 관계이다. '창조'의 유의어는 '창출'이고, '개선'의 유의어는 '수정'이다.

15
제시된 단어는 반의 관계이다. '왜소하다'의 반의어는 '거대하다'이고, '증진하다'의 반의어는 '감퇴하다'이다.

16
제시된 단어는 주술 관계이다. '분노'의 서술어는 '삭이다'고, '유혹'의 서술어는 '이기다'이다.

17
제시된 단어는 단위 관계이다. '닭'은 '마리'로 세고, '포도'는 '송이'로 센다.

18
제시된 단어는 유의 관계이다. 받아들이지 아니하고 물리쳐 제외함을 뜻하는 '배제(排除)'의 유의어는 따돌리거나 거부하여 밀어 내침을 뜻하는 '배척(排斥)'이고, 일이 되어 가는 형편을 뜻하는 '정세(情勢)'의 유의어는 일이 되어 가는 과정이나 형편을 뜻하는 '상황(狀況)'이다.

19

( ) : 포도＝신발 : ( )

① 채소, 운동
② 과일, 운동화
③ 수박, 양말
④ 사과, 지갑
⑤ 샐러드, 가방

20

( ) : 자치＝( ) : 보증

① 자결, 담보
② 종속, 조달
③ 주제, 달성
④ 구속, 적립
⑤ 제적, 배상

※ 다음 문장을 읽고 유추할 수 있는 것을 고르시오. [21~22]

21

- 축구를 좋아하는 사람 중에는 기자도 있다.
- 고등학생 중에는 축구를 좋아하는 사람도 있다.

① 기자 중에는 고등학생은 없다.
② 축구를 좋아하는 모든 사람은 기자이다.
③ 야구를 좋아하는 사람 중에는 고등학생도 있다.
④ 모든 고등학생은 기자일 수도 있다.
⑤ 축구를 좋아하지 않는 사람은 기자가 아니다.

22

- 모든 선생님은 공부를 좋아한다.
- 어떤 학생은 운동을 좋아한다.

① 모든 학생은 운동을 좋아한다.
② 모든 학생은 공부를 좋아한다.
③ 어떤 학생은 공부를 좋아한다.
④ 어떤 선생님은 공부를 좋아한다.
⑤ 모든 선생님은 운동을 좋아한다.

※ **다음 명제가 모두 참일 때, 참이 아닌 명제를 고르시오.** [23~24]

23

- 딸기를 좋아하는 사람은 가지를 싫어한다.
- 바나나를 좋아하는 사람은 가지를 좋아한다.
- 가지를 싫어하는 사람은 감자를 좋아한다.

① 딸기를 좋아하는 사람은 바나나를 좋아한다.
② 가지를 좋아하는 사람은 딸기를 싫어한다.
③ 감자를 싫어하는 사람은 딸기를 싫어한다.
④ 바나나를 좋아하는 사람은 딸기를 싫어한다.
⑤ 딸기를 좋아하는 사람은 감자를 좋아한다.

24

- 적극적인 사람은 활동량이 많다.
- 잘 다치지 않는 사람은 활동량이 적다.
- 활동량이 많으면 면역력이 강화된다.
- 적극적이지 않은 사람은 영양제를 챙겨 먹는다.

① 적극적인 사람은 잘 다친다.
② 적극적인 사람은 면역력이 강화된다.
③ 잘 다치지 않는 사람은 영양제를 챙겨 먹는다.
④ 활동량이 많지 않은 사람은 영양제를 챙겨 먹지 않는다.
⑤ 잘 다치지 않는 사람은 적극적이지 않은 사람이다.

정답 및 해설 19 ② 20 ① 21 ④ 22 ④ 23 ① 24 ④

19

제시된 단어는 상하 관계이다. '포도'는 '과일'에 포함되고, '운동화'는 '신발'에 포함된다.

20

제시된 단어는 유의 관계이다. '자치'의 유의어는 '자결'이고, '보증'의 유의어는 '담보'이다.

21

고등학생 중에는 축구를 좋아하는 사람도 있고, 축구를 좋아하는 사람 중에는 기자도 있다. 즉, 고등학생 중에는 기자도 있다. 이때, '~중에는'은 '전부'가 될 수도 있으므로, 모든 고등학생이 기자일 수도 있다.

22

'어떤'은 관련되는 대상이 특별히 제한되지 아니할 때 쓰는 말이다. 즉, 선생님은 예외 없이 공부를 좋아하기 때문에, '모든'을 '어떤'으로 바꿔도 올바른 진술이 된다.

23

'딸기를 좋아한다.'를 p, '가지를 좋아한다.'를 q, '바나나를 좋아한다.'를 r, '감자를 좋아한다.'를 s라 하면 주어진 명제는 순서대로 $p \rightarrow \sim q$, $r \rightarrow q$, $\sim q \rightarrow s$이다. 첫 번째 명제와 두 번째 명제의 대우를 연결하면 $p \rightarrow \sim q \rightarrow \sim r$이므로 '딸기를 좋아하는 사람은 바나나를 좋아한다.'는 참이 아닌 명제이다.

24

'적극적이다.'를 p, '활동량이 많다.'를 q, '잘 다친다.'를 r, '면역력이 강화된다.'를 s, '영양제를 챙겨 먹는다.'를 t라고 하면 주어진 명제는 순서대로 $p \rightarrow q$, $\sim r \rightarrow \sim q$, $q \rightarrow s$, $\sim p \rightarrow t$이다. 첫 번째 명제의 대우와 네 번째 명제를 연결하면 $\sim q \rightarrow \sim p \rightarrow t$이므로 $\sim q \rightarrow t$이다. 따라서 '활동량이 많지 않은 사람은 영양제를 챙겨 먹지 않는다.'는 참이 아닌 명제이다.

※ **마지막 명제가 참일 때, 다음 빈칸에 들어갈 명제로 가장 적절한 것을 고르시오.** [25~27]

25

- 홍보실은 워크숍에 간다.
- ____________________
- 출장을 가지 않으면 워크숍에 간다.

① 홍보실이 아니면 워크숍에 가지 않는다.
② 출장을 가면 워크숍에 가지 않는다.
③ 출장을 가면 홍보실이 아니다.
④ 워크숍에 가지 않으면 출장을 가지 않는다.
⑤ 홍보실이 아니면 출장을 간다.

26

- 채소를 좋아하는 사람은 해산물을 싫어한다.
- ____________________
- 디저트를 좋아하는 사람은 채소를 싫어한다.

① 채소를 싫어하는 사람은 해산물을 좋아한다.
② 디저트를 좋아하는 사람은 해산물을 싫어한다.
③ 채소를 싫어하는 사람은 디저트를 싫어한다.
④ 디저트를 좋아하는 사람은 해산물을 좋아한다.
⑤ 디저트를 싫어하는 사람은 해산물을 싫어한다.

27

- 환율이 하락하면 국가 경쟁력이 떨어졌다는 것이다.
- ____________________
- 수출이 감소했다는 것은 GDP가 감소했다는 것이다.
- 수출이 감소하면 국가 경쟁력이 떨어진다.

① 국가 경쟁력이 떨어지면 수출이 감소했다는 것이다.
② GDP가 감소해도 국가 경쟁력은 떨어지지 않는다.
③ 환율이 하락하지 않았다면 GDP는 감소하지 않았다.
④ 환율이 하락해도 GDP는 감소하지 않는다.
⑤ 수출이 증가했다는 것은 GDP가 증가했다는 것이다.

※ **다음 명제를 읽고 옳은 것을 고르시오.** [28~30]

28

- 영업을 잘하면 기획을 못한다.
- 편집을 잘하면 영업을 잘한다.
- 디자인을 잘하면 편집을 잘한다.

A : 디자인을 잘하면 기획을 못한다.
B : 편집을 잘하면 기획을 잘한다.

① A만 옳다.
② B만 옳다.
③ A와 B 모두 옳다.
④ A와 B 모두 틀리다.
⑤ A와 B 모두 옳은지 틀린지 판단할 수 없다.

29

> • 오리고기는 돼지고기보다 비싸다.
> • 소고기는 오리고기보다 비싸다.
> • 닭고기는 돼지고기보다 싸다.

> A : 오리고기는 닭고기보다 비싸다.
> B : 돼지고기는 소고기보다 싸다.

① A만 옳다.
② B만 옳다.
③ A, B 모두 옳다.
④ A, B 모두 틀리다.
⑤ A, B 모두 옳은지 틀린지 판단할 수 없다.

30

> • 영호는 우혁이보다 수학성적이 더 좋다.
> • 영호는 우혁이보다 과학성적이 더 좋다.
> • 우혁이는 영호보다 영어성적이 더 좋다.

> A : 수학성적이 좋은 사람은 모두 과학성적이 좋다.
> B : 우혁이는 언어적인 능력이 뛰어나다.

① A만 옳다.
② B만 옳다.
③ A, B 모두 옳다.
④ A, B 모두 틀리다.
⑤ A, B 모두 옳은지 틀린지 판단할 수 없다.

정답 및 해설 25 ⑤ 26 ④ 27 ③ 28 ① 29 ③ 30 ⑤

25
'홍보실'을 A, '워크숍에 간다.'를 B, '출장을 간다.'를 C라 하면, 첫 번째 명제와 마지막 명제는 각각 A → B, ~C → B이다. 따라서 마지막 명제가 참이 되려면 ~C → A 또는 ~A → C가 필요하므로 빈칸에 들어갈 명제는 '홍보실이 아니면 출장을 간다.'가 적절하다.

26
'채소를 좋아한다.'를 p, '해산물을 싫어한다.'를 q, '디저트를 싫어한다.'를 r라고 하면 첫 번째 명제는 $p \rightarrow q$로 표현할 수 있고 세 번째 명제는 $\sim r \rightarrow \sim p$로 표현할 수 있으며, 이의 대우 명제는 $p \rightarrow r$이다. 따라서 중간에는 $q \rightarrow r$이 나와야 하므로 이의 대우 명제인 '디저트를 좋아하는 사람은 해산물을 좋아한다.'가 답이 된다.

27
'환율이 하락하다.'를 p, '수출이 감소한다.'를 q, 'GDP가 감소한다.'를 r, '국가 경쟁력이 떨어진다.'를 s로 놓고 보면 첫 번째 명제는 $p \rightarrow s$, 세 번째 명제는 $q \rightarrow r$, 네 번째 명제는 $q \rightarrow s$이므로 마지막 명제가 참이 되려면 $r \rightarrow p$라는 명제가 필요하다. 그러므로 $r \rightarrow p$의 대우 명제인 '환율이 하락하지 않는다면 GDP는 감소하지 않았다.'가 답이 된다.

28
• A : 디자인을 잘하면 편집을 잘하고, 편집을 잘하면 영업을 잘한다. 영업을 잘하면 기획을 못한다. 따라서 A는 옳다.
• B : 편집을 잘하면 영업을 잘하고, 영업을 잘하면 기획을 못한다. 따라서 B는 옳지 않다.

29
비싼 순서로 나열하면 소고기>오리고기>돼지고기>닭고기 순서임을 알 수 있다. 따라서 A와 B 모두 옳다.

30
• A : 우혁이와 영호는 개인일 뿐이므로, 이를 일반화할 수 없다.
• B : 우혁이가 영호보다 영어성적이 더 높다고 해서 언어적인 능력이 뛰어나다고 말할 수는 없다.

31

다음은 코끼리, 토끼, 악어, 상어와 사슴의 크기를 비교한 것이다. 이 중 사슴보다 큰 동물은 몇 마리인가?

- 코끼리는 토끼보다 크다.
- 토끼는 악어보다 작다.
- 악어는 코끼리보다 작다.
- 상어는 코끼리보다 크다.
- 악어는 사슴보다 크다.

① 1마리
② 2마리
③ 3마리
④ 4마리
⑤ 알 수 없음

32

아름이는 연휴를 맞아 유럽 일주를 할 계획이다. 하지만 시간 관계상 벨기에, 프랑스, 영국, 독일, 오스트리아, 스페인 중 4개 국가만 방문하고자 한다. 다음 〈조건〉에 따라 방문할 국가를 고를 때, 아름이가 방문하지 않을 국가로 알맞은 것은?

조건

- 스페인은 반드시 방문한다.
- 프랑스를 방문하면 영국은 방문하지 않는다.
- 오스트리아를 방문하면 스페인은 방문하지 않는다.
- 벨기에를 방문하면 영국도 방문한다.
- 오스트리아, 벨기에, 독일 중 적어도 2개 국가를 방문한다.

① 영국, 프랑스
② 벨기에, 독일
③ 영국, 벨기에
④ 오스트리아, 프랑스
⑤ 독일, 오스트리아

33

5월 1일부터 5월 6일까지 진행되는 전주국제영화제에 참석한 충원이는 A~F 6개의 영화를 다음 〈조건〉에 맞춰 하루에 한 편씩 보려고 한다. 다음 중 항상 옳은 것은?

> **조건**
> - F영화는 3일과 4일 중 하루만 상영한다.
> - D영화는 C영화가 상영된 날 이틀 후에 상영한다.
> - B영화는 C, D영화보다 먼저 상영된다.
> - 첫째 날 B영화를 본다면 5일에 반드시 A영화를 본다.

① A영화는 C영화보다 먼저 상영될 수 없다.
② C영화는 E영화보다 먼저 상영된다.
③ D영화는 5일이나 폐막작으로 상영될 수 없다.
④ B영화는 1일 또는 2일에 상영된다.
⑤ E영화는 개막작이나 폐막작으로 상영된다.

34

각각 다른 심폐기능 등급을 받은 A~E 5명 중 등급이 가장 낮은 2명의 환자에게 건강관리 안내문을 발송하려 한다. 발송 대상자는?

> - E보다 심폐기능이 좋은 환자는 2명 이상이다.
> - E는 C보다 한 등급 높다.
> - B는 D보다 한 등급 높다.
> - A보다 심폐기능이 나쁜 환자는 2명이다.

① B, C
② B, D
③ B, E
④ C, D
⑤ C, E

정답 및 해설 　31 ⑤ 32 ④ 33 ④ 34 ⑤

31

조건을 정리하여 크기가 큰 순서대로 나열하면 '상어>코끼리>악어>사슴, 토끼'가 성립한다. 사슴과 토끼 중 어느 동물이 더 큰지 알 수 없기 때문에 사슴보다 큰 동물이 몇 마리인지 알 수 없다.

32

각 조건을 정리하면 다음과 같다.
- 스페인 반드시 방문
- 프랑스 → ~영국
- 오스트리아 → ~스페인
- 벨기에 → 영국
- 오스트리아, 벨기에, 독일 중 2개 이상

세 번째 조건의 대우는 '스페인 → ~오스트리아'이고, 스페인을 반드시 방문해야 되므로 오스트리아는 방문하지 않을 것이다. 그러면 마지막 조건에 따라 벨기에와 독일을 방문한다. 네 번째 조건에 따라 영국도 방문하고, 두 번째 조건의 대우에 따라 프랑스는 방문하지 않게 된다.
따라서 아름이가 방문할 국가는 스페인, 벨기에, 독일, 영국이며, 방문하지 않을 국가는 오스트리아와 프랑스임을 알 수 있다.

33

조건들을 나열하면 나올 수 있는 경우의 수는 6가지이다.

구분	1일	2일	3일	4일	5일	6일
경우 1	B	E	F	C	A	D
경우 2	B	C	F	D	A	E
경우 3	A	B	F	C	E	D
경우 4	A	B	C	F	D	E
경우 5	E	B	C	F	D	A
경우 6	E	B	F	C	A	D

따라서 B영화가 1일 또는 2일에 상영된다는 것은 항상 옳다.

34

가장 높은 등급을 1등급, 가장 낮은 등급을 5등급이라 하면 네 번째 조건에 의해 A는 3등급을 받는다. 또한 첫 번째 조건에 의해 E는 4등급 또는 5등급이다. 이때, 두 번째 조건에 의해 C가 5등급, E가 4등급을 받고, 세 번째 조건에 의해 B는 1등급, D는 2등급을 받는다. 따라서 발송 대상자는 C와 E이다.

35

K회사에 근무하는 귀하는 부하직원 5명(A～E)을 대상으로 마케팅 전략에 대한 의견을 물었다. 이에 대해 직원 5명은 찬성과 반대 둘 중 하나의 의견을 제시했다. 다음 〈조건〉이 모두 참일 때, 옳은 것은?

조건

- A 또는 D 둘 중 적어도 하나가 반대하면, C는 찬성하고 E는 반대한다.
- B가 반대하면, A는 찬성하고 D는 반대한다.
- D가 반대하면 C도 반대한다.
- E가 반대하면 B도 반대한다.
- 적어도 한 사람은 반대한다.

① A는 찬성하고 B는 반대한다.
② A는 찬성하고 E는 반대한다.
③ B와 D는 반대한다.
④ C는 반대하고 D는 찬성한다.
⑤ C와 E는 찬성한다.

36

A～E는 한국사 시험에 함께 응시하였다. 시험 도중 부정행위가 일어났다고 할 때, 다음 〈조건〉을 통해 부정행위를 한 사람을 모두 고르면?

조건

- 2명이 부정행위를 저질렀다.
- B와 C는 같이 부정행위를 하거나 같이 부정행위를 하지 않았다.
- B나 E가 부정행위를 했다면, A도 부정행위를 했다.
- C가 부정행위를 했다면, D도 부정행위를 했다.
- E가 부정행위를 하지 않았으면, D도 부정행위를 하지 않았다.

① B, C
② A, B
③ A, E
④ C, D
⑤ D, E

37

P회사의 마케팅 부서 직원 A~H가 원탁에 앉아서 회의를 하려고 한다. 다음 중 항상 참인 것은?(단, 서로 이웃해 있는 직원 간의 사이는 모두 동일하다)

> • A와 C는 가장 멀리 떨어져 있다.
> • A 옆에는 G가 앉는다.
> • B와 F는 서로 마주보고 있다.
> • D는 E 옆에 앉는다.
> • H는 B 옆에 앉지 않는다.

① 총 경우의 수는 네 가지이다.
② A와 B 사이에는 항상 누군가 앉아 있다.
③ C 옆에는 항상 E가 있다.
④ E와 G는 항상 마주 본다.
⑤ G의 오른쪽 옆에는 항상 H가 있다.

정답 및 해설

35 ④ 36 ③ 37 ①

35

B가 찬성하는 경우와 B가 반대하는 경우로 나누어보면 다음과 같다.

• B가 반대하는 경우 : 두 번째 조건에 따라 A는 찬성하고 D는 반대하며, 첫 번째 조건에 따라 C는 찬성하고 E는 반대한다. 이 경우, D는 반대인데 C는 찬성이므로 세 번째 조건에 모순이 된다. 따라서 B는 반대하지 않는다.
• B가 찬성하는 경우 : 네 번째 조건의 대우에 따라 E는 찬성한다. 이는 첫 번째 조건의 대우를 만족하므로(E가 이미 찬성이기 때문에 C가 찬성하고 E가 반대하는 경우가 아니게 되므로) A와 D는 모두 찬성한다. 또한, 마지막 조건에 따라 남은 C는 반대한다.

따라서 옳은 것은 'C는 반대하고 D는 찬성한다.'이다.

36

B가 부정행위를 했을 경우 두 번째와 세 번째 조건에 따라 C와 E도 함께 부정행위를 하게 되므로 첫 번째 조건에 부합하지 않는다. 따라서 B는 부정행위를 하지 않았으며, 두 번째 조건에 따라 C도 부정행위를 하지 않았다.
D가 부정행위를 했을 경우 다섯 번째 조건의 대우인 'D가 부정행위를 했다면, E도 부정행위를 했다.'와 세 번째 조건에 따라 E와 A가 함께 부정행위를 하게 되므로 첫 번째 조건에 부합하지 않는다. 따라서 D 역시 부정행위를 하지 않았다.
결국 B, C, D를 제외한 A, E가 시험 도중 부정행위를 했음을 알 수 있다.

37

주어진 조건에 따라 직원 A~H가 앉을 수 있는 경우는 A－B－D－E－C－F－H－G이다. 여기서 D와 E의 자리를 서로 바꿔도 모든 조건이 성립하고, A－G－H와 D－E－C를 통째로 바꿔도 모든 조건이 성립한다. 따라서 총 경우의 수는 2×2=4가지이다.

38

이웃해 있는 10개의 건물에 초밥가게, 옷가게, 신발가게, 편의점, 약국, 카페가 있다. 카페가 3번째 건물에 있을 때, 다음 중 항상 옳은 것은?(단, 한 건물에 한 가지 업종만 들어갈 수 있다)

- 초밥가게는 카페보다 앞에 있다.
- 초밥가게와 신발가게 사이에 건물이 6개 있다.
- 옷가게와 편의점은 인접할 수 없으며, 옷가게와 신발가게는 인접해 있다.
- 신발가게 뒤에 아무것도 없는 건물이 2개 있다.
- 2번째와 4번째 건물은 아무것도 없는 건물이다.
- 편의점과 약국은 인접해 있다.

① 카페와 옷가게는 인접해 있다.
② 초밥가게와 약국 사이에 2개의 건물이 있다.
③ 편의점은 6번째 건물에 있다.
④ 신발가게는 8번째 건물에 있다.
⑤ 옷가게는 5번째 건물에 있다.

39

지영이의 생일을 맞이하여 민지, 재은, 영재, 정호는 함께 생일을 축하하고, 생일 케이크를 나눠 먹기로 하였다. 지영이가 다섯 조각으로 자른 케이크의 크기는 서로 다르며 각자 케이크 한 조각씩을 먹었다고 할 때, 케이크의 크기를 작은 순서로 나열한 것은?

- 생일 주인공이 가장 큰 조각의 케이크를 먹었다.
- 민지의 케이크 조각은 가장 작지도 않고, 두 번째로 작지도 않다.
- 재은이의 케이크 조각은 지영이의 케이크 조각보다 작지만, 민지의 케이크 조각보다는 크다.
- 정호의 케이크 조각은 민지의 케이크 조각보다는 작지만, 영재의 케이크 조각보다는 크다.

① 지영－재은－민지－영재－정호
② 정호－재은－민지－영재－지영
③ 영재－정호－민지－재은－지영
④ 영재－재은－민지－정호－지영
⑤ 영재－정호－재은－민지－지영

40

다이어트를 하기로 마음먹은 A～D는 매일 '보건소 – 교회 – 우체국 – 경찰서 – 약수터' 코스를 운동하기로 했다. 이들은 각 코스를 이동하는 데 '뒤로 걷기, 파워워킹, 러닝, 자전거 타기'의 방법을 모두 사용하며, 동일 구간을 지나칠 때는 서로 다른 이동 방법을 선택한다. 주어진 〈조건〉이 항상 참일 때 C가 경찰서에서 약수터로 이동 시 사용 가능한 방법은 무엇인가?

조건

- A와 C가 사용한 이동방법의 순서는 서로 반대이다.
- B는 보건소에서 교회까지 파워워킹으로 이동했다.
- 우체국에서 경찰서까지 러닝으로 이동한 사람은 A이다.
- C가 경찰서에서 약수터로 이동한 방법과 D가 우체국에서 경찰서까지 이동한 방법은 같다.
- C는 러닝을 한 후 바로 파워워킹을 했다.

① 뒤로 걷기, 자전거 타기
② 파워워킹, 러닝
③ 러닝, 자전거 타기
④ 뒤로 걷기, 파워워킹
⑤ 뒤로 걷기, 러닝

정답 및 해설 38 ④ 39 ③ 40 ①

38

주어진 조건을 정리하면 아래와 같은 순서로 위치한다.
초밥가게－×－카페－×－편의점－약국－옷가게－신발가게－×－×
따라서 신발가게는 8번째 건물에 있다.

오답분석

① 카페와 옷가게 사이에 3개의 건물이 있다.
② 초밥가게와 약국 사이에 4개의 건물이 있다.
③ 편의점은 5번째 건물에 있다.
⑤ 옷가게는 7번째 건물에 있다.

39

생일 주인공인 지영이가 먹은 케이크 조각이 가장 크고, 민지가 먹은 케이크 조각은 가장 작지도 않고 두 번째로 작지도 않으므로 민지는 세 번째 또는 네 번째로 작은 케이크를 먹었을 것이다. 이때 재은이가 먹은 케이크 조각은 민지가 먹은 케이크 조각보다 커야 하므로 민지는 세 번째로 작은 케이크 조각을, 재은이는 네 번째로 작은 케이크 조각을 먹었음을 알 수 있다. 또 정호와 영재의 관계에서 영재의 케이크가 가장 작음을 알 수 있다.

40

다섯 번째 조건에 따라 C는 러닝을 한 후 바로 파워워킹으로 이동한다. 첫 번째 조건과 세 번째 조건에서 A와 C가 이동한 방법의 순서가 서로 반대라 했고, A는 우체국에서 경찰서까지 러닝으로 이동했다고 하였으므로, C는 교회－우체국 구간에 러닝으로, 우체국－경찰서 구간은 파워워킹으로 이동한 것이 된다. 따라서 C가 경찰서에서 약수터로 이동 시 사용 가능한 이동 방법은 뒤로 걷기와 자전거 타기이다.

CHAPTER

02 수/문자추리

핵심이론 수/문자추리

❶ **정의** : 숫자 또는 문자의 배열을 보고 적용된 규칙을 추론하는 유형 출제

❷ **학습전략** : 숫자 사이의 관계를 유추해내는 능력이 중요하므로 공식에 갇힌 생각보다 자유로운 사고가 문제 해결에 도움이 된다.

수추리

(1) 등차수열

a : 첫째 항, d : 공차, a_n : 수열 $\{a_n\}$의 n번째 항

$a \xrightarrow{+d} a+d \xrightarrow{+d} a+2d \xrightarrow{+d} a+3d \xrightarrow{+d} a+4d \xrightarrow{+d} a+5d$

① 정의 : 각 항이 그 앞의 항에 일정한 수를 더한 것으로 이루어진 수열

② 계산 : $a_{n+1}-a_n=d$ (단, n은 자연수)

(2) 등비수열

a : 첫째 항, r : 공비, a_n : 수열 $\{a_n\}$의 n번째 항

$a \xrightarrow{\times r} ar \xrightarrow{\times r} ar^2 \xrightarrow{\times r} ar^3 \xrightarrow{\times r} ar^4 \xrightarrow{\times r} ar^5$

① 정의 : 각 항이 그 앞의 항에 일정한 수를 곱한 것으로 이루어진 수열

② 계산 : $\frac{a_{n+1}}{a_n}=r$ (단, n은 자연수)

(3) 계차수열

a_n : 수열 $\{a_n\}$의 n번째 항, b_m : 수열 $\{b_m\}$의 m번째 항

$a_1 \xrightarrow{b_1} a_2 \xrightarrow{b_2} a_3 \xrightarrow{b_3} a_4 \xrightarrow{b_4} a_5 \xrightarrow{b_5} a_6$

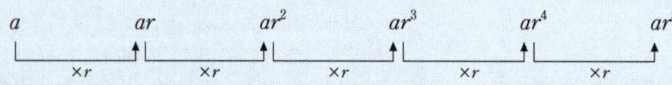

① 정의 : 수열 $\{a_n\}$의 차 $\{b_m\}$이 또다시 수열을 이룰 때, 수열 $\{b_m\}$은 수열 $\{a_n\}$의 계차수열

② 계산 : $a_{n+1}-a_n=b_n$ (단, n은 자연수)

(4) 피보나치수열

a_n : 수열 $\{a_n\}$의 n번째 항

a_1 a_2 $\underline{a_3}$ $\underline{a_4}$ $\underline{a_5}$ $\underline{a_6}$

a_1+a_2 a_2+a_3 a_3+a_4 a_4+a_5

① 정의 : 앞의 두 항의 합이 그 다음 항의 수가 되는 수열

② 계산 : $a_{n-1}+a_n=a_{n+1}$ $(n\geq 2)$

(5) 건너뛰기수열

a_n : 수열 $\{a_n\}$의 n번째 항, b_m : 수열 $\{b_m\}$의 m번째 항

a_1 b_1 a_2 b_2 a_3 b_3

① 정의 : 두 개 이상의 수열이 일정한 간격을 두고 번갈아가며 나타나는 수열. 주로 두 개의 수열로 이루어진 건너뛰기수열이 출제

② 계산

- 홀수 항 : 수열 $\{a_n\}$의 규칙에 따라 계산
- 짝수 항 : 수열 $\{b_m\}$의 규칙에 따라 계산

(6) 군수열

a_n : 수열 $\{a_n\}$의 n번째 항

a_1 a_1 a_2 a_1 a_2 a_3 a_1 a_2 a_3 a_4

① 정의 : 일정한 규칙성으로 몇 항씩 끊어서 규칙을 이루는 수열

② 계산

$\underline{a_1}$ $\underline{a_1\ \ a_2}$ $\underline{a_1\ \ a_2\ \ a_3}$ $\underline{a_1\ \ a_2\ \ a_3\ \ a_4}$

문자추리

① 정의 : 숫자가 문자로 변환된 형태의 수열

② 계산 : 문자를 대응하는 숫자로 변환 후 수열의 규칙을 추론

- 한글 – 자음

1	2	3	4	5	6	7	8	9	10	11	12	13	14
ㄱ	ㄴ	ㄷ	ㄹ	ㅁ	ㅂ	ㅅ	ㅇ	ㅈ	ㅊ	ㅋ	ㅌ	ㅍ	ㅎ
15	16	17	18	19	20	21	22	23	24	25	26	27	28
ㄱ	ㄴ	ㄷ	ㄹ	ㅁ	ㅂ	ㅅ	ㅇ	ㅈ	ㅊ	ㅋ	ㅌ	ㅍ	ㅎ

- 한글 – 모음

1	2	3	4	5	6	7	8	9	10
ㅏ	ㅑ	ㅓ	ㅕ	ㅗ	ㅛ	ㅜ	ㅠ	ㅡ	ㅣ
11	12	13	14	15	16	17	18	19	20
ㅏ	ㅑ	ㅓ	ㅕ	ㅗ	ㅛ	ㅜ	ㅠ	ㅡ	ㅣ

• 한글 – 가나다

1	2	3	4	5	6	7	8	9	10	11	12	13	14
가	나	다	라	마	바	사	아	자	차	카	타	파	하
15	16	17	18	19	20	21	22	23	24	25	26	27	28
가	나	다	라	마	바	사	아	자	차	카	타	파	하

• 알파벳

1	2	3	4	5	6	7	8	9	10	11	12	13
A	B	C	D	E	F	G	H	I	J	K	L	M
14	15	16	17	18	19	20	21	22	23	24	25	26
N	O	P	Q	R	S	T	U	V	W	X	Y	Z
27	28	29	30	31	32	33	34	35	36	37	38	39
A	B	C	D	E	F	G	H	I	J	K	L	M
40	41	42	43	44	45	46	47	48	49	50	51	52
N	O	P	Q	R	S	T	U	V	W	X	Y	Z

대표 예제 **※ 일정한 규칙으로 수나 문자를 나열할 때, 빈칸에 들어갈 알맞은 것을 고르시오.** [1~3]

01

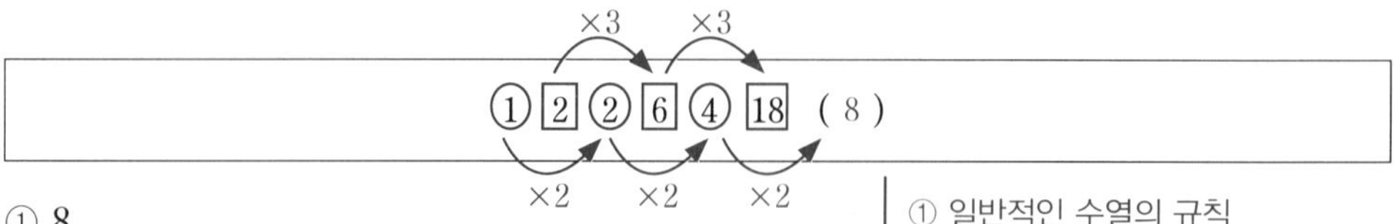

① 8
② 9
③ 10
④ 12
⑤ 14

① 일반적인 수열의 규칙
② 홀수 항, 짝수 항 규칙
③ 군수열 규칙

02

② 규칙 찾기 2+5=7
3+6=9
4+7=(11)

2 5 7 3 6 9 4 7 ( )

① 수열의 규칙성 찾기
: 숫자 3개씩 묶기

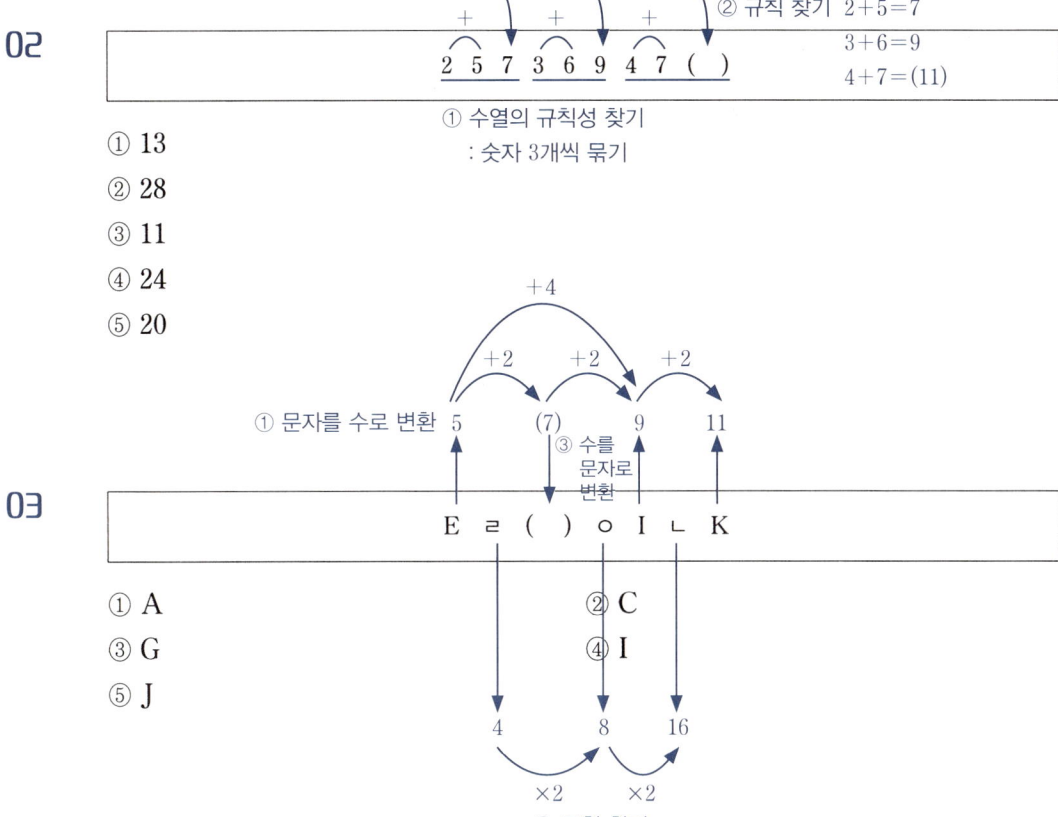

① 13
② 28
③ 11
④ 24
⑤ 20

03

+4
+2 +2 +2
① 문자를 수로 변환 5 (7) 9 11
③ 수를 문자로 변환

E ㄹ ( ) ㅇ I ㄴ K

① A
② C
③ G
④ I
⑤ J

4 8 16
×2 ×2
② 규칙 찾기

정답 및 해설

정답 01 ① 02 ③ 03 ③

01

홀수 항에는 ×2를 하고, 짝수 항에는 ×3을 하는 수열이다.
따라서 ( )=4×2=8이다.

02

각 항을 세 개씩 묶고 각각을 A, B, C라고 하면 다음과 같은 규칙을 갖는다.

$\underline{A\ B\ C} \rightarrow A+B=C$

4 7 ( ) → 4+7=( )

따라서 ( )=4+7=11이다.

03

홀수 항은 2씩 더하고, 짝수 항은 2씩 곱하는 수열이다.

E	ㄹ	(G)	ㅇ	I	ㄴ	K
5	4	7	8	9	16(2)	11

유형풀이 수/문자추리

※ 일정한 규칙으로 수나 문자를 나열할 때, 빈칸에 들어갈 알맞은 것을 고르시오. [1~30]

01

94 52 80 62 ( ) 72 52 82

① 60
② 62
③ 64
④ 66
⑤ 67

02

1 1 2 3 5 8 ( )

① 12
② 13
③ 14
④ 15
⑤ 16

03

121 121 243 484 487 ( ) 975

① 918
② 964
③ 1,000
④ 1,024
⑤ 1,089

04

5 8 14 26 50 ( )

① 94
② 98
③ 102
④ 106
⑤ 110

05

2 512 20 512 200 256 2,000 ( )

① 60
② 64
③ 128
④ 164
⑤ 182

PART 1

정답 및 해설

01 ④ 02 ② 03 ⑤ 04 ② 05 ②

01

홀수 항은 -14, 짝수 항은 $+10$의 규칙을 갖는 수열이다.
따라서 ( )$=80-14=66$이다.

02

앞의 두 수의 합이 그 다음 항의 수인 피보나치수열이다.
따라서 ( )$=5+8=13$이다.

03

홀수 항은 $\times2+1$이고, 짝수 항은 11^2, 22^2, 33^2, …인 수열이다.
따라서 ( )$=33^2=1{,}089$이다.

04

앞의 항에 $\times2-2$를 하는 수열이다.
따라서 ( )$=50\times2-2=98$이다.

05

홀수 항에는 $\times10$이고, 짝수 항에는 $\div2^0$, $\div2^1$, $\div2^2$, …을 하는 수열이다.
따라서 ( )$=256\div2^2=64$이다.

06

Z ( ) P K F A

① W
② X
③ V
④ U
⑤ Z

07

7 8 13 38 ( ) 788

① 160
② 161
③ 162
④ 163
⑤ 164

08

19 29 20 ( ) 22 26 25 23

① 25
② 26
③ 27
④ 28
⑤ 29

09

10 6 4 15 9 6 20 12 ( )

① 5
② 8
③ 10
④ 14
⑤ 18

10

3 12 6 24 12 48 ( )

① 16
② 20
③ 24
④ 28
⑤ 30

정답 및 해설

06 ④ 07 ④ 08 ④ 09 ② 10 ③

06

앞의 항에서 5씩 빼는 수열이다.

Z	(U)	P	K	F	A
26	21	16	11	6	1

07

앞의 항에 $+5^0$, $+5^1$, $+5^2$, $+5^3$, …을 하는 수열이다.

따라서 ( )$=38+5^3=38+125=163$이다.

08

홀수 항은 +1, +2, +3, …이고, 짝수 항은 −1, −2, −3, …인 수열이다.

따라서 ( )$=29-1=28$이다.

09

각 항을 세 개씩 묶고 각각을 A, B, C라고 하면 다음과 같은 규칙을 갖는다.

$\underline{A\ B\ C} \rightarrow A-B=C$

20 12 ( ) → 20−12=( )

따라서 ( )$=20-12=8$이다.

10

앞의 항에 ×4, ÷2가 번갈아 가며 적용되는 수열이다.

따라서 ( )$=48\div2=24$이다.

11

ㄱ ㄴ ㄷ ㄱ ㅈ ㅍ ( ) ㅊ ㅋ

① ㅍ
② ㄱ
③ ㅅ
④ ㅈ
⑤ ㅇ

12

-16 32 ( ) 128 -256

① -92
② 92
③ -64
④ 64
⑤ -32

13

$\frac{36}{2}$ $\frac{37}{4}$ $\frac{38}{8}$ $\frac{39}{16}$ ( ) $\frac{41}{64}$

① $\frac{40}{32}$
② $\frac{40}{36}$
③ $\frac{40}{48}$
④ $\frac{40}{52}$
⑤ $\frac{44}{52}$

14

1 2 2 4 8 ( ) 256 8,192

① 12
② 24
③ 32
④ 64
⑤ 72

15

$$4 \quad 8 \quad 1 \quad 2 \quad -5 \quad -10 \quad -17 \quad (\ \ )$$

① 27
② −27
③ 33
④ −34
⑤ 34

정답 및 해설

11 ① 12 ③ 13 ① 14 ③ 15 ④

11

홀수 항은 ×3이고 짝수 항은 −1, −2, −3, …인 수열이다.

ㄱ	ㄴ	ㄷ	ㄱ	ㅈ	ㅍ	(ㅍ)	ㅊ	ㅋ
1	2	3	1	9	−1	27	−4	81

12

앞의 항에 ×(−2)를 하는 수열이다.
따라서 (　)=32×(−2)=−64이다.

13

분자에는 +1이고, 분모는 2^1, 2^2, 2^3, 2^4, …이다.

따라서 (　)$=\frac{39+1}{2^5}=\frac{40}{32}$이다.

14

n을 자연수라고 할 때, n항과 $(n+1)$항을 곱한 값이 $(n+2)$항이 되는 수열이다.
따라서 (　)=4×8=32이다.

15

앞의 항에 ×2, −7를 번갈아 가며 적용하는 수열이다.
따라서 (　)=(−17)×2=−34이다.

16

2 2 3 4 2 4 4 3 ( )

① 1
② 3
③ 5
④ 7
⑤ 9

17

S ㅎ ┼ G ㅁ ( )

① 一
② 二
③ 三
④ 四
⑤ 五

18

3 8 28 ( ) 428 1,708

① 102
② 104
③ 106
④ 108
⑤ 110

19

6 6 4 8 3 5 7 1 9 4 3 ( )

① 10
② 11
③ 12
④ 13
⑤ 14

20

a ㄱ 2 c ㅁ 8 m ( ) 34 c

① ㅊ
② ㅎ
③ ㅅ
④ ㅌ
⑤ ㅋ

정답 및 해설 16 ③ 17 ④ 18 ④ 19 ① 20 ③

16

각 항을 세 개씩 묶고 각각을 A, B, C라고 하면 다음과 같은 규칙을 갖는다.

$\underline{A\ B\ C} \to A+2B=2C$

$4\ 3\ (\quad) \to 4+2\times3=2\times(\quad)$

따라서 $(\quad)=\frac{(4+2\times3)}{2}=\frac{10}{2}=5$이다.

17

앞의 항에 -5, -4, -3, -2, -1, …인 수열이다.

S	ㅎ	十	G	ㅁ	(四)
19	14	10	7	5	4

18

앞의 항에 $+5\times4^0$, $+5\times4^1$, $+5\times4^2$, $+5\times4^3$, $+5\times4^4$, …을 하는 수열이다.

따라서 $(\quad)=28+5\times4^2=28+80=108$이다.

19

각 항을 네 개씩 묶고 각각을 A, B, C, D라고 하면 다음과 같은 규칙을 갖는다.

$\underline{A\ B\ C\ D} \to A+B=C+D$

$9\ 4\ 3\ (\quad) \to 9+4=3+(\quad)$

따라서 $(\quad)=9+4-3=10$이다.

20

각 문자에 대응하는 수는 피보나치 수열을 이룬다.

a	ㄱ	2	c	ㅁ	8	m	(ㅅ)	34	c
1	1	2	3	5	8	13	21	34	55

21

4 25 11 6 49 29 8 81 ( )

① 35 ② 43
③ 47 ④ 55
⑤ 62

22

31 71 27 64 ( ) 57 19 50

① 9 ② 23
③ 41 ④ 63
⑤ 72

23

10 17 25 34 44 55 ( )

① 65 ② 66
③ 67 ④ 68
⑤ 69

24

3 5 19 5 9 ( ) 7 11 71

① 39 ② 41
③ 43 ④ 45
⑤ 47

25

c A ( ) D g P i

① b ② c
③ d ④ e
⑤ f

정답 및 해설

21 ④ 22 ② 23 ③ 24 ③ 25 ④

21

각 항을 세 개씩 묶고 각각을 A, B, C라고 하면 다음과 같은 규칙을 갖는다.

$\underline{A\ B\ C} \rightarrow A^2 - \sqrt{B} = C$

따라서 ( )$=8^2-\sqrt{81}=55=8^2-\sqrt{81}=55$이다.

22

홀수 항은 -4, 짝수 항은 -7인 수열이다.

따라서 ( )$=27-4=23$이다.

23

앞의 항에 $+7$, $+8$, $+9$, …을 하는 수열이다.

따라서 ( )$=55+12=67$이다.

24

각 항을 세 개씩 묶고 각각을 A, B, C라고 하면 다음과 같은 규칙을 갖는다.

$\underline{A\ B\ C} \rightarrow A^2+2B=C$

5 9 ( ) → $5^2+2\times9=$( )

따라서 ( )$=5^2+2\times9=25+18=43$이다.

25

홀수 항은 2씩 더하고, 짝수 항은 4씩 곱하는 수열이다.

c	A	(e)	D	g	P	i
3	1	5	4	7	16	9

26

( ) 243 81 27 9 3

① 333
② 460
③ 542
④ 633
⑤ 729

27

2 1 3 6 4 5 2 11 5 6 2 ( )

① 10
② 11
③ 12
④ 13
⑤ 14

28

( ) 18 35 52 69

① 0
② 1
③ 2
④ 3
⑤ 4

29

24 189 34 63 44 ( ) 54 7

① 6
② 11
③ 16
④ 21
⑤ 26

30

10 1 32 5 2 19 1 5 13 2 10 ( )

① 8
② 14
③ 20
④ 26
⑤ 34

정답 및 해설 26 ⑤ 27 ④ 28 ② 29 ④ 30 ④

26
앞의 항에 ÷3을 하는 수열이다.
따라서 ( )$=243\times3=729$이다.

27
각 항을 네 개씩 묶고 각각을 A, B, C, D라고 하면 다음과 같은 규칙을 갖는다.
$\underline{A\ B\ C\ D} \rightarrow A+B+C=D$
$\underline{5\ 6\ 2\ (\quad)} \rightarrow 5+6+2=(\quad)$
따라서 ( )$=5+6+2=13$이다.

28
앞의 항에 $+17$인 수열이다.
따라서 ( )$=18-17=1$이다.

29
홀수 항은 $+10$, 짝수 항은 $\div3$인 수열이다.
따라서 ( )$=63\div3=21$이다.

30
각 항을 세 개씩 묶고 각각을 A, B, C라고 하면 다음과 같은 규칙을 갖는다.
$\underline{A\ B\ C} \rightarrow 3A+2B=C$
$\underline{2\ 10\ (\quad)} \rightarrow 3\times2+2\times10=(\quad)$
따라서 ( )$=6+20=26$이다.

CHAPTER

03 도식/도형추리

핵심이론 도식/도형추리

도식추리

❶ **정의** : 주어진 자료의 변화 관계를 통해 기호가 의미하는 규칙을 추론하고, 문제에 제시된 도형이나 기호에 다양한 규칙을 적용하여 도식에 따라 해결하는 유형으로 출제

❷ **학습전략** : 주어진 기호의 규칙을 빠르게 파악하여 문제에서 요구하는 규칙을 올바르게 적용해야 한다.

도형추리

❶ **정의** : 도형의 변화를 보고 적용된 규칙을 유추하여 빈칸을 채우는 유형과 여러 가지 규칙이 적용된 결과물을 찾아내는 유형으로 출제

❷ **학습전략** : 도식추리와는 달리 도형추리는 도형의 변화를 보고 적용된 규칙을 유추해야 하므로 규칙을 빠르게 찾아내는 연습을 해야 한다.

(1) 180° 회전한 도형은 좌우와 상하가 모두 대칭이 된 모양이 된다.

예

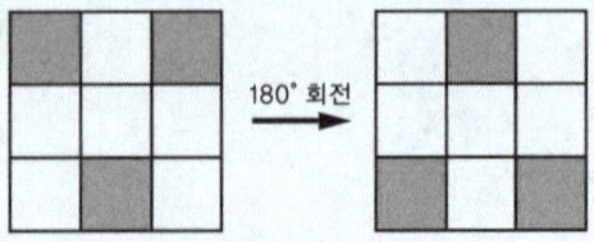

(2) 시계 방향으로 90° 회전한 도형은 시계 반대 방향 270° 회전한 도형과 같다.

예

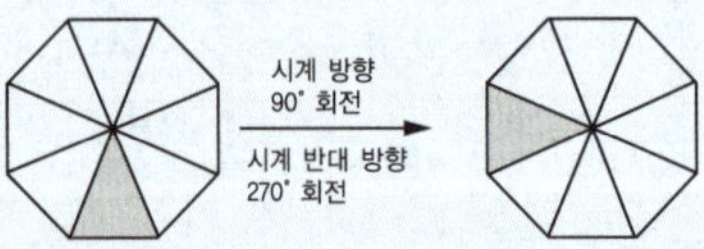

(3) 좌우 반전 → 좌우 반전, 상하 반전 → 상하 반전은 같은 도형이 된다.

예

(4) 도형을 거울에 비친 모습은 방향에 따라 좌우 또는 상하로 대칭된 모습이 나타난다.

예

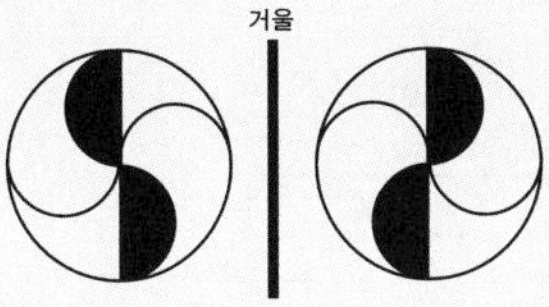

PART 1

대표예제

01 다음 기호들은 일정한 규칙에 따라 문자를 변화시킨다. 주어진 문자를 도식에 따라 변화시켰을 때 결과로 옳은 것은?

		G3R6		E6T1				
		↓		↓				
75SY	→	⊙	→	▲	→	8B9U		
		↓		↓				
2WU4	→	★	→	⊙	→	▲	→	X56Y
		↓		↓				
		9T6I		84GW				

4HQ1 → ⊙ → ▲ → ?

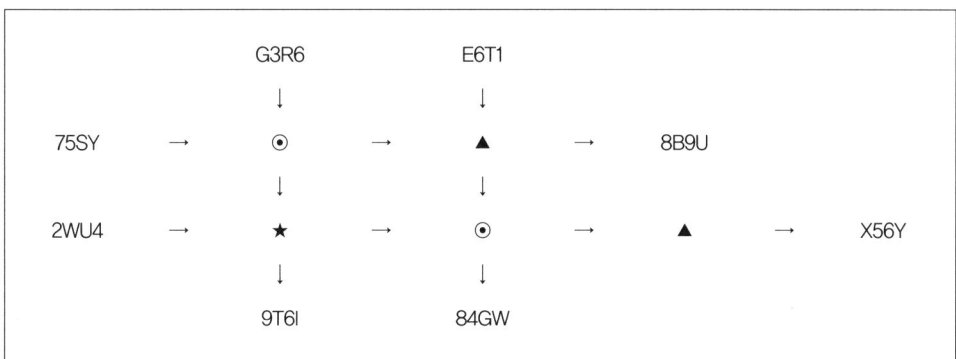

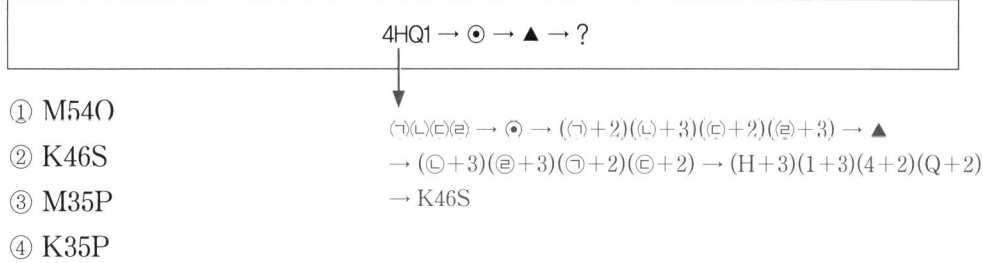

① M54O
② K46S
③ M35P
④ K35P
⑤ M45P

㉠㉡㉢㉣ → ⊙ → (㉠+2)(㉡+3)(㉢+2)(㉣+3) → ▲
→ (㉡+3)(㉣+3)(㉠+2)(㉢+2) → (H+3)(1+3)(4+2)(Q+2)
→ K46S

① 중복되는 기호들을 묶어 하나의 기호로 취급

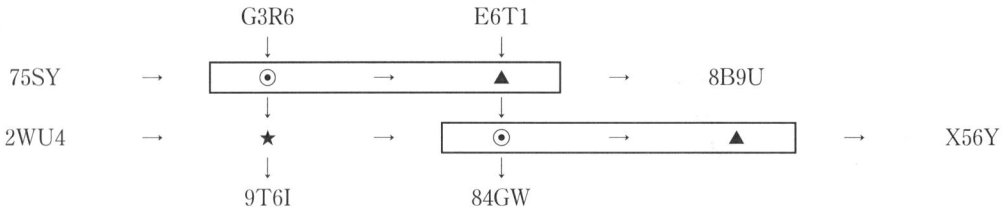

		G3R6		E6T1				
		↓		↓				
75SY	→	[⊙	→	▲]	→	8B9U		
		↓		↓				
2WU4	→	★	→	[⊙	→	▲]	→	X56Y
		↓		↓				
		9T6I		84GW				

② 묶음 기호 규칙 유추

75SY → [⊙ → ▲] → 8B9U

[⊙ → ▲] 규칙 : ㉠㉡㉢㉣ → (㉡+3)(㉣+3)(㉠+2)(㉢+2)

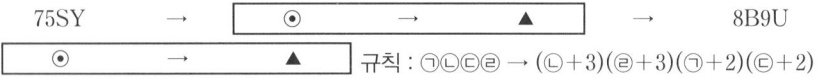

③ 묶음 기호가 들어간 도식의 규칙 역추적

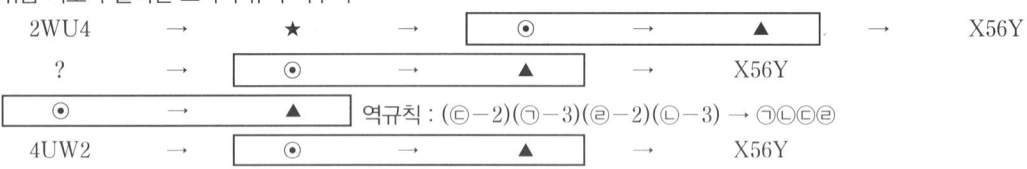

2WU4 → ★ → [⊙ → ▲] → X56Y

? → [⊙ → ▲] → X56Y

[⊙ → ▲] 역규칙 : (㉢−2)(㉠−3)(㉣−2)(㉡−3) → ㉠㉡㉢㉣

4UW2 → [⊙ → ▲] → X56Y

④ 나머지 기호 규칙 유추

2WU4 → ★ → 4UW2

★ 규칙 : ㉠㉡㉢㉣ → ㉣㉢㉡㉠

⑤ 규칙을 찾은 기호를 포함하는 도식의 규칙 역추적

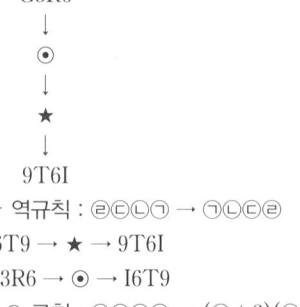

G3R6
↓
⊙
↓
★
↓
9T6I

★ 역규칙 : ㉣㉢㉡㉠ → ㉠㉡㉢㉣

I6T9 → ★ → 9T6I

G3R6 → ⊙ → I6T9

∴⊙ 규칙 : ㉠㉡㉢㉣ → (㉠+2)(㉡+3)(㉢+2)(㉣+3)

⑥ 묶음 기호의 낱개 기호 규칙 유추

[⊙ → ▲] 규칙 : ㉠㉡㉢㉣ → (㉡+3)(㉣+3)(㉠+2)(㉢+2)

⊙ 규칙 : ㉠㉡㉢㉣ → (㉠+2)(㉡+3)(㉢+2)(㉣+3)

∴ ▲ 규칙 : ㉠㉡㉢㉣ → ㉡㉣㉠㉢

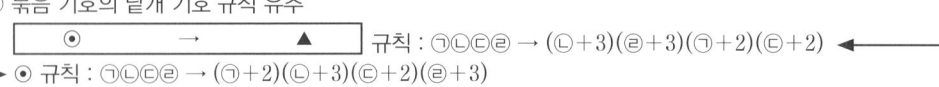

⑦ 유추한 규칙이 맞는지 유추할 때 사용하지 않은 도식을 이용하여 확인

E6T1
↓
▲
↓
⊙
↓
84GW

일치

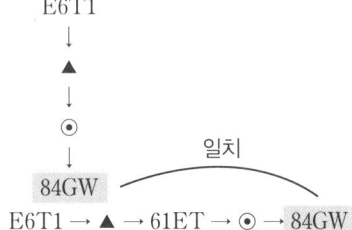

E6T1 → ▲ → 61ET → ⊙ → 84GW

02 다음 기호들은 일정한 규칙에 따라 도형을 변화시킨다. 주어진 도형을 도식에 따라 변화시켰을 때 결과로 알맞은 것은?

〈규칙〉

1행 1열 칸

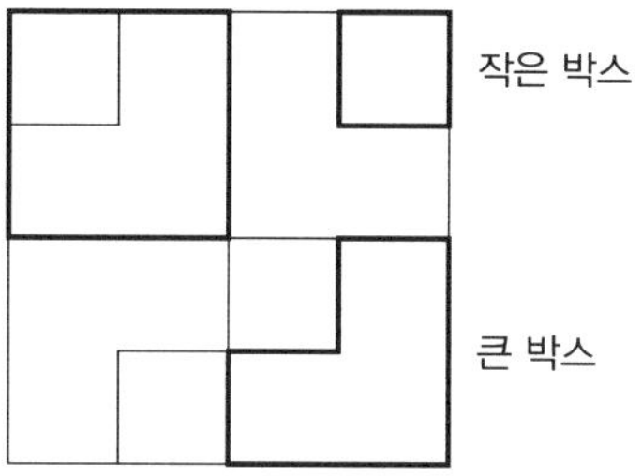

① 규칙 숙지 및 간소화

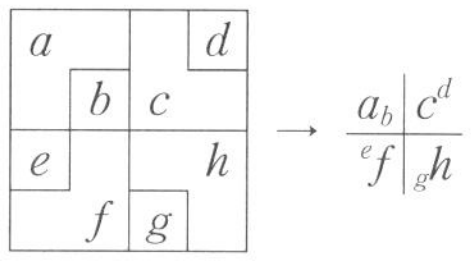

Ⓐ : 작은 박스 안의 숫자 합의 일의 자릿수만큼 작은 박스 안의 숫자 위치만 반시계 방향으로 전체 회전

Ⓑ : 각 칸의 작은 박스 안의 숫자와 큰 박스 안의 숫자를 곱한 값의 십의 자릿수는 큰 박스, 일의 자리 수는 작은 박스 안에 수로 교체

Ⓒ : 각 칸을 시계 방향으로 1칸씩 이동(각 칸의 작은 박스, 큰 박스 위치 및 각 박스 안의 위치 고정하여 각 칸 단위로 이동)

Ⓓ : 각 칸의 작은 박스와 큰 박스 크기 교체

Ⓧ : 작은 박스 안의 숫자 합(□)과 큰 박스 안의 숫자 합(⬜)을 조건과 비교하여 맞으면 YES, 틀리면 NO

Ⓨ : 각 칸마다 작은 박스가 위에 위치한 수(x)를 조건과 비교하여 맞으면 YES, 틀리면 NO

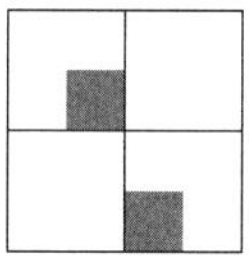

: 색칠된 위치의 작은 박스 안의 숫자(□)와 큰 박스 안의 숫자(⬜)를 조건과 비교하여 맞으면 YES, 틀리면 NO

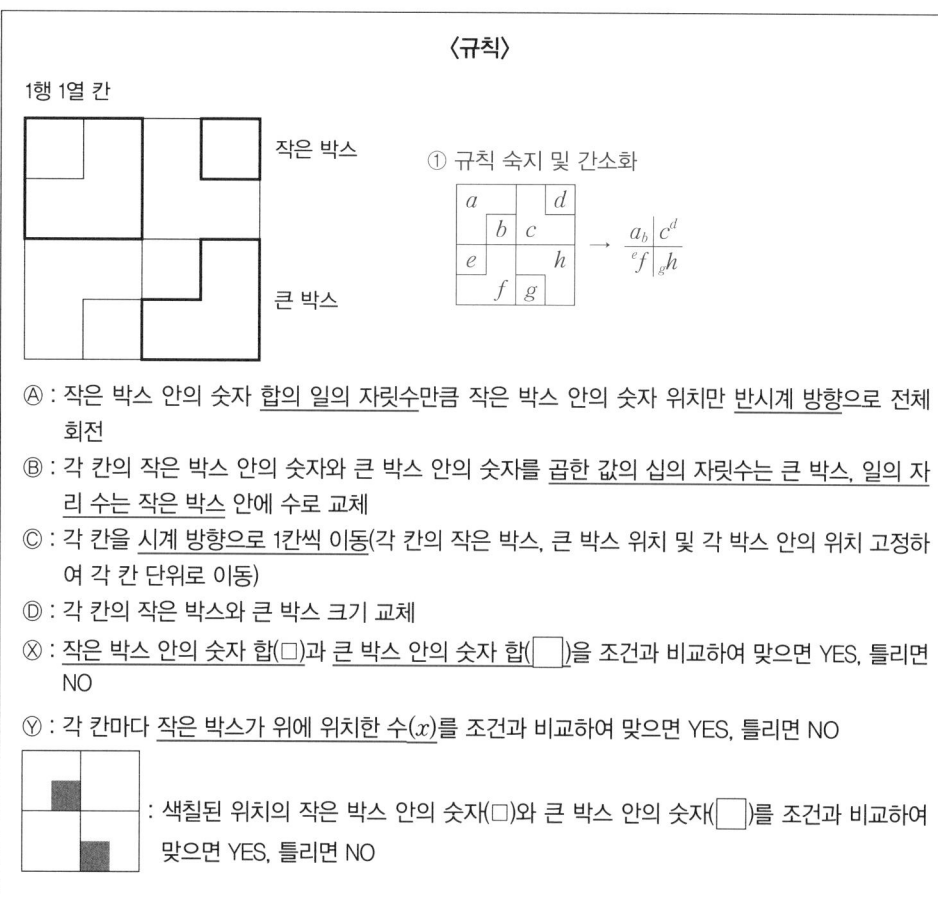

Ⓐ : $b+d+e+g$ 일의 자릿수 : 4 나머지만큼 반시계 방향 회전

Ⓑ :

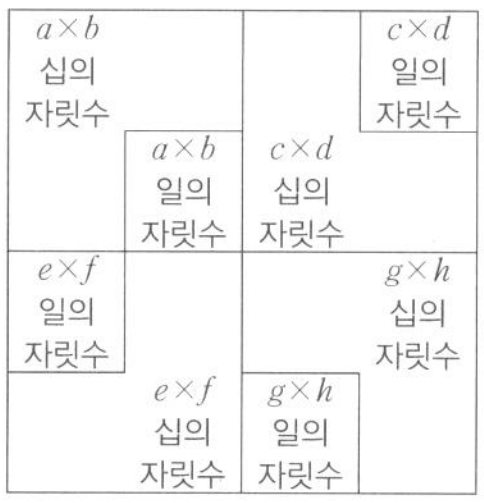

Ⓒ :

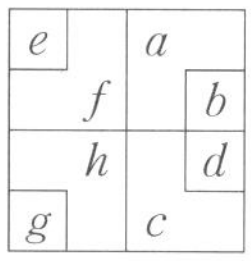

Ⓓ :

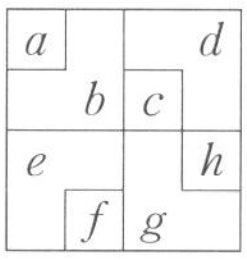

Ⓧ : $\square=b+d+g+e$, ⬜$=a+c+h+f$

Ⓨ :

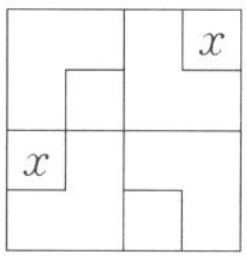

→ $x=d$, e

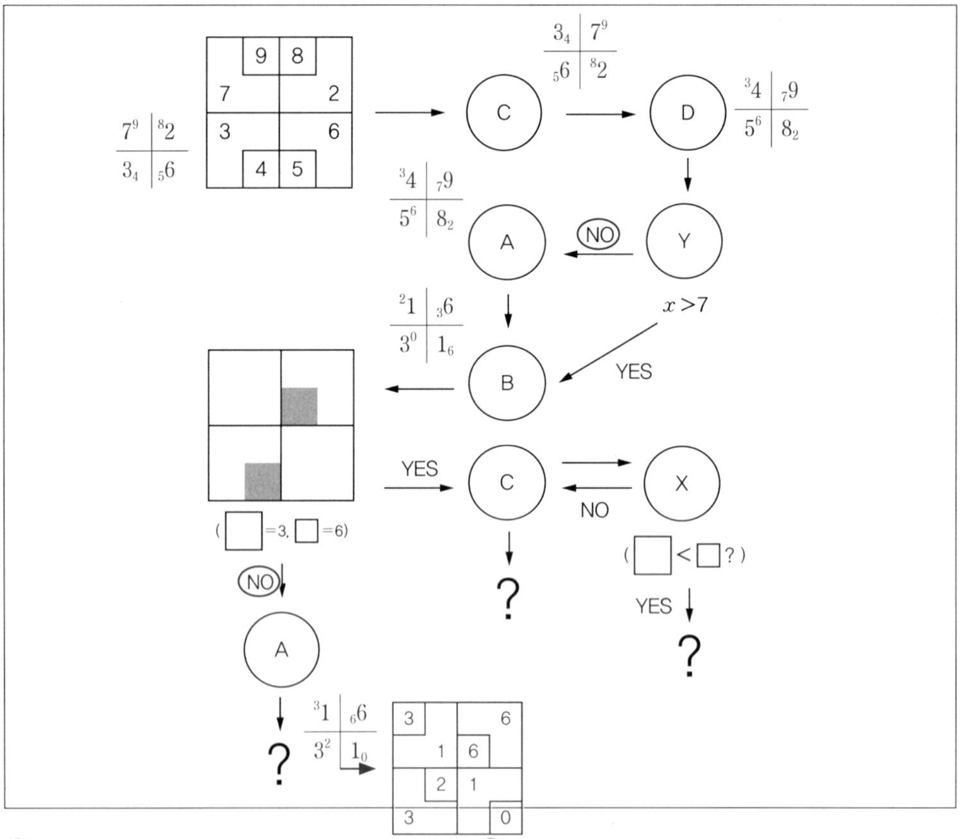

①
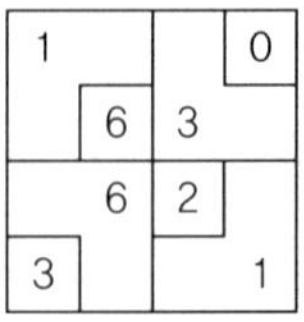

②
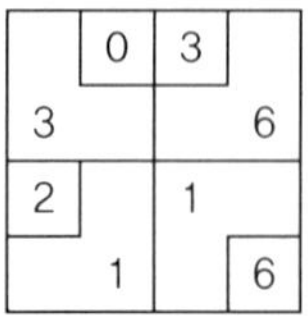

③
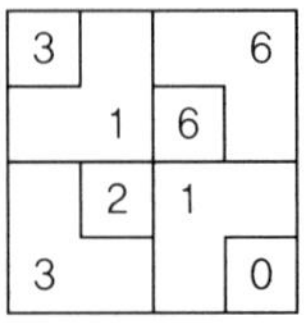

④
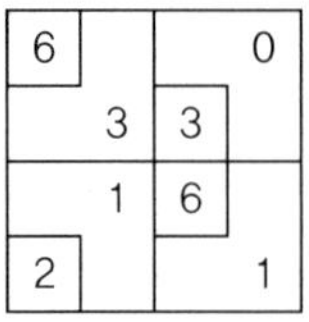

⑤
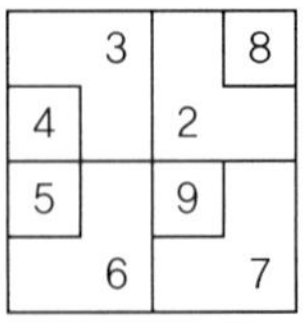

03 다음 도형들은 각 행 또는 열마다 공통 규칙이 적용된 후 개별 규칙이 적용되고 있다. 아래의 규칙 중 1~2가지로 이루어졌으며, 도형들에 적용되는 규칙을 찾아 〈보기〉의 A, B에 들어갈 도형의 모습으로 옳은 것은?

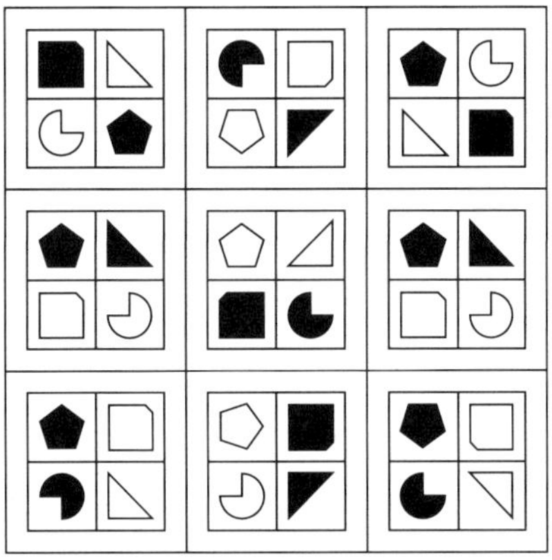

규칙

- 색 반전
- 시계 방향으로 90° 회전
- 180° 회전
- 시계 반대 방향으로 90° 회전
- 시계 방향으로 한 칸 이동
- 시계 방향으로 두 칸 이동
- 시계 방향으로 세 칸 이동
- 상하대칭
- 좌우대칭
- 1행과 2행 교환
- 1열과 2열 교환
- 1행 1열과 1행 2열 교환
- 1행 1열과 2행 1열 교환
- 1행 1열과 2행 2열 교환
- 1행 2열과 2행 1열 교환
- 1행 2열과 2행 2열 교환
- 2행 1열과 2행 2열 교환

보기

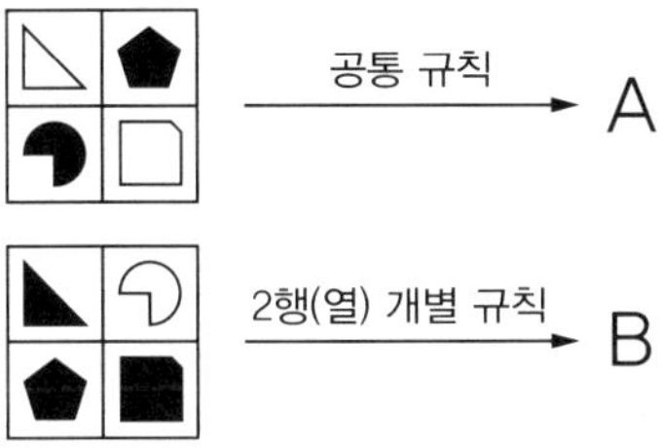

① 규칙이 적용되는 방향이 행인지 열인지 파악
규칙을 보면 색이 들어간 도형은 규칙을 적용했을 때 색이 들어간 도형의 모양이 바뀔 수 없으므로 규칙은 행으로 적용

② 공통 규칙 파악
1, 2, 3행 모두 색 반전이 나타므로 공통 규칙은 색 반전으로 추정

③ 개별 규칙 파악
공통 규칙 이외에 도형의 위치, 모양으로 대칭, 회전, 교환 규칙을 추리
[1행]
1(2)열 → 2(3)열 : 모든 도형 시계 방향으로 한 칸 이동, 상하대칭
⇒ 1행 개별 규칙 : 시계 방향으로 한 칸 이동, 상하대칭
[2행]
1(2)열 → 2(3)열 : 모든 도형 좌우대칭
⇒ 2행 개별 규칙 : 좌우대칭
[3행]
1(2)열 → 2(3)열 : 모든 도형 시계 방향으로 90° 회전
⇒ 3행 개별 규칙 : 시계 방향으로 90° 회전

→ 공통 규칙 : 색 반전
개별 규칙
－1행 : 시계 방향으로 한 칸 이동, 상하대칭
－2행 : 좌우대칭
－3행 : 시계 방향으로 90° 회전

A B A B

①
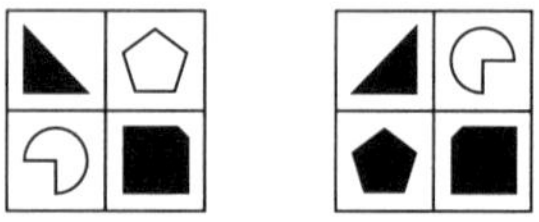

②
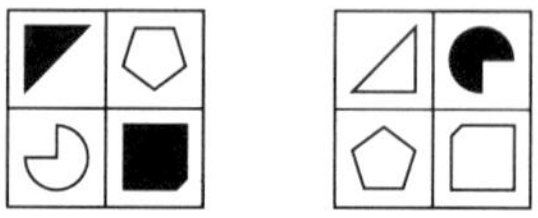

③
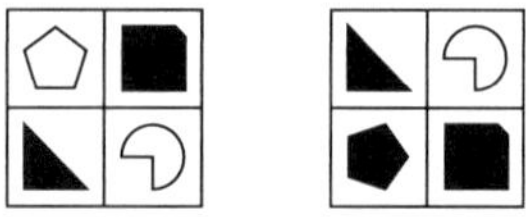

④
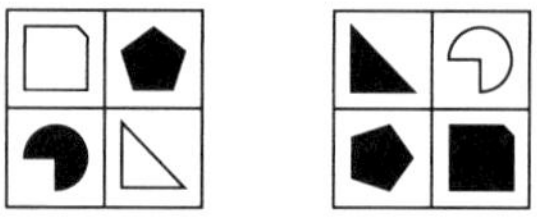

⑤

정답 및 해설

정답 01 ② 02 ③ 03 ①

01

★ : 1234 → 4321

▲ : 1234 → 2413

⦿ : 각 자릿수 +2, +3, +2, +3

4HQ1 → (⦿) 6KS4 → (▲) K46S

02

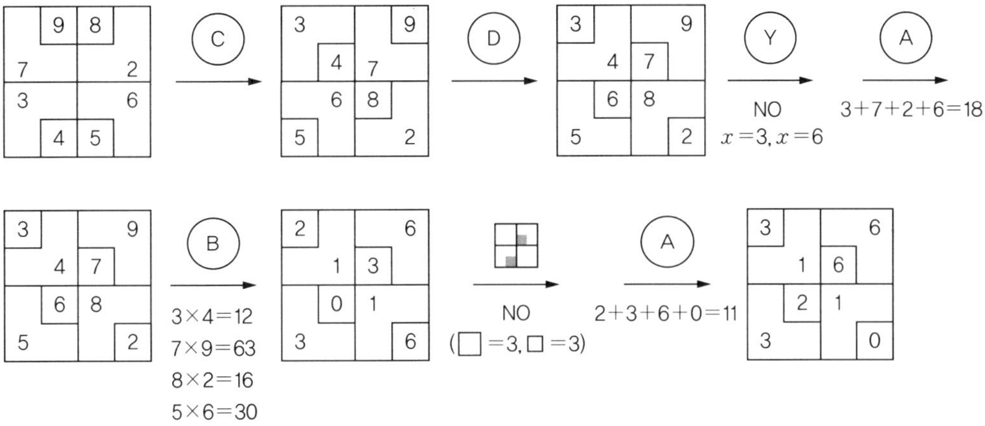

03

행을 기준으로 규칙이 적용되었음을 알 수 있고 적용된 공통 규칙과 개별 규칙은 다음과 같다.

- 공통 규칙 : 색 반전
- 개별 규칙
  - 1행 : 상하대칭 & 시계 방향으로 한 칸 이동
  - 2행 : 좌우대칭
  - 3행 : 시계 방향으로 90° 회전

유형풀이 도식/도형추리

01 다음 도식에서 기호들은 일정한 규칙에 따라 문자를 변화시킨다. ?에 들어갈 알맞은 문자는?(단, 규칙은 가로와 세로 중 한 방향으로만 적용된다)

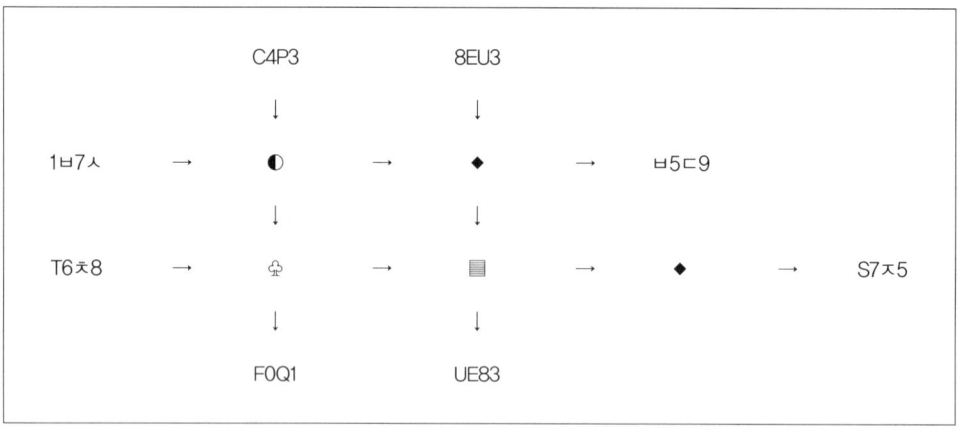

		C4P3		8EU3				
		↓		↓				
1ㅂ7ㅅ	→	◐	→	◆	→	ㅂ5ㄷ9		
		↓		↓				
T6ㅊ8	→	♧	→	▤	→	◆	→	S7ㅈ5
		↓		↓				
		F0Q1		UE83				

E73ㅎ → ◆ → ♧ → ?

① Cㅌ63
② ㅍD62
③ Cㅌ26
④ Dㅍ46
⑤ D73ㅍ

02 다음 기호들은 일정한 규칙에 따라 도형을 변화시킨다. 주어진 도형을 도식에 따라 변화시켰을 때 결과로 알맞은 것은?

1행 1열 칸

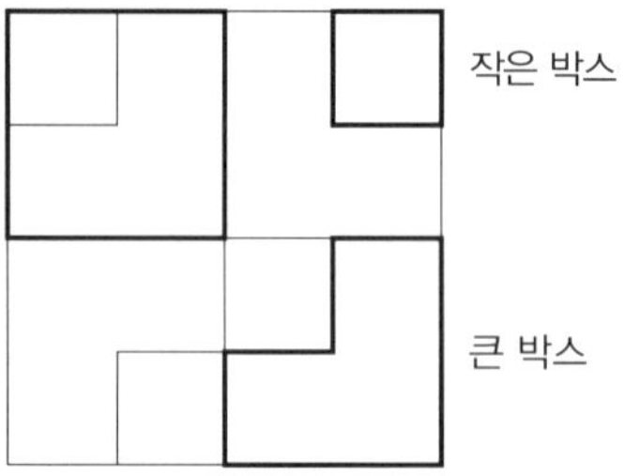

Ⓐ : 작은 박스 안의 숫자 합의 일의 자릿수만큼 작은 박스 안의 숫자 위치만 반시계 방향으로 전체 회전

Ⓑ : 각 칸의 작은 박스 안의 숫자와 큰 박스 안의 숫자를 곱한 값의 십의 자릿수는 큰 박스, 일의 자리 수는 작은 박스 안에 수로 교체

Ⓒ : 각 칸을 시계 방향으로 1칸씩 이동(각 칸의 작은 박스, 큰 박스 위치 및 각 박스 안의 위치 고정하여 각 칸 단위로 이동)

Ⓓ : 각 칸의 작은 박스와 큰 박스 크기 교체

Ⓧ : 작은 박스 안의 숫자 합(□)과 큰 박스 안의 숫자 합(☐)을 조건과 비교하여 맞으면 YES, 틀리면 NO

Ⓨ : 각 칸마다 작은 박스가 위에 위치한 수(x)를 조건과 비교하여 맞으면 YES, 틀리면 NO

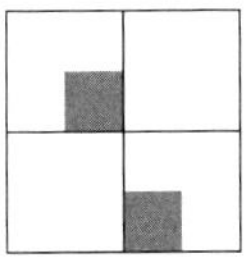

: 색칠된 위치의 작은 박스 안의 숫자(□)와 큰 박스 안의 숫자(☐)를 조건과 비교하여 맞으면 YES, 틀리면 NO

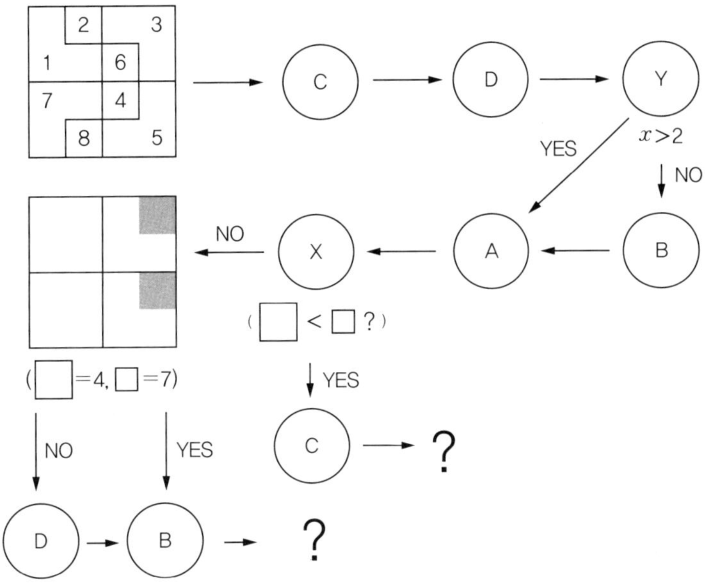

정답 및 해설

01 ②

01

◐ : 각 자릿수 +4, −3, +2, −1

◆ : 1234 → 4123

▤ : 1234 → 4321

♧ : 각 자릿수 −1

E73ㅎ → ㅎE73 → ㅍD62
(◆) (♧)

① 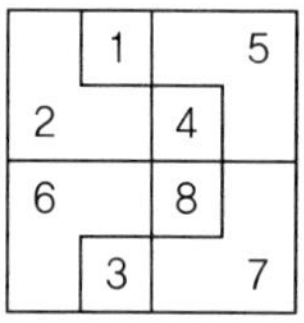

② 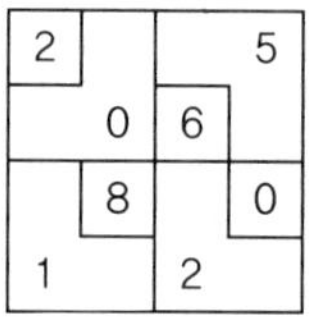

③ 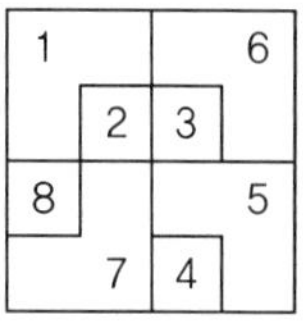

④ 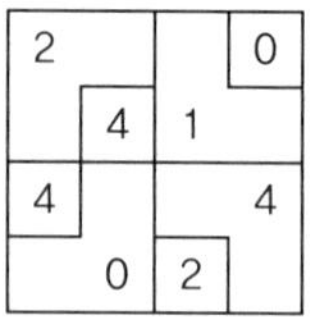

⑤ 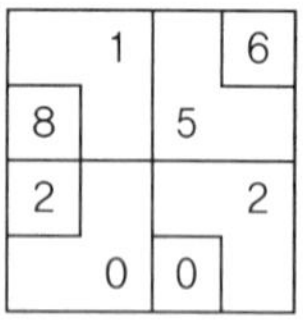

03 다음 신호등과 방향표지판은 일정한 규칙에 따라 도형을 변화시킨다. 주어진 도형을 규칙에 따라 변화시켰을 때, 그 결과로 알맞은 것은?

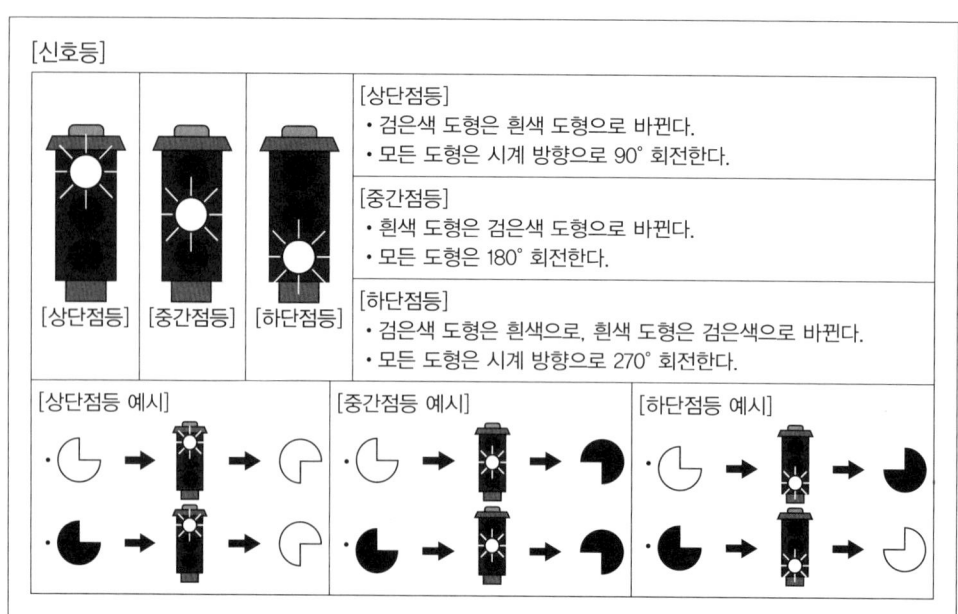

[신호등]

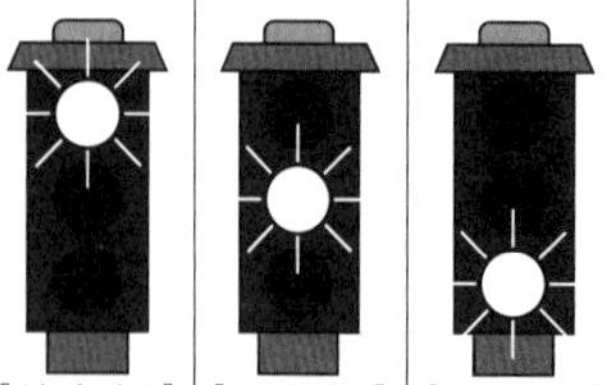

[상단점등] [중간점등] [하단점등]

[상단점등]
- 검은색 도형은 흰색 도형으로 바뀐다.
- 모든 도형은 시계 방향으로 90° 회전한다.

[중간점등]
- 흰색 도형은 검은색 도형으로 바뀐다.
- 모든 도형은 180° 회전한다.

[하단점등]
- 검은색 도형은 흰색으로, 흰색 도형은 검은색으로 바뀐다.
- 모든 도형은 시계 방향으로 270° 회전한다.

[상단점등 예시]

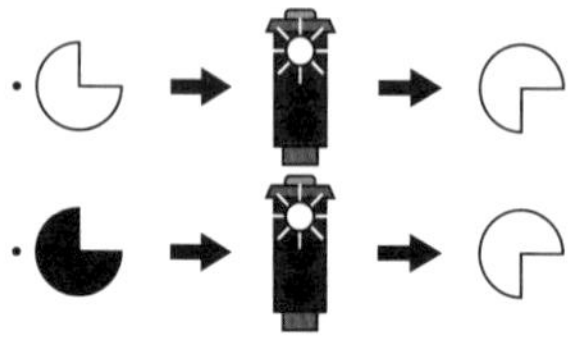

[중간점등 예시]

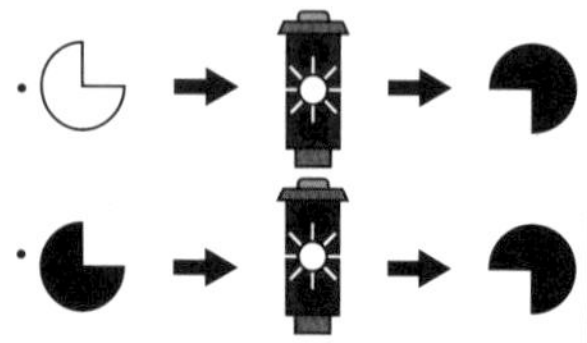

[하단점등 예시]

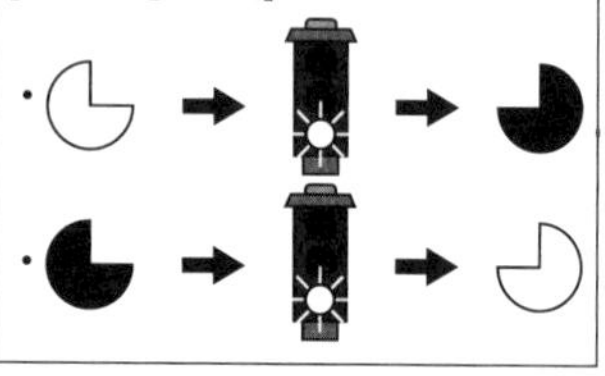

[방향표지판]

검은색 도형 적용		흰색 도형 적용	
	직진		직진
	우회전		우회전
	좌회전		좌회전
	유턴		유턴

도로	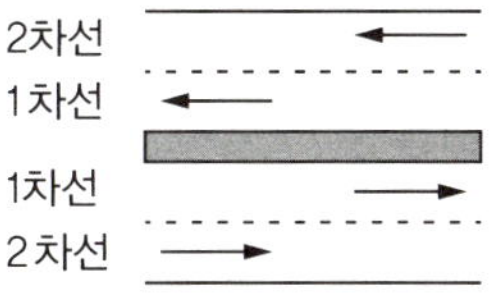	방향 표지판 적용	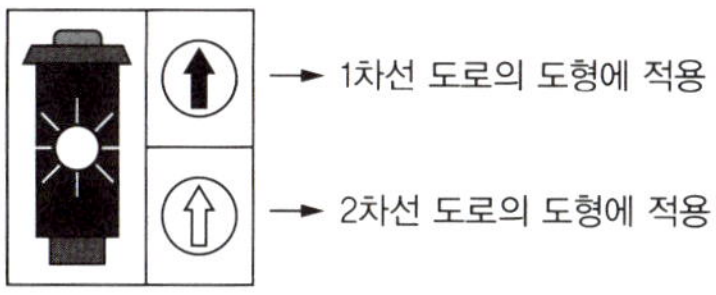

- 도형은 각 차선에 따라 움직이며, 신호등을 마주칠 경우 신호등의 규칙에 따라 모습이 변화된다. 이후 변화된 도형은 방향표지판의 지시에 따라 다른 도형과 독립적으로 움직인다.
- 변화된 도형이 방향표지판의 색과 맞지 않아 통과하지 못할 경우, 도형은 다음 신호등을 기다려 방향표지판의 색과 맞는 도형으로 변화된 후에 통과해야 한다.
- 신호등은 순차적으로 [상단점등] → [중간점등] → [하단점등] → [상단점등] 순서로 바뀐다.

예

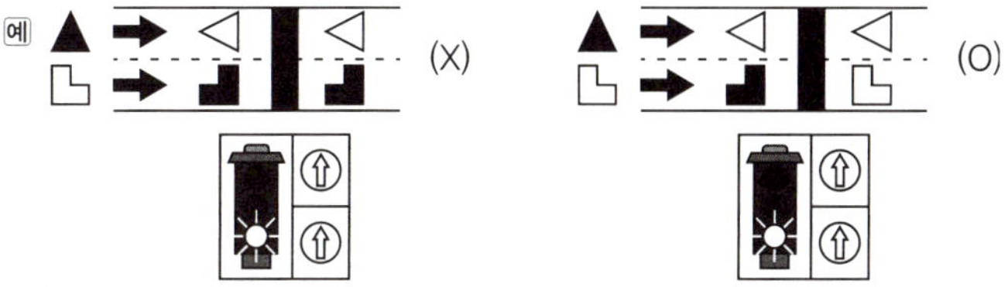

※ 2차선의 도형은 신호등의 다음 점등(상단점등)을 기다려 2차선 도로 표지판의 맞는 색의 도형으로 변화 후 통과

정답 및 해설 02 ④

02

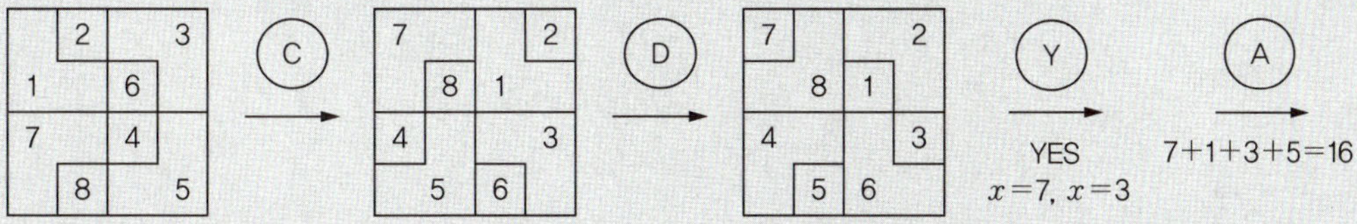

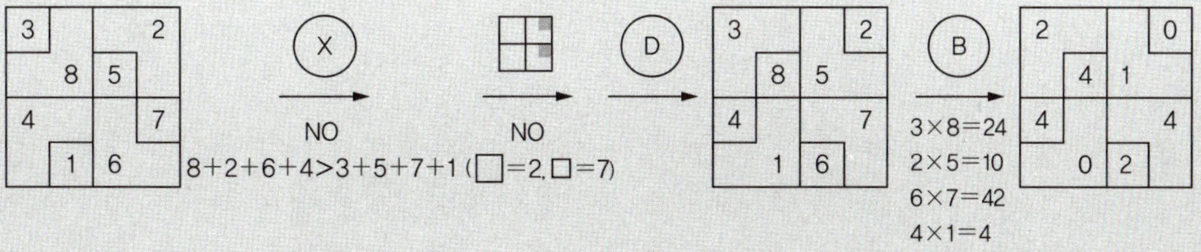

- 도형의 차선은 변경되지 않는다(직진, 좌회전, 우회전, 유턴을 통해 차선이 변경되지 않는다).
- 좌회전, 우회전, 유턴의 과정에서 도형의 모습은 변화하지 않는다(신호등의 점등에 의해서만 도형의 모습이 변화된다).
- 도형이 도착지점에 1차선으로 도착 시 ①에 도착하게 되며, 2차선으로 도착 시 ②에 도착하게 된다.

예

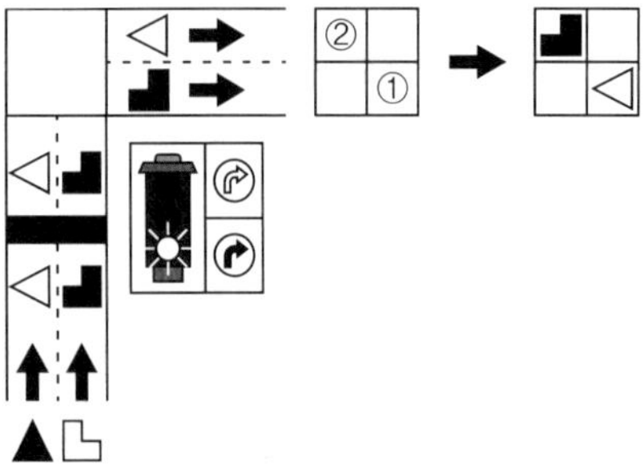

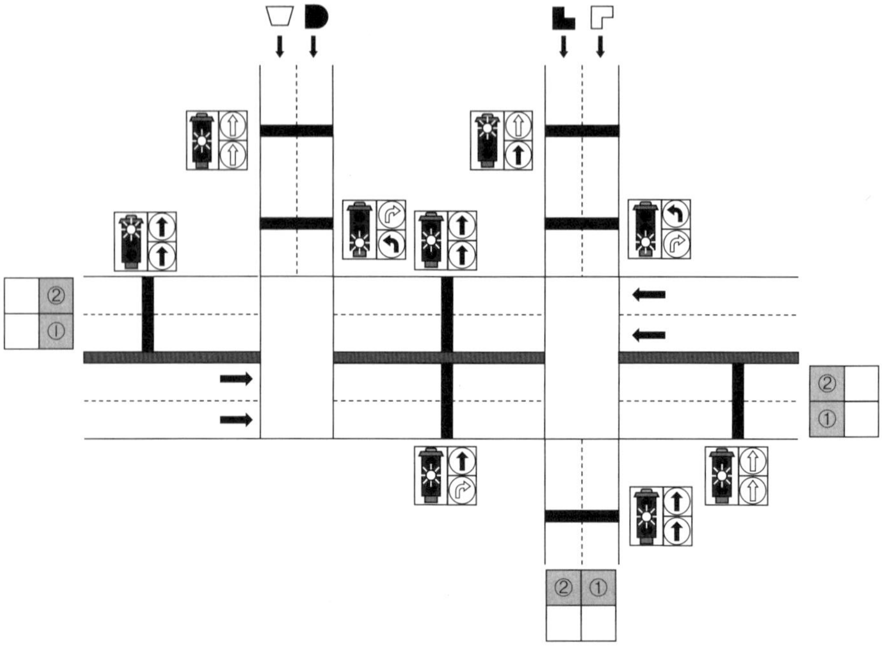

①
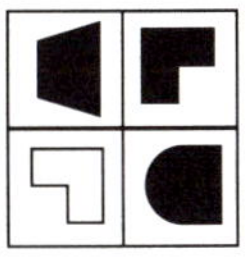

②
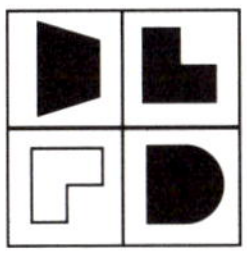

③
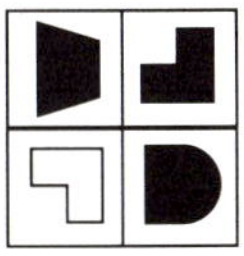

④
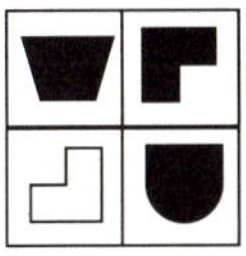

⑤
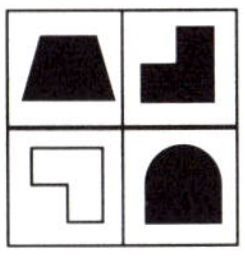

정답 및 해설

03 ③

03

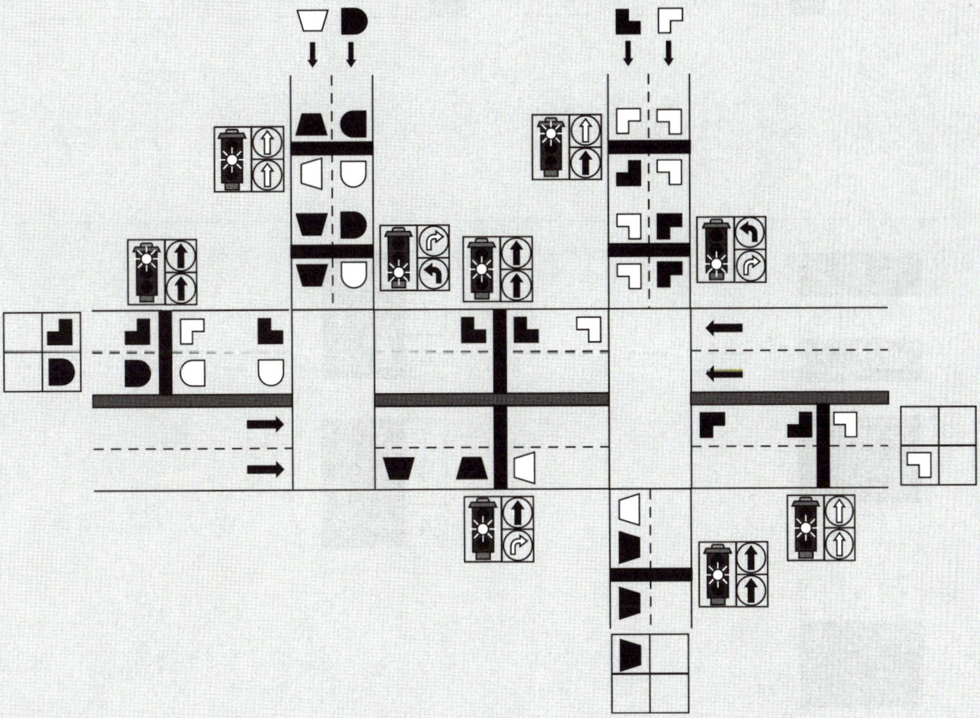

04 **다음 제시된 규칙에 따라 숫자를 변환시킬 때, 규칙을 통해 마지막에 나오는 도식의 형태를 구한 것은?**

Enter : 숫자와 색을 한 행씩 아래로 이동

Space : 숫자와 색을 한 열씩 오른쪽으로 이동

Tab : 숫자만 시계 방향으로 90° 회전

Shift : 색 반전

◇ : 해당 칸의 숫자가 초기 숫자보다 큰가?

□ : 해당 칸의 배경이 흰색인가?

■ : 해당 칸의 배경이 검은색인가?

사각형 안에 −(빼기) 2개 : 2개 칸 숫자의 차 X가 조건에 맞는지 확인

사각형 안에 +(더하기) 2개 : 2개 칸 숫자의 합 X가 조건에 맞는지 확인

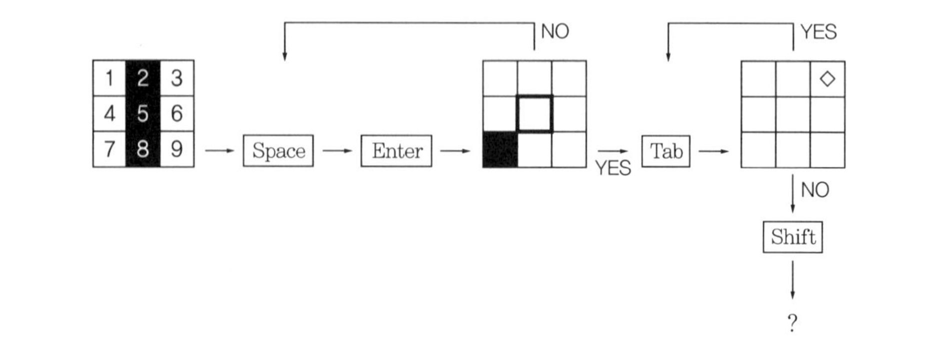

①
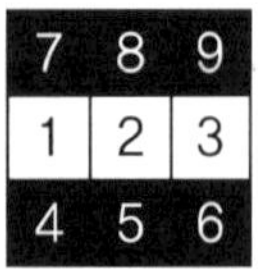

②
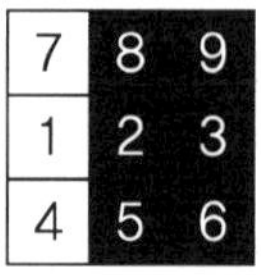

③
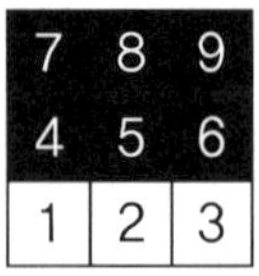

④
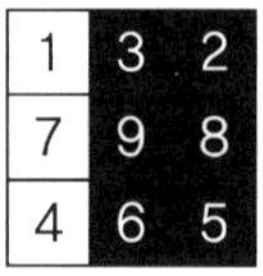

⑤
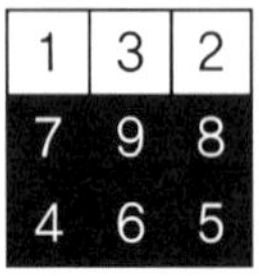

05 다음 기호들은 일정한 규칙에 따라 도형을 변화시킨다. 주어진 도형을 도식에 따라 변화시켰을 때 결과로 올바른 것은?

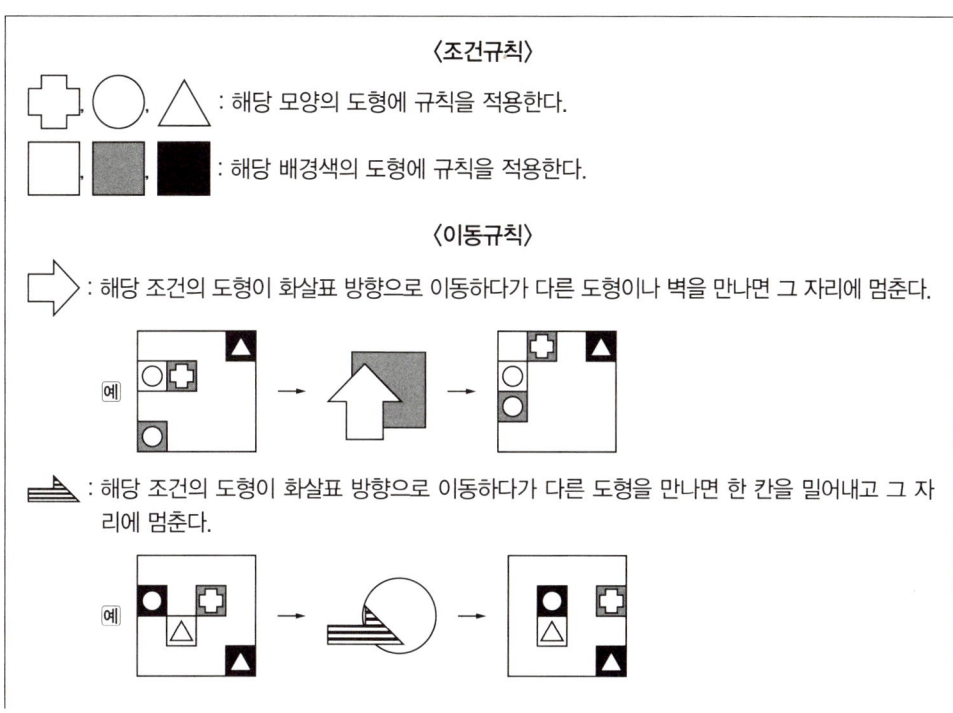

〈조건규칙〉

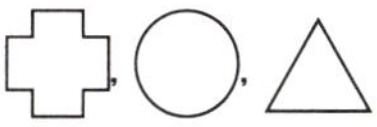 : 해당 모양의 도형에 규칙을 적용한다.

 : 해당 배경색의 도형에 규칙을 적용한다.

〈이동규칙〉

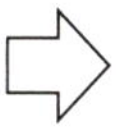 : 해당 조건의 도형이 화살표 방향으로 이동하다가 다른 도형이나 벽을 만나면 그 자리에 멈춘다.

예 

 : 해당 조건의 도형이 화살표 방향으로 이동하다가 다른 도형을 만나면 한 칸을 밀어내고 그 자리에 멈춘다.

예 

정답 및 해설

04 ④

04

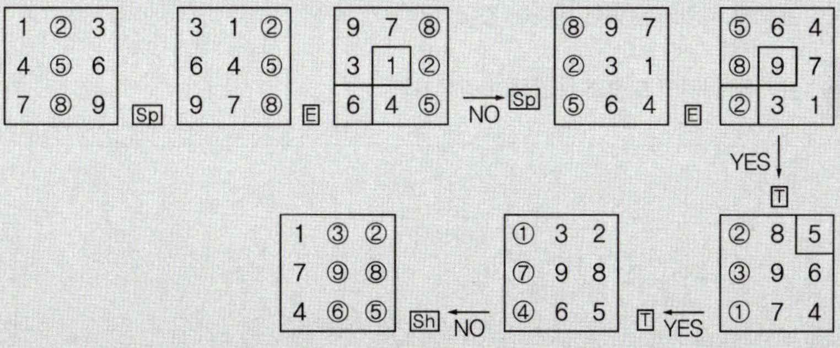

 : 해당 조건의 도형이 화살표 방향으로 이동하다가 다른 도형을 만나면 그 도형을 뛰어넘어서 멈춘다.

예 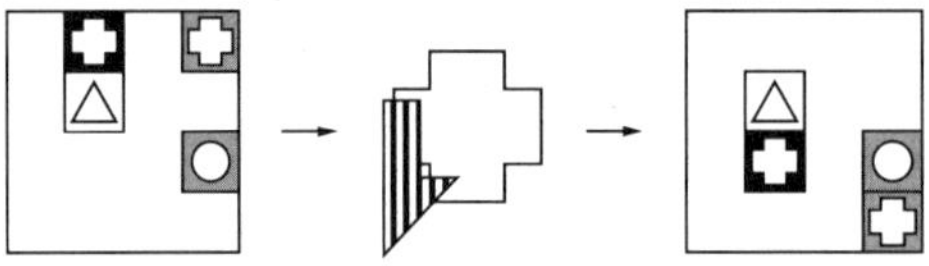

 : 화살표 방향에서 가장 가까운 도형을 해당 위치로 당긴다.

예 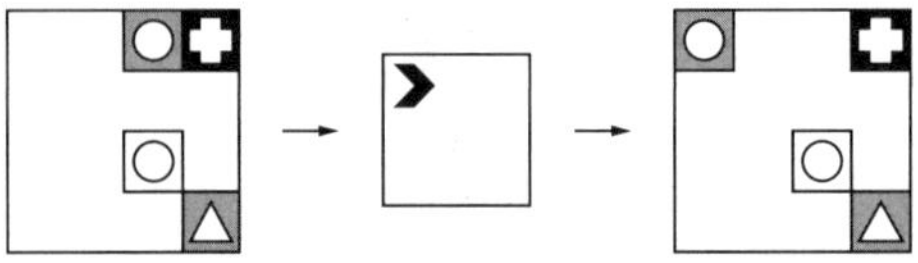

〈교환규칙〉

 : 이동 후 이동 과정에서 접촉한 도형과 서로 모양을 바꾼다.

예 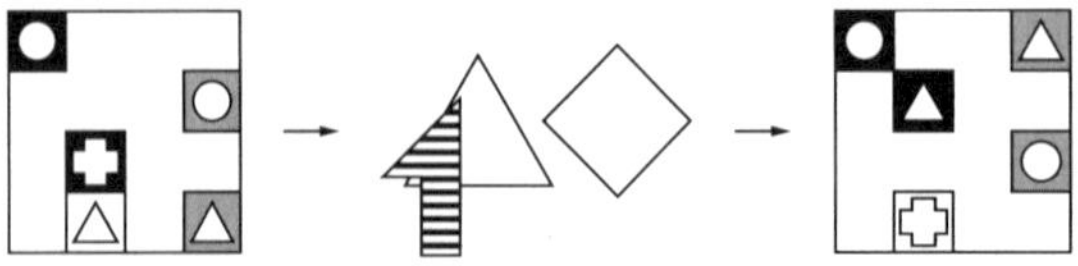

 : 이동 후 이동 과정에서 접촉한 도형과 서로 배경색을 바꾼다.

예 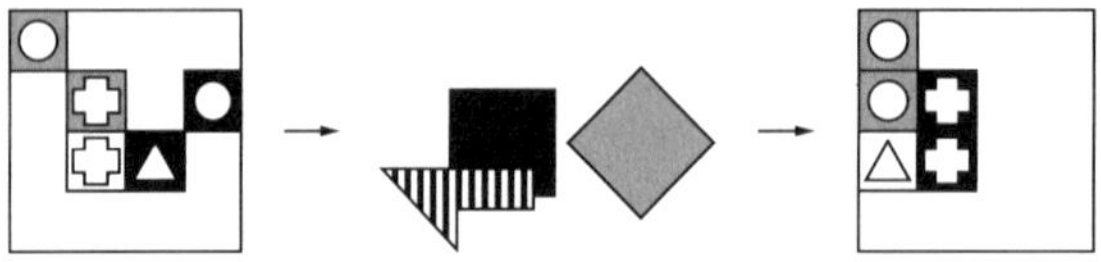

 : 이동 후 이동 과정에서 접촉한 도형과 서로 모양과 배경색을 모두 바꾼다.

예 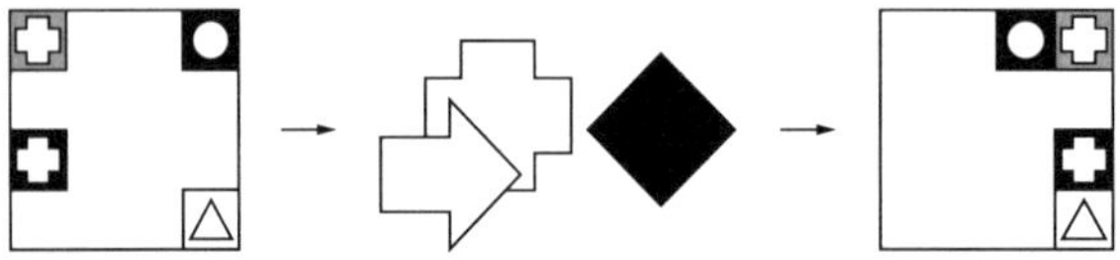

〈판별규칙〉

 : 표시된 위치의 도형과 모양이 같은가?

 : 표시된 위치의 도형과 배경색이 같은가?

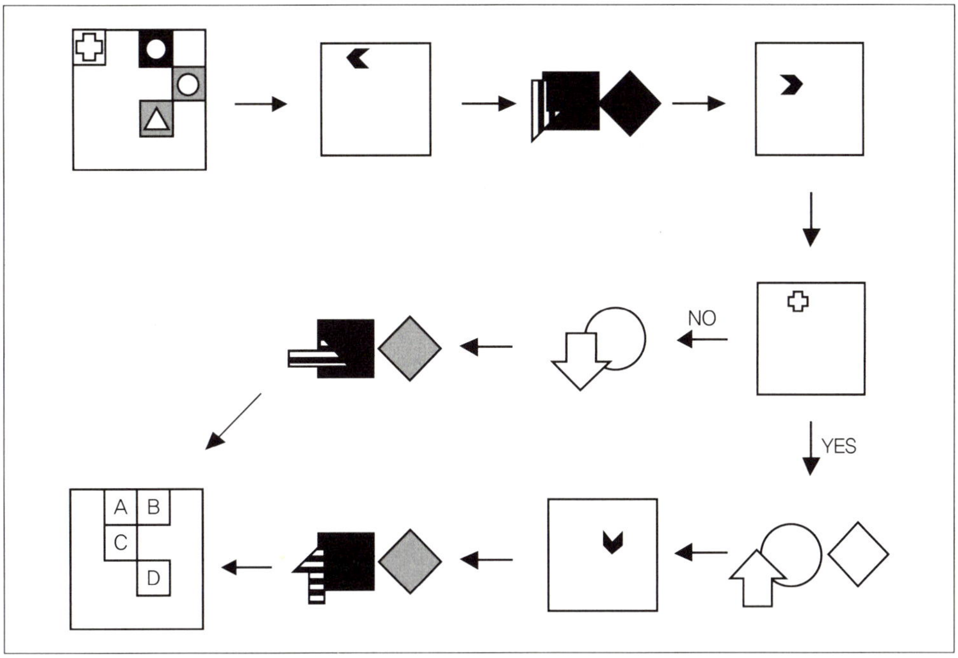

① A :  B : 

② A : 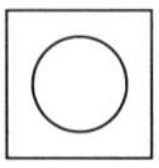 C : 

③ A : 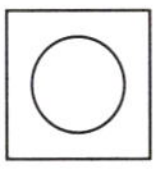 D : 

④ B :  C : 

⑤ C : 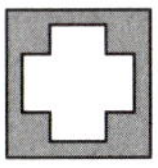 D : 

정답 및 해설

05 ④

05

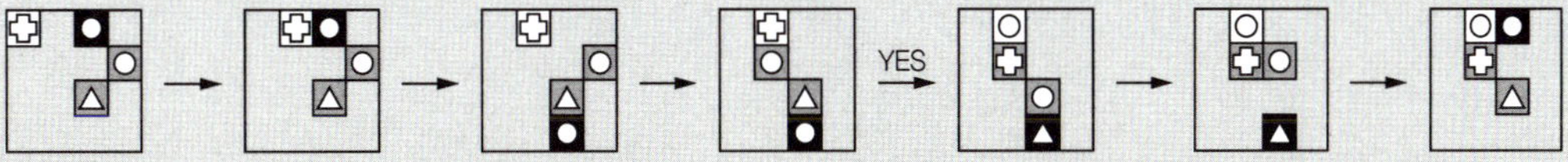

06 다음 도식의 기호들은 일정한 규칙에 따라 도형을 변화시킨다. ?에 들어갈 알맞은 형태는?

〈변환규칙〉

⬆ : 알파벳이 한 칸씩 위로 이동한다.

➡ : 한글이 한 칸씩 우측으로 이동한다.

↷ : 한글이 알파벳 위에 있는 칸의 개수를 a라고 할 때, 가운데 칸을 제외한 8개의 칸이 시계 방향으로 a칸 이동한다.

⇕ (m, n) : m행과 n열의 각 칸에서 알파벳과 한글의 상하 위치를 서로 바꾼다.

〈조건규칙〉

A, A : 알파벳이 한글의 위에 위치한 개수

ㄱ, ㄱ : 한글의 상하 위치가 처음과 동일한 개수

A, ㄱ : 한 칸에 들어있는 알파벳과 한글의 짝이 처음과 동일한 개수

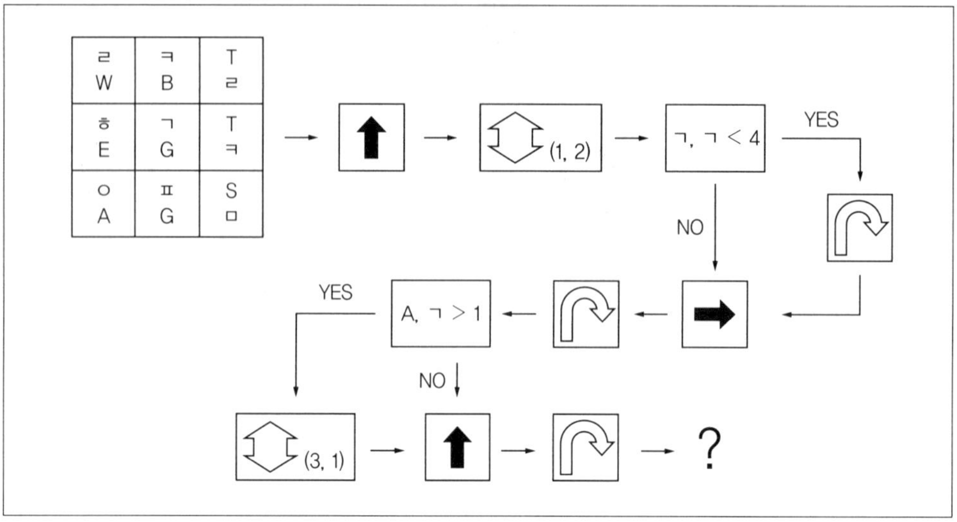

①

ㅁ A	ㅋ E	ㄹ W
G ㅇ	G ㅎ	B ㄹ
ㅍ A	ㄱ G	ㅋ S

②

ㅁ A	ㅋ E	ㄹ W
G ㅇ	G ㅎ	B ㄹ
ㅍ S	ㄱ T	ㅋ T

③

W ㄹ	G ㅎ	T ㄱ
G ㅇ	ㄹ B	ㅋ T
S ㅍ	ㅋ E	ㅁ A

④

T ㄱ	W ㄹ	ㄴ ㅎ
ㅋ T	G ㅇ	ㄹ B
ㅁ A	S ㅍ	ㅋ E

⑤

W ㄹ	ㄹ B	ㅋ T
ㅋ E	G ㅎ	T ㄱ
ㅁ A	G ㅇ	S ㅍ

정답 및 해설

06 ⑤

06

ㄹ W	ㅋ B	T ㄹ
ㅎ E	ㄱ G	T ㅋ
ㅇ A	ㅍ G	S ㅁ

→

ㄹ E	ㅋ G	T ㄹ
ㅎ A	ㄱ G	S ㅋ
ㅇ W	ㅍ B	T ㅁ

→

E ㄹ	ㅋ G	ㄹ T
ㅎ A	G ㄱ	S ㅋ
ㅇ W	B ㅍ	T ㅁ

NO →

E ㄹ	ㄹ G	ㅋ T
ㅋ A	G ㅎ	S ㄱ
ㅁ W	B ㅇ	T ㅍ

→

T ㅍ	B ㅇ	ㅁ W
S ㄱ	G ㅎ	ㅋ A
ㅋ T	ㄹ G	E ㄹ

NO →

S ㅍ	G ㅇ	ㅁ A
T ㄱ	G ㅎ	ㅋ E
ㅋ T	ㄹ B	W ㄹ

→

W ㄹ	ㄹ B	ㅋ T
ㅋ E	G ㅎ	T ㄱ
ㅁ A	G ㅇ	S ㅍ

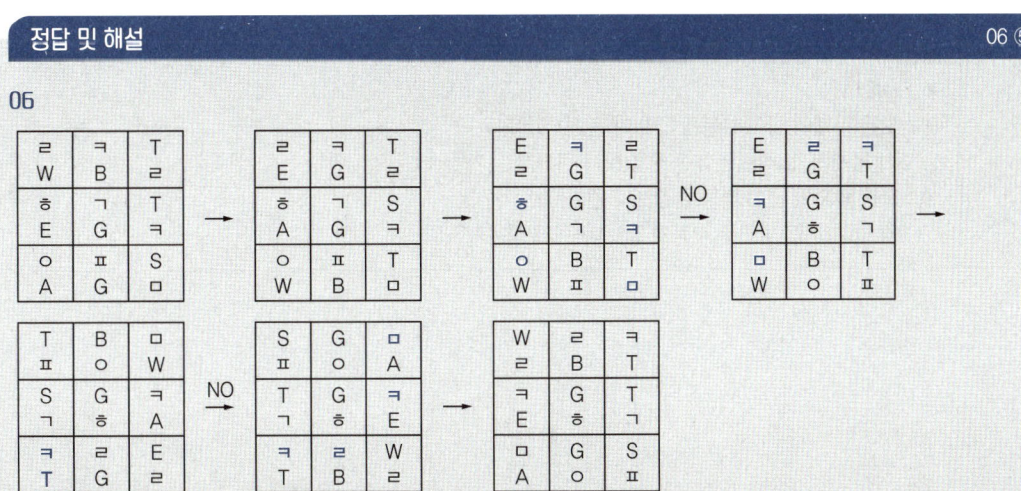

07 다음 제시된 규칙을 이용할 때, ?에 들어갈 알맞은 형태는?

〈음계〉

(낮음) ◀──────▶ (높음)

1	2	3	4	5	6	7

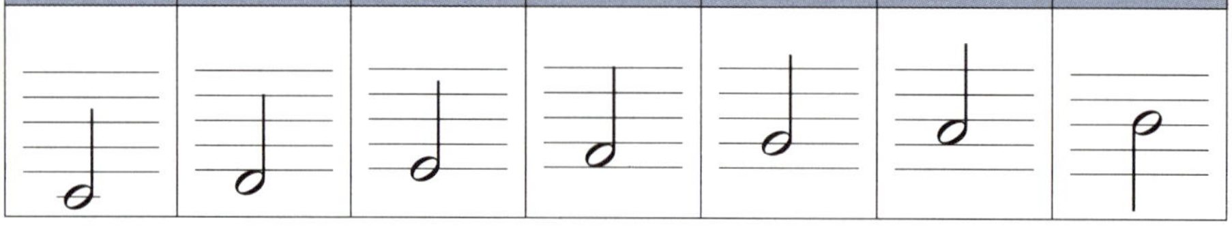

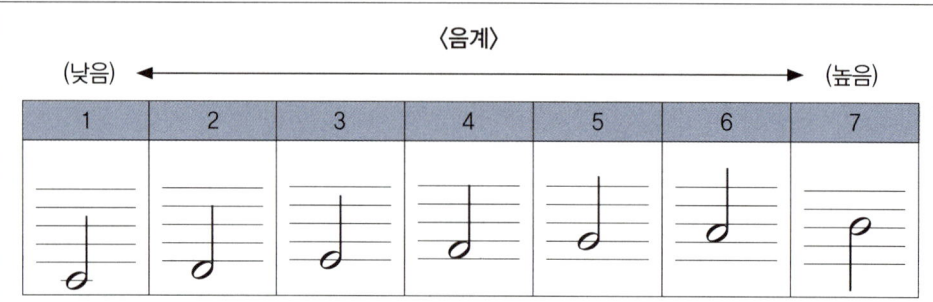

※ 단, 음계가 7 이상으로 올라가면 1, 2, 3, …로 1 이하로 내려가면 7, 6, 5, …로 순환한다.

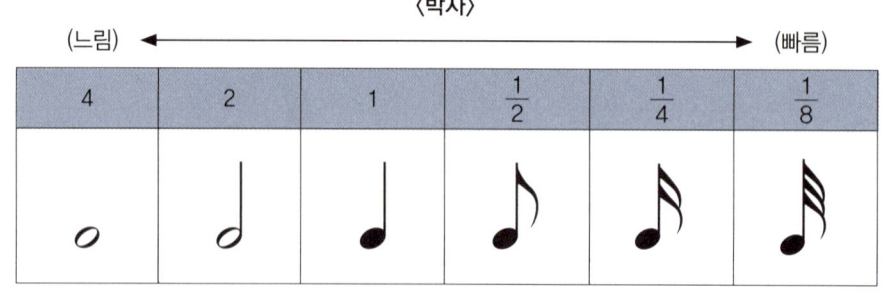

〈박자〉

(느림) ◀──────▶ (빠름)

4	2	1	$\frac{1}{2}$	$\frac{1}{4}$	$\frac{1}{8}$

〈규칙〉

: 모든 음표 한 음씩 올리기
♭ : 모든 음표 한 음씩 내리기
⇧ : 𝅝를 제외한 각 음표의 박자 ×2
⇩ : 𝅘𝅥𝅰를 제외한 각 음표의 박자 ÷2
△ : 음계가 높은 순서로 정렬
▽ : 음계가 낮은 순서로 정렬
▲ : 박자가 빠른 순서로 정렬
▼ : 박자가 느린 순서로 정렬
● : y축 대칭
▣ : 모든 음계의 합이 부등호 값보다 큰가/작은가?
□ : 각 음계의 값이 모두 부등호 값보다 큰가/작은가?
⊙ : 모든 박자의 곱이 부등호 값보다 큰가/작은가?
○ : 각 박자의 값이 모두 부등호 값보다 큰가/작은가?

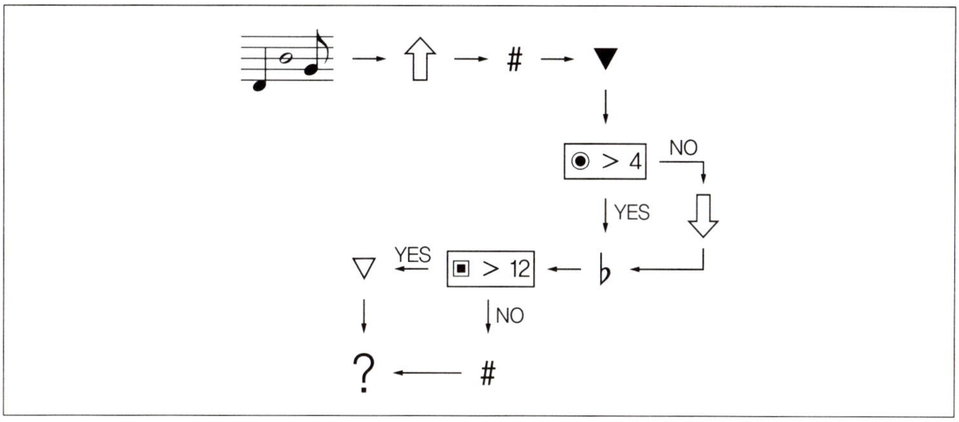

① 

② 

③ 

④ 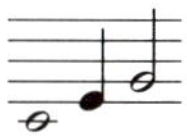

⑤ 

정답 및 해설

07 ②

07

(음계)	2	7	5
(박자)	1	4	$\frac{1}{2}$

→

2	7	5
2	4	1

→

3	1(=8)	6
2	4	1

→

1	3	6
4	2	1

→ $4\times2\times1=8>4$ $\xrightarrow{\text{YES}}$

7(=0)	2	5
4	2	1

→ $7+2+5=14>12$ $\xrightarrow{\text{YES}}$

2	5	7
2	1	4

08 다음 도식의 기호들은 일정한 규칙에 따라 도형을 변화시킨다. ?에 들어갈 알맞은 도형은?

▶▶ : 1열을 3열로 복제
▼▼ : 1행을 3행으로 복제
◎ : 가운데 도형을 기준으로 시계 방향 1칸씩 이동
◁▷ : 1열과 3열을 교환
⊙ : 해당 칸 '모양' 비교 → 가장 처음 제시된 도형과 같으면 한 열씩 오른쪽 / 다르면 한 행씩 아래로 이동
▣ : 해당 칸 '색깔' 비교 → 가장 처음 제시된 도형과 같으면 해당 열 색 반전 / 다르면 해당 행 색 반전

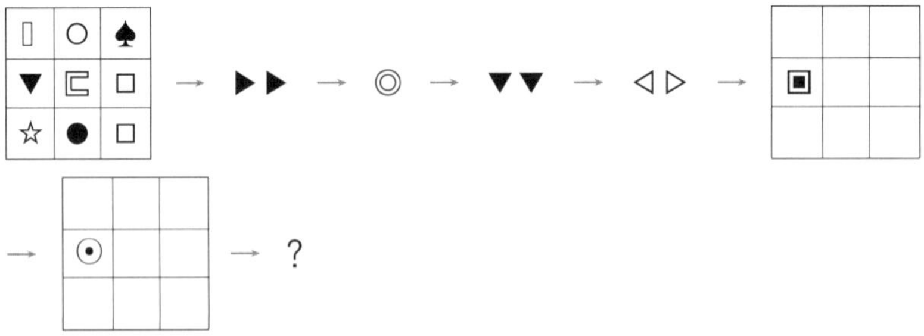

①
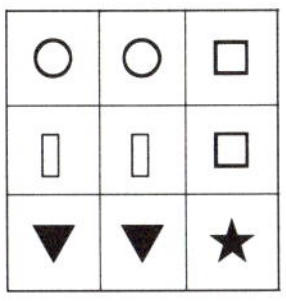

②
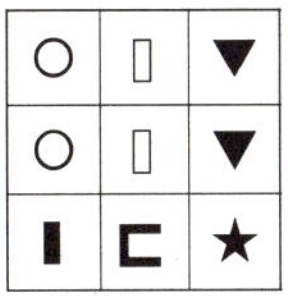

③
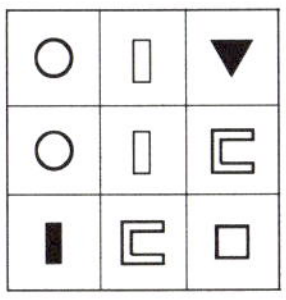

④
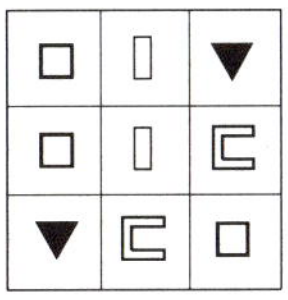

⑤
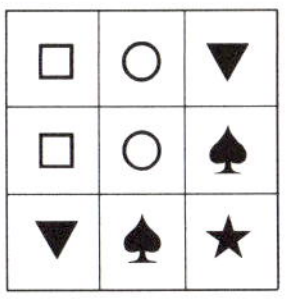

정답 및 해설

08 ②

08

1	2	③
④	5	6
7	⑧	9

▶▶ →

1	2	1
④	5	④
7	⑧	7

◎ →

④	1	2
7	5	1
⑧	7	④

▼▼ →

④	1	2
7	5	1
④	1	2

◁▷ →

2	1	④
1	5	7
2	1	④

▣ : 다름 →

2	1	④
①	⑤	⑦
2	1	④

◉ : 다름 →

2	1	④
2	1	④
①	⑤	⑦

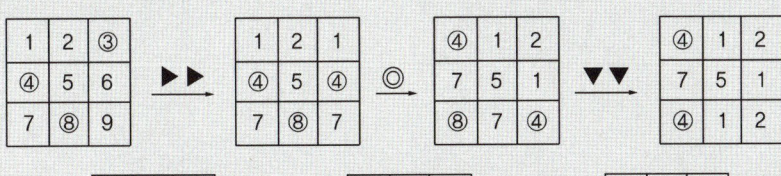

09 **다음 도식의 기호들은 일정한 규칙에 따라 도형을 변화시킨다. 주어진 도형이 다음의 과정을 거칠 때, 결과의 전체 또는 일부의 모습으로 옳은 것은?**

☼ : 가운데 도형을 제외한 모든 도형 시계 방향으로 90° 회전
∀ : 가운데 도형을 제외한 모든 도형 시계 반대 방향으로 90° 회전
Σ : 1행과 3행을 교환하면서 각각 색 반전
Π : 1열과 2열을 교환하면서 각각 색 반전
Ω : 2행, 3행 도형 좌우대칭
⊟ : 1열, 3열 도형 상하대칭
⊕ : 전체 도형 색 반전

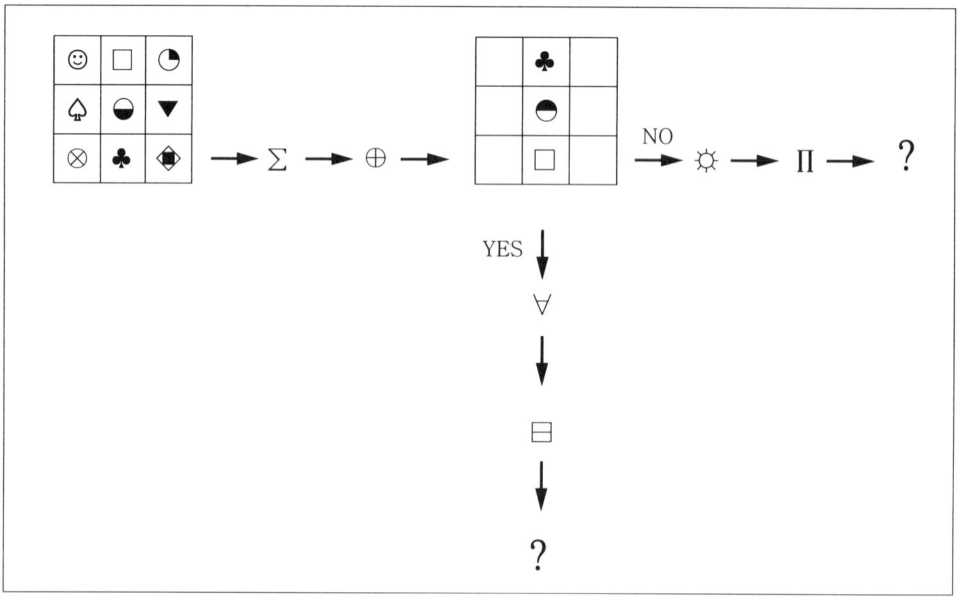

①

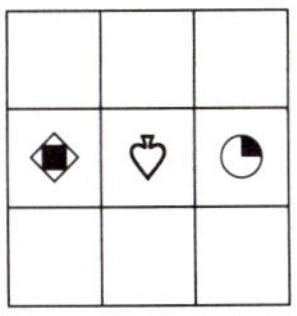

②

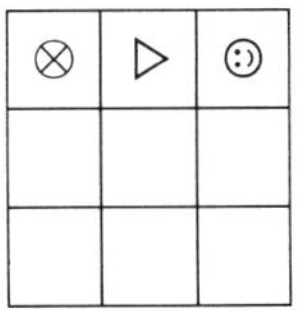

③

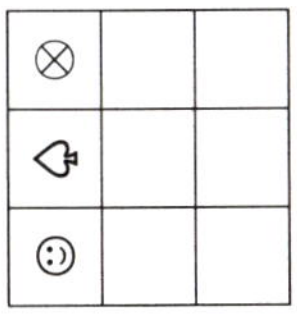

④

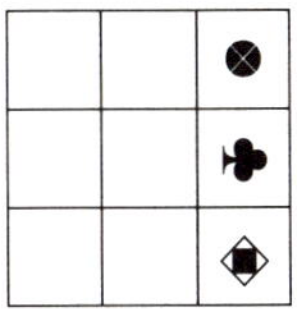

⑤

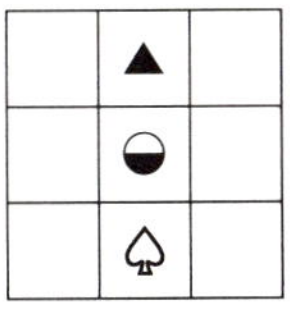

정답 및 해설

09 ②

09

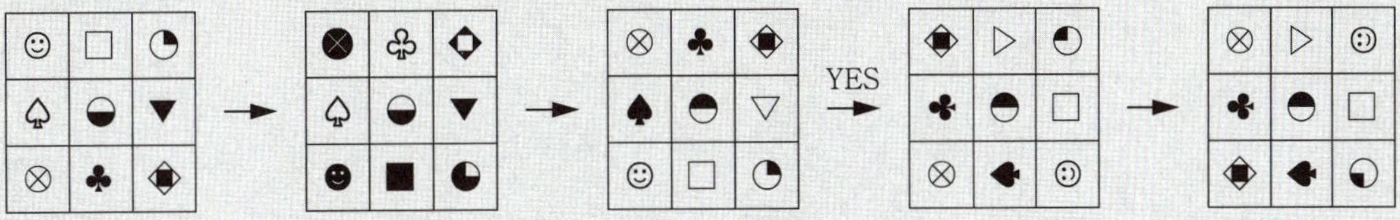

10 다음 도식의 기호들은 일정한 규칙에 따라 도형을 변화시킨다. ?에 들어갈 알맞은 도형은?

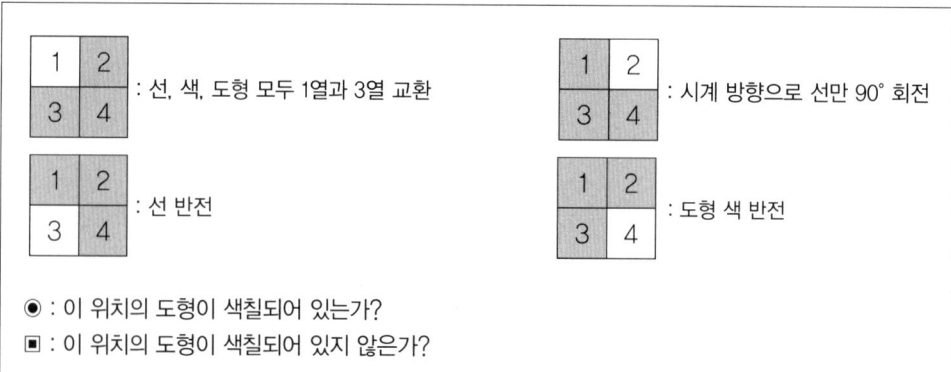

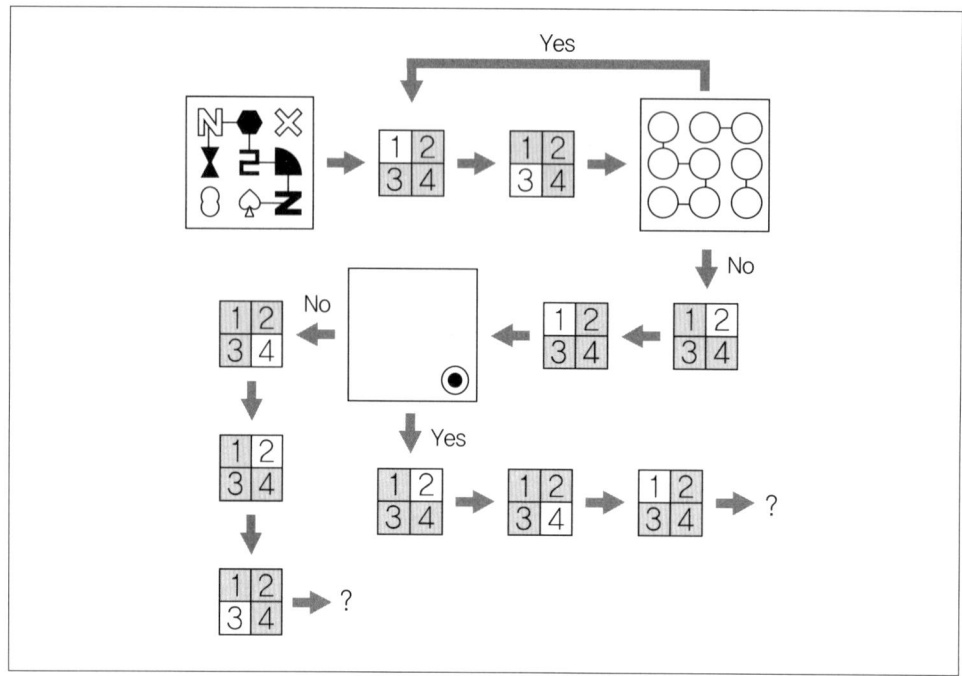

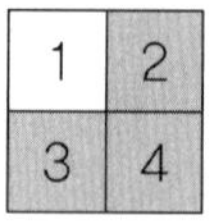
: 선, 색, 도형 모두 1열과 3열 교환

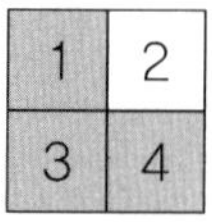
: 시계 방향으로 선만 90° 회전

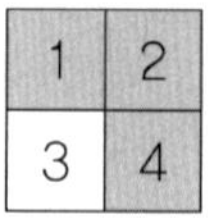
: 선 반전

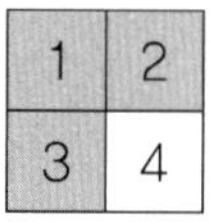
: 도형 색 반전

◉ : 이 위치의 도형이 색칠되어 있는가?
▣ : 이 위치의 도형이 색칠되어 있지 않은가?

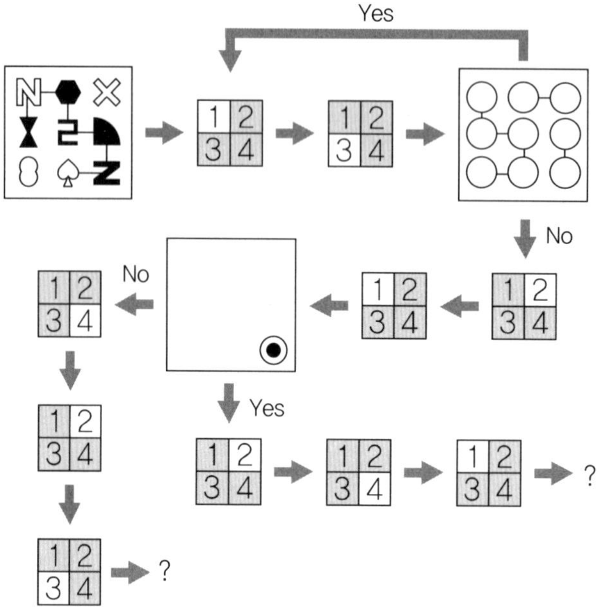

①

②

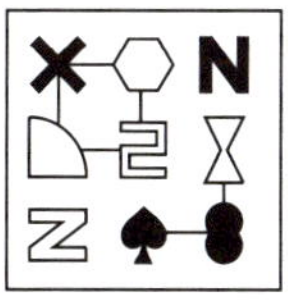

③

④

⑤

정답 및 해설

10 ③

10

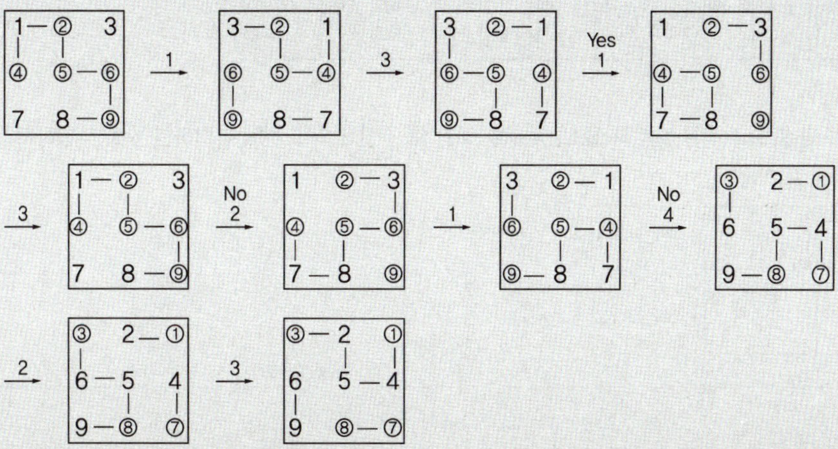

11 다음 기호들은 일정한 규칙에 따라 도형을 변화시킨다. 주어진 도형을 도식에 따라 변화시켰을 때 결과로 올바른 것은?

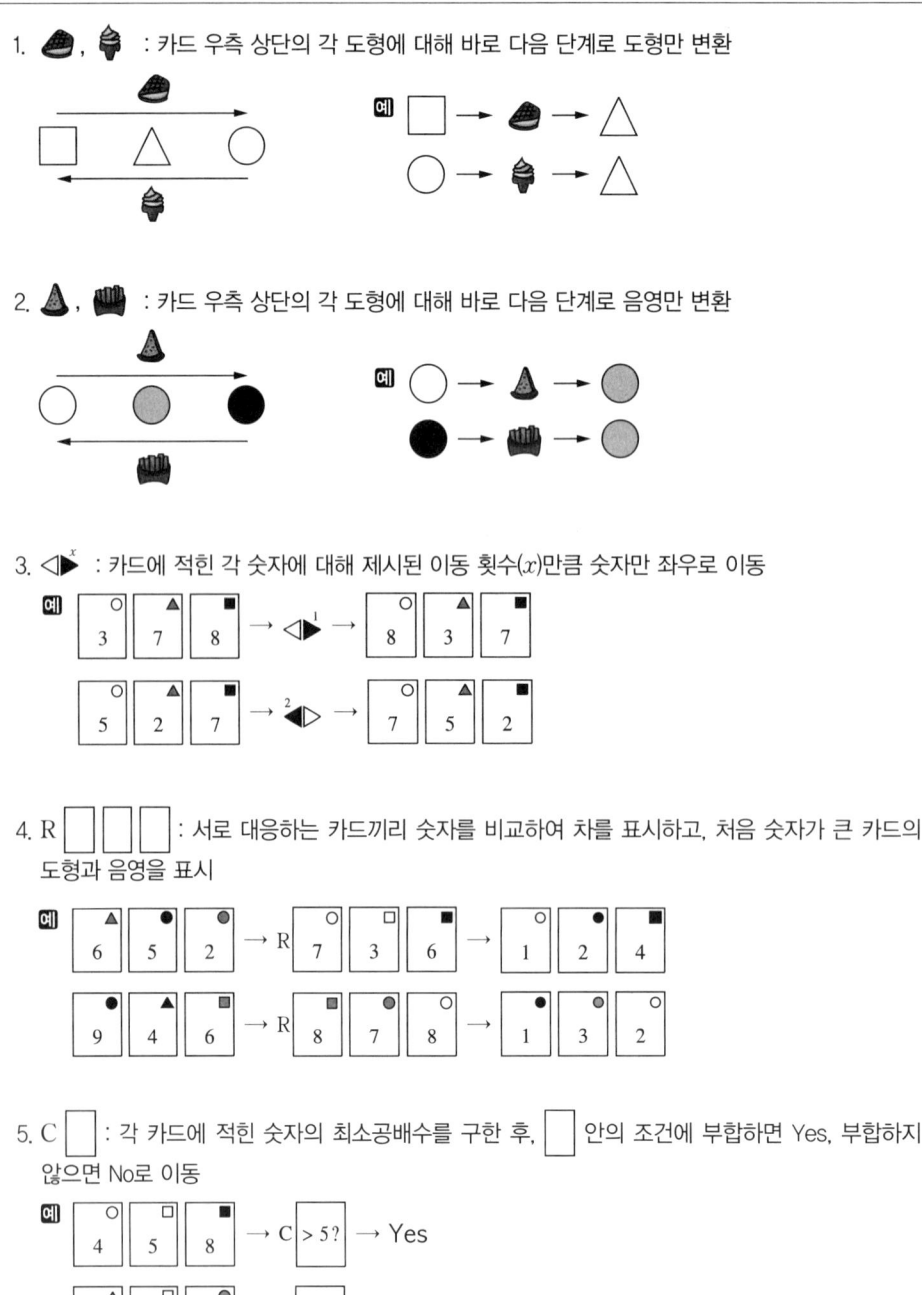

1. , : 카드 우측 상단의 각 도형에 대해 바로 다음 단계로 도형만 변환

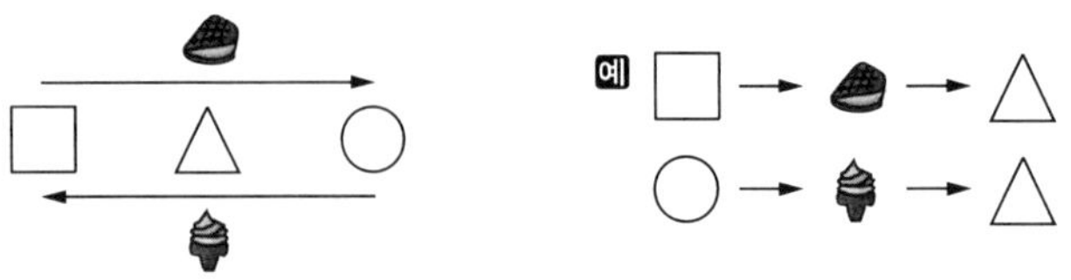

2. , : 카드 우측 상단의 각 도형에 대해 바로 다음 단계로 음영만 변환

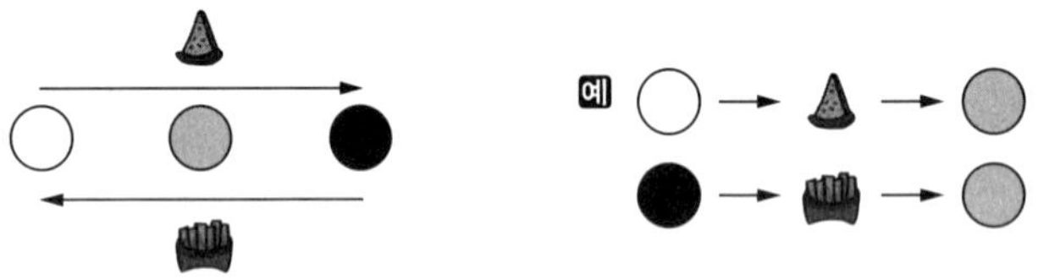

3. (x) : 카드에 적힌 각 숫자에 대해 제시된 이동 횟수(x)만큼 숫자만 좌우로 이동

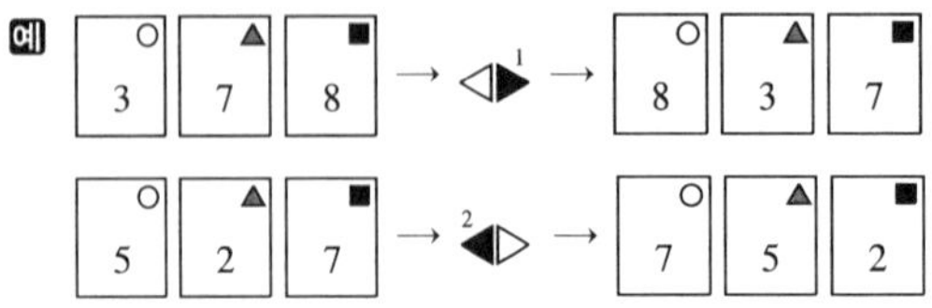

4. R □□□ : 서로 대응하는 카드끼리 숫자를 비교하여 차를 표시하고, 처음 숫자가 큰 카드의 도형과 음영을 표시

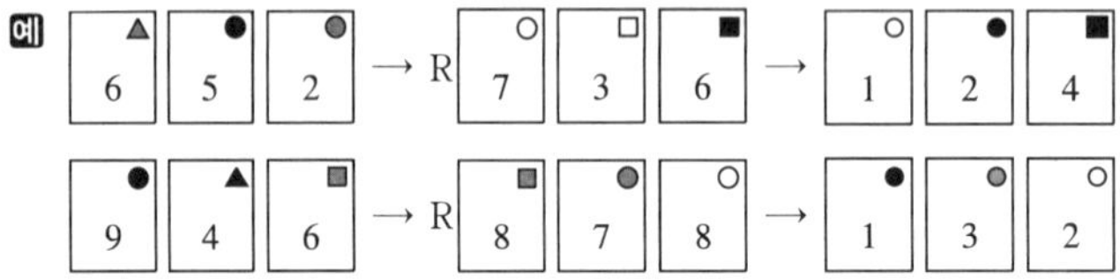

5. C □ : 각 카드에 적힌 숫자의 최소공배수를 구한 후, □ 안의 조건에 부합하면 Yes, 부합하지 않으면 No로 이동

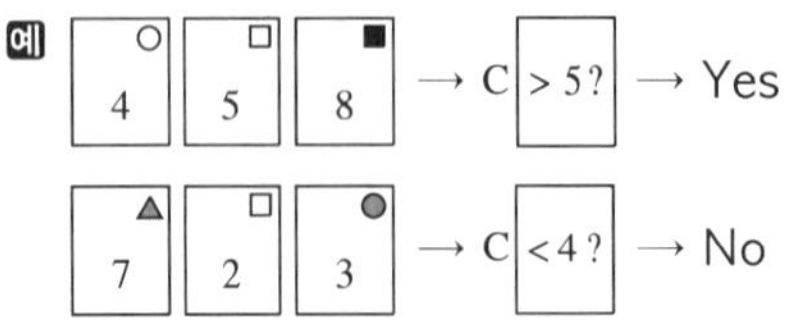

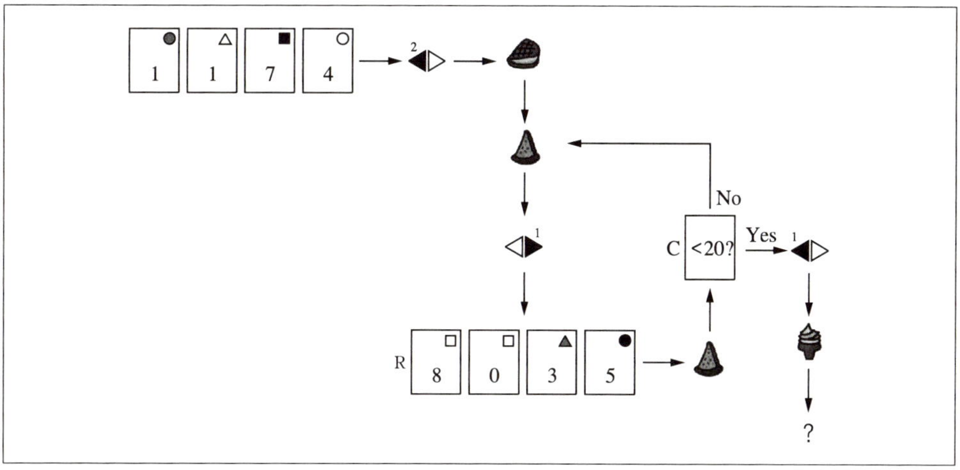

① 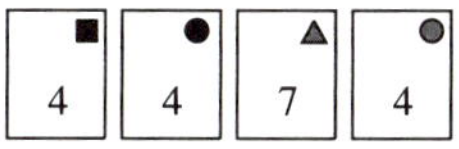

② 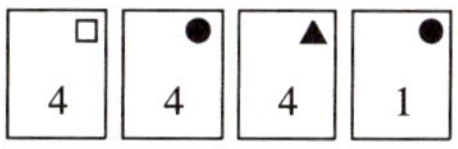

③ 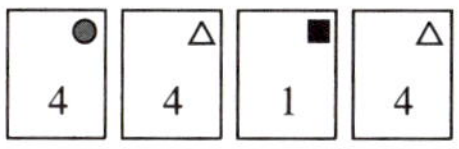

④ 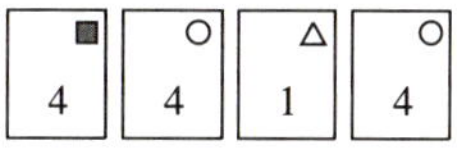

⑤ 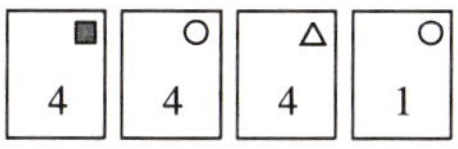

정답 및 해설

11 ③

11

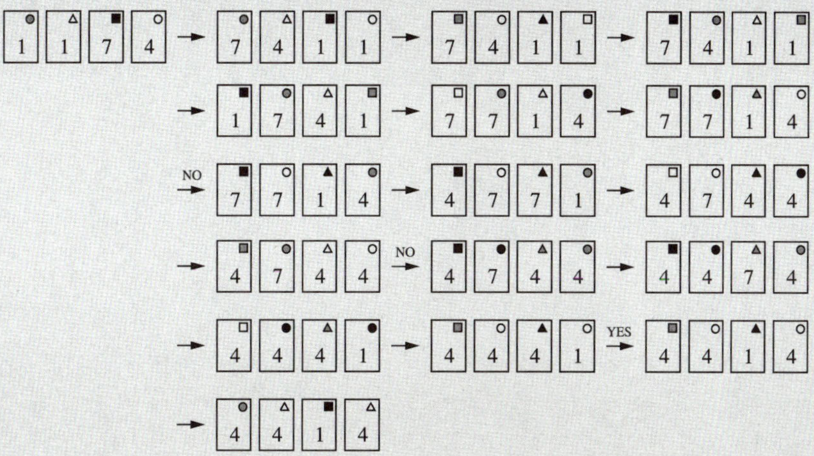

12 제시된 도형의 규칙을 보고 ?에 들어갈 알맞은 것은?

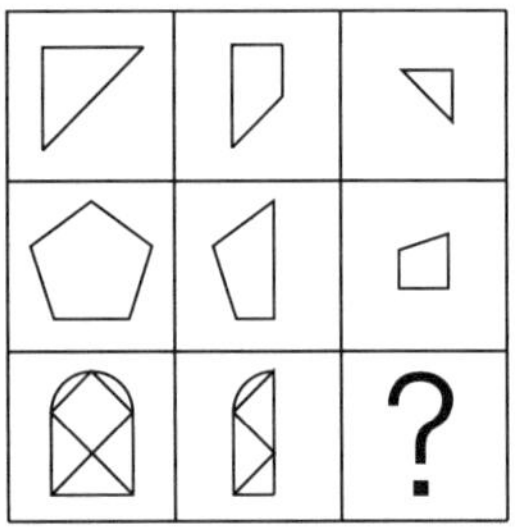

① 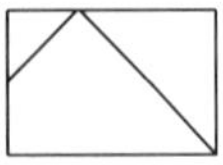

② 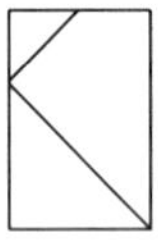

③ 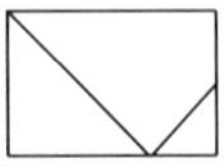

④ 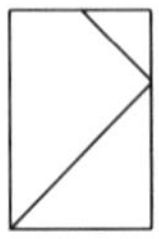

⑤ 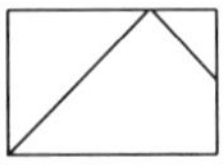

13 다음 도형들은 각 행 또는 열마다 공통 규칙이 적용된 후 개별 규칙이 적용되고 있다. 아래의 규칙 중 1~2가지로 이루어졌으며, 도형들에 적용되는 규칙을 찾아 〈보기〉의 A, B에 들어갈 도형의 모습을 추론한 것으로 옳은 것은?

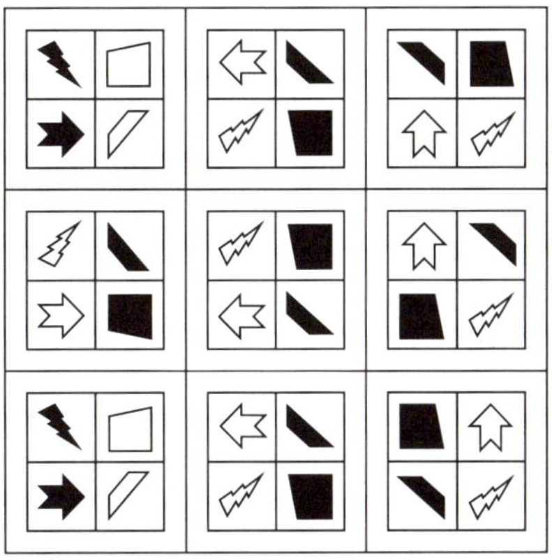

규칙

- 색 반전
- 시계 방향으로 90° 회전
- 180° 회전
- 시계 반대 방향으로 90° 회전
- 시계 방향으로 한 칸 이동
- 시계 방향으로 두 칸 이동
- 시계 방향으로 세 칸 이동
- 상하대칭
- 좌우대칭
- 1행과 2행 교환
- 1열과 2열 교환
- 1행 1열과 1행 2열 교환
- 1행 1열과 2행 1열 교환
- 1행 1열과 2행 2열 교환
- 1행 2열과 2행 1열 교환
- 1행 2열과 2행 2열 교환
- 2행 1열과 2행 2열 교환

정답 및 해설 12 ③

12
규칙은 가로 방향으로 적용된다.
첫 번째 도형을 수직으로 반을 잘랐을 때의 왼쪽 도형이 두 번째 도형이고, 두 번째 도형을 수평으로 반을 자른 후 아래쪽 도형을 시계 방향으로 90° 회전시킨 도형이 세 번째 도형이다.

보기

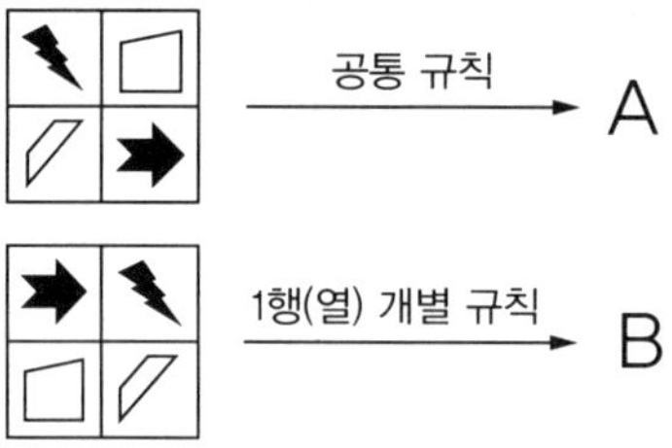

A B A B

① 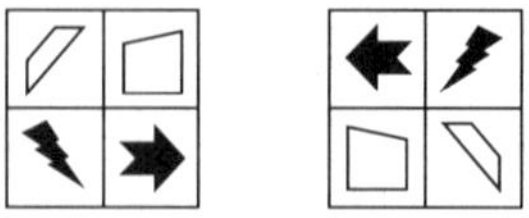

② 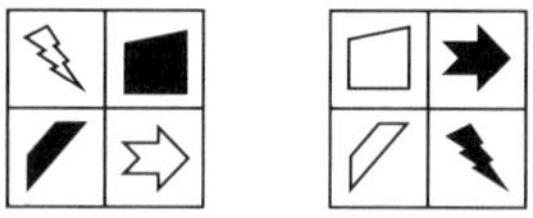

③ 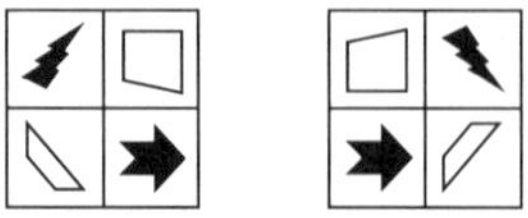

④ 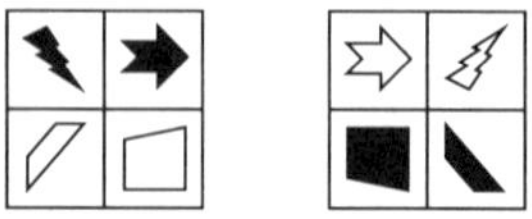

⑤ 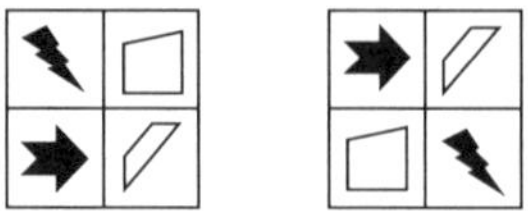

14 오른쪽에 위치한 원은 행 또는 전체에 적용되는 일정한 규칙을 표시한다. 제시된 도형의 규칙을 이용할 때, A, B, C에 들어갈 알맞은 도형은?

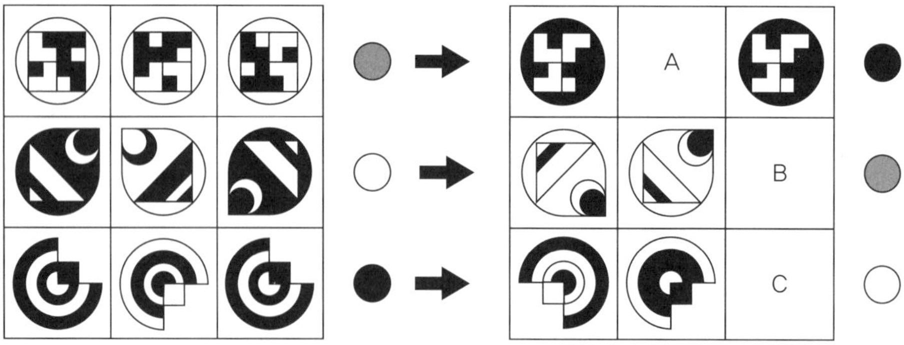

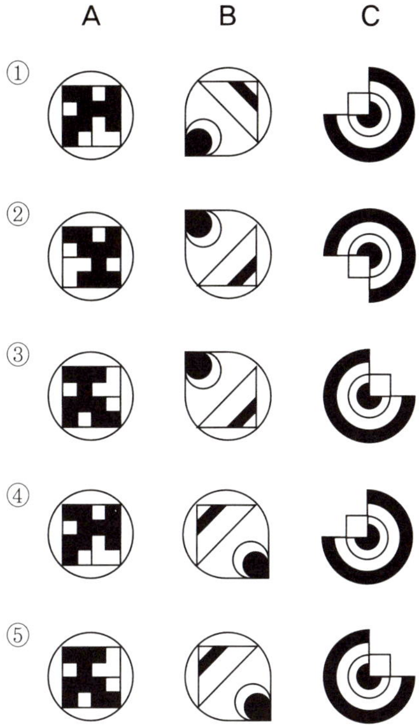

정답 및 해설

13 ④ 14 ③

13

열을 기준으로 규칙이 적용되었음을 알 수 있고 적용된 공통 규칙과 개별 규칙은 다음과 같다.

- 공통 규칙 : 1행 2열과 2행 2열 교환
- 개별 규칙
  - 1열 : 색 반전 & 상하대칭
  - 2열 : 1행 1열과 2행 1열 교환
  - 3열 : 시계 방향으로 한 칸 이동

14

오른쪽에 위치한 원이 각 행의 규칙을 표시한다.

○ : 시계 방향으로 270° 회전 & 색 반전

◉ : 시계 반대 방향으로 90° 회전

● : 상하대칭 & 색 반전

15 다음 제시된 도형의 규칙을 이용할 때, ?에 들어갈 알맞은 도형은?

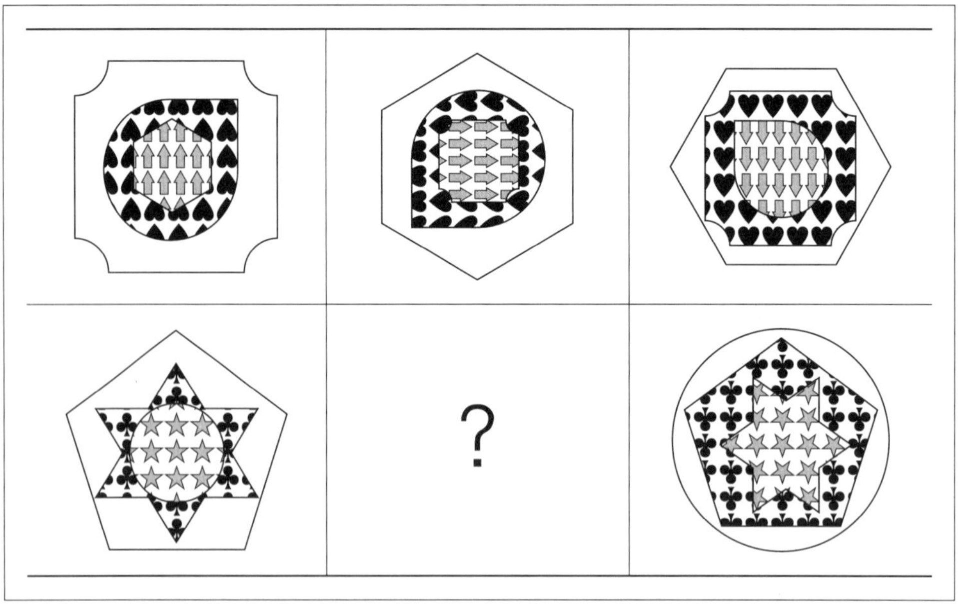

①

②

③

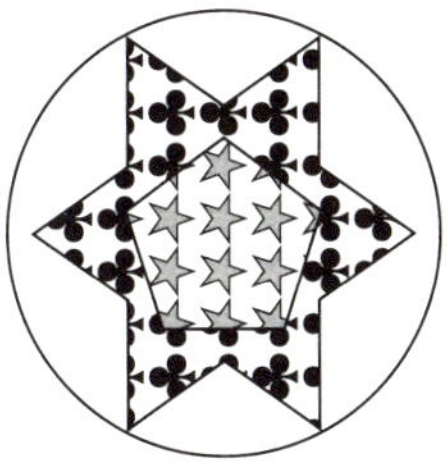

④

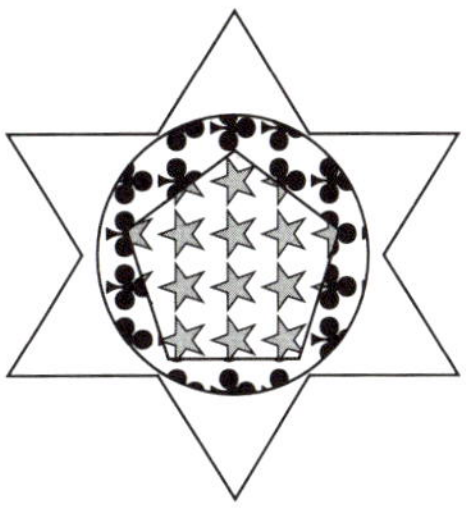

⑤

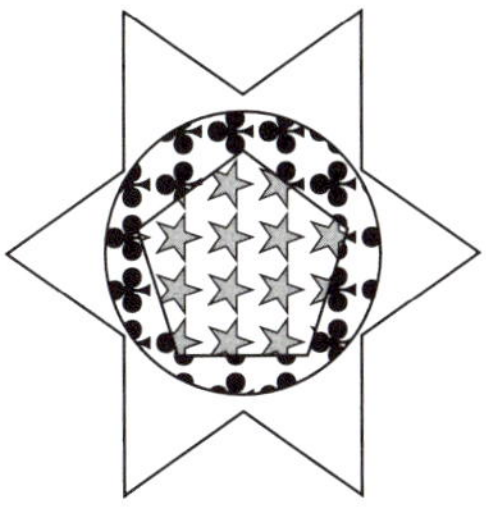

정답 및 해설 15 ②

15

첫 번째 칸 → 두 번째 칸에서는 전면도형과 외부도형의 모양이 서로 바뀌면서 후면도형이 180° 회전하고, 두 번째 칸 → 세 번째 칸에서는 전면도형과 후면도형의 모양이 서로 바뀌면서 전면도형이 시계 방향으로 90°, 외부도형이 시계 방향 또는 반대 방향으로 90° 회전한다. 또한 첫 번째 칸 기준 전면도형의 패턴은 시계 방향으로 90°, 후면도형의 패턴은 시계 반대 방향으로 90°씩 회전하고 있다.

16 면 위의 점은 다음과 같은 규칙에 따라 이동하며 궤적을 남긴다. ?에 들어갈 알맞은 것은?

↑, ↓, ←, → : 점이 상, 하, 좌, 우로 이동한다.
↷ : 점이 시계 방향으로 이동한다.
↶ : 점이 시계 반대 방향으로 이동한다.
○ : 점이 이동하면서 선이 점점 굵어진다.
× : 점이 이동하면서 선이 점점 가늘어진다.
◆ : 현재까지의 궤적과 점의 위치가 시계 방향으로 90° 회전하고, 회전 후 점의 이동 경로와 겹치는 궤적은 삭제된다.
◎ : 현재까지의 궤적과 점의 위치가 시계 반대 방향으로 90° 회전하고, 회전 후 점의 이동 경로와 겹치는 궤적은 삭제된다.
● : 현재까지의 궤적과 점의 위치가 180° 회전하고, 회전 후 점의 이동 경로와 겹치는 궤적은 삭제된다.
△ : 점이 좌우대칭으로 이동하면서 궤적은 좌우대칭했을 때 반대편에 없는 선은 그려지고, 서로 겹치는 선은 삭제된다.
ㅁ : 점이 상하대칭으로 이동하면서 궤적은 상하대칭했을 때 반대편에 없는 선은 그려지고, 서로 겹치는 선은 삭제된다.

※ 회전규칙과 이동규칙이 동시에 적용되는 경우, 회전규칙이 우선 적용된다.

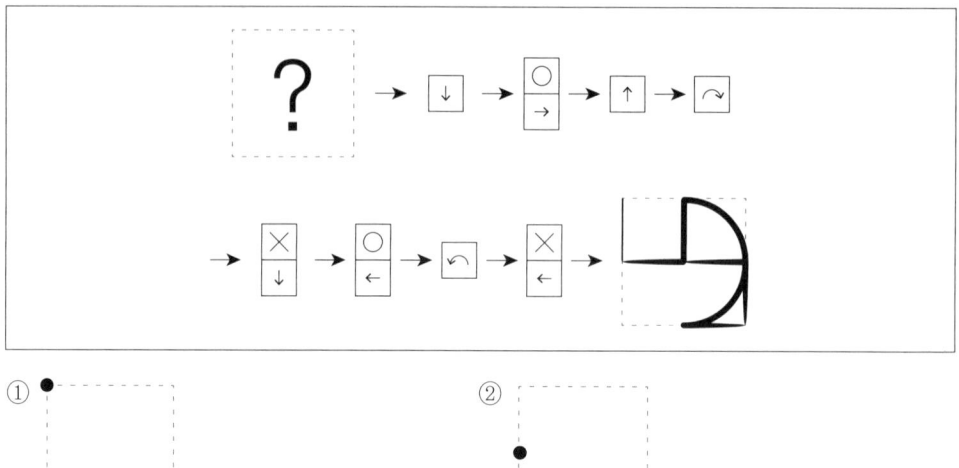

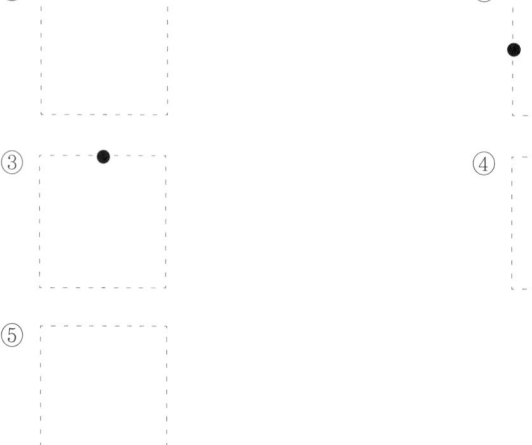

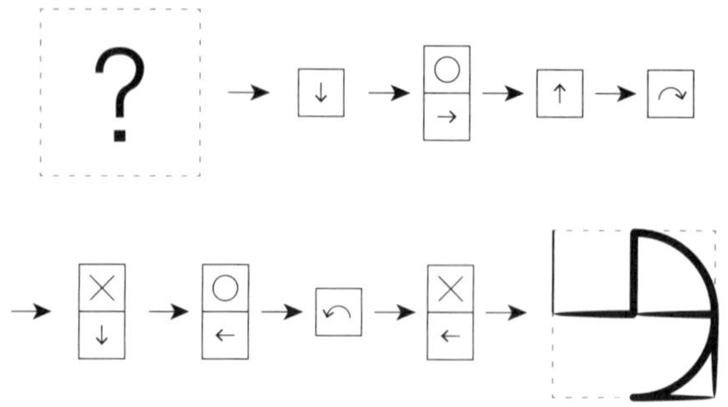

① 

② 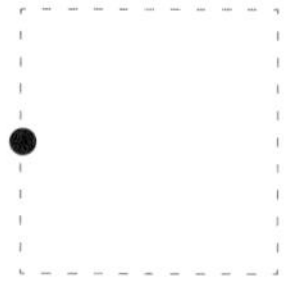

③ 

④ 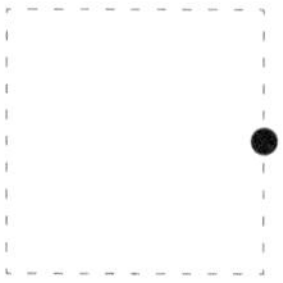

⑤ 

17 다음 제시된 도형의 규칙을 이용할 때, A, B에 들어갈 알맞은 도형은?

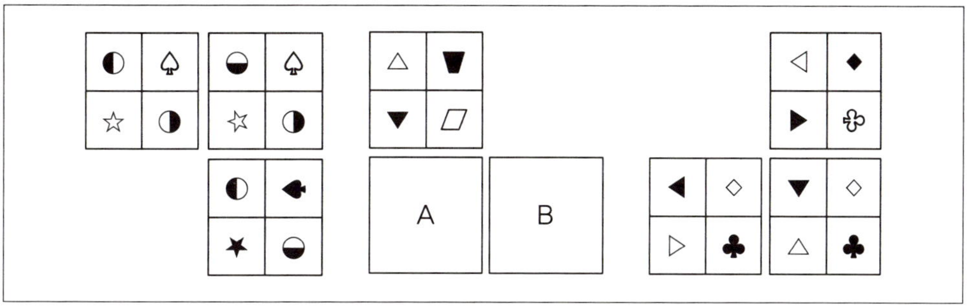

A B A B

① 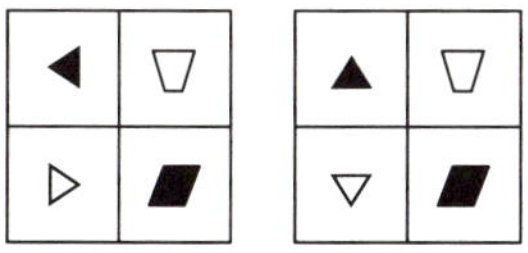

② 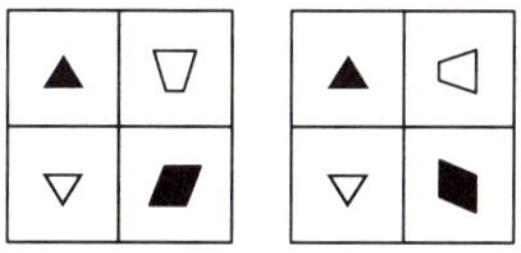

③ 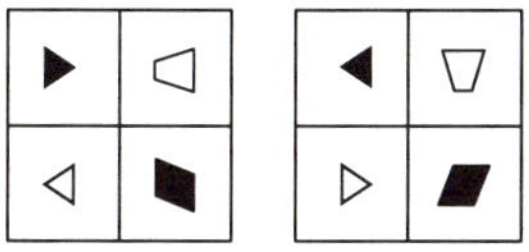

④ 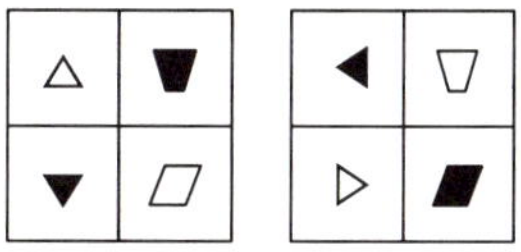

⑤ 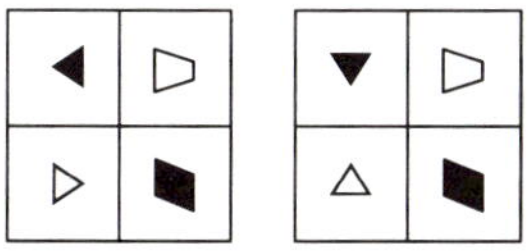

정답 및 해설

16 ① 17 ⑤

16

규칙을 거꾸로 적용하여 거슬러 올라가 보면 다음과 같다.

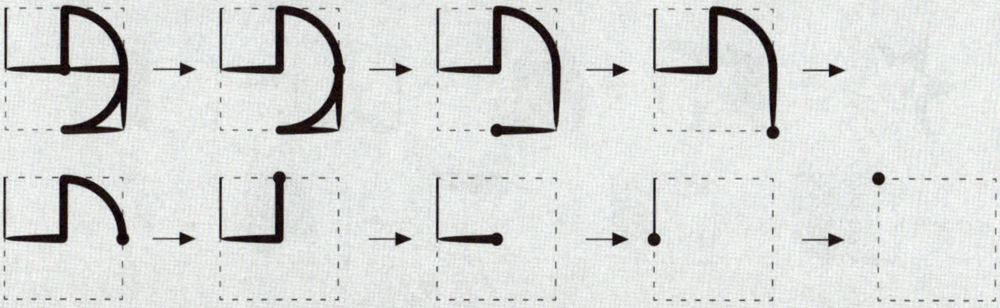

17

가로(좌 → 우) : 1번째 열 시계 반대 방향으로 90° 회전

세로(위 → 아래) : 색 반전 후, 시계 반대 방향으로 90° 회전

18 다음 정육면체는 일정한 규칙에 따라 도형을 변화시킨다. ?에 들어갈 알맞은 도형은?

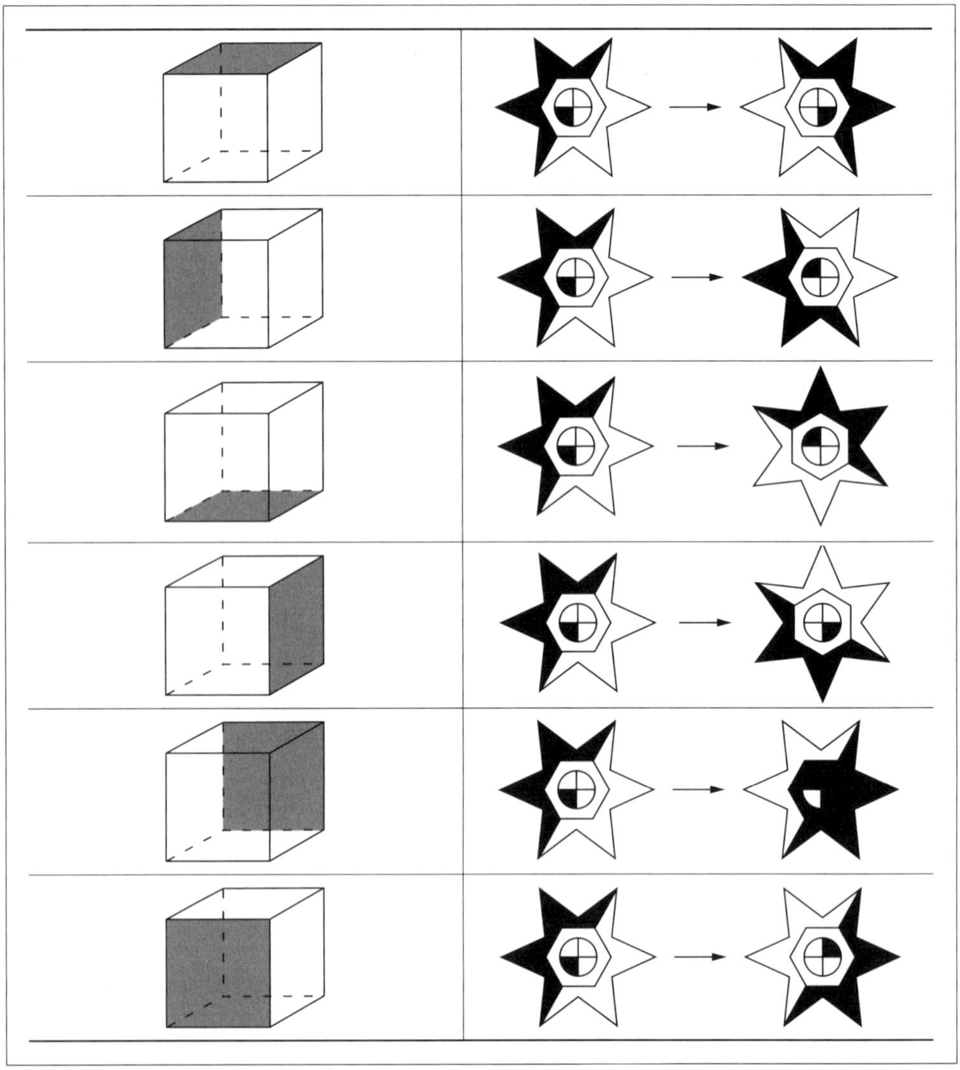

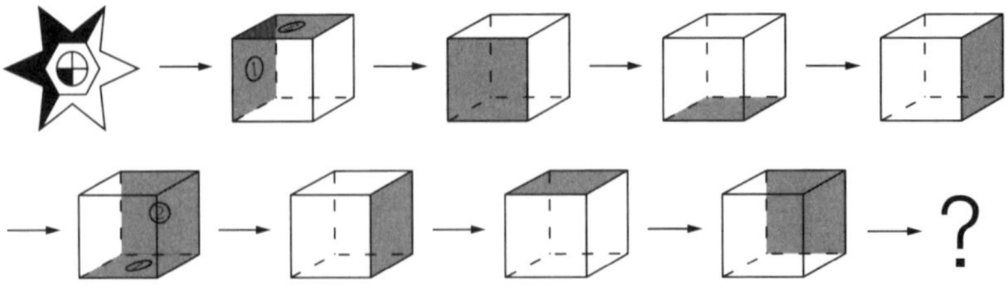

①

②

③

④

⑤

정답 및 해설

18 ③

18

- 윗면 : 좌우대칭
- 좌측면 : 상하대칭
- 아랫면 : 시계 방향으로 90° 회전
- 우측면 : 시계 반대 방향으로 90° 회전
- 후면 : 색 반전
- 정면 : 180° 회전

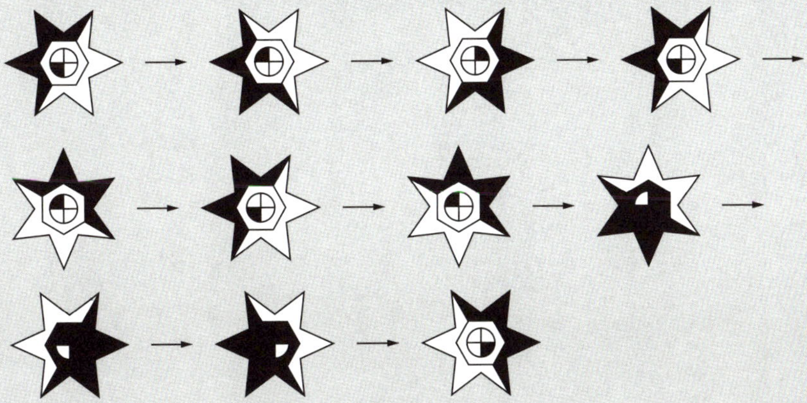

19 다음 제시된 도형을 〈조건〉에 따라 변화시켰을 때 ?에 들어갈 알맞은 도형은?

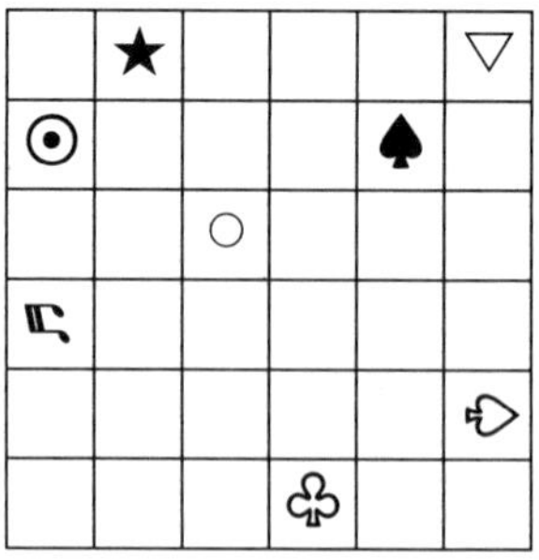

규칙 1 : 각 도형은 1초마다 아래로 한 칸씩 이동한다.
규칙 2 : 바닥에 닿은 도형은 더 이상 내려가지 않는다.

조건

2초 후 → 시계 반대 방향 90° 회전 → 1초 후 → ?

①
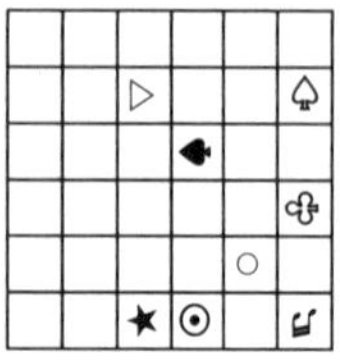

②
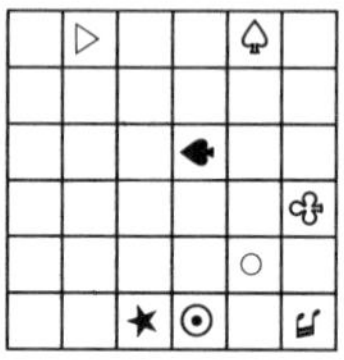

③
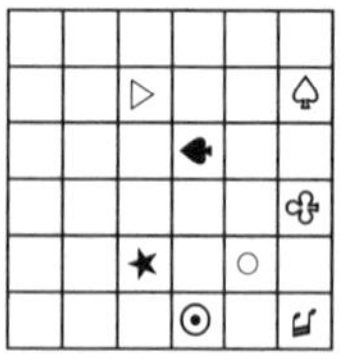

④
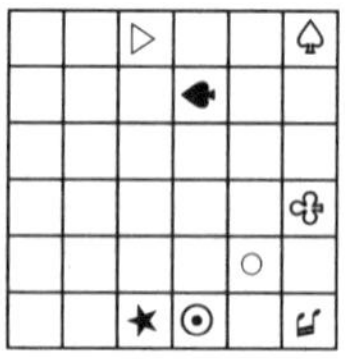

⑤
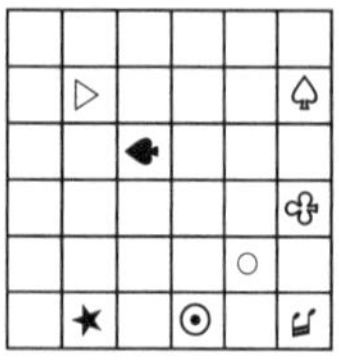

20 다음은 두 도형을 완전히 겹쳐지게 하여 새로운 도형을 만드는 과정을 나타낸 것이다. ?에 들어갈 도형으로 알맞은 것은?(단, 도형은 회전이 가능하다)

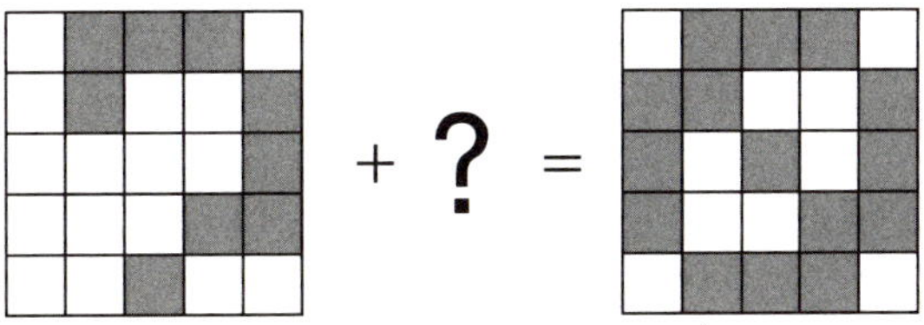

① 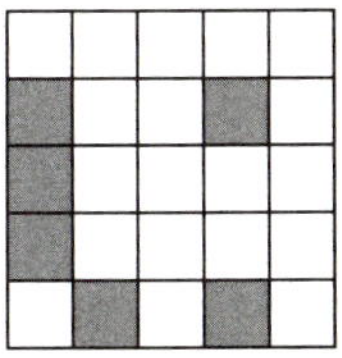

② 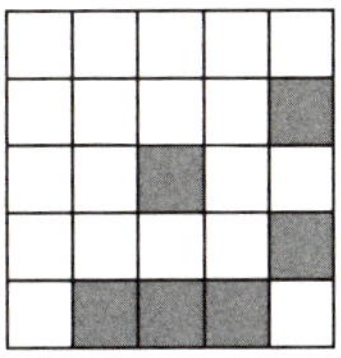

③ 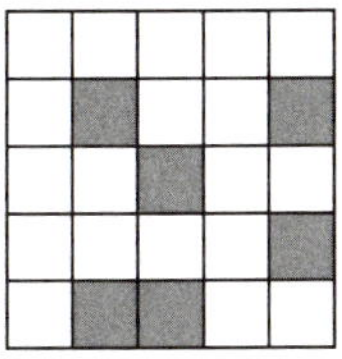

④ 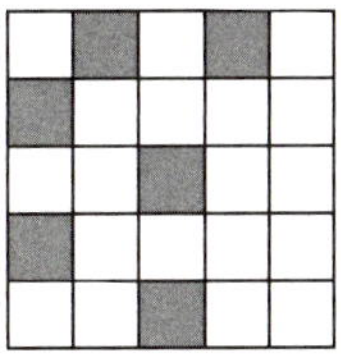

⑤ 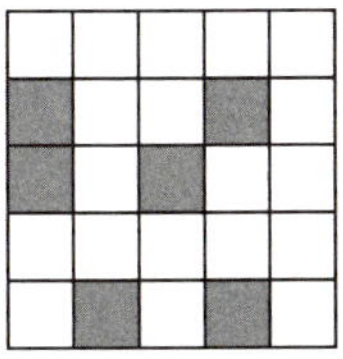

정답 및 해설

19 ① 20 ②

19

제시된 규칙을 숙지하고 조건에 따라 도형의 이동을 파악한다.

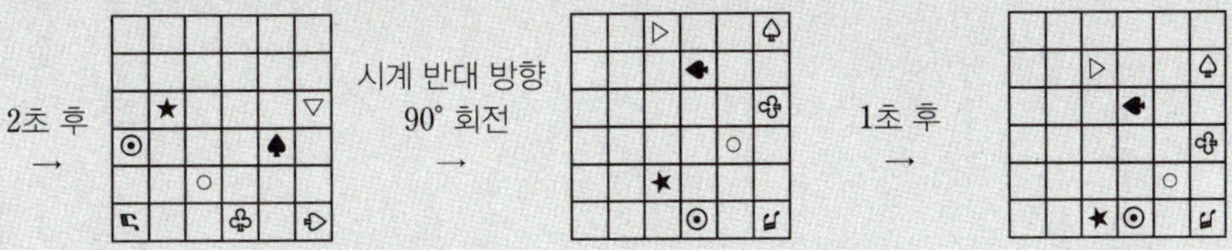

20

왼쪽 도형에 ?를 더했을 때 오른쪽 도형이 되려면 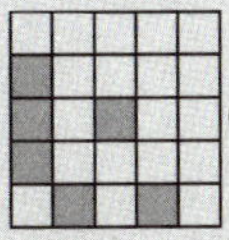 이 필요하다. 따라서 이를 시계 반대 방향으로 90° 회전시킨 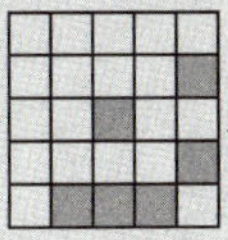 가 답이 된다.

PART 1

실전문제

정답 및 해설 p.002

※ 다음 제시된 단어의 대응 관계로 볼 때 빈칸에 들어가기에 알맞은 것을 고르시오. [1~5]

언어추리

01

위임 : 의뢰 = (   ) : 계몽

① 대리
② 주문
③ 효시
④ 개화
⑤ 미개

02

낱말 : 문장=(   ) : 태양계

① 우주
② 인공위성
③ 행성
④ 은하계
⑤ 블랙홀

03

가공 : 실재=가결 : (   )

① 의결
② 부결
③ 통과
④ 각하
⑤ 완결

04

새 : 독수리=(　) : 장미

① 꽃
② 백합
③ 나무
④ 동물
⑤ 가시

05

이자 : 금리=(　) : 재배

① 변절
② 배양
③ 배제
④ 폭리
⑤ 지배

※ 제시된 단어와 동일한 관계가 성립하도록 빈칸에 들어갈 단어를 순서대로 나열한 것을 고르시오. [6~10]

언어추리

06

뉴욕 : (　)=(　) : 오페라하우스

① 자유의 여신상, 시드니
② 캥거루 섬, 호주
③ 블루마운틴, 호주
④ 에펠탑, 시드니
⑤ 시드니, 블루마운틴

07

( ) : 한옥=음식 : ( )

① 건물, 김치
② 한식, 외식
③ 콜라, 아파트
④ 식혜, 수정과
⑤ 한식, 수정과

08

의무 : ( )=용기 : ( )

① 교육, 기백
② 병역, 의기
③ 노동, 기개
④ 납세, 담력
⑤ 권리, 비겁

09

부피 : ( )=속도 : ( )

① cc, in/s
② K, mg
③ mg, a
④ kg, cm
⑤ m/h, bbl

10

(　) : 풍문 = 격언 : (　)

① 신문, 대사
② 사실, 화제
③ 유언비어, 속담
④ 사진, 이동
⑤ 수다, 동화

※ 다음 문장을 읽고 유추할 수 있는 것을 고르시오. [11~12]

언어추리

11

- 도보로 걷는 사람은 자가용을 타지 않는다.
- 자전거를 타는 사람은 자가용을 탄다.
- 자전거를 타지 않는 사람은 버스를 탄다.

① 자가용을 타는 사람은 도보로 걷는다.
② 버스를 타지 않는 사람은 자전거를 타지 않는다.
③ 버스를 타는 사람은 도보로 걷는다.
④ 도보로 걷는 사람은 버스를 탄다.
⑤ 도보로 걷는 사람은 자전거를 탄다.

12

- 비가 오지 않으면 개구리가 울지 않는다.
- 비가 오지 않으면 제비가 낮게 날지 않는다.

① 비가 오면 제비가 낮게 난다.
② 제비가 낮게 날지 않는 날에는 비가 오지 않는다.
③ 개구리가 울지 않으면 제비가 낮게 날지 않는다.
④ 제비가 낮게 나는 날에는 개구리가 울지 않는다.
⑤ 제비가 낮게 나는 어떤 날은 비가 온다.

13 제시된 명제가 모두 참일 때, 금요일에 도서관을 가는 사람은 누구인가?

언어추리

- 정우는 금요일에 도서관에 간다.
- 연우는 화요일과 목요일에 도서관에 간다.
- 승우가 도서관에 가지 않으면 민우가 도서관에 간다.
- 민우가 도서관에 가면 견우도 도서관에 간다.
- 연우가 도서관에 가지 않으면 정우는 도서관에 간다.
- 정우가 도서관에 가면 승우는 도서관에 가지 않는다.

① 정우, 민우, 견우
② 정우, 승우, 연우
③ 정우, 승우, 견우
④ 정우, 민우, 연우
⑤ 정우, 연우, 견우

14 제시된 명제가 참일 때, 항상 참이 아닌 명제는?

언어추리

- 커피를 좋아하는 사람은 홍차를 좋아하지 않는다.
- 탄산수를 좋아하지 않는 사람은 우유를 좋아한다.
- 녹차를 좋아하는 사람은 홍차를 좋아한다.
- 녹차를 좋아하지 않는 사람은 탄산수를 좋아한다.

① 커피를 좋아하는 사람은 녹차를 좋아하지 않는다.
② 탄산수를 좋아하지 않는 사람은 녹차를 좋아한다.
③ 커피를 좋아하는 사람은 탄산수를 좋아한다.
④ 탄산수를 좋아하는 사람은 홍차를 좋아한다.
⑤ 홍차를 좋아하는 사람은 커피를 좋아하지 않는다.

15 제시된 명제가 모두 참일 때 한영이에 대한 설명으로 옳은 것은? 언어추리

- 축구를 좋아하는 사람은 골프를 좋아하지 않는다.
- 야구를 좋아하는 사람은 골프를 좋아한다.
- 야구를 좋아하지 않는 사람은 농구를 좋아한다.
- 야구를 좋아하는 사람은 다정하다.
- 농구를 좋아하지 않는 사람은 친절하다.
- 한영이는 축구를 좋아한다.

① 골프를 좋아한다.
② 농구를 좋아한다.
③ 야구를 좋아한다.
④ 다정하다.
⑤ 친절하다.

※ 마지막 명제가 참일 때, 다음 빈칸에 들어갈 명제로 가장 적절한 것을 고르시오. [16~18] 언어추리

16

- 아이스크림을 좋아하면 피자를 좋아하지 않는다.
- 갈비탕을 좋아하지 않으면 피자를 좋아한다.
- ______________________
- 그러므로 아이스크림을 좋아하면 짜장면을 좋아한다.

① 피자를 좋아하면 짜장면을 좋아한다.
② 짜장면을 좋아하면 갈비탕을 좋아한다.
③ 갈비탕을 좋아하면 짜장면을 좋아한다.
④ 짜장면을 좋아하지 않으면 피자를 좋아하지 않는다.
⑤ 피자와 갈비탕을 좋아하면 짜장면을 좋아한다.

17

- 비가 오면 한강 물이 불어난다.
- 비가 오지 않으면 보트를 타지 않은 것이다.
- ______________________________
- 따라서 자전거를 타지 않으면 한강 물이 불어난다.

① 자전거를 타면 비가 오지 않는다.
② 보트를 타면 자전거를 탄다.
③ 한강 물이 불어나면 보트를 타지 않은 것이다.
④ 자전거를 타지 않으면 보트를 탄다.
⑤ 보트를 타면 비가 오지 않는다.

18

- 허리통증이 심하면 나쁜 자세로 공부했다는 것이다.
- 공부를 오래 하면 성적이 올라간다.
- ______________________________
- 성적이 떨어졌다는 것은 나쁜 자세로 공부했다는 것이다.

① 성적이 올라갔다는 것은 좋은 자세로 공부했다는 것이다.
② 좋은 자세로 공부한다고 해도 허리의 통증은 그대로이다.
③ 성적이 떨어졌다는 것은 공부를 별로 하지 않았다는 증거다.
④ 좋은 자세로 공부한다고 해도 공부를 오래 하긴 힘들다.
⑤ 허리통증이 심하지 않으면 공부를 오래 할 수 있다.

※ 다음 명제를 읽고 옳은 것을 고르시오. [19~20]

19

- 고양이, 강아지, 햄스터, 거북이 애완동물 네 마리가 있다.
- 미정, 현아, 강희, 예원은 네 마리 애완동물 중 각각 다른 한 마리의 애완동물을 좋아한다.
- 미정은 강아지를 좋아하지 않는다.
- 강희는 햄스터를 좋아하지 않는다.
- 미정은 거북이를 좋아한다.
- 현아는 햄스터와 고양이를 좋아하지 않는다.

A : 예원은 고양이를 좋아한다.
B : 현아는 거북이를 좋아하지 않는다.

① A만 옳다.
② B만 옳다.
③ A, B 모두 옳다.
④ A, B 모두 틀리다.
⑤ A, B 모두 옳은지 틀린지 판단할 수 없다.

20

- A가 B보다 완만하지만 길이는 짧다.
- C는 D보다 가파르지만 길이는 길다.
- E는 F보다 완만하지만 길이는 B보다 짧지 않다.

A : A가 가장 완만하고 길이가 짧다.
B : F가 가장 가파르고 길이가 길다.

① A만 옳다.
② B만 옳다.
③ A, B 모두 옳다.
④ A, B 모두 틀리다.
⑤ A, B 모두 옳은지 틀린지 판단할 수 없다.

21 제시된 명제가 참일 때, 다음 중 반드시 참이 되는 것은?

언어추리

- 관수는 보람보다 크다.
- 창호는 보람보다 작다.
- 동주는 관수보다 크다.
- 인성은 보람보다 작지 않다.

① 인성은 창호보다 크고 관수보다 작다.
② 보람은 동주, 관수보다 작지만 창호보다는 크다.
③ 창호는 관수, 보람보다 작지만 인성보다는 크다.
④ 동주는 관수, 보람, 창호, 인성보다 크다.
⑤ 관수는 인성보다 작지만, 창호보다 크다.

22 다음 결과를 바탕으로 추론한 것으로 옳은 것은?

언어추리

- 민정이는 일주일에 세 번 아르바이트를 한다.
- 민정이는 월요일과 일요일에는 아르바이트를 하지 않는다.
- 이틀 연속 아르바이트를 하는 날은 없다.

① 화요일은 민정이가 아르바이트를 하는 날이다.
② 수요일은 민정이가 아르바이트를 하는 날이다.
③ 목요일은 민정이가 아르바이트를 하지 않는 날이다.
④ 금요일은 민정이가 아르바이트를 하는 날이다.
⑤ 토요일은 민정이가 아르바이트를 하지 않는 날이다.

23 어느 도시에 있는 병원의 공휴일 진료 현황은 다음과 같다. 공휴일에 진료하는 병원의 수는?

언어추리

PART 1

- 만약 B병원이 진료를 하지 않으면, A병원은 진료를 한다.
- 만약 B병원이 진료를 하면, D병원은 진료를 하지 않는다.
- 만약 A병원이 진료를 하면, C병원은 진료를 하지 않는다.
- 만약 C병원이 진료를 하지 않으면, E병원이 진료를 한다.
- E병원은 공휴일에 진료를 하지 않는다.

① 1곳 ② 2곳
③ 3곳 ④ 4곳
⑤ 5곳

24 8명이 앉을 수 있는 원탁에 각 지역본부 대표가 참여하여 회의하고 있다. 다음 〈조건〉을 통해 경인 지역본부 대표의 맞은편에 앉은 사람을 바르게 추론한 것은?

언어추리

조건

- 서울, 부산, 대구, 광주, 대전, 경인, 춘천, 속초 대표가 참여하였다.
- 서울 대표는 12시 방향에 앉아 있다.
- 서울 대표의 오른쪽 두 번째 자리에는 대전 대표가 앉아 있다.
- 부산 대표는 경인 대표의 왼쪽에 앉는다.
- 대전 대표와 부산 대표 사이에는 광주 대표가 있다.
- 광주 대표와 대구 대표는 마주 보고 있다.
- 서울 대표와 대전 대표 사이에는 속초 대표가 있다.

① 대전 대표 ② 부산 대표
③ 대구 대표 ④ 속초 대표
⑤ 서울 대표

25 A~E 5명은 팀을 이뤄 총싸움을 하는 온라인 게임에 한 팀으로 참전하였다. 이때, 팀의 개인은 늑대 인간과 드라큘라 중 하나의 캐릭터를 선택할 수 있다. 주어진 〈조건〉이 다음과 같을 때, 항상 옳은 것은? 언어추리

> **조건**
> - A, B, C는 상대팀을 향해 총을 쏘고 있다.
> - D, E는 상대팀에게 총을 맞은 상태로 관전만 가능하다.
> - 늑대 인간은 2명만이 살아남아 총을 쏘고 있다.
> - A는 늑대 인간 캐릭터를 선택하였다.
> - D와 E의 캐릭터는 서로 같지 않다.

① 3명은 늑대 인간 캐릭터를, 2명은 드라큘라 캐릭터를 선택했다.
② B는 드라큘라 캐릭터를 선택했다.
③ C는 늑대 인간 캐릭터를 선택했다.
④ 드라큘라의 수가 늑대 인간의 수보다 많다.
⑤ D는 드라큘라, E는 늑대 인간 캐릭터를 각각 선택했다.

26 K씨는 진찰을 받기 위해 병원에 갔다. 진찰 대기자는 A, B, C, D, K씨 5명이 있다. 이들의 순서가 다음의 〈조건〉을 모두 만족한다면, K씨는 몇 번째로 진찰을 받을 수 있는가? 언어추리

> **조건**
> - A는 B의 바로 앞에 이웃하여 있다.
> - A는 C보다 뒤에 있다.
> - K는 A보다 앞에 있다.
> - K와 D 사이에는 2명이 있다.

① 첫 번째 ② 두 번째
③ 세 번째 ④ 네 번째
⑤ 다섯 번째

27 **사과 12개를 A~E 5명의 사람들이 나누어 먹고 다음과 같은 대화를 나눴다. 이 중에서 단 1명만이 진실을 말하고 있다고 할 때, 다음 중 사과를 가장 많이 먹은 사람과 적게 먹은 사람을 순서대로 짝지은 것은?(단, 모든 사람은 적어도 1개 이상의 사과를 먹었다)** 언어추리

- A : 나보다 사과를 적게 먹은 사람은 없어.
- B : 나는 사과를 2개 이하로 먹었어.
- C : D는 나보다 사과를 많이 먹었고, 나는 B보다 사과를 많이 먹었어.
- D : 우리 중에서 사과를 가장 많이 먹은 사람은 A야.
- E : 나는 사과를 4개 먹었고, 우리 중에 먹은 사과의 개수가 같은 사람이 있어.

① B, D
② B, A
③ E, A
④ E, D
⑤ E, C

28 **한국화학회는 다음 〈조건〉에 따라 학술상을 수여한다. 어느 해 같은 계절에 유기화학과 무기화학 분야가 상을 수여했다면, 그 해의 시상에 대한 진술 중 항상 거짓인 것은?** 언어추리

조건

- 매년 물리화학, 유기화학, 분석화학, 무기화학의 네 분야에 대해서만 수여한다.
- 봄, 여름, 가을, 겨울에 수여하며 매 계절 적어도 한 분야에 수여한다.
- 각각의 분야에 매년 적어도 한 번 상을 수여한다.
- 매년 최대 여섯 개까지 상을 수여한다.
- 한 계절에 같은 분야에 두 개 이상의 상을 수여하지 않는다.
- 두 계절 연속으로 같은 분야에 상을 수여하지 않는다.
- 물리화학 분야에는 매년 두 개의 상을 수여한다.
- 여름에 유기화학 분야에 상을 수여한다.

① 봄에 분석화학 분야에 수여한다.
② 여름에 분석화학 분야에 수여한다.
③ 여름에 물리화학 분야에 수여한다.
④ 가을에 무기화학 분야에 수여한다.
⑤ 겨울에 유기화학 분야에 수여한다.

29 L전자는 신제품으로 총 4대의 가정용 AI 로봇을 선보였다. 각각의 로봇은 전시장에 일렬로 전시되어 있는데, 한국어, 중국어, 일본어, 영어 중 한 가지만을 사용할 수 있다. 다음 〈조건〉을 만족할 때 옳은 것은? 언어추리

조건

- 1번 로봇은 2번 로봇의 바로 옆에 위치해 있다.
- 4번 로봇은 3번 로봇보다 오른쪽에 있지만, 바로 옆은 아니다.
- 영어를 사용하는 로봇은 중국어를 사용하는 로봇의 바로 오른쪽에 있다.
- 한국어를 사용하는 로봇은 중국어를 사용하는 로봇의 옆이 아니다.
- 일본어를 사용하는 로봇은 가장자리에 있다.
- 3번 로봇은 일본어를 사용하지 않으며, 2번 로봇은 한국어를 사용하지 않는다.

① 1번 로봇은 영어를 사용한다.
② 3번 로봇이 가장 왼쪽에 위치해 있다.
③ 4번 로봇은 한국어를 사용한다.
④ 중국어를 사용하는 로봇은 일본어를 사용하는 로봇의 옆에 위치해 있다.
⑤ 중국어를 사용하는 로봇의 양 옆에 모두 다른 로봇이 있다.

30 S회사 영업부서 사원들은 사장님의 지시에 따라 금일 건강검진을 받으러 병원에 갔다. 영업부서는 A사원, B사원, C대리, D과장, E부장 총 5명으로 이루어져 있고, 다음 〈조건〉에 따라 이들의 건강검진 순서를 정하려고 할 때, C대리는 몇 번째로 검진을 받을 수 있는가? 언어추리

조건

- A사원과 B사원은 연달아서 받는다.
- B사원은 E부장보다 뒤에 있다.
- D과장은 A사원보다 앞에 있다.
- E부장과 B사원 사이에는 2명이 있다.
- C대리와 A사원 사이에는 2명이 있다.

① 첫 번째, 두 번째
② 두 번째, 세 번째
③ 세 번째, 네 번째
④ 네 번째, 다섯 번째
⑤ 첫 번째, 세 번째

※ 일정한 규칙으로 수나 문자를 나열할 때, 빈칸에 들어갈 알맞은 것을 고르시오. [31~40] 수/문자추리

31

23 46 44 88 ( ) 172 170

① 84 ② 86
③ 88 ④ 90
⑤ 92

32

5 19 24 3 6 9 ( ) 9 10

① 1 ② 2
③ 3 ④ 4
⑤ 5

33

3 5 1 7 4 −8 6 ( ) 7 3 −5 15

① −10 ② −6
③ 2 ④ 3
⑤ 6

34

0 3 8 ( ) 24 35

① 12
② 13
③ 14
④ 15
⑤ 16

35

ㅍ ㅋ ㅈ ㅅ ㅁ ( )

① ㅍ
② ㅈ
③ ㅂ
④ ㄷ
⑤ ㄴ

36

2 12 32 72 152 312 632 ( )

① 1,252
② 1,262
③ 1,264
④ 1,272
⑤ 2,280

37

225 256 289 324 ( ) 400

① 228
② 242
③ 263
④ 288
⑤ 361

38

0.2 $\frac{1}{6}$ 0.06 $\frac{1}{24}$ 0.024 $-\frac{1}{120}$ 0.012 ( )

① $-\frac{1}{120}$
② $-\frac{1}{360}$
③ $-\frac{1}{600}$
④ $-\frac{1}{720}$
⑤ $-\frac{1}{840}$

39

ㅂ ㄷ ( ) ㅂ ㄴ ㅌ

① B
② D
③ I
④ J
⑤ K

40

5 ( ) 9 11 13 8 17 5

① 14
② 12
③ 10
④ 8
⑤ 6

41 다음 도식에서 기호들은 일정한 규칙에 따라 문자를 변화시킨다. ?에 들어갈 알맞은 문자는?

도식/도형추리

		ㄷ73F		Hㅋ J5		
		↓		↓		
AㄷBㅎ	→	■	→	●	→	ㅊㄱEB
		↓		↓		
4ㅍHI	→	▲	→	5ㅋJH		
		↓				
		ㅁ38A				

GHKT → ■ → ● → ?

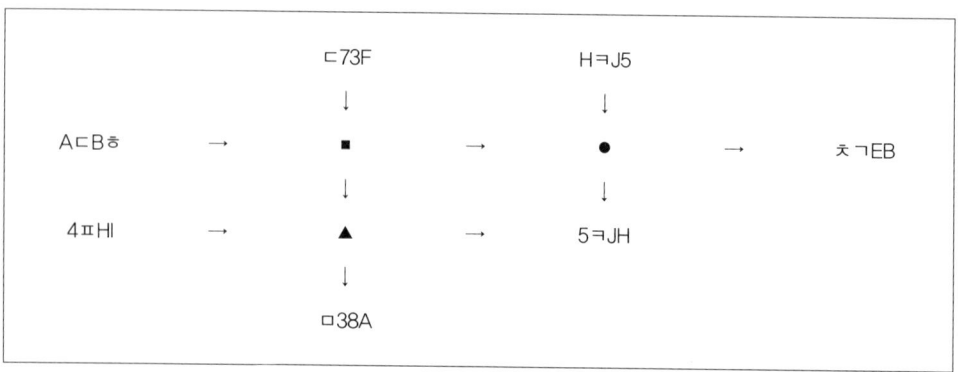

① PFNH
② PFMH
③ SFNH
④ PFMI
⑤ PFNR

42 다음 기호들은 일정한 규칙에 따라 도형을 변화시킨다. 주어진 도형을 도식에 따라 변화시켰을 때 결과로 알맞은 것은?

도식/도형추리

1행 1열 칸

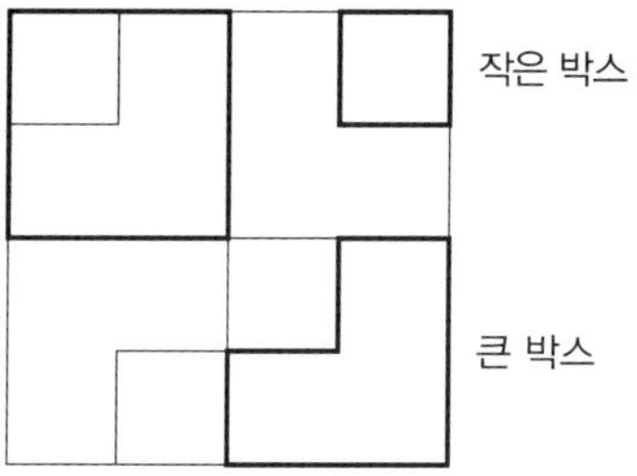

Ⓐ : 작은 박스 안의 숫자 합의 일의 자릿수만큼 작은 박스 안의 숫자 위치만 반시계 방향으로 전체 회전

Ⓑ : 각 칸의 작은 박스 안의 숫자와 큰 박스 안의 숫자를 곱한 값의 십의 자릿수는 큰 박스, 일의 자리 수는 작은 박스 안의 수로 교체

Ⓒ : 각 칸을 시계 방향으로 1칸씩 이동(각 칸의 작은 박스, 큰 박스 위치 및 각 박스 안의 위치 고정하여 각 칸 단위로 이동)

Ⓓ : 각 칸의 작은 박스와 큰 박스 크기 교체

Ⓧ : 작은 박스 안의 숫자 합(□)과 큰 박스 안의 숫자 합(□)을 조건과 비교하여 맞으면 YES, 틀리면 NO

Ⓨ : 각 칸마다 작은 박스가 위에 위치한 수(x)를 조건과 비교하여 맞으면 YES, 틀리면 NO

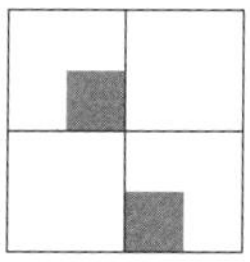

: 색칠된 위치의 작은 박스 안의 숫자(□)와 큰 박스 안의 숫자(□)를 조건과 비교하여 맞으면 YES, 틀리면 NO

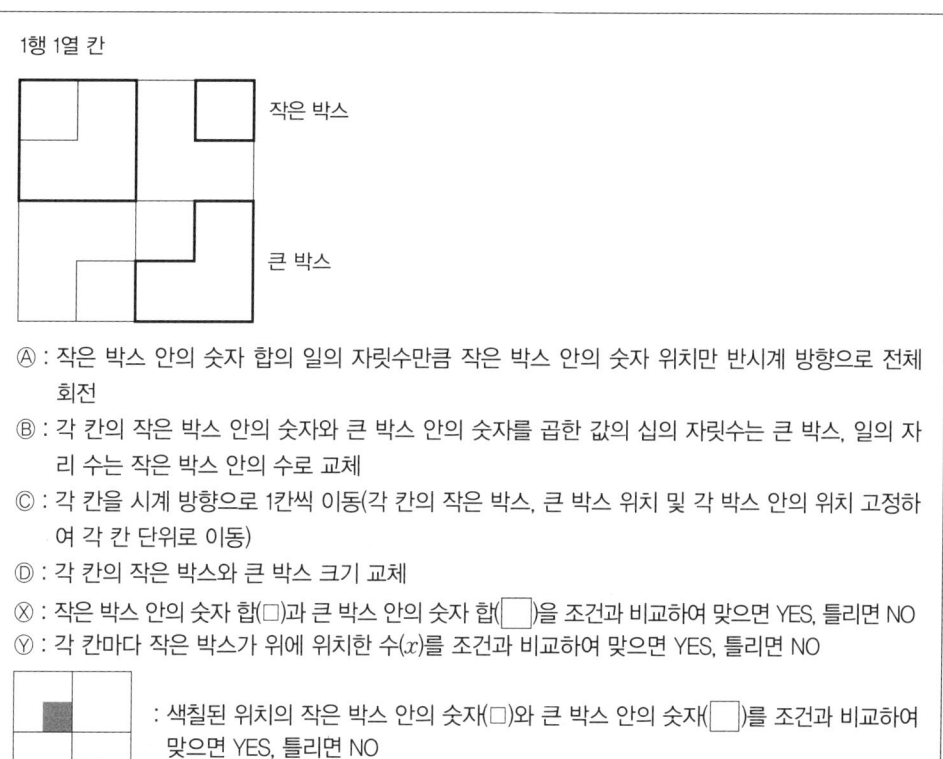

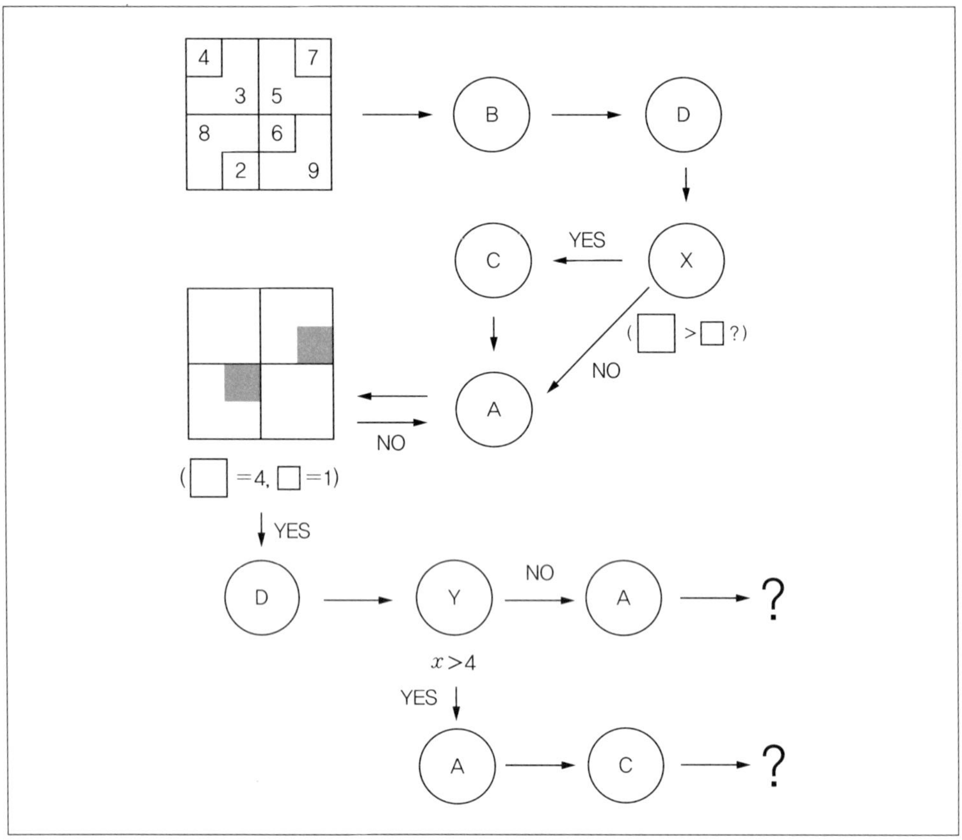
4 7 3 5 8 6 2 9
B
D
YES
C
X
(□ > □ ?)
NO
A
NO
(□ =4, □ =1)
YES
D
Y
NO
A
?
x>4
YES
A
C
?

①
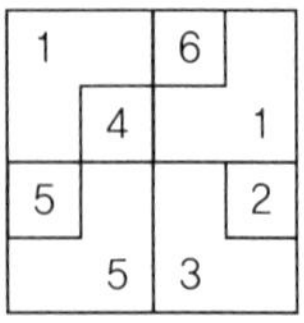
1 6 4 1 5 2 5 3

②
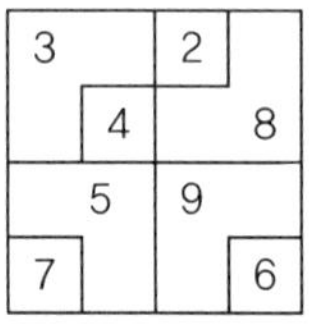
3 2 4 8 5 9 7 6

③
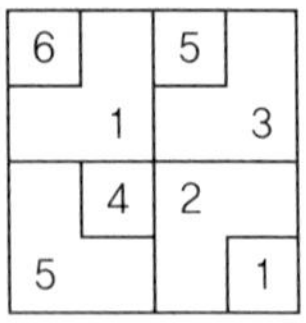
6 5 1 3 4 2 5 1

④
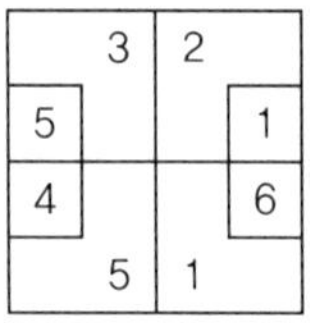
3 2 5 1 4 6 5 1

⑤
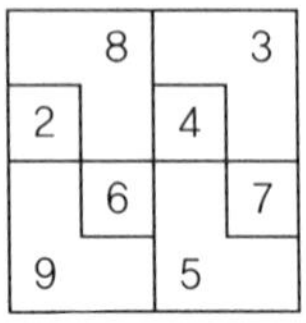
8 3 2 4 6 7 9 5

43 다음 신호등과 방향표지판은 일정한 규칙에 따라 도형을 변화시킨다. 주어진 도형을 규칙에 따라 변화시켰을 때, 그 결과로 알맞은 것은? 도식/도형추리

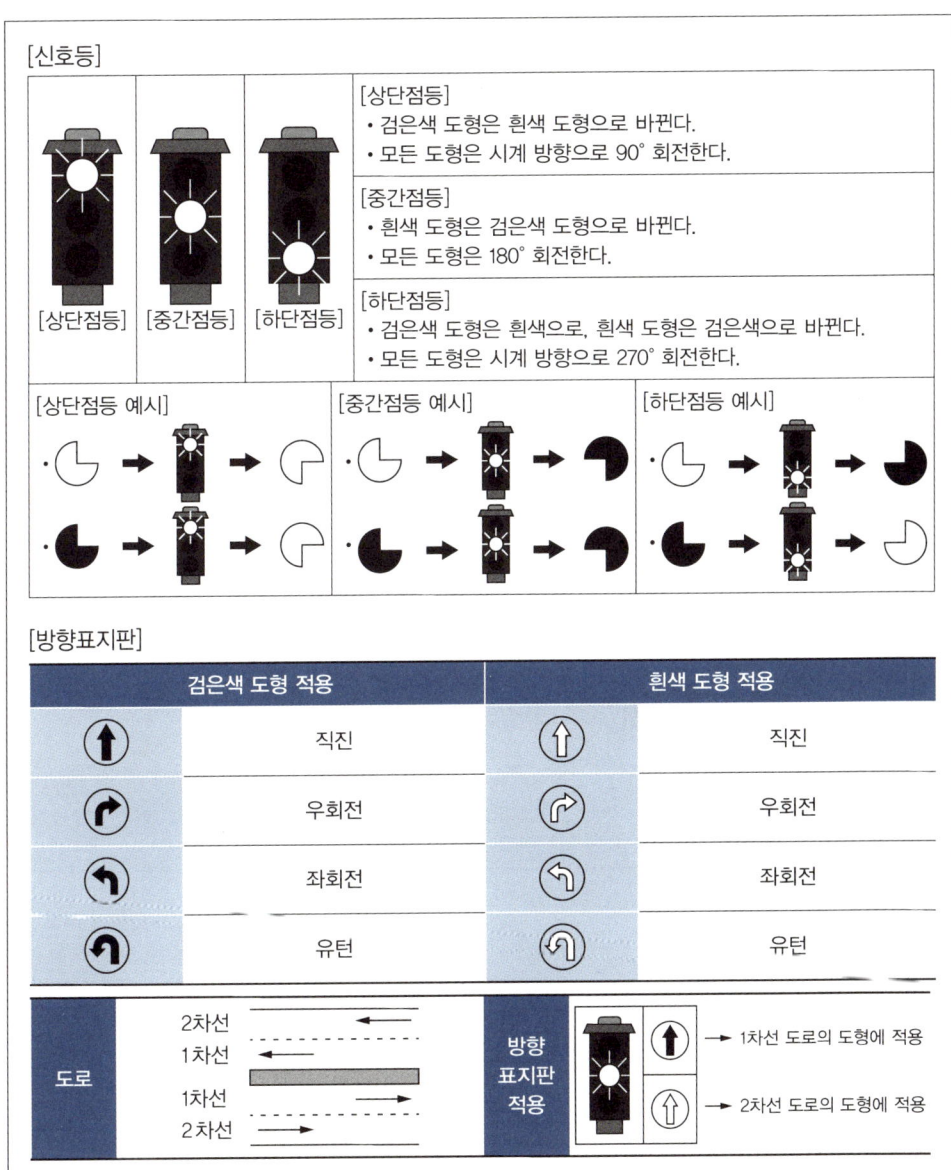

[신호등]

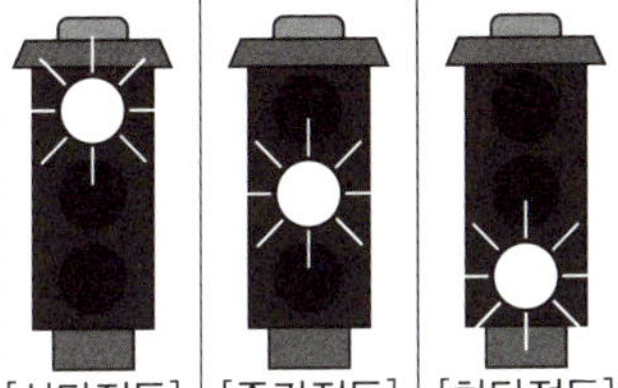

[상단점등] [중간점등] [하단점등]

[상단점등]
- 검은색 도형은 흰색 도형으로 바뀐다.
- 모든 도형은 시계 방향으로 90° 회전한다.

[중간점등]
- 흰색 도형은 검은색 도형으로 바뀐다.
- 모든 도형은 180° 회전한다.

[하단점등]
- 검은색 도형은 흰색으로, 흰색 도형은 검은색으로 바뀐다.
- 모든 도형은 시계 방향으로 270° 회전한다.

[상단점등 예시] [중간점등 예시] [하단점등 예시]

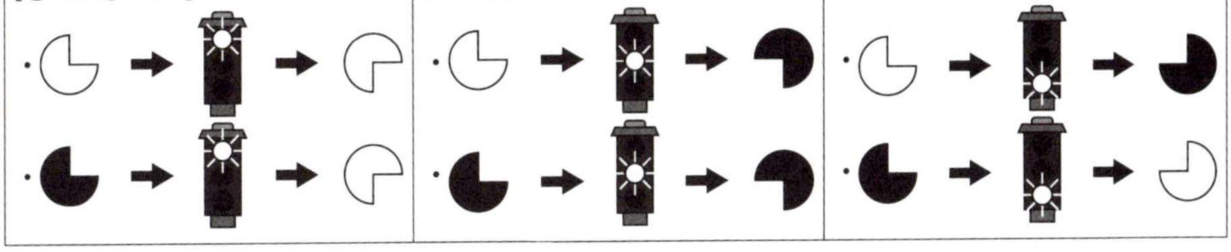

[방향표지판]

검은색 도형 적용		흰색 도형 적용	
	직진		직진
	우회전		우회전
	좌회전		좌회전
	유턴		유턴

도로

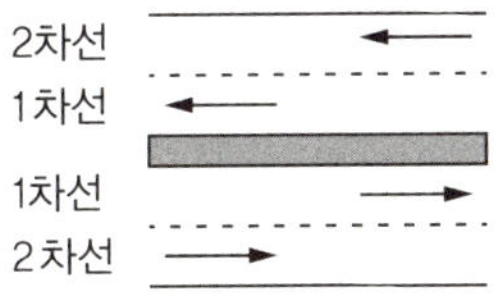

방향 표지판 적용

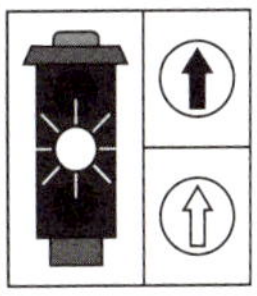

→ 1차선 도로의 도형에 적용

→ 2차선 도로의 도형에 적용

• 도형은 각 차선에 따라 움직이며, 신호등을 마주칠 경우 신호등의 규칙에 따라 모습이 변화된다. 이후 변화된 도형은 방향표지판의 지시에 따라 다른 도형과 독립적으로 움직인다.
• 변화된 도형이 방향표지판의 색과 맞지 않아 통과하지 못할 경우, 도형은 다음 신호등을 기다려 방향표지판의 색과 맞는 도형으로 변화된 후에 통과해야 한다.
• 신호등은 순차적으로 [상단점등] → [중간점등] → [하단점등] → [상단점등] 순서로 바뀐다.

예

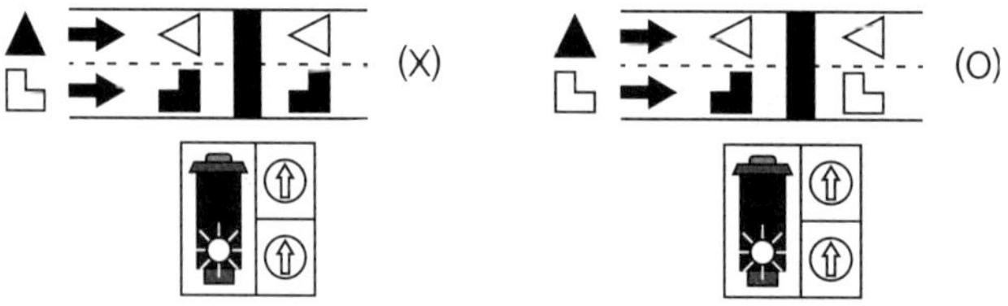

※ 2차선의 도형은 신호등의 다음 점등(상단점등)을 기다려 2차선 도로 표지판의 맞는 색의 도형으로 변화 후 통과

• 도형의 차선은 변경되지 않는다(직진, 좌회전, 우회전, 유턴을 통해 차선이 변경되지 않는다).
• 좌회전, 우회전, 유턴의 과정에서 도형의 모습은 변화하지 않는다(신호등의 점등에 의해서만 도형의 모습이 변화된다).
• 도형이 도착지점에 1차선으로 도착 시 ①에 도착하게 되며, 2차선으로 도착 시 ②에 도착하게 된다.

예

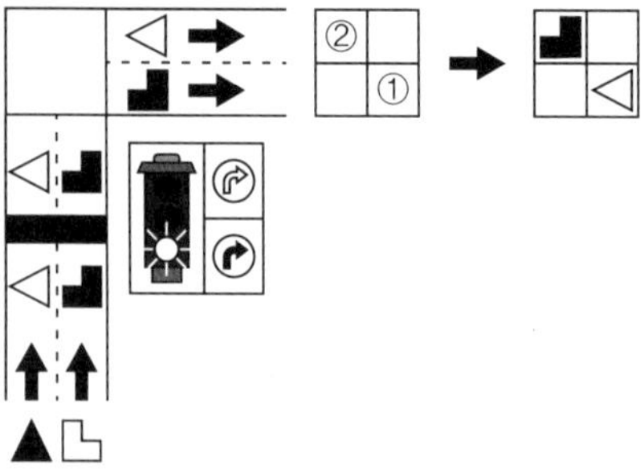

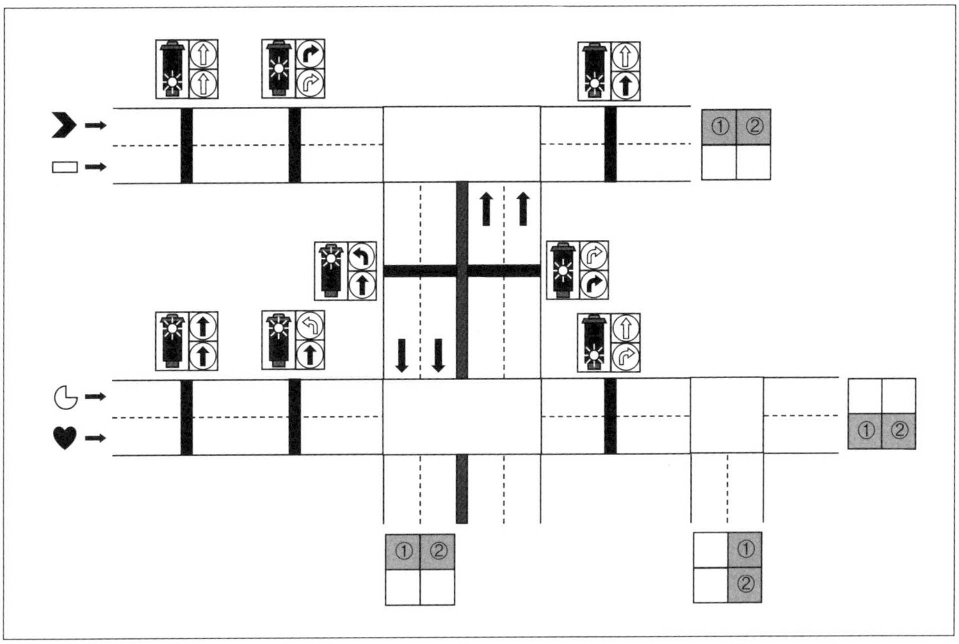

①

②

③
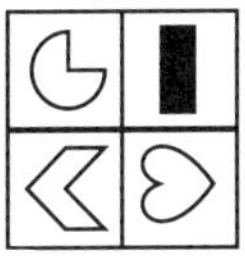

④
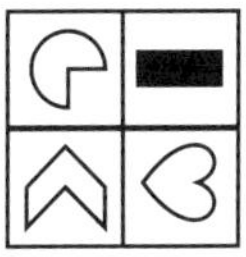

⑤
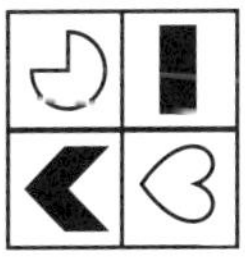

44 다음 제시된 명령어에 따라 숫자를 변환시킬 때, 규칙을 통해 마지막에 나오는 도식의 형태를 구한 것은?

도식/도형추리

Enter : 숫자와 색을 한 행씩 아래로 이동

Space : 숫자와 색을 한 열씩 오른쪽으로 이동

Tab : 숫자만 시계 방향으로 90° 회전

Shift : 색 반전

◇ : 해당 칸의 숫자가 초기 숫자보다 큰가?

□ : 해당 칸의 배경이 흰색인가?

■ : 해당 칸의 배경이 검은색인가?

사각형 안에 −(빼기) 2개 : 2개 칸 숫자의 차 X가 조건에 맞는지 확인

사각형 안에 +(더하기) 2개 : 2개 칸 숫자의 합 X가 조건에 맞는지 확인

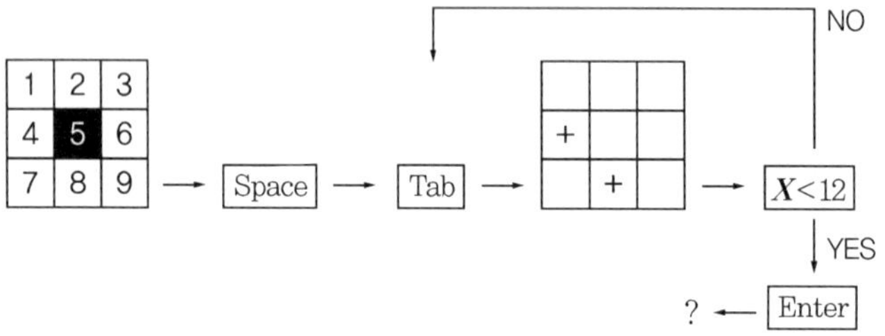

①

2	1	3
8	7	9
5	4	6

②

7	9	8
1	3	2
4	6	5

③

3	2	1
9	8	7
6	5	4

④

9	8	7
3	2	1
6	5	4

⑤

1	2	3
7	8	9
4	5	6

45 다음 기호들은 일정한 규칙에 따라 도형을 변화시킨다. 주어진 도형을 도식에 따라 변화시켰을 때 결과로 올바른 것은? 도식/도형추리

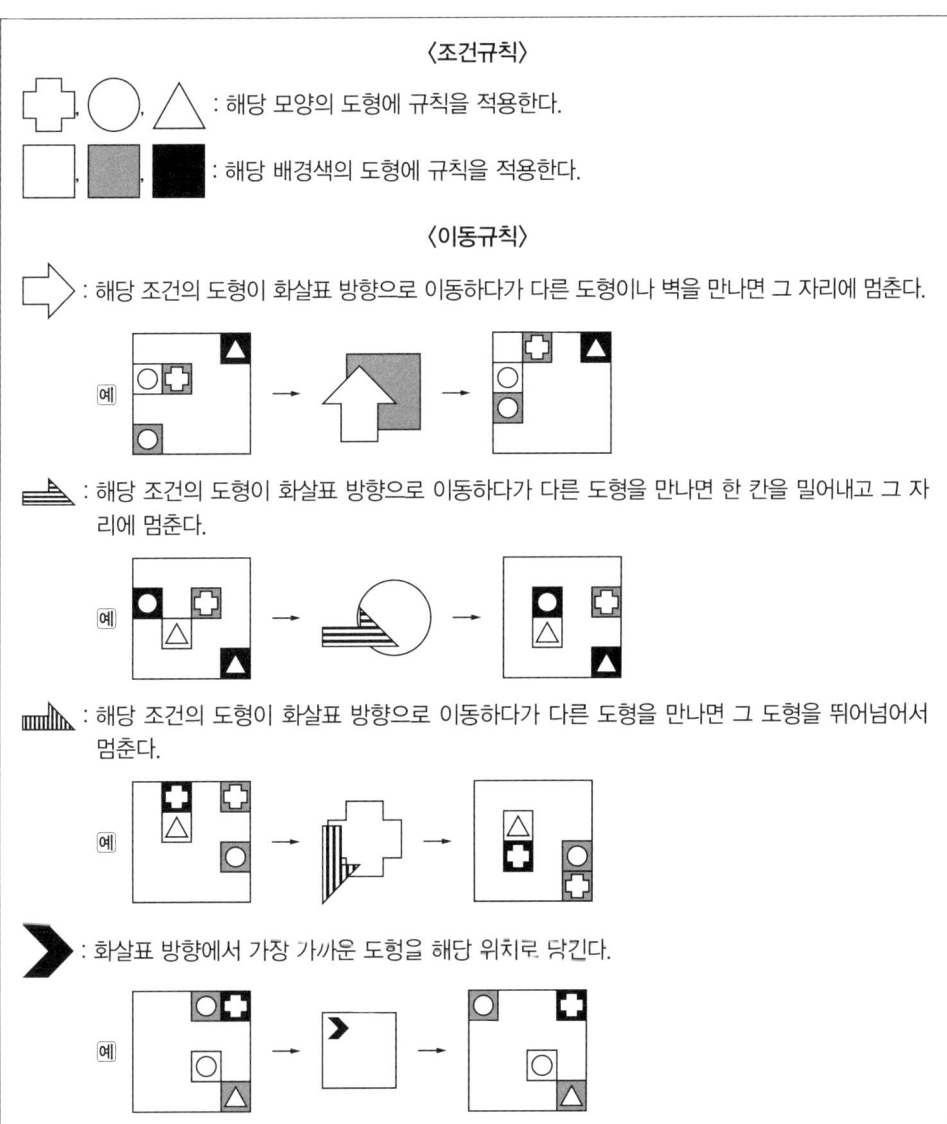

〈조건규칙〉

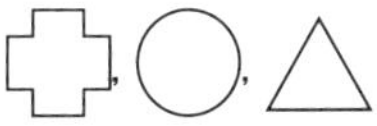 : 해당 모양의 도형에 규칙을 적용한다.

 : 해당 배경색의 도형에 규칙을 적용한다.

〈이동규칙〉

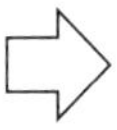 : 해당 조건의 도형이 화살표 방향으로 이동하다가 다른 도형이나 벽을 만나면 그 자리에 멈춘다.

예 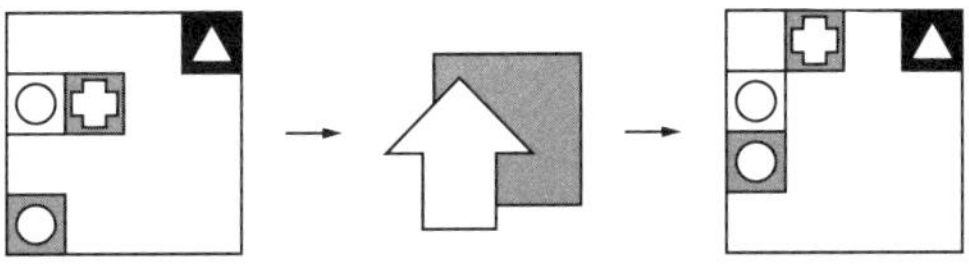

 : 해당 조건의 도형이 화살표 방향으로 이동하다가 다른 도형을 만나면 한 칸을 밀어내고 그 자리에 멈춘다.

예 

 : 해당 조건의 도형이 화살표 방향으로 이동하다가 다른 도형을 만나면 그 도형을 뛰어넘어서 멈춘다.

예 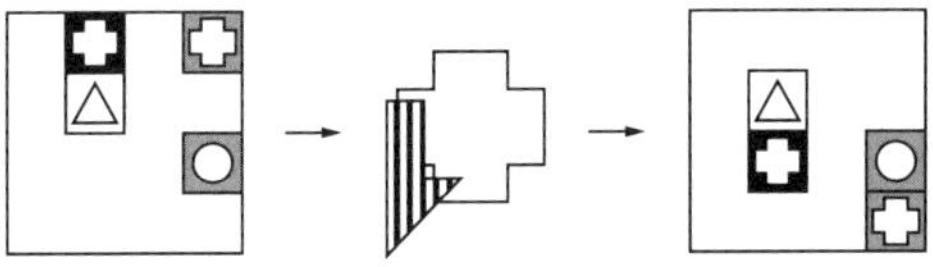

 : 화살표 방향에서 가장 가까운 도형을 해당 위치로 당긴다.

예 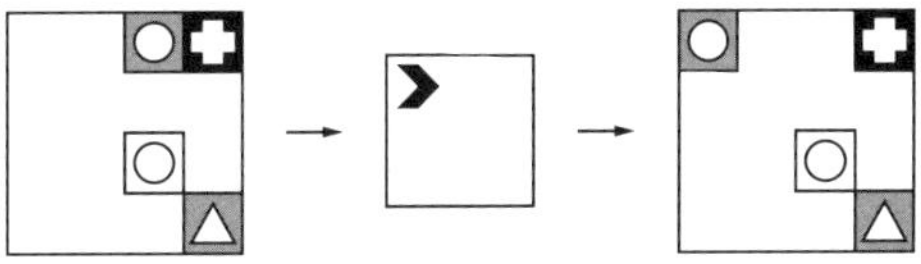

〈교환규칙〉

 : 이동 후 이동 과정에서 접촉한 도형과 서로 모양을 바꾼다.

예

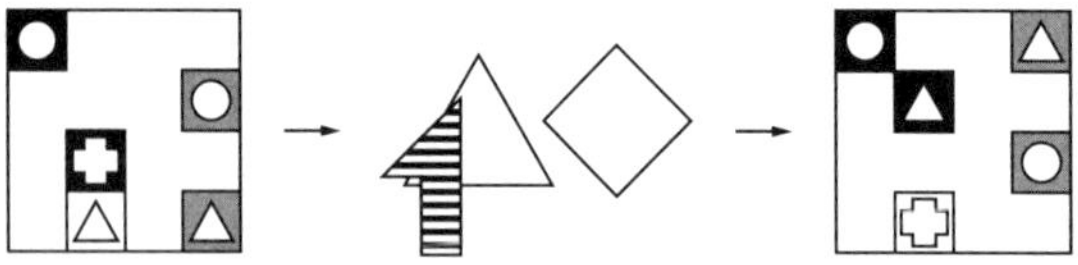

 : 이동 후 이동 과정에서 접촉한 도형과 서로 배경색을 바꾼다.

예

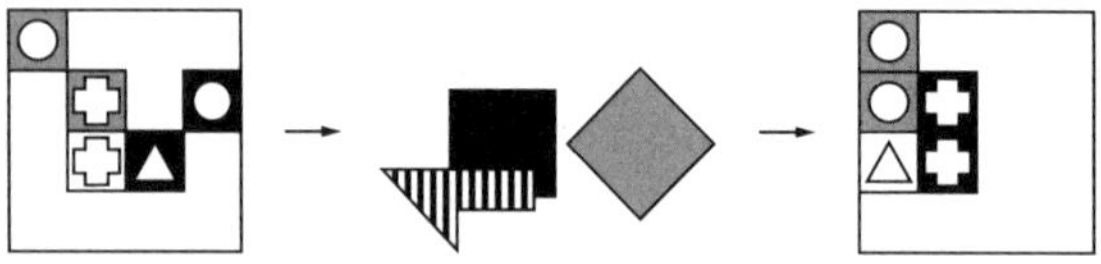

 : 이동 후 이동 과정에서 접촉한 도형과 서로 모양과 배경색을 모두 바꾼다.

예

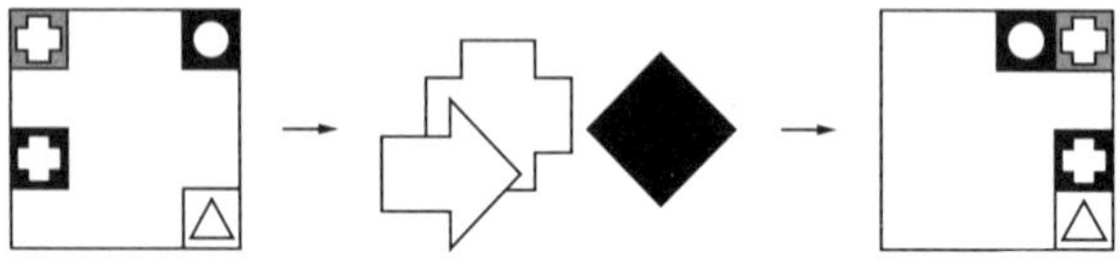

〈판별규칙〉

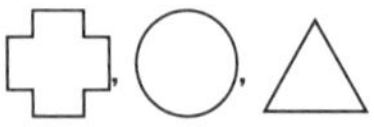 : 표시된 위치의 도형과 모양이 같은가?

 : 표시된 위치의 도형과 배경색이 같은가?

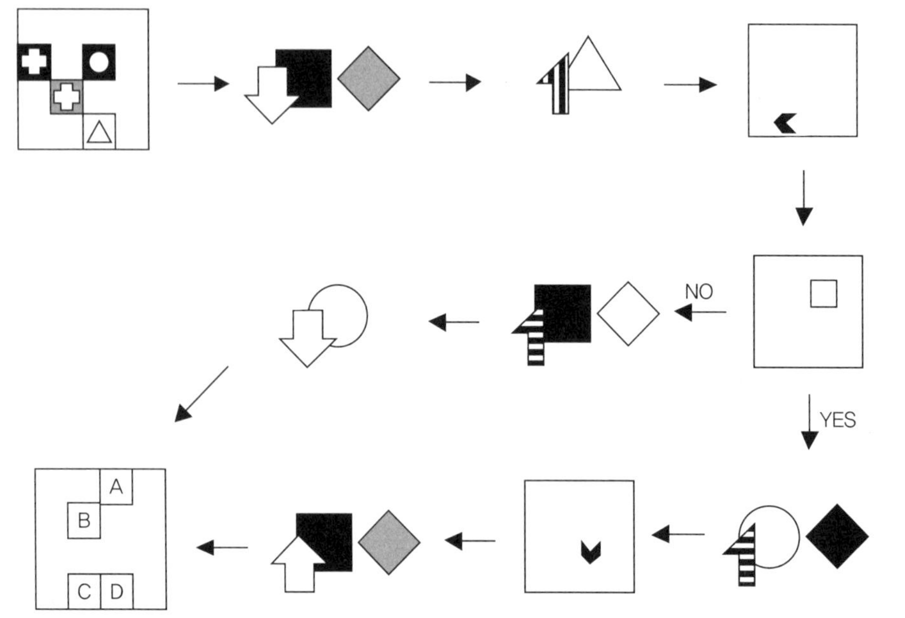

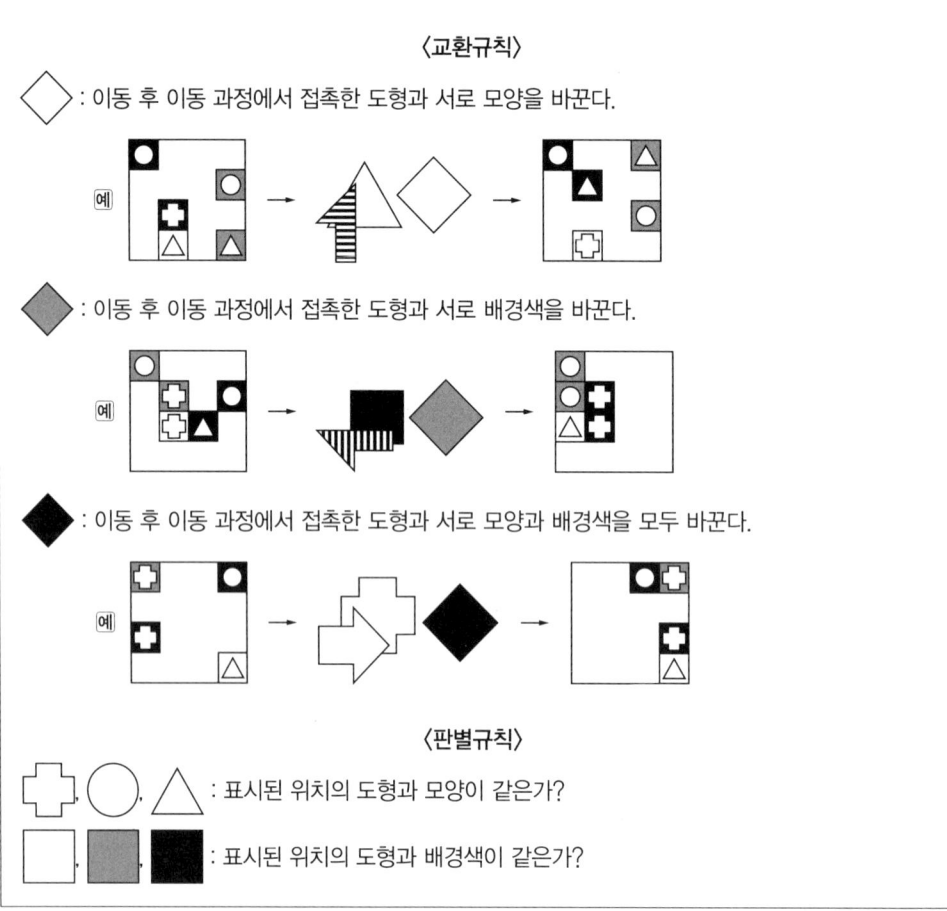

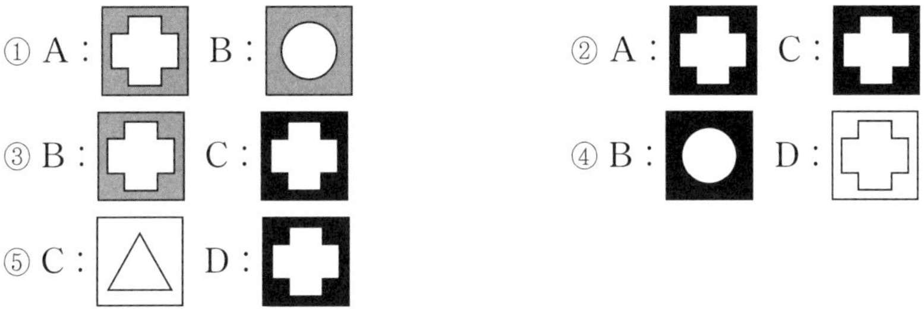

46 다음 도식의 기호들은 일정한 규칙에 따라 도형을 변화시킨다. ?에 들어갈 알맞은 형태는?

도식/도형추리

〈변환규칙〉

⬆ : 알파벳이 한 칸씩 위로 이동한다.

➡ : 한글이 한 칸씩 우측으로 이동한다.

↷ : 한글이 알파벳 위에 있는 칸의 개수를 a라고 할 때, 가운데 칸을 제외한 8개의 칸이 시계 방향으로 a칸 이동한다.

⇕ (m, n) : m행과 n열의 각 칸에서 알파벳과 한글의 상하 위치를 서로 바꾼다.

〈조건규칙〉

A, A : 알파벳이 한글의 위에 위치한 개수

ㄱ, ㄱ : 한글의 상하 위치가 처음과 동일한 개수

A, ㄱ : 한 칸에 들어있는 알파벳과 한글의 짝이 처음과 동일한 개수

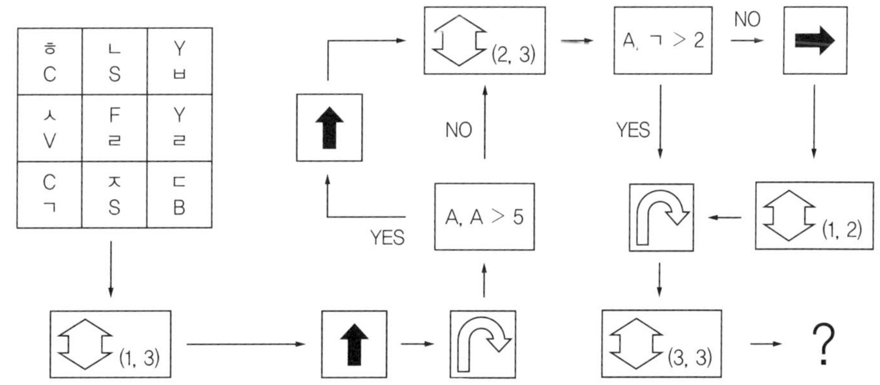

①

F ㅎ	ㄴ C	ㅂ C
V ㅅ	ㄹ Y	S ㄹ
ㄱ S	Y ㅈ	ㄷ B

②

Y ㅅ	S ㅈ	V ㄱ
ㅎ B	Y ㄷ	ㄹ F
S ㄴ	C ㄹ	ㅂ C

③

C ㄹ	S ㄴ	ㅎ B
ㅂ C	Y ㄷ	Y ㅅ
ㄹ F	V ㄱ	S ㅈ

④

V ㅅ	F ㅎ	ㄴ C
ㄱ S	ㄹ Y	ㅂ C
Y ㅈ	ㄷ B	S ㄹ

⑤

ㄱ S	Y ㅈ	ㄷ B
F ㅎ	ㄴ C	ㅂ C
V ㅅ	ㄹ Y	S ㄹ

47 다음 규칙을 이용할 때 결과로 알맞은 형태는?

도식/도형추리

〈음계〉

(낮음) ◀────▶ (높음)

1	2	3	4	5	6	7

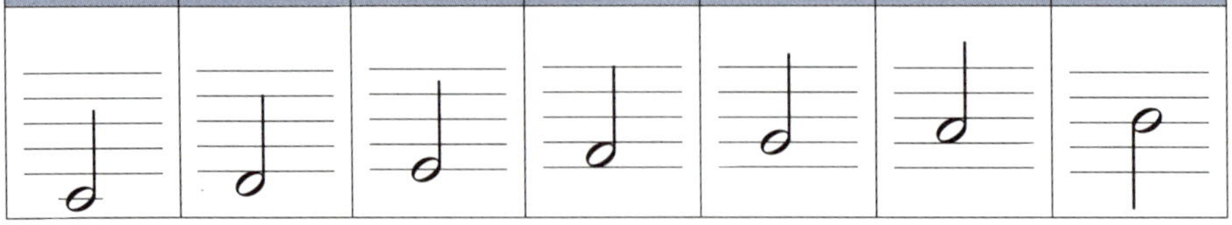

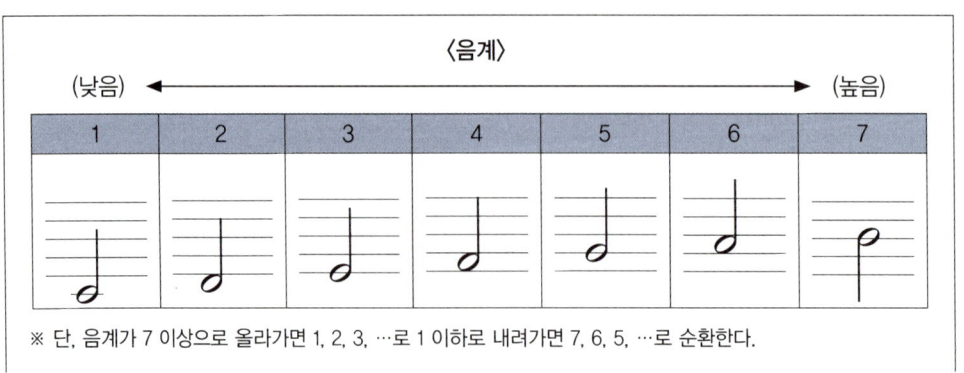

※ 단, 음계가 7 이상으로 올라가면 1, 2, 3, …로 1 이하로 내려가면 7, 6, 5, …로 순환한다.

〈박자〉

(느림) ←→ (빠름)

4	2	1	$\frac{1}{2}$	$\frac{1}{4}$	$\frac{1}{8}$

〈규칙〉

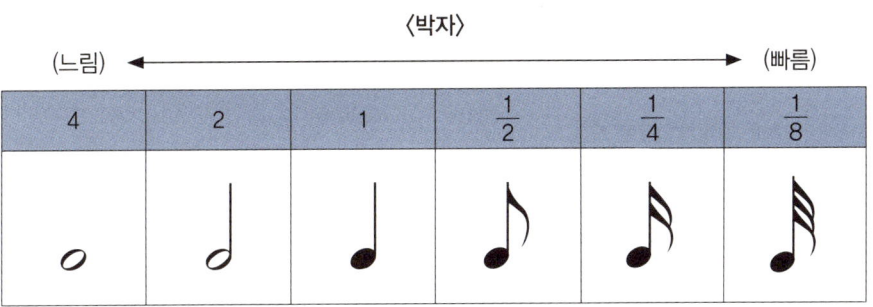

- # : 모든 음표 한 음씩 올리기
- ♭ : 모든 음표 한 음씩 내리기
- ⇧ : 𝅝를 제외한 각 음표의 박자 ×2
- ⇩ : 𝅘𝅥𝅰를 제외한 각 음표의 박자 ÷2
- △ : 음계가 높은 순으로 정렬
- ▽ : 음계가 낮은 순으로 정렬
- ▲ : 박자가 빠른 순으로 정렬
- ▼ : 박자가 느린 순으로 정렬
- ● : y축 대칭
- ▣ : 모든 음계의 합이 부등호 값보다 큰가/작은가?
- □ : 각 음계의 값이 모두 부등호 값보다 큰가/작은가?
- ⊙ : 모든 박자의 곱이 부등호 값보다 큰가/작은가?
- ○ : 각 박자의 값이 모두 부등호 값보다 큰가/작은가?

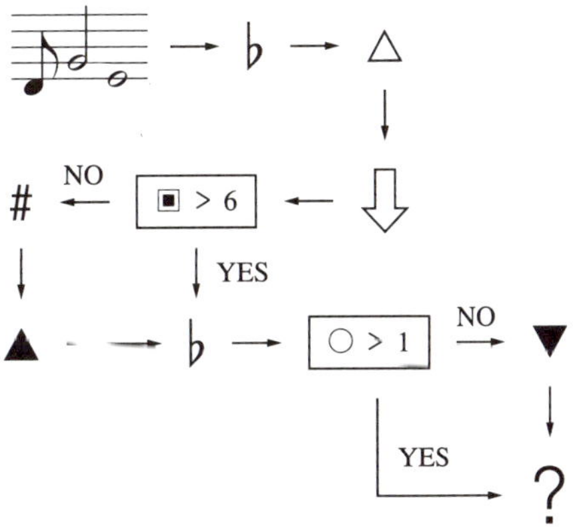

① 

② 

③ 

④ 

⑤ 

48 **다음 도식의 기호들은 일정한 규칙에 따라 도형을 변화시킨다. ?에 들어갈 알맞은 도형은?**

도식/도형추리

▶▶ : 1열을 3열로 복제
▼▼ : 1행을 3행으로 복제
◎ : 가운데 도형을 기준으로 시계 방향 1칸씩 이동
◁▷ : 1열과 3열을 교환
◉ : 해당 칸 '모양' 비교 → 가장 처음 제시된 도형과 같으면 한 열씩 오른쪽 / 다르면 한 행씩 아래로 이동
▣ : 해당 칸 '색깔' 비교 → 가장 처음 제시된 도형과 같으면 해당 열 색 반전 / 다르면 해당 행 색 반전

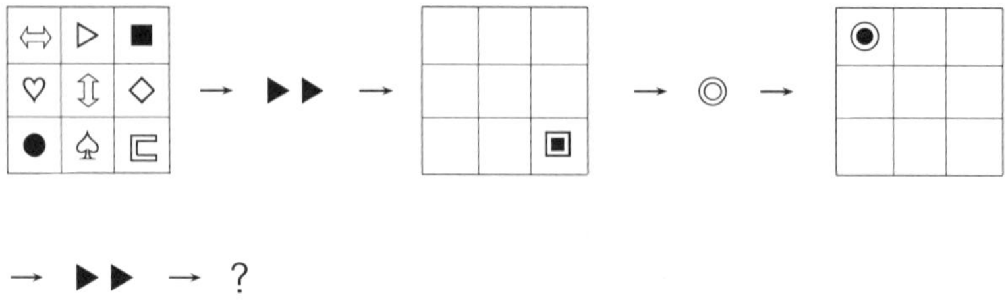

①
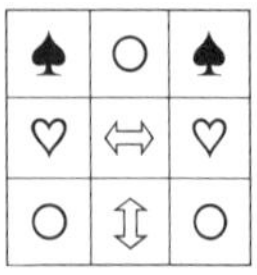

②
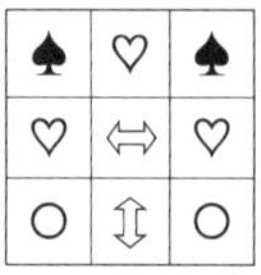

③
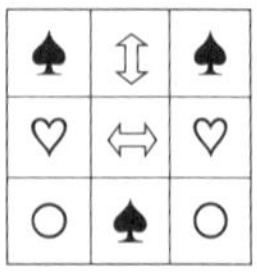

④
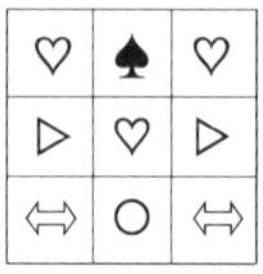

⑤
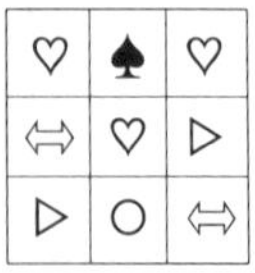

49 **다음 도식의 기호들은 일정한 규칙에 따라 도형을 변화시킨다. 주어진 도형이 다음의 과정을 거칠 때, 결과의 전체 또는 일부의 모습으로 옳은 것은?** 도식/도형추리

☼ : 가운데 도형을 제외한 모든 도형 시계 방향으로 90° 회전
∀ : 가운데 도형을 제외한 모든 도형 시계 반대 방향으로 90° 회전
Σ : 1행과 3행을 교환하면서 각각 색 반전
Π : 1열과 2열을 교환하면서 각각 색 반전
Ω : 2행, 3행 도형 좌우대칭
⊟ : 1열, 3열 도형 상하대칭
⊕ : 전체 도형 색 반전

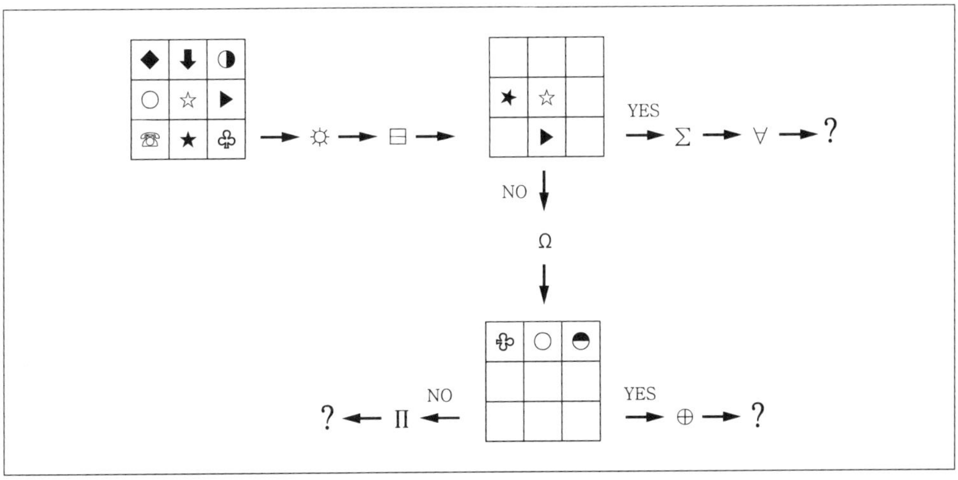

①
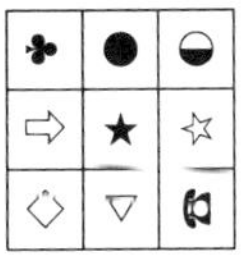

②
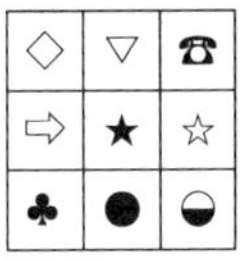

③
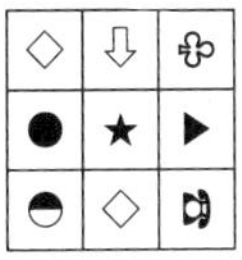

④
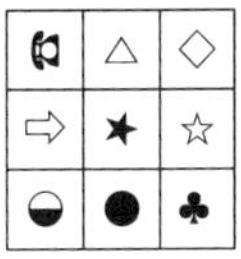

⑤
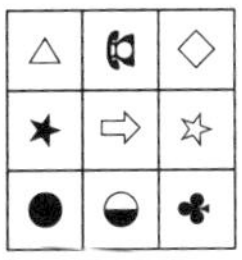

50 다음 도식의 기호들은 일정한 규칙에 따라 도형을 변화시킨다. ?에 들어갈 알맞은 도형은?

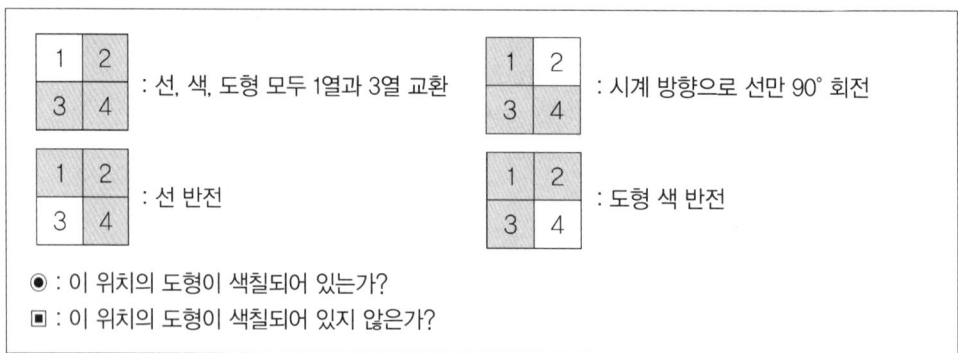

도식/도형추리

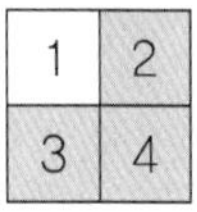

: 선, 색, 도형 모두 1열과 3열 교환

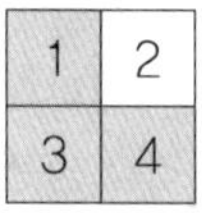

: 시계 방향으로 선만 90° 회전

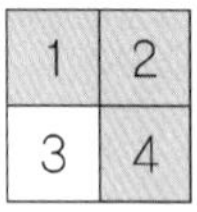

: 선 반전

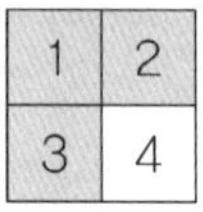

: 도형 색 반전

◉ : 이 위치의 도형이 색칠되어 있는가?

▣ : 이 위치의 도형이 색칠되어 있지 않은가?

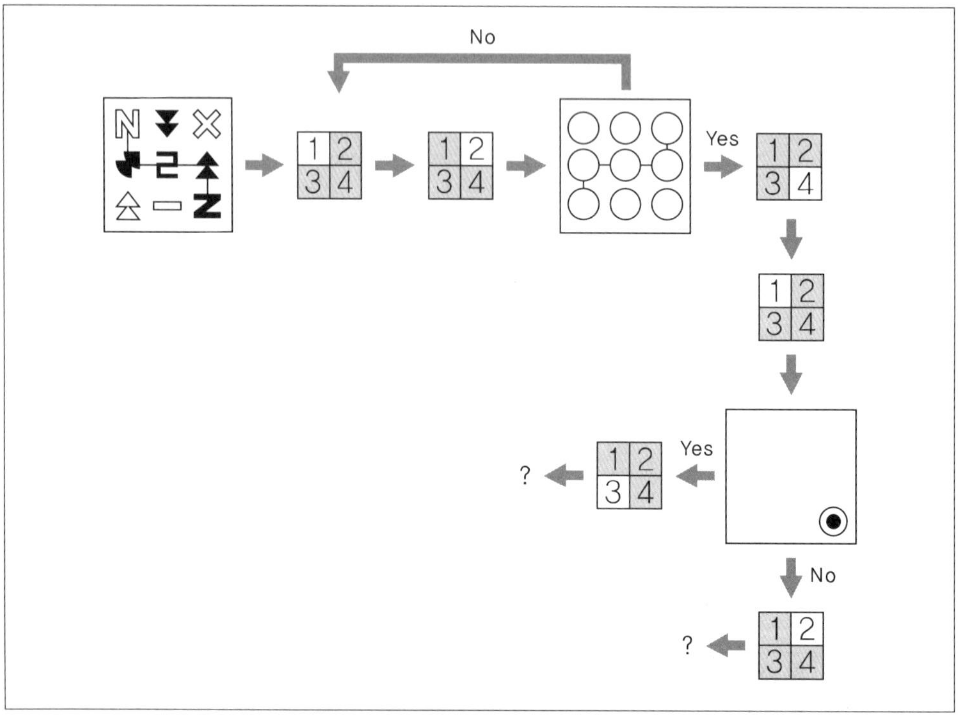

①

②
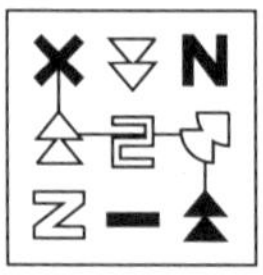

③

④

⑤

51 다음 기호들은 일정한 규칙에 따라 도형을 변화시킨다. 주어진 도형을 도식에 따라 변화시켰을 때 결과로 올바른 것은? 도식/도형추리

1. 🔥, 🧊 : 카드 우측 상단의 각 도형에 대해 바로 다음 단계로 도형만 변환

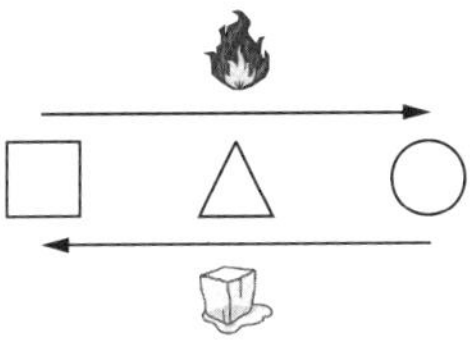

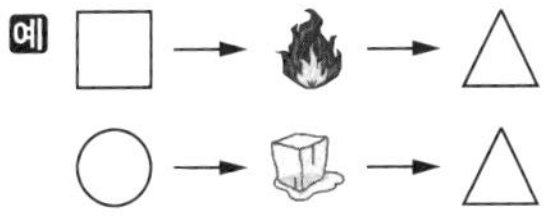

2. 💎, 💧 : 카드 우측 상단의 각 도형에 대해 바로 다음 단계로 음영만 변환

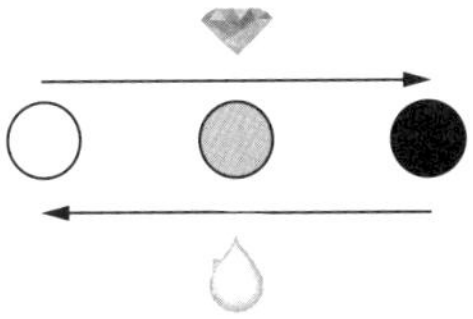

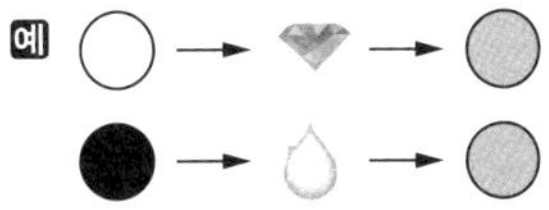

3. ◁▶^{x} : 카드에 적힌 각 숫자에 대해 제시된 이동 횟수(x)만큼 숫자만 좌우로 이동

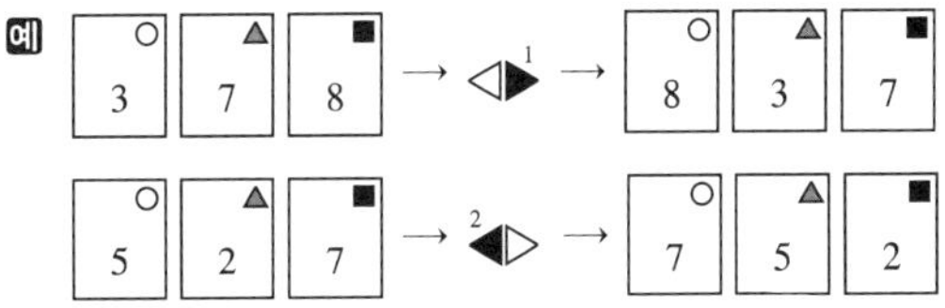

4. R ☐☐☐ : 서로 대응하는 카드끼리 숫자를 비교하여 차를 표시하고, 처음 숫자가 큰 카드의 도형과 음영을 표시

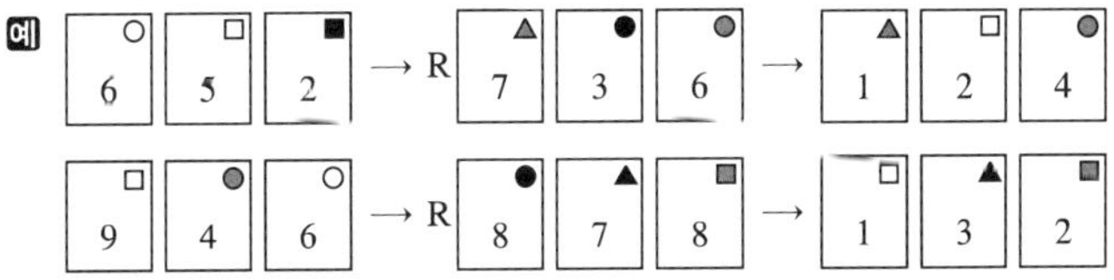

5. N ☐ : 각 카드에 적힌 숫자의 합을 구한 후, ☐ 안의 조건에 부합하면 Yes, 부합하지 않으면 No로 이동

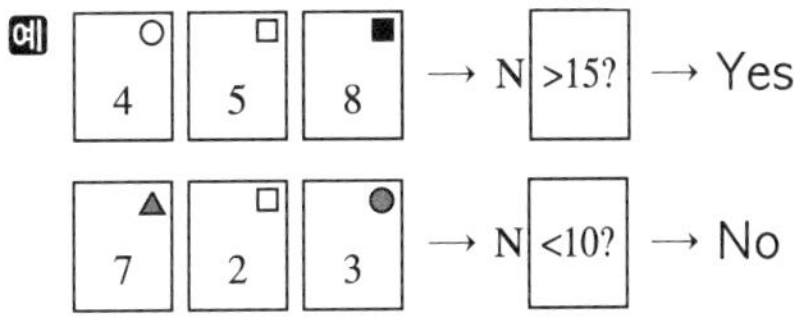

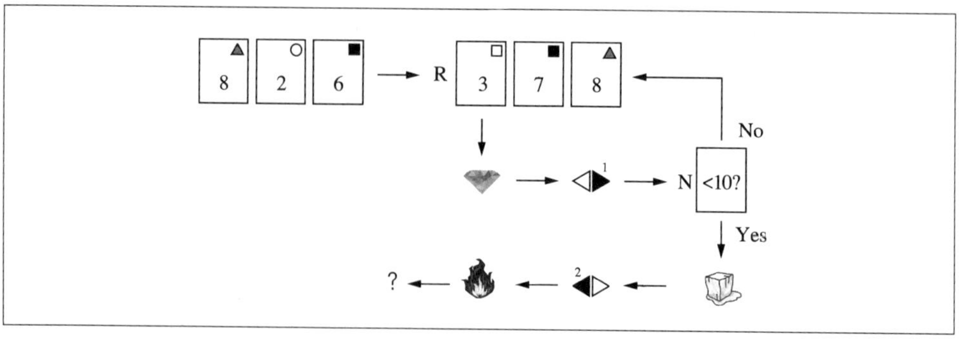

① 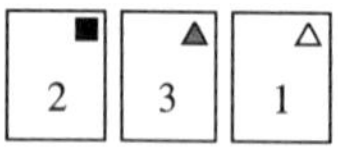

② 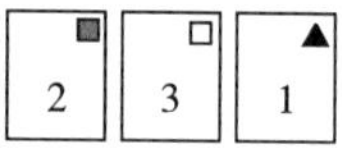

③ 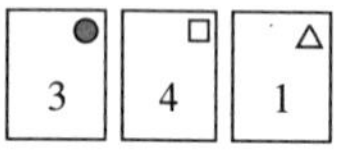

④ 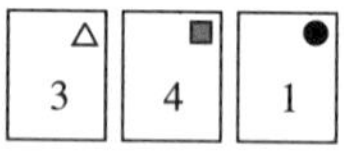

⑤ 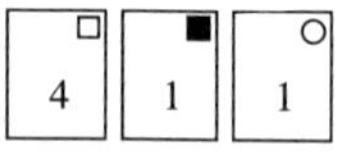

※ 다음 제시된 도형의 규칙을 보고 ?에 들어갈 알맞은 것을 고르시오. [52~53]

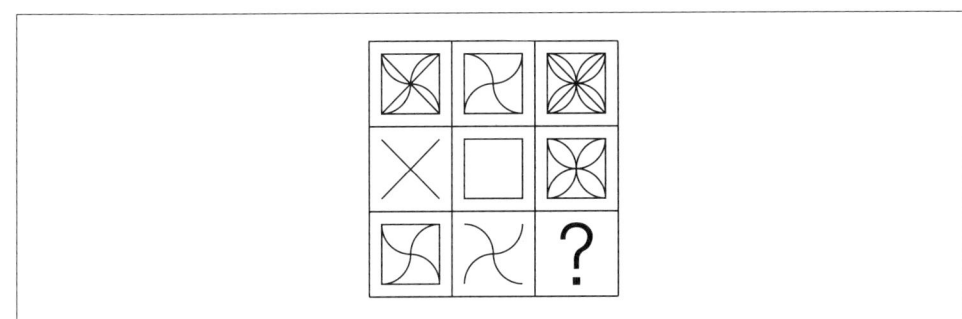

52

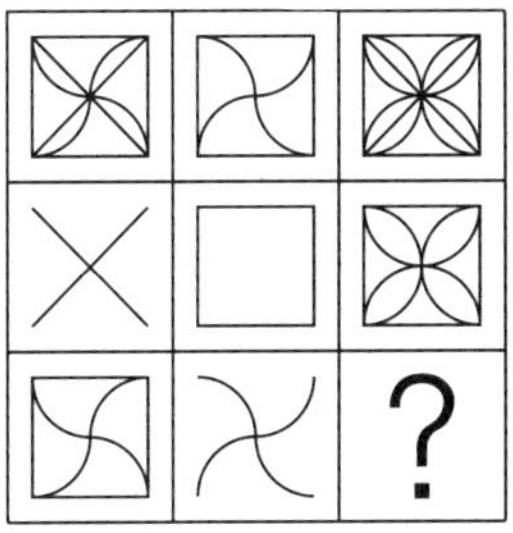

①
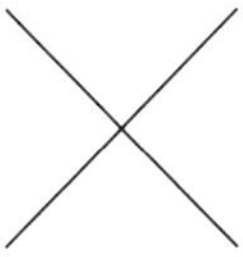

②
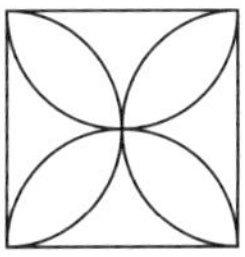

③

④
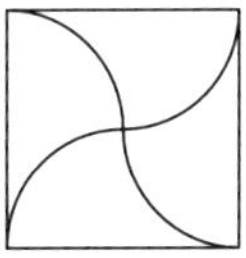

⑤
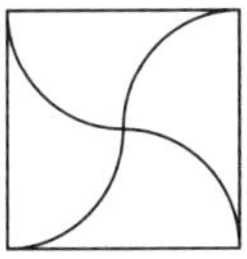

53

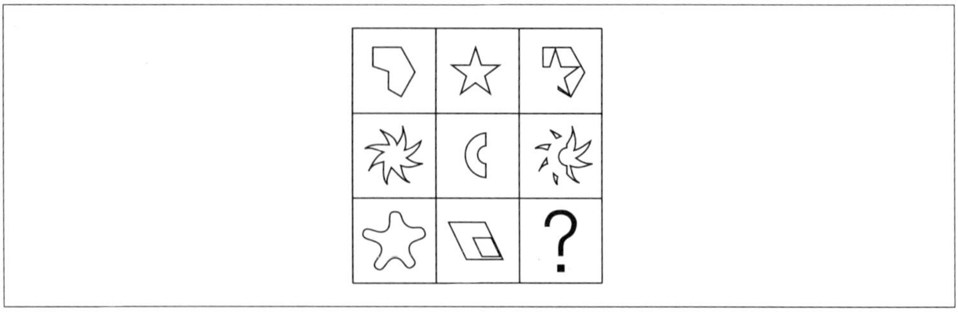

① 

② 

③ 

④ 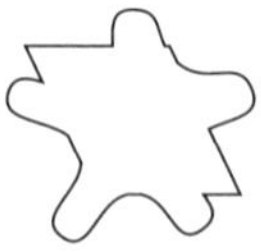

⑤ 

54 오른쪽에 위치한 원은 행 또는 전체에 적용되는 일정한 규칙을 나타낸다. 제시된 도형의 규칙을 이용할 때, A, B, C에 들어갈 알맞은 도형은? 도식/도형추리

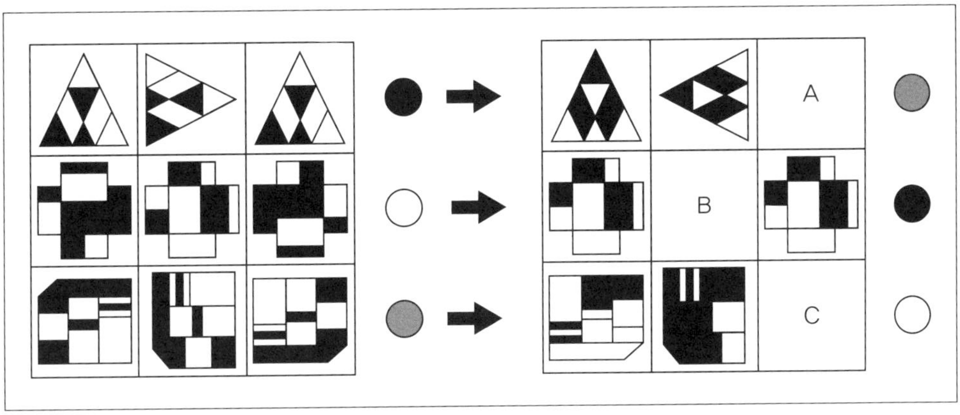

A B C

① 

② 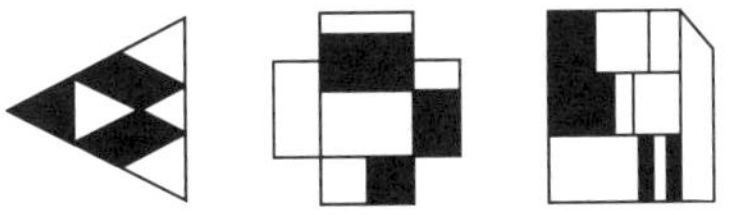

③ 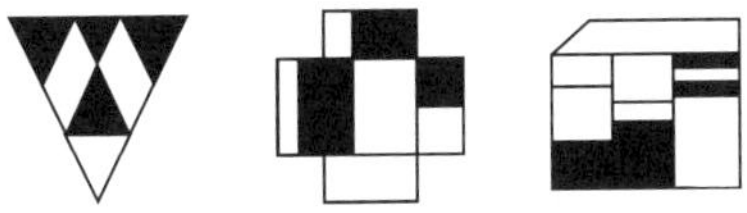

④ 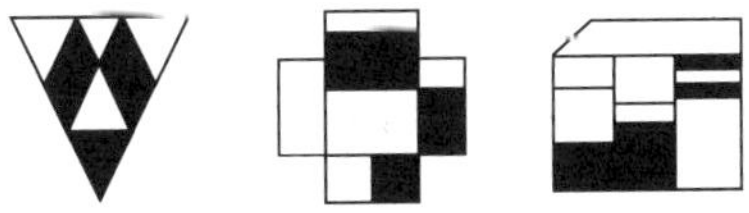

⑤ 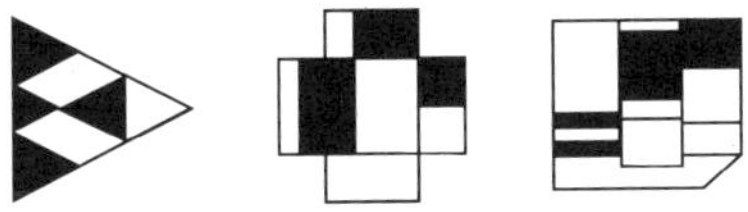

55 다음 제시된 도형의 규칙을 이용할 때, A, B에 들어갈 알맞은 도형은? 도식/도형추리

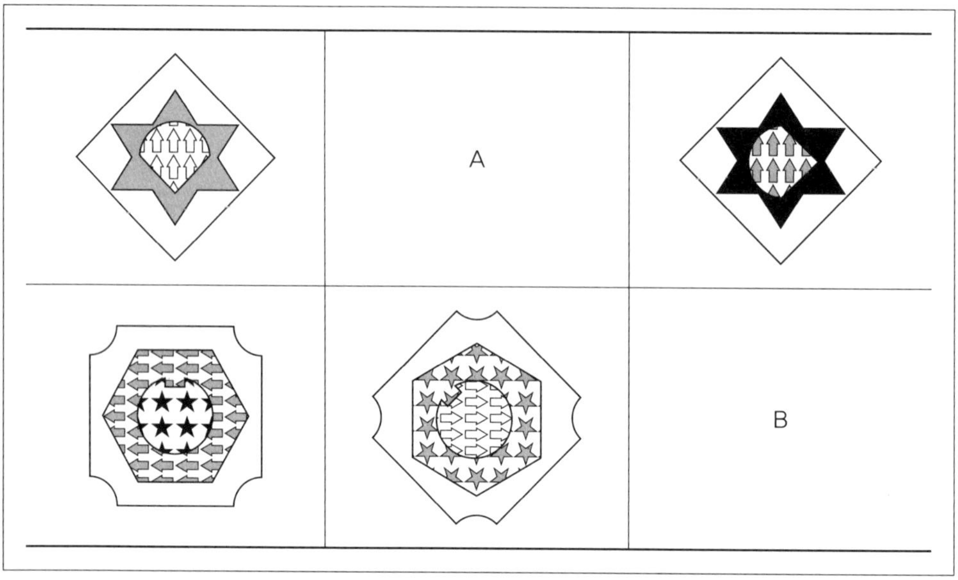

	A	B
①		
②	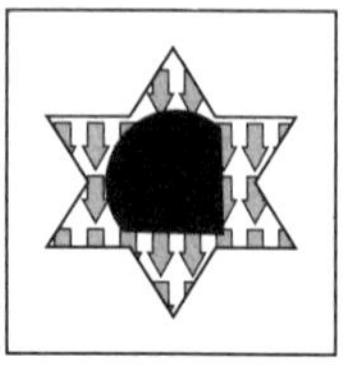	
③		

④

⑤

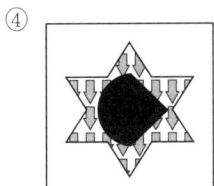

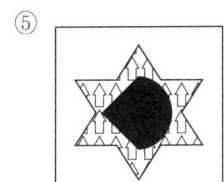

56 면 위의 점은 다음과 같은 규칙에 따라 이동하며 궤적을 남긴다. ?에 들어갈 알맞은 것은?

도식/도형추리

> ↑, ↓, ←, → : 점이 상, 하, 좌, 우로 이동한다.
> ↷ : 점이 시계 방향으로 이동한다.
> ↶ : 점이 시계 반대 방향으로 이동한다.
> ○ : 점이 이동하면서 선이 점점 굵어진다.
> × : 점이 이동하면서 선이 점점 가늘어진다.
> ◆ : 현재까지의 궤적과 점의 위치가 시계 방향으로 90° 회전하고, 회전 후 점의 이동 경로와 겹치는 궤적은 삭제된다.
> ◎ : 현재까지의 궤적과 점의 위치가 시계 반대 방향으로 90° 회전하고, 회전 후 점의 이동 경로와 겹치는 궤적은 삭제된다.
> ● : 현재까지의 궤적과 점의 위치가 180° 회전하고, 회전 후 점의 이동 경로와 겹치는 궤적은 삭제된다.
> △ : 점이 좌우대칭으로 이동하면서 궤적은 좌우대칭했을 때 반대편에 없는 선은 그려지고, 서로 겹치는 선은 삭제된다.
> ▫ : 점이 상하대칭으로 이동하면서 궤적은 상하대칭했을 때 반대편에 없는 선은 그려지고, 서로 겹치는 선은 삭제된다.
>
> ※ 회전규칙과 이동규칙이 동시에 적용되는 경우, 회전규칙이 우선 적용된다.

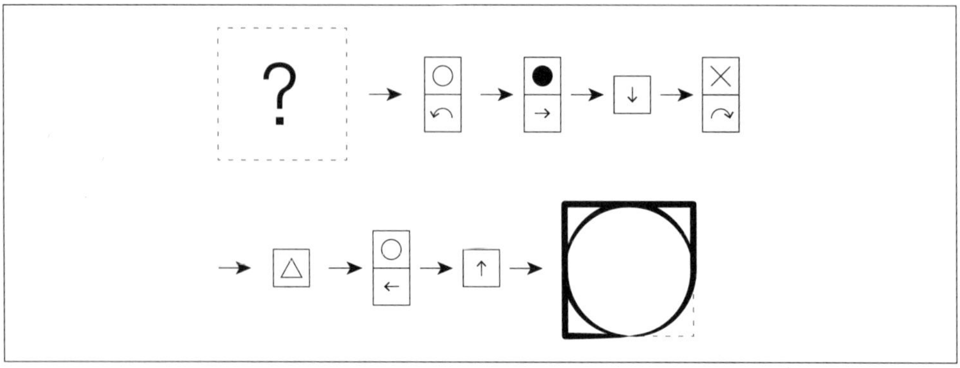

① 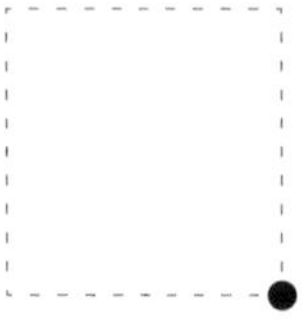

② 

③ 

④ 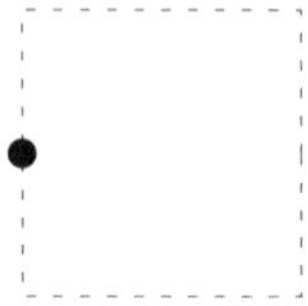

⑤ 

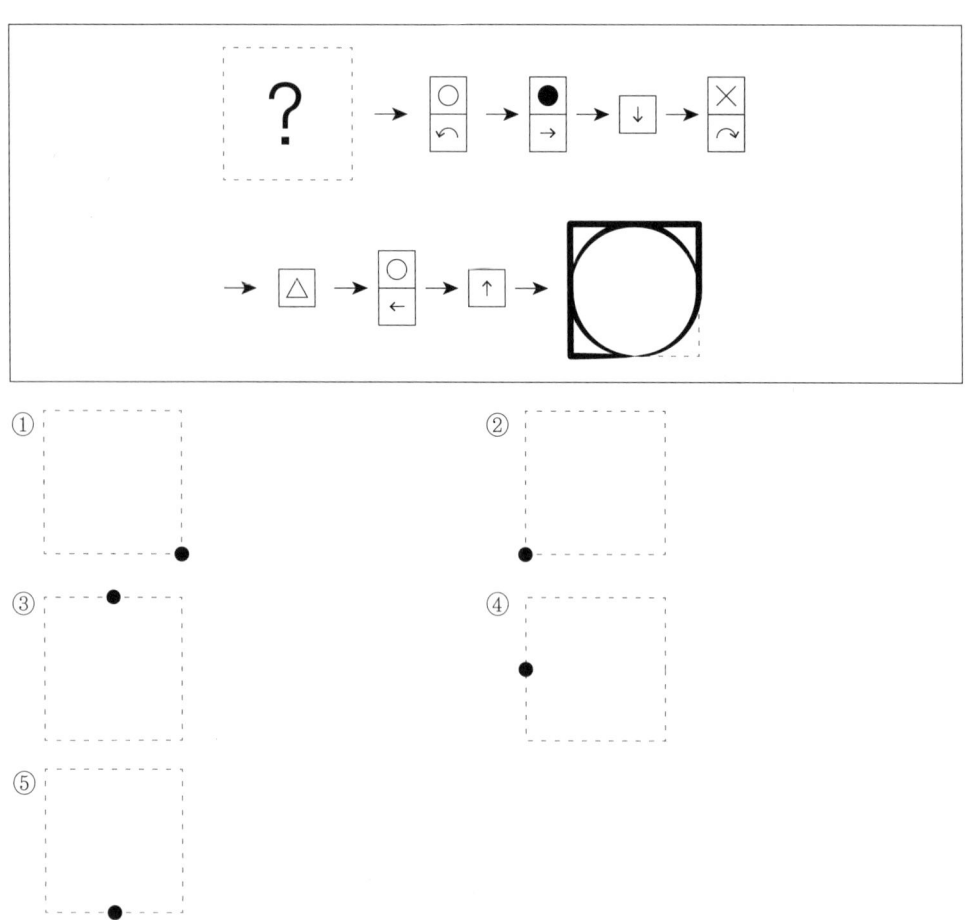

57 다음 제시된 도형의 규칙을 이용할 때, A, B에 들어갈 알맞은 도형은? 도식/도형추리

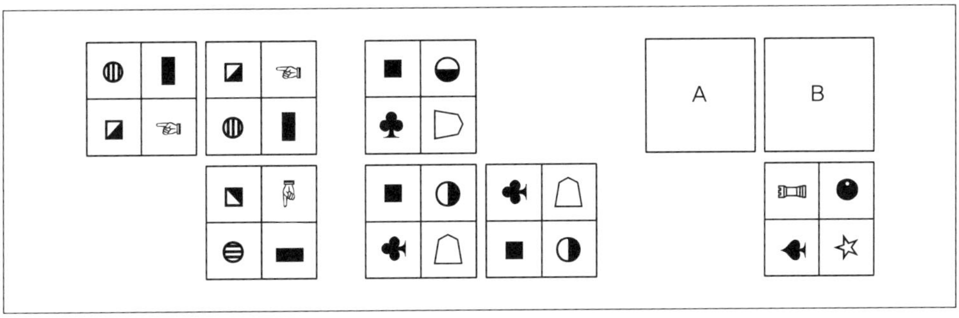

A B

①
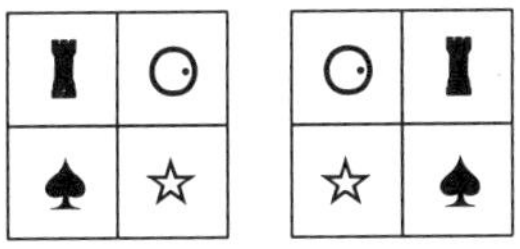

②
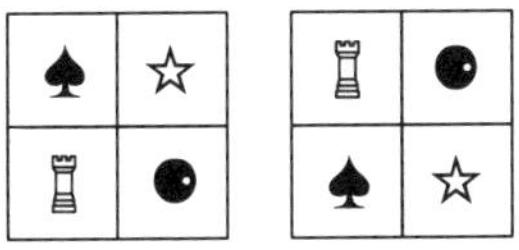

③
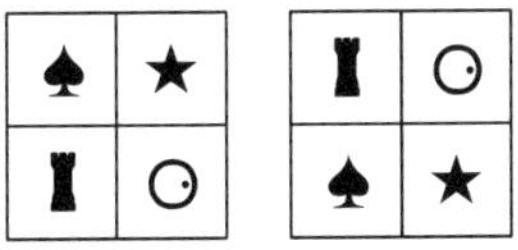

④
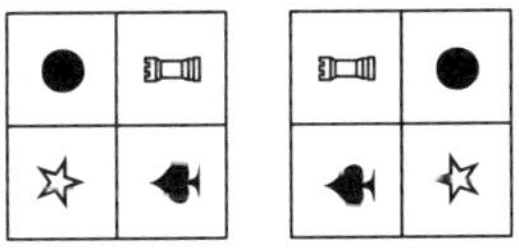

⑤
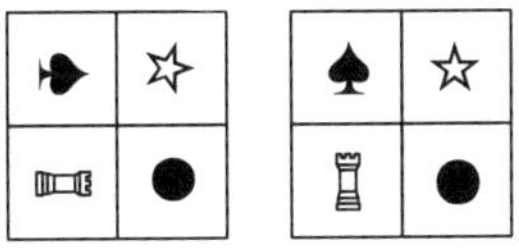

58 다음 정육면체는 일정한 규칙에 따라 도형을 변화시킨다. ?에 들어갈 알맞은 도형은?

도식/도형추리

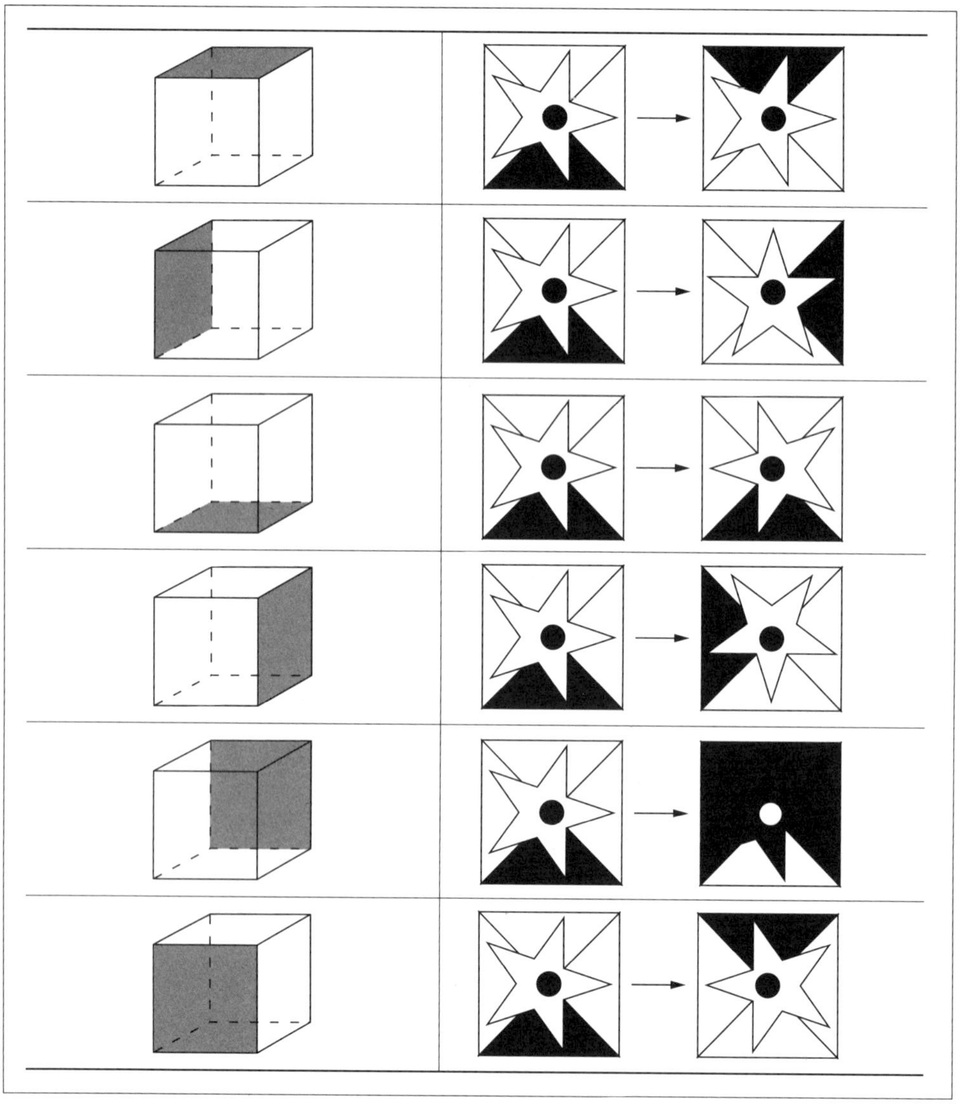

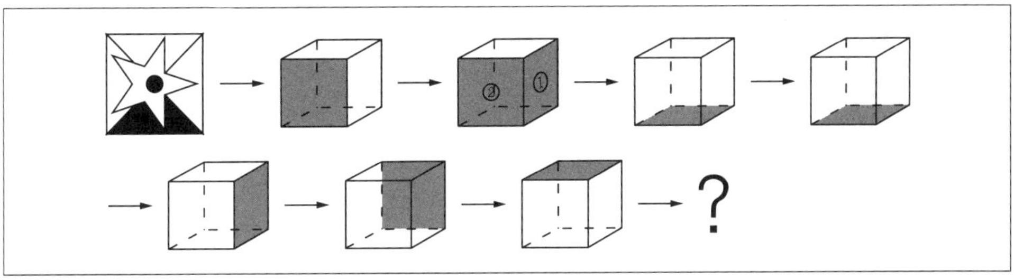

① 

② 

③ 

④ 

⑤ 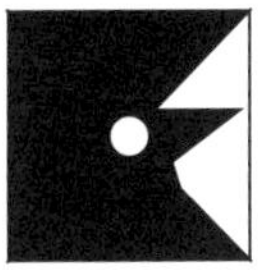

59 다음 제시된 도형을 〈조건〉에 따라 변화시켰을 때 ?에 들어갈 알맞은 도형은? 도식/도형추리

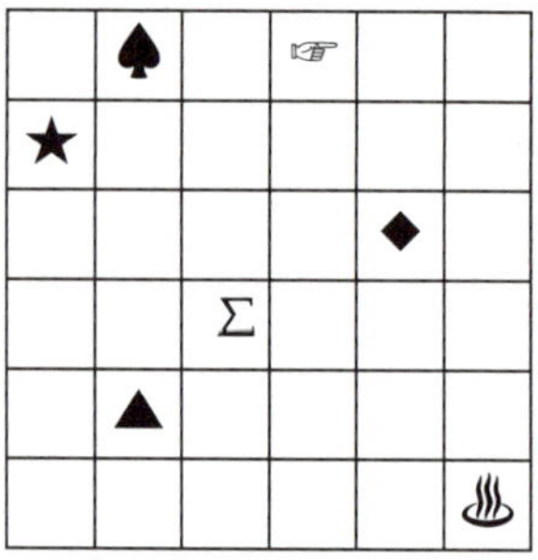

규칙 1 : 각 도형은 1초마다 아래로 한 칸씩 이동한다.
규칙 2 : 바닥에 닿은 도형은 더 이상 내려가지 않는다.

조건

2초 후 → 시계 방향 90° 회전 → 2초 후 → 시계 방향 90° 회전 → ?

①
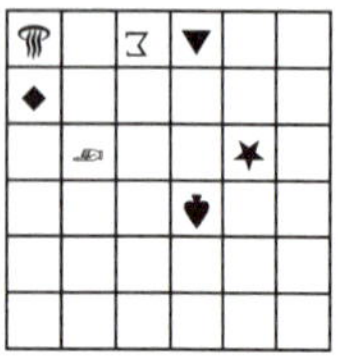

②
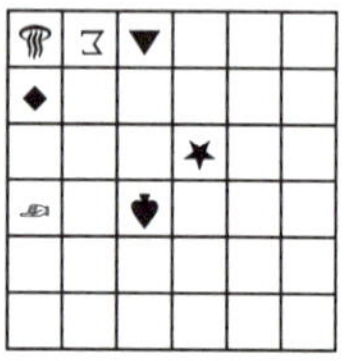

③
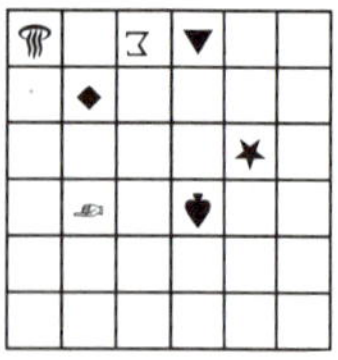

④
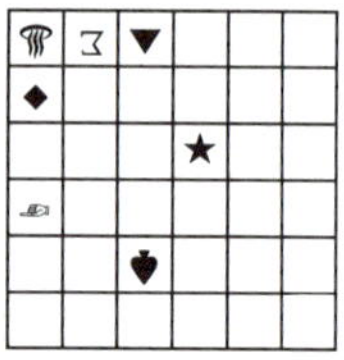

⑤
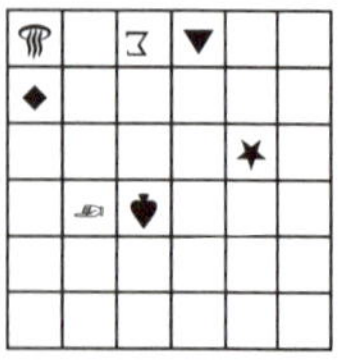

60 다음은 두 도형을 완전히 겹쳐지게 하여 새로운 도형을 만드는 과정을 나타낸 것이다. ?에 들어갈 도형으로 알맞은 것은?(단, 도형은 회전이 가능하다) 도식/도형추리

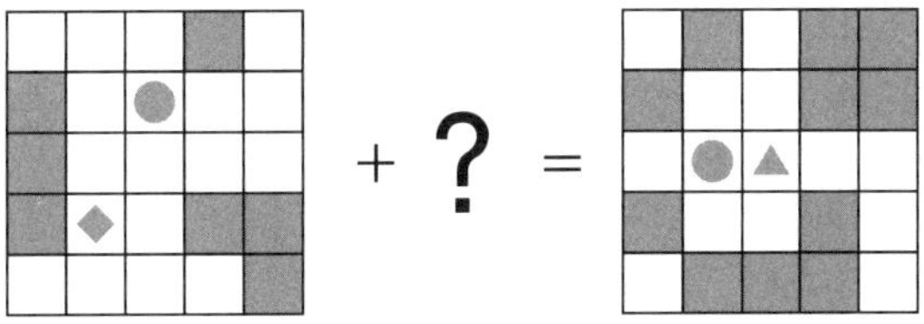

① 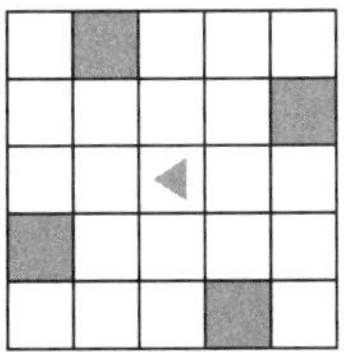

② 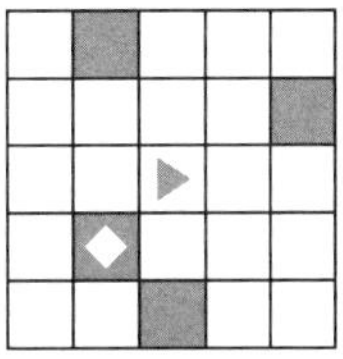

③ 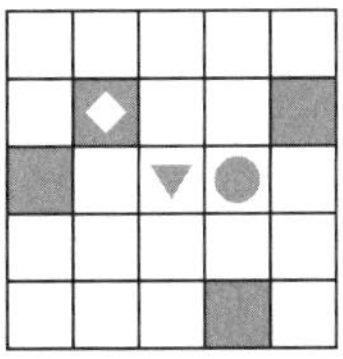

④ 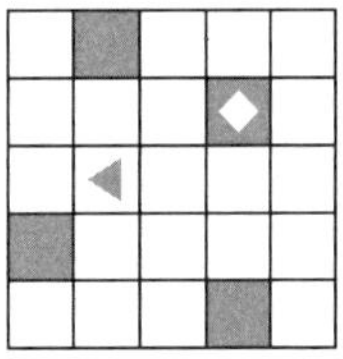

⑤ 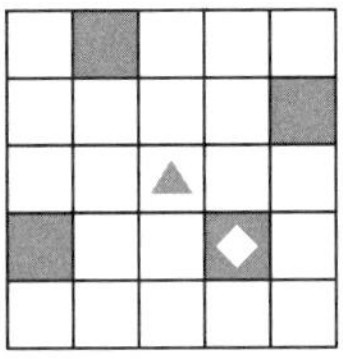

훌륭한 가정만한 학교가 없고,
덕이 있는 부모만한 스승은 없다.

– 마하트마 간디 –

PART 2
도형

CHAPTER

01 평면도형

핵심이론 종이접기

(1) 펀칭&자르기

❶ **정의** : 주어진 종이를 조건에 맞게 접은 후 구멍을 뚫거나(펀칭), 모서리를 가위로 자르고 펼쳤을 때 나타나는 모양을 고르는 유형 출제

❷ **학습전략** :

- 펀칭, 자르기 유형은 종이에 구멍을 낸 후 다시 종이를 펼쳐가며 구멍의 위치와 모양을 추적하는 방법으로 해결할 수 있다.
- 종이를 펼쳤을 때 구멍의 모양과 개수, 위치를 판별하는 것이 핵심이다. 이를 위해서는 '대칭'에 대한 이해가 필요하다. 구멍은 종이를 접은 선을 기준으로 대칭되어 나타난다는 것에 유의한다.
  - 모양 : 펀칭의 경우 종이를 펼쳤을 때 뚫린 모양이 원형으로 모두 같다. 하지만 자르기의 경우에는 삼각형, 사각형과 같이 각진 모양으로 구멍이 생기고, 크기가 달라질 수 있기 때문에 잘린 모양을 대칭 이동시킬 때에 주의해야 한다.
  - 개수 : 면에 구멍을 뚫으면 종이를 펼쳤을 때 구멍이 2개 나타나고, 접은 선 위에 구멍을 뚫으면 종이를 펼쳤을 때 구멍이 1개 나타난다.
  - 위치 : 종이를 접는 방향을 주의 깊게 살펴야 한다. 종이를 왼쪽에서 오른쪽으로 접은 경우, 구멍의 위치는 오른쪽에서 왼쪽으로 표시하며 단계를 거슬러 올라간다.

대칭점이 모두 존재하는 경우

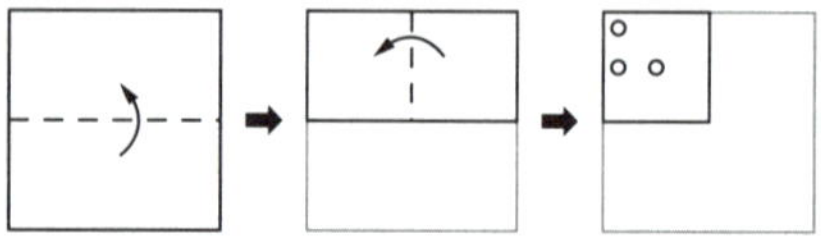

문제와 반대로 역순으로 종이를 펼치며 대칭되는 구멍 표시

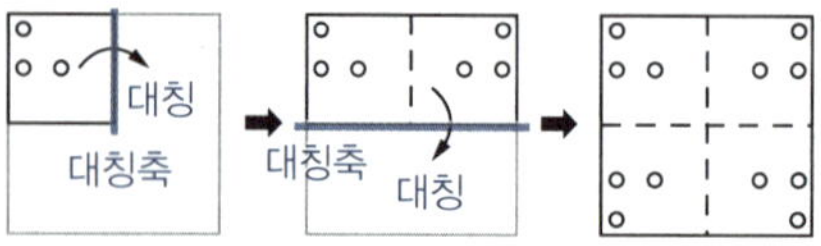

대칭점이 존재하지 않는 경우

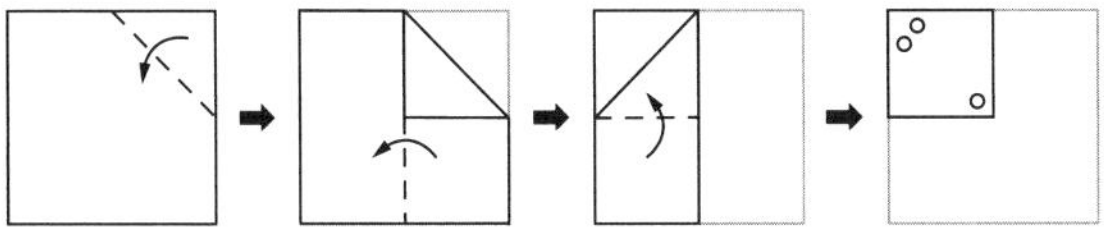

펼쳤을 때 대칭되는 곳에 종이가 없으면 구멍 미표시

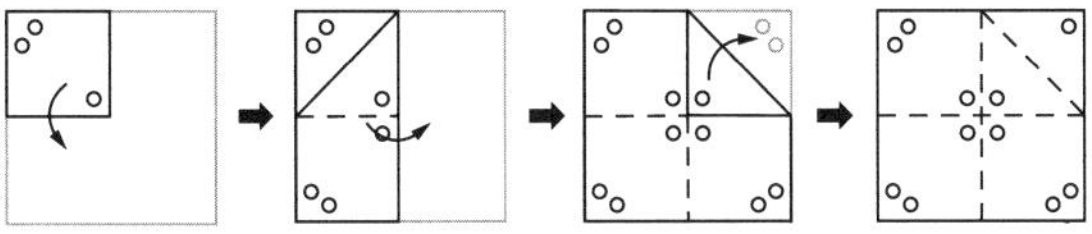

(2) 모양 유추

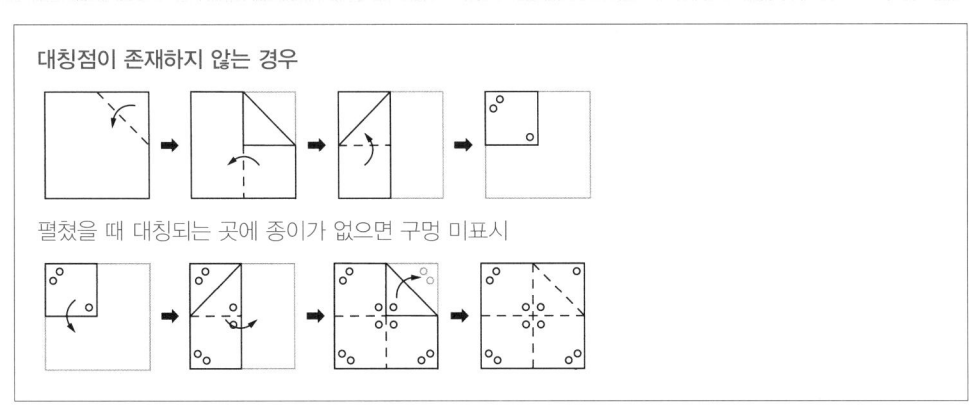

❶ **정의** : 주어진 종이를 조건에 맞게 접은 후 마지막 종이 모양의 뒷면으로 알맞은 모양을 찾거나 조건에 따라 종이를 접었을 때 나올 수 없는 모양을 찾는 유형 출제

❷ **학습전략** :

- 종이를 접는 방향을 고려하여 앞면과 뒷면의 모습을 모두 생각하는 연습을 해야 한다.
- 마지막으로 접은 종이의 뒷면은 좌우 반전이 일어나므로 주의해야 한다.
- 이해가 가지 않는 경우에는 실제로 종이를 접어보면서 연습하는 것이 실전에 도움이 될 수 있다.

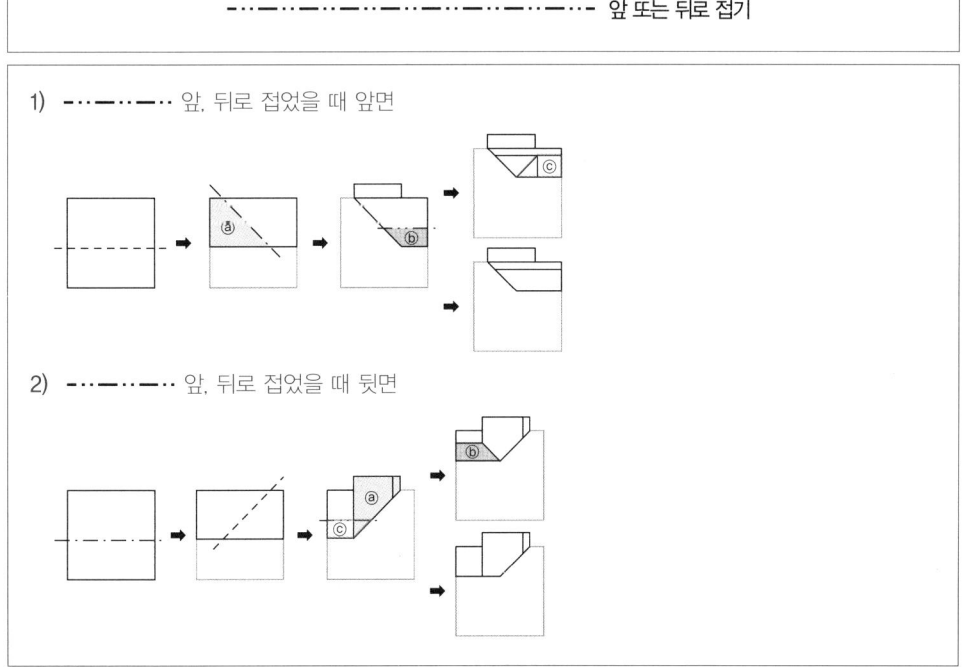

-------------------------------- 앞으로 접기

-·-·-·-·-·-·-·-·-·-·-·-·- 뒤로 접기

-··-··-··-··-··-··-··-··- 앞 또는 뒤로 접기

1) -··-··- 앞, 뒤로 접었을 때 앞면

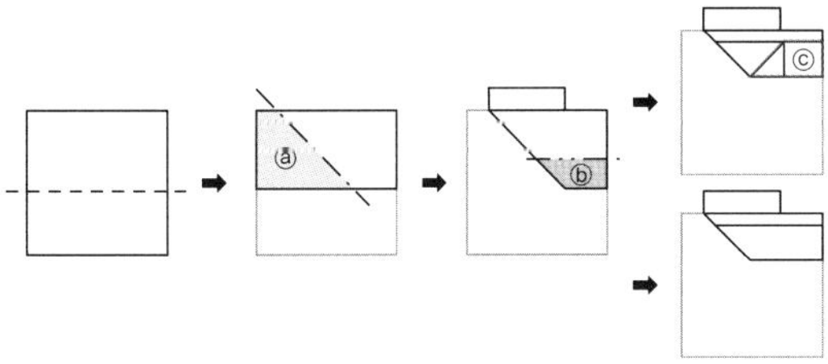

2) -··-··- 앞, 뒤로 접었을 때 뒷면

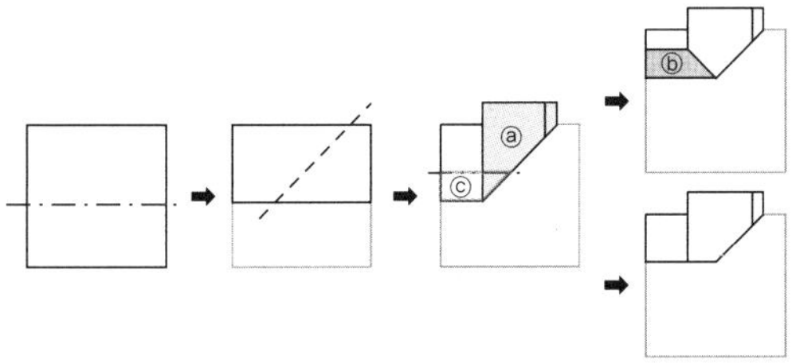

대표 예제 다음 그림과 같이 화살표 방향으로 종이를 접은 후, 펀치로 구멍을 뚫어 다시 펼쳤을 때의 그림으로 옳은 것은?

① 화살표 방향에 따라 종이접기 과정을 눈으로 빠르게 스캔

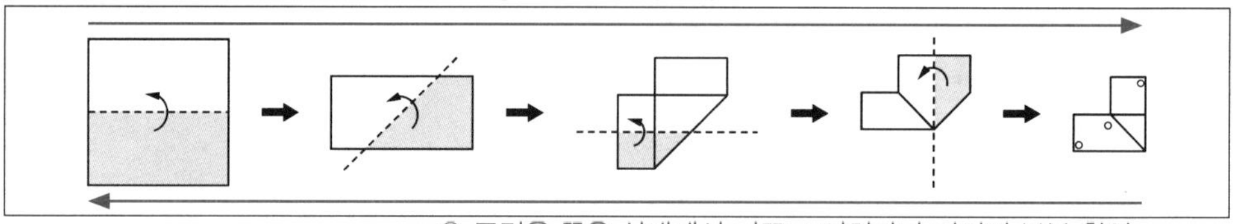

② 구멍을 뚫은 상태에서 거꾸로 펼쳐가며 겹쳐진 부분 확인

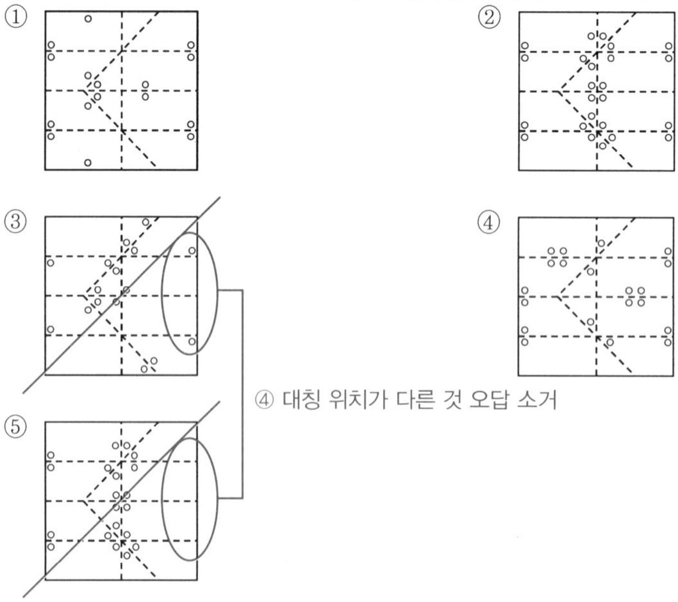

정답 및 해설

정답 ①

구멍을 뚫은 종이에서 겹쳐진 부분을 확인한다.

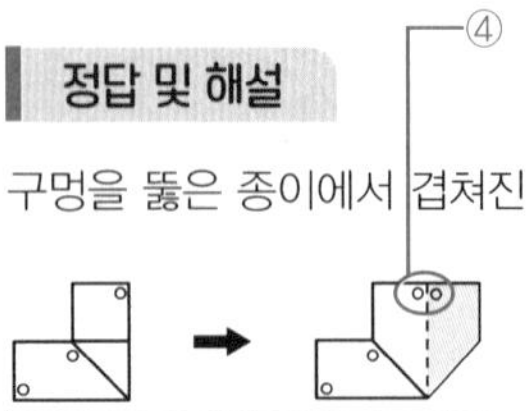

③ 점선과 접은 방향을 판단하여 구멍의 대칭점을 찾아 표시

구멍이 뚫어진 부분을 확인한 후, 점선에 대해 대칭인 부분을 확인하고, 표시한다.

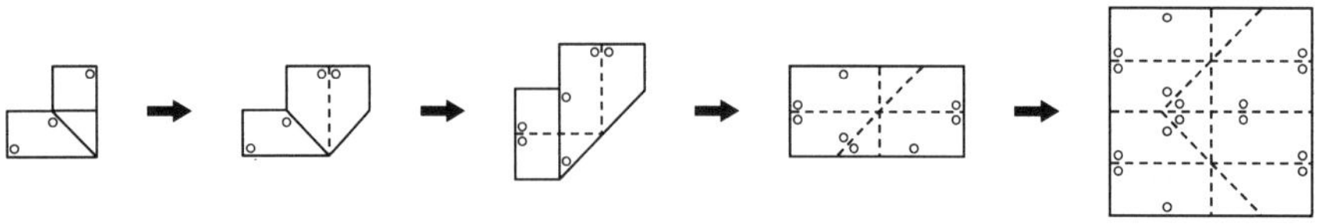

핵심이론 조각

(1) 조각 찾기

❶ **정의** : 여러 개의 직선 또는 곡선으로 분할된 그림에서 찾을 수 없는 도형 조각을 고르는 유형 출제

❷ **학습전략** :

- 사각형에 여러 개의 선을 무작위로 그어 다양한 크기와 모양의 조각으로 분할시킨 그림이 주로 제시된다. 난이도가 높은 문제는 곡선이 포함되어 있기도 하다.
- 선으로 둘러싸인 작은 크기의 개별 조각뿐만 아니라 몇 개의 조각들을 결합시켜 만든 도형이 선택지에 등장하기도 한다. 따라서 이웃하여 위치한 조각들을 연결시켜 가능한 모양을 따져보아야 한다.
- 선택지에 나타난 도형의 선분 길이와 기울기, 각도에 주목하여 찾으면 비교적 빠르게 해결할 수 있다.
- 찾을 조각의 각 변의 선을 연장하여 시각적으로 찾기 쉽게 변형한다.

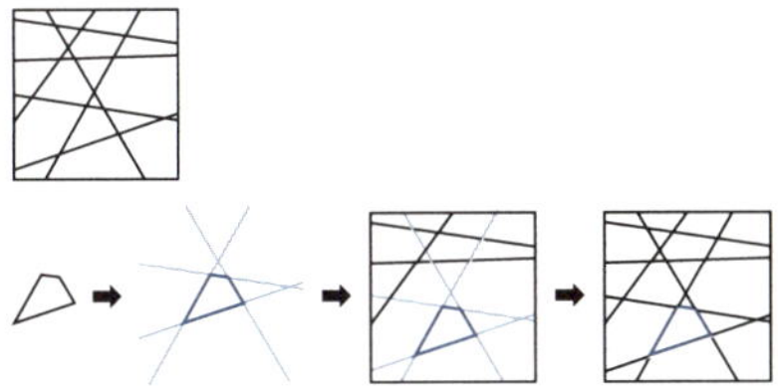

(2) 도형 완성

❶ **정의** : 도형 완성 유형은 여러 가지 크기와 모양의 조각을 조합하였을 때 만들 수 없는 도형을 찾는 문제나, 제시된 도형을 만들기 위해서 필요하지 않은 조각을 고르는 유형 출제

❷ **학습전략** :

- 여러 가지 크기와 모양의 조각을 조합하여 만들 수 없는 도형을 찾는 문제
  - 선택지 5개의 조각들을 모두 활용하여 만들 수 있는 4개의 도형과 그렇지 않은 1개의 도형으로 구분한다.
  - 가장 큰 조각을 모서리나 각에 맞게 배치시킨 후 나머지 조각들을 크기 순서대로 배치시키면서 만들 수 없는 도형을 찾는다.
  - 조각의 크기가 비슷할 때에는 특징적인 부분이 있는 조각부터 배치한다.
- 제시된 도형을 만들기 위해서 필요하지 않은 조각을 고르는 문제
  - 구조상 완성 도형이 선택지에 있는 네 개의 조각으로 조립된다. 따라서 선택지의 도형에서 비슷한 두 개의 도형 중 하나가 답이 될 확률이 높다.
  - 개별 조각들은 회전은 가능하지만 뒤집는 것은 불가능하므로 유의하도록 한다.
  - 각 조각에서 완성 모양인 사각형의 모서리 모양과 같은 부분을 표시하여 가장 큰 도형부터 대입한다.

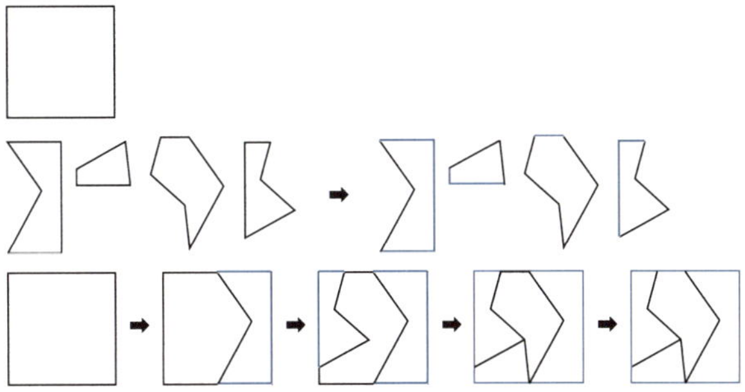

대표 예제 다음 중 주어진 도형을 만들기 위해 필요하지 않은 조각은?

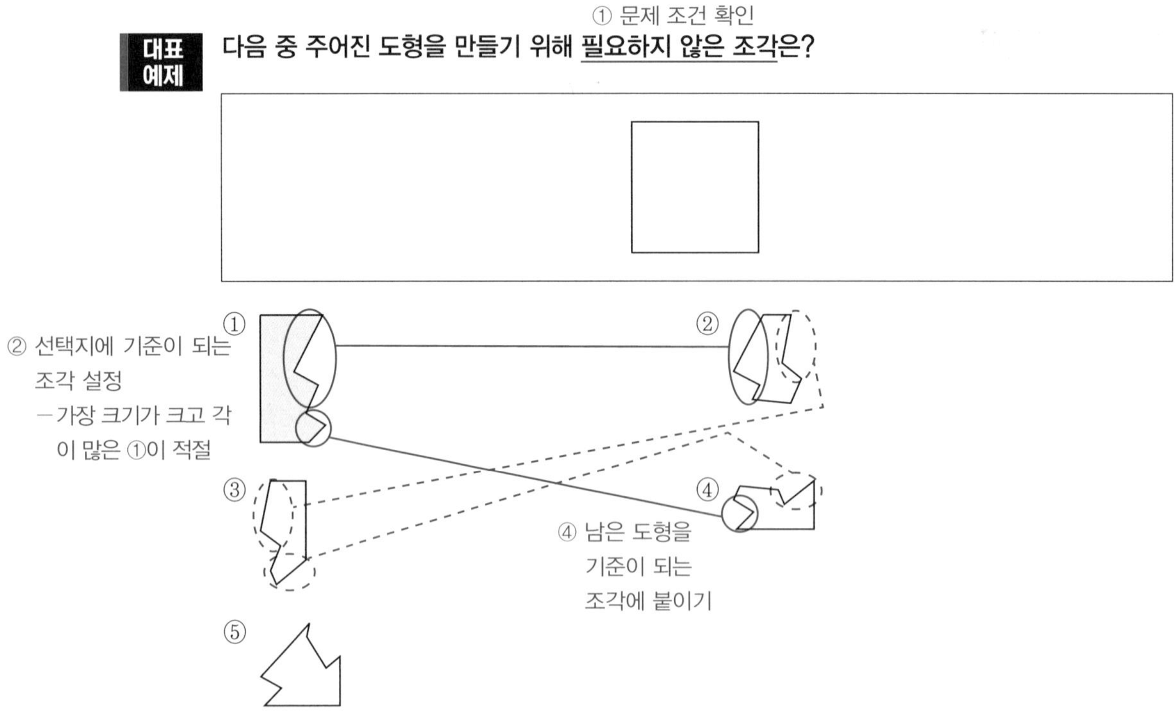

① 문제 조건 확인
② 선택지에 기준이 되는 조각 설정
– 가장 크기가 크고 각이 많은 ①이 적절
①
②
③
④
⑤
④ 남은 도형을 기준이 되는 조각에 붙이기

정답 및 해설

정답 ⑤

선택지 5개 중 기준이 되는 조각은 크기가 가장 크고 두 개의 직각을 가지고 있는 ①을 기준이 되는 조각으로 설정한다. 다음으로 기준 조각의 위치를 설정한다.

①과 사각형의 왼쪽 모서리가 일치하므로 ①을 사각형 왼쪽에 먼저 배치한다. ④, ⑤의 직각의 위치가 같으므로 두 개 중 하나가 정답이 될 확률이 높다. 나머지 도형을 배치하면 답은 ⑤가 됨을 알 수 있다.

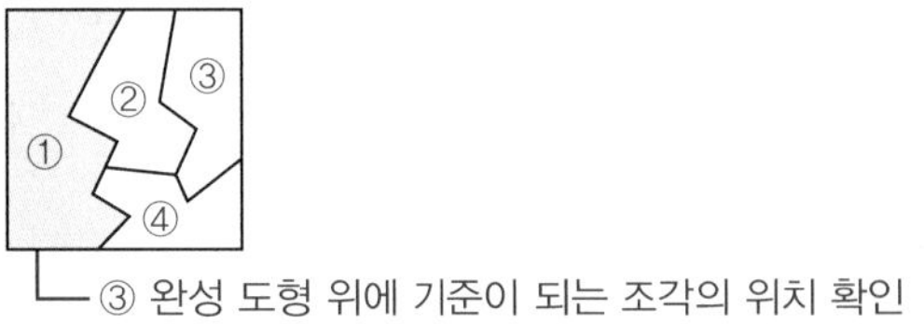

①
②
③
④
③ 완성 도형 위에 기준이 되는 조각의 위치 확인

대표 예제 평면도형 활용

$\frac{216°}{72°}=3$칸 $\frac{72°}{72°}=1$칸

왼쪽 톱니를 시계 방향으로 216°, 오른쪽 톱니를 시계 방향으로 72° 회전시킨 후, 화살표 방향에서 바라보았을 때 겹쳐진 모양은?

② 톱니의 회전 방향 확인
– 회전 방향의 반대 방향 확인

① 바퀴 한 칸의 각도 계산 $\frac{360°}{5}=72°$

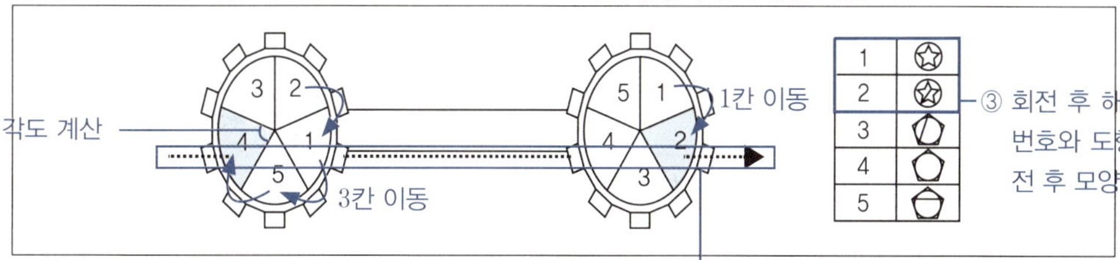

③ 회전 후 해당하는 번호와 도형의 회전 후 모양 확인

④ 화살표 방향과 같은 쪽의 도형은 그대로, 반대쪽에 있는 도형은 좌우 반전시켜 겹치기

① 

② 

③ 

④ 

⑤ 

정답 및 해설

정답 ④

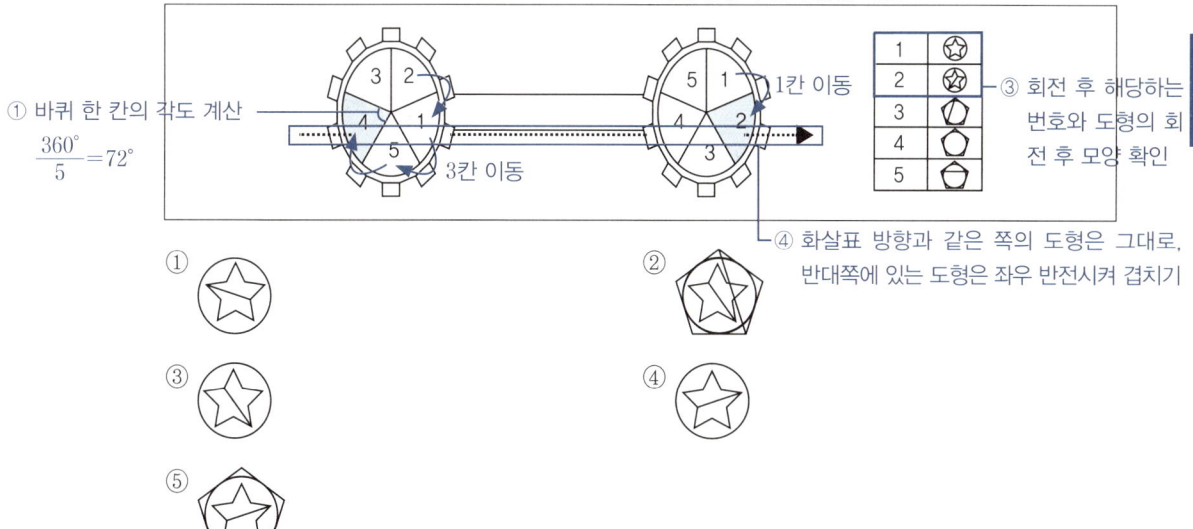

톱니바퀴가 5등분 되어 있으므로 한 칸의 중심각 크기는 $\frac{360°}{5}=72°$이다.

왼쪽 톱니는 216° 회전했으므로 $\frac{216°}{72°}=3$칸 회전했고, 오른쪽 톱니는 72° 회전했으므로 $\frac{72}{72}=1$칸 회전했다.

〈왼쪽〉 〈오른쪽〉

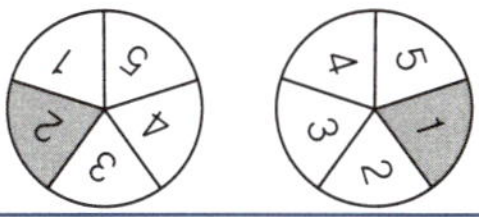

③ 즉, 왼쪽 톱니의 4의 자리에는 2가 오고, 2의 도형인 가 216° 회전하여 가 된다. 오른쪽 톱니의 2의 자리에는 1이 오고, 1의 도형인 가 72° 회전하여 가 된다.

바라보는 위치가 왼쪽 도형이므로 왼쪽 도형은 그대로, 오른쪽 도형은 반전시킨다. 별과 원은 반전시켜도 모양이 변화하지 않으므로 투영시킨 모양은 다음과 같다.

④ 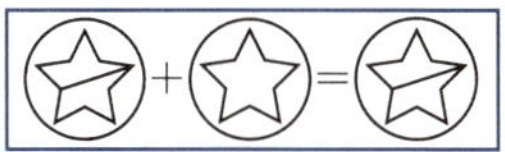

유형풀이 평면도형

※ 다음 그림과 같이 화살표 방향으로 종이를 접은 후 펀치로 구멍을 뚫거나 일부분을 잘라내어 다시 펼쳤을 때의 그림으로 옳은 것을 고르시오. [1~5]

01

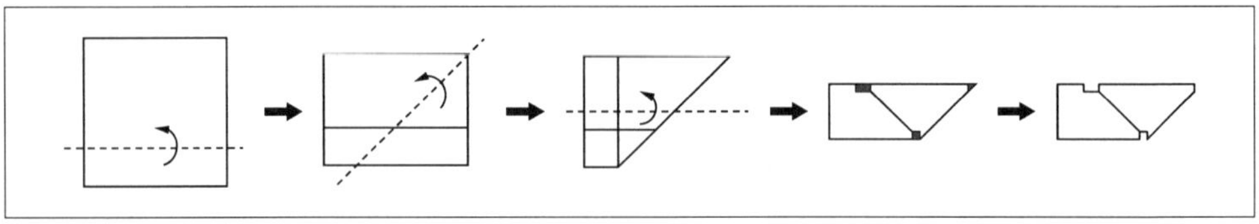

① 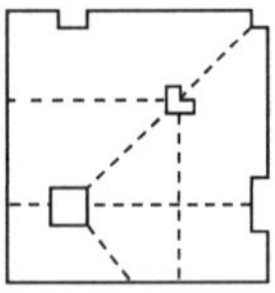

② 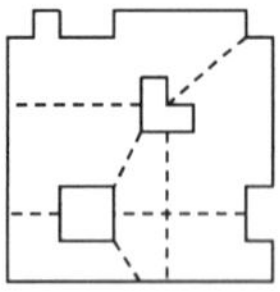

③ 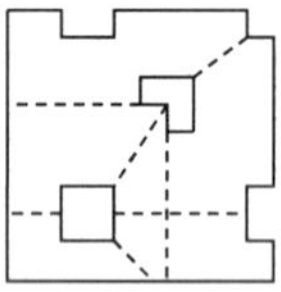

④ 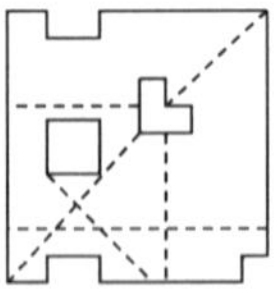

⑤ 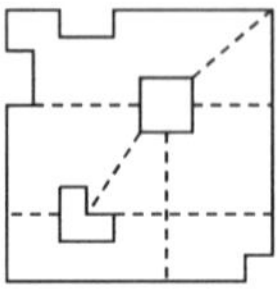

02

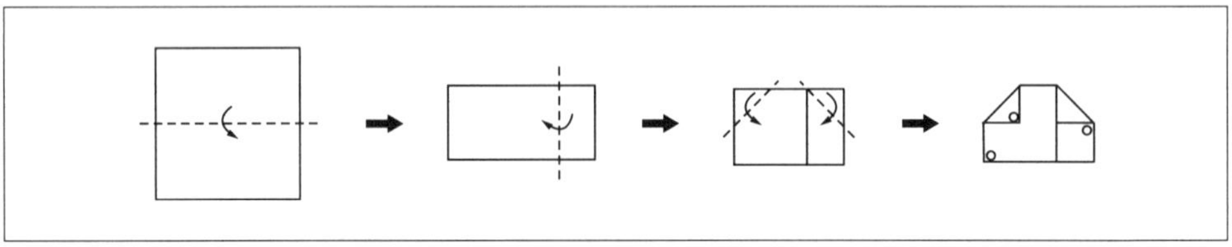

① 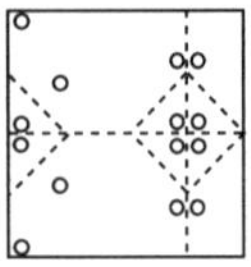

② 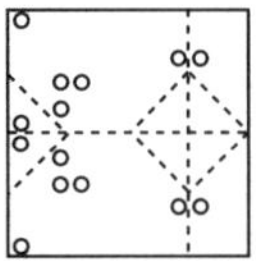

③ 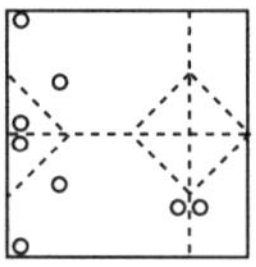

④ 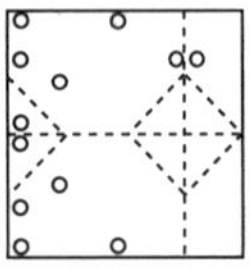

⑤ 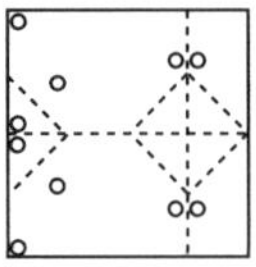

03

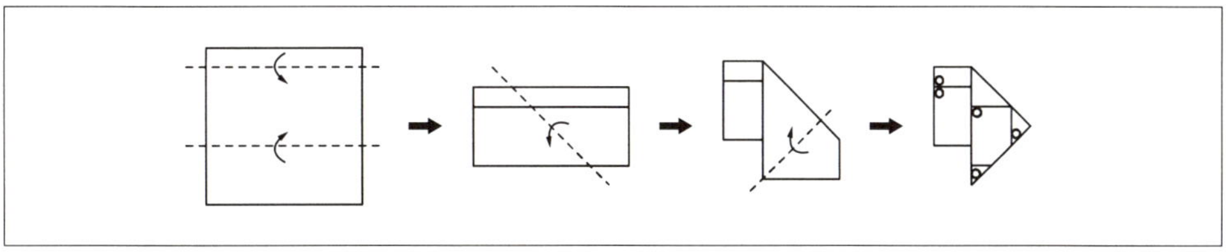

①
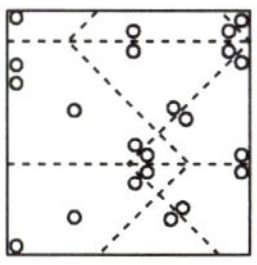

②
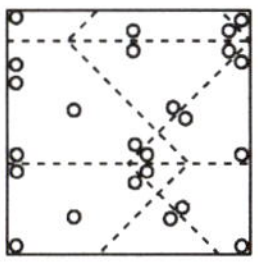

③
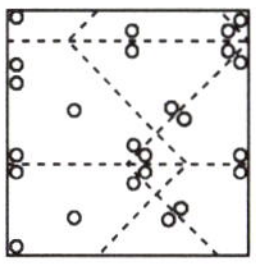

④
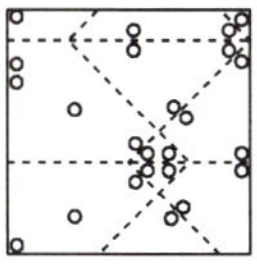

⑤
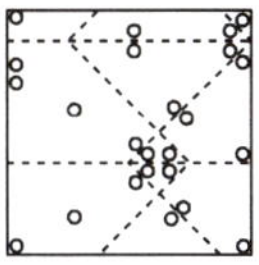

정답 및 해설

01 ① 02 ⑤ 03 ①

01

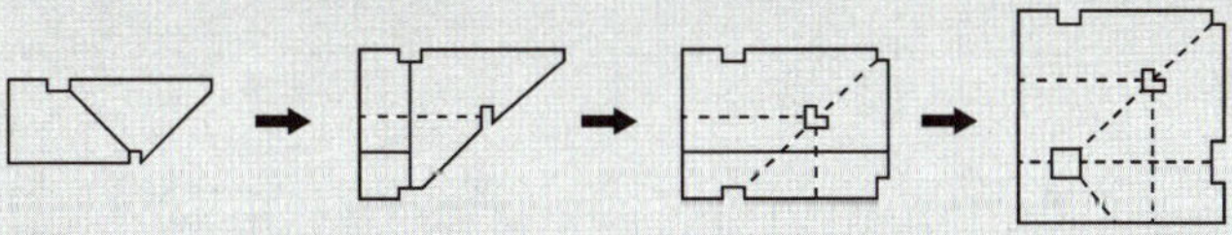

02

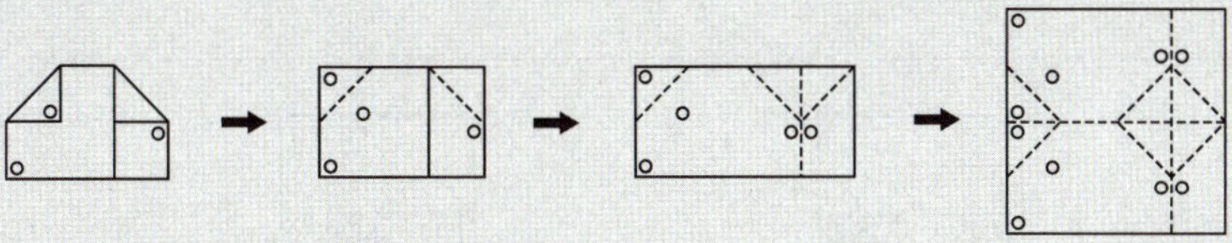

03

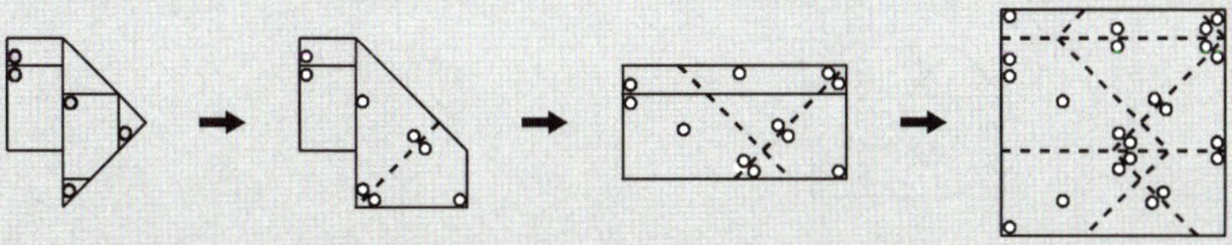

04

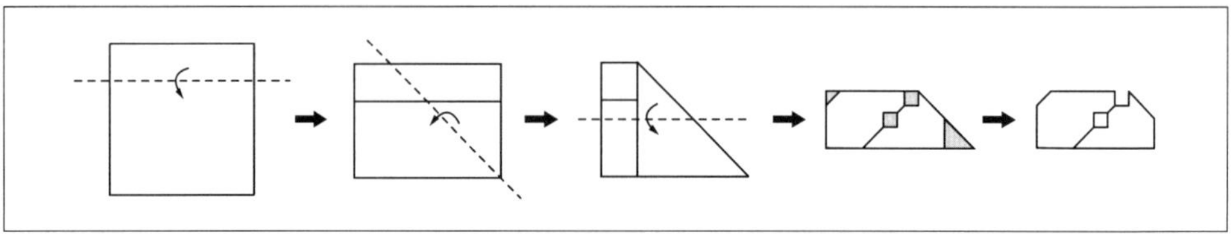

①

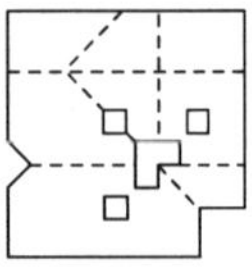

②

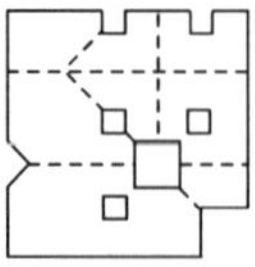

③

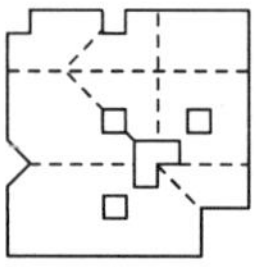

④

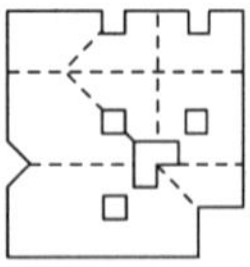

⑤

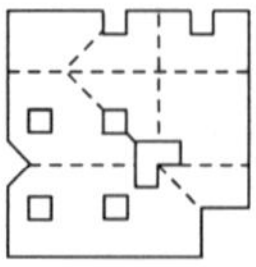

05

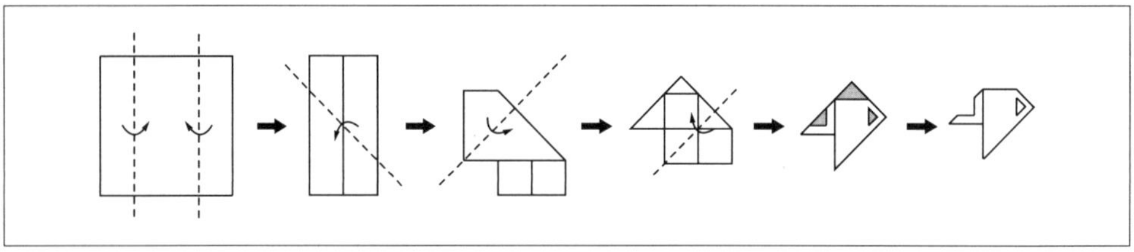

①

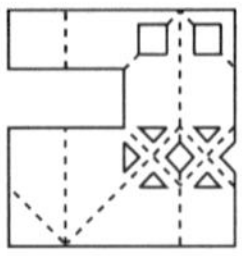

②

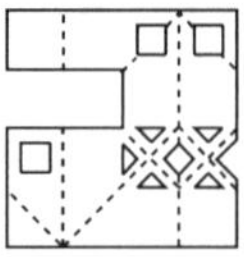

③

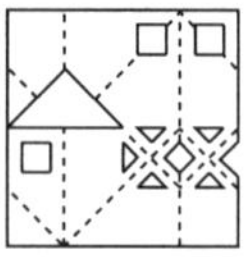

④

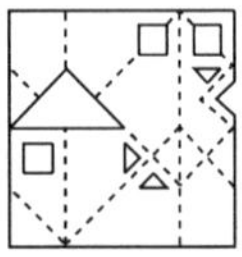

⑤

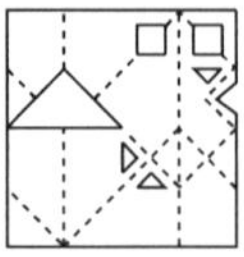

※ 다음 그림과 같이 접었을 때, 나올 수 있는 뒷면의 모양으로 옳은 것을 고르시오. [6~8]

------------ 앞으로 접기
-·-·-·-·-·-· 뒤로 접기

06

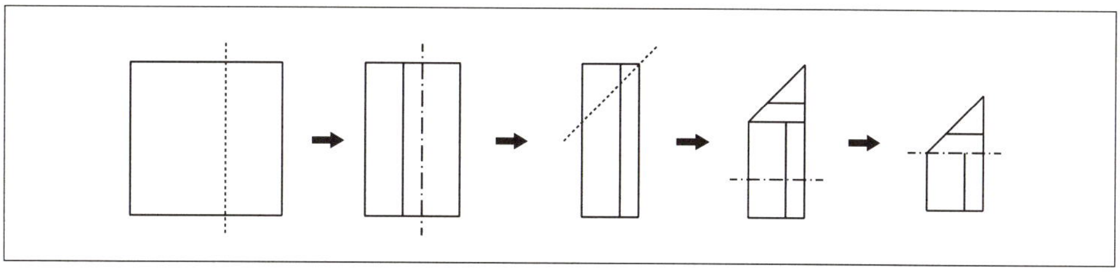

① 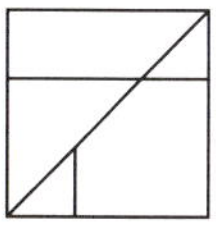

② 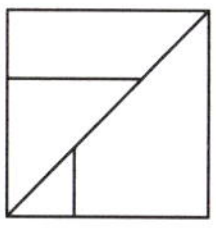

③ 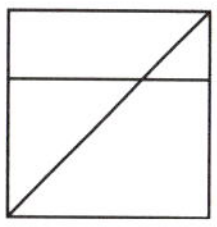

④ 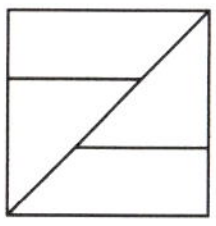

⑤ 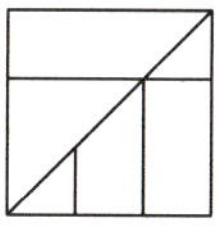

정답 및 해설

04 ④ 05 ① 06 ①

04

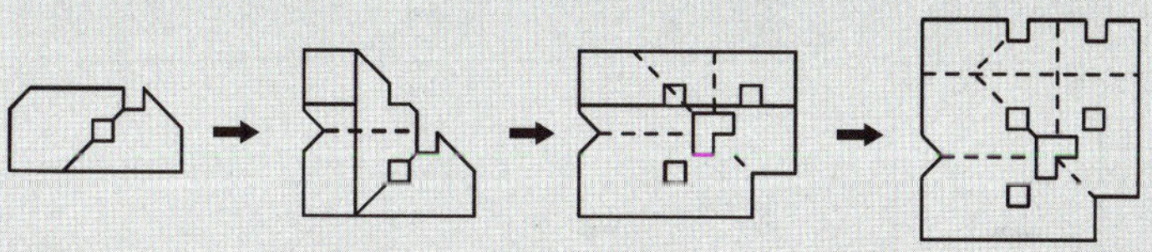

05

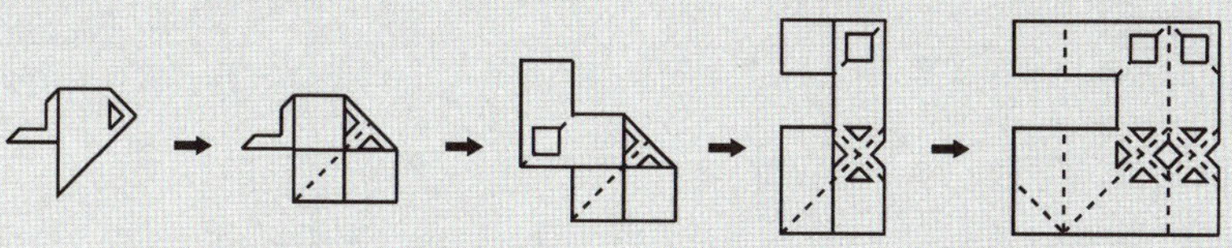

06

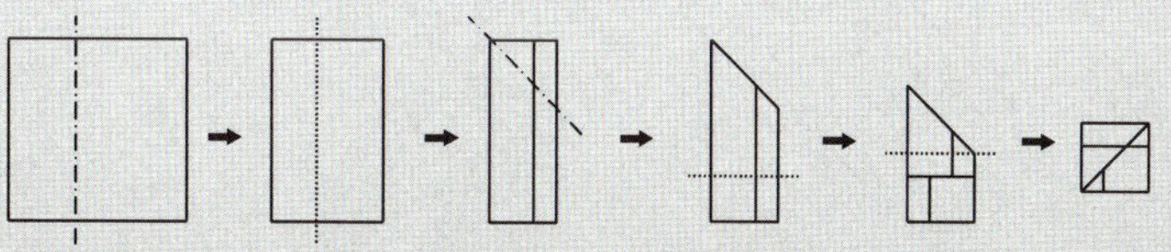

07

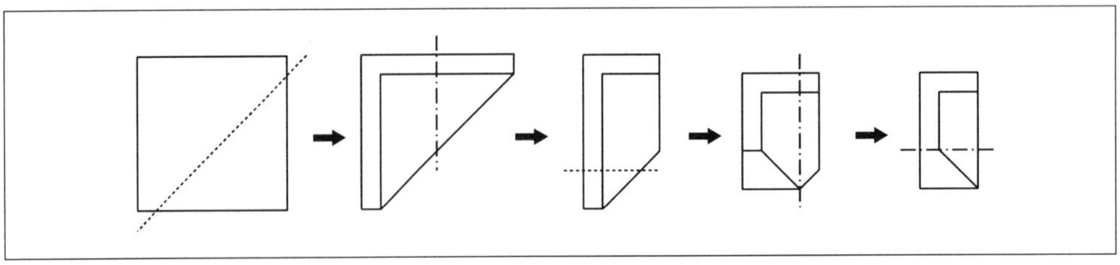

① 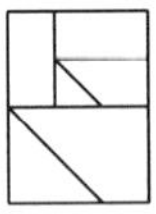

② 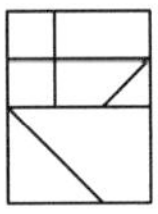

③ 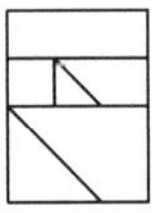

④ 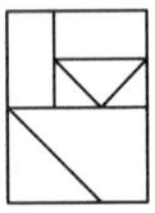

⑤ 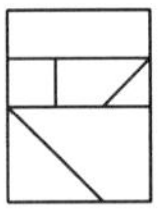

08

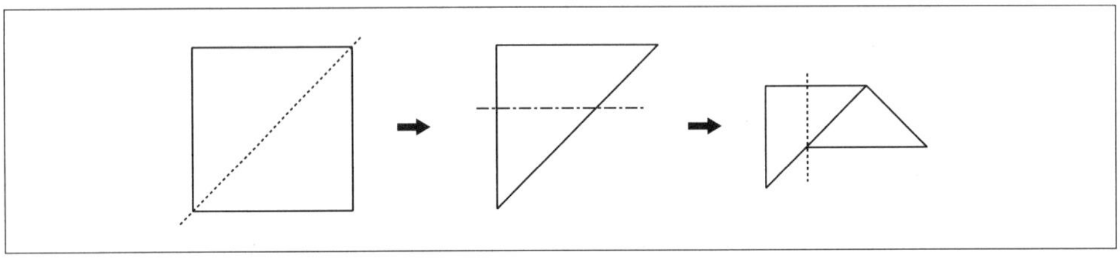

① 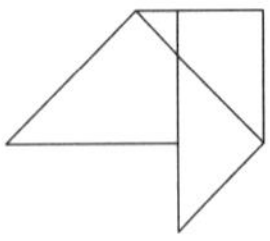

② 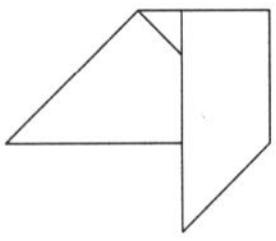

③ 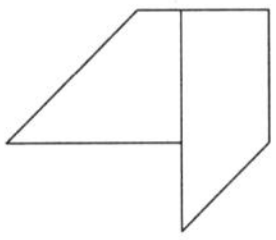

④ 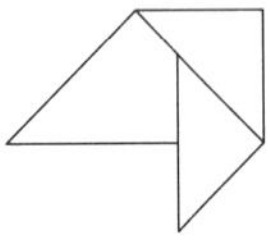

⑤ 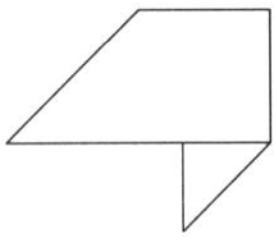

09 다음 그림과 같이 접었을 때, 나올 수 있는 앞 · 뒷면의 모양으로 옳지 않은 것은?

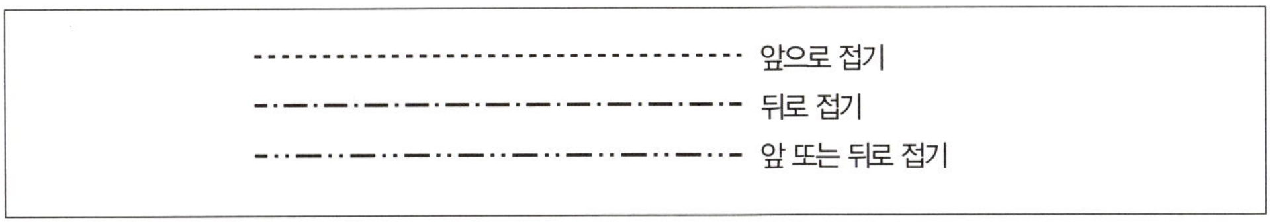

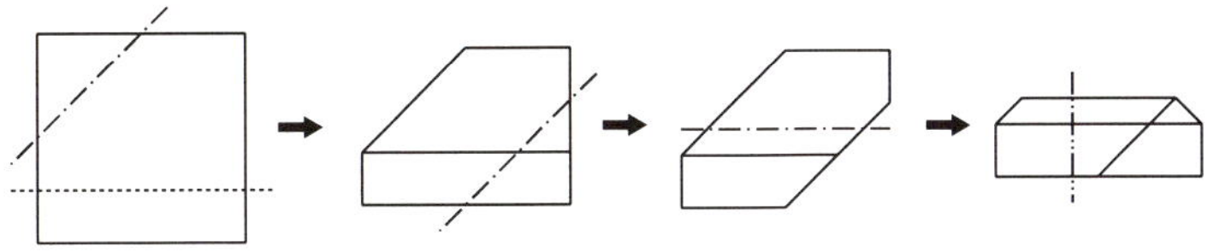

①
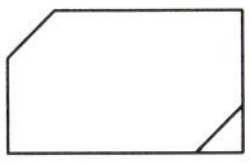

②
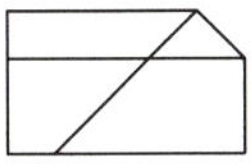

③
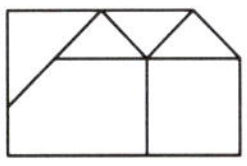

④
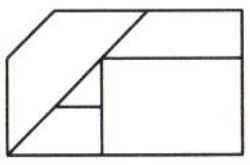

⑤
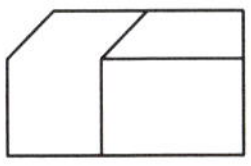

정답 및 해설

07 ② 08 ⑤ 09 ④

07

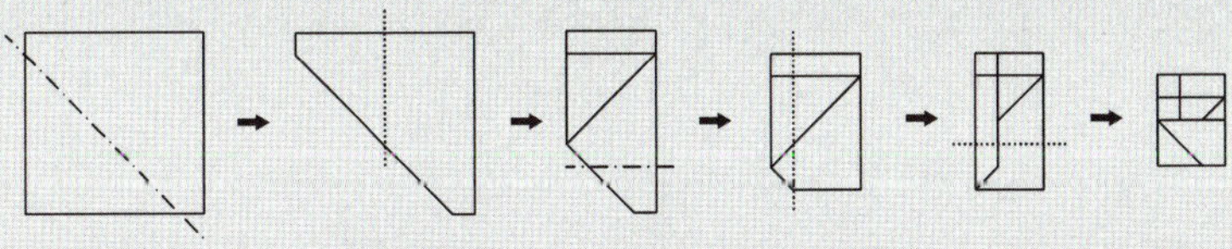

08

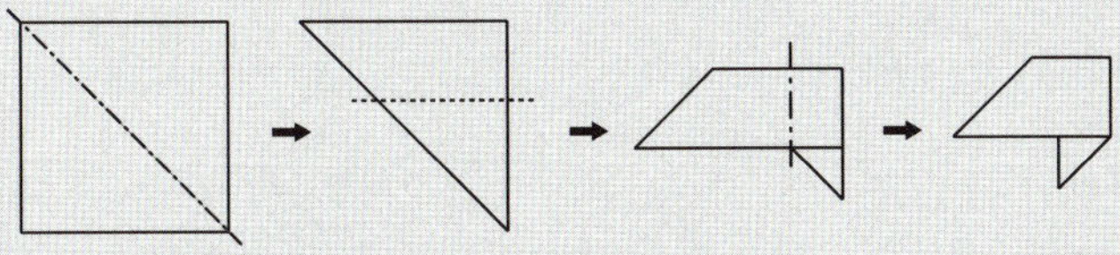

09

오답분석

① 왼쪽 면을 앞으로 접었을 때 나오는 뒷면의 모양이다.
② 왼쪽 면을 뒤로 접었을 때 나오는 앞면의 모양이다.
③ 왼쪽 면을 앞으로 접었을 때 나오는 앞면의 모양이다.
⑤ 왼쪽 면을 뒤로 접었을 때 나오는 뒷면의 모양이다.

※ 다음 그림에서 찾을 수 없는 도형을 고르시오. [10~12]

10

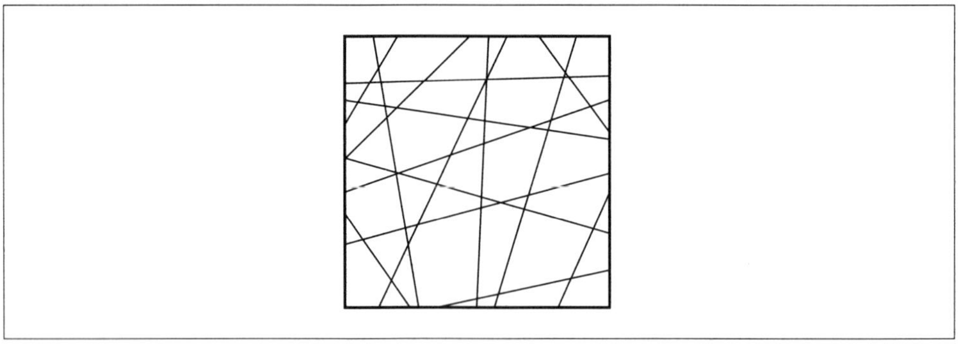

① 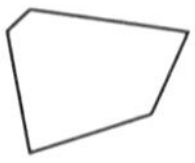

② 

③ 

④ 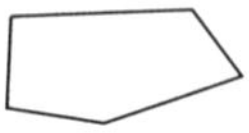

⑤ 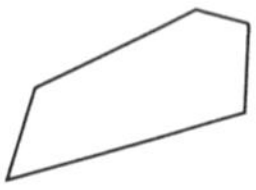

11

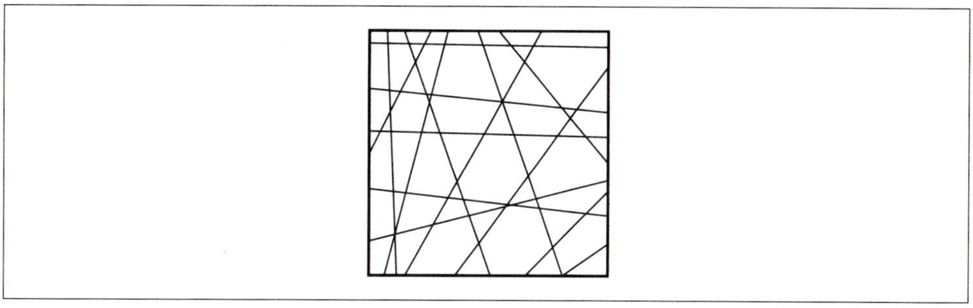

① 

② 

③ 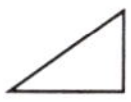

④ 

⑤ 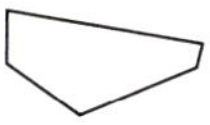

정답 및 해설

10 ⑤ 11 ⑤

10

11

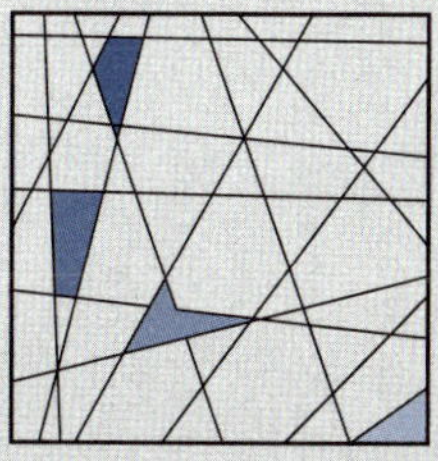

12

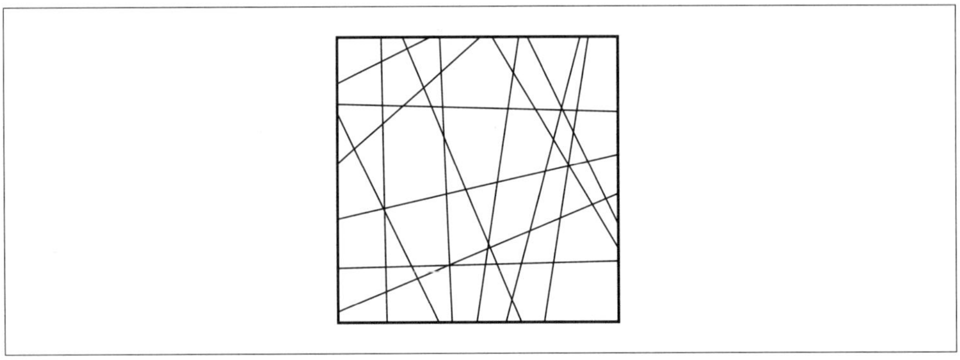

① 

② 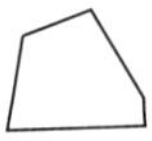

③ 

④ 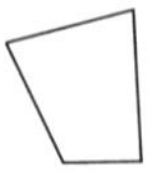

⑤ 

※ 다음 도형을 만들기 위해 필요하지 않은 조각을 고르시오. [13~15]

13

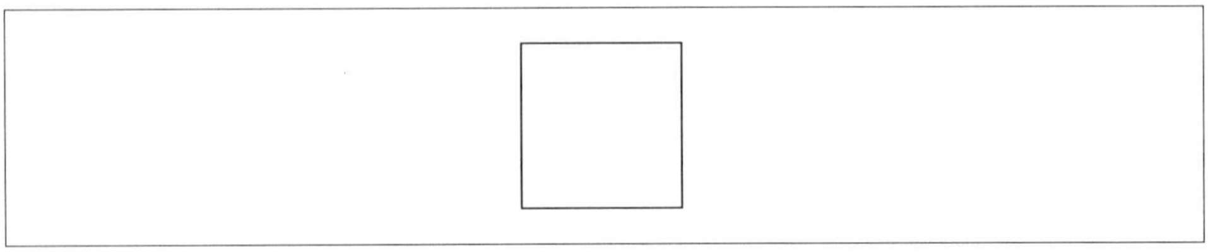

① 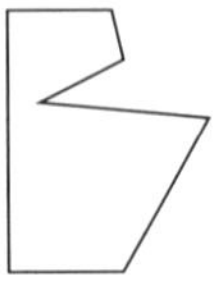

② 

③ 

④ 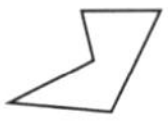

⑤ 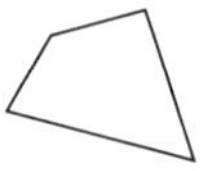

14

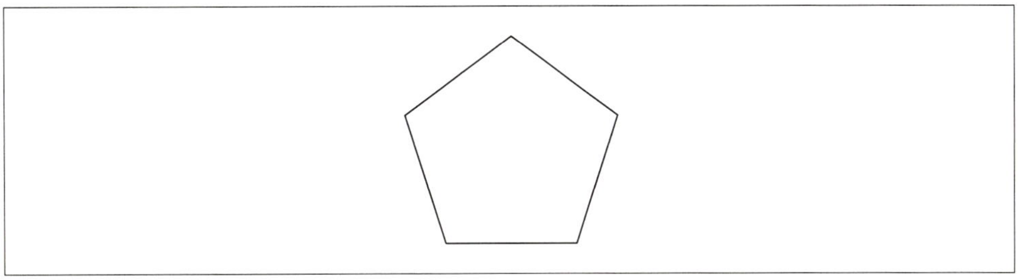

① 

② 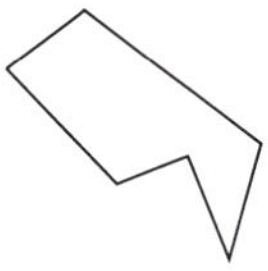

③ 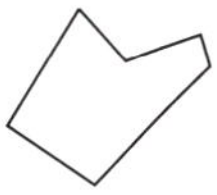

④ 

⑤ 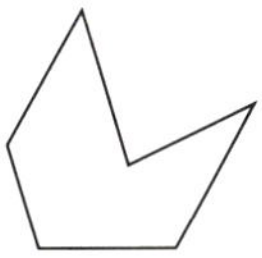

정답 및 해설

12 ① 13 ⑤ 14 ⑤

12

13

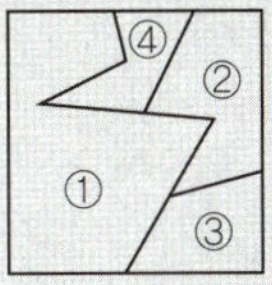

14

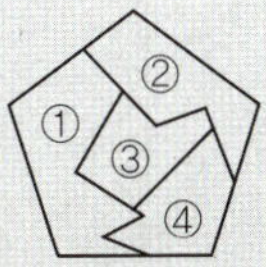

15

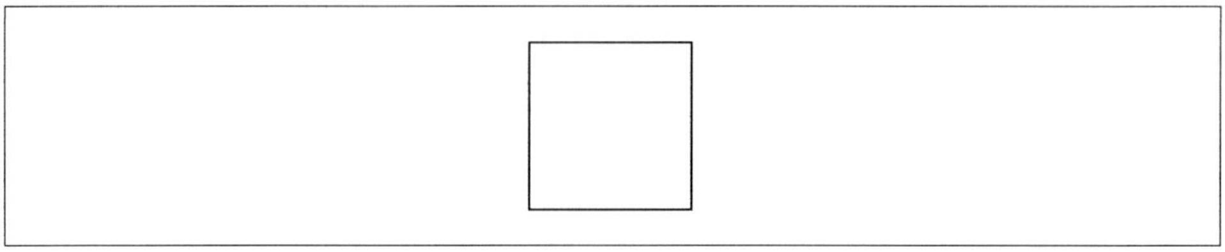

① 

② 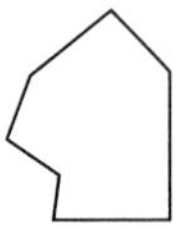

③ 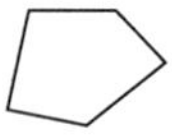

④ 

⑤ 

※ 제시된 도형을 조합하였을 때 만들 수 없는 것을 고르시오. [16~17]

16

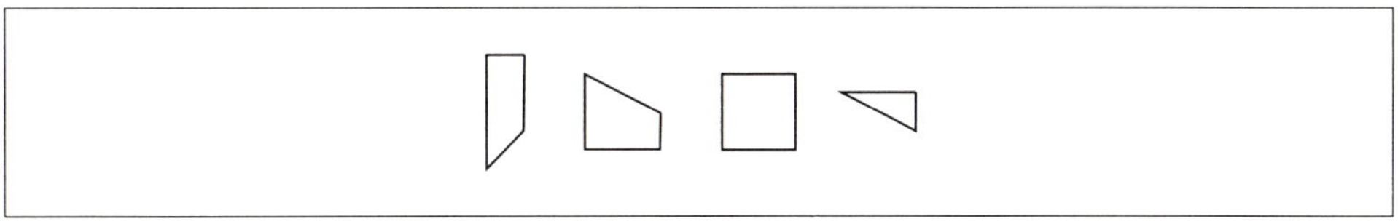

① 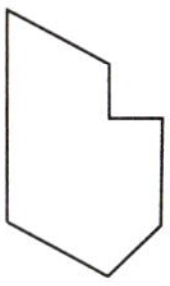

② 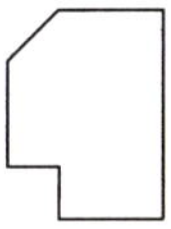

③ 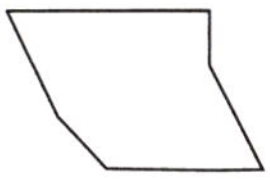

④ 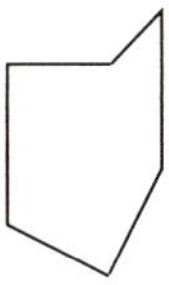

⑤ 

정답 및 해설

15 ⑤ 16 ③

15

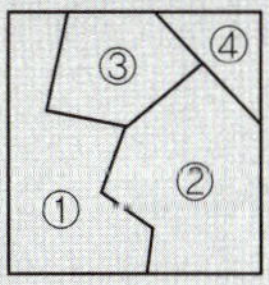

16

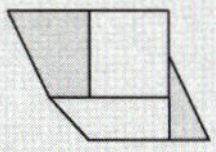

오답분석

① 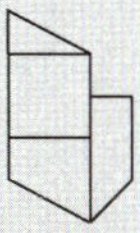

② 

④ 

⑤ 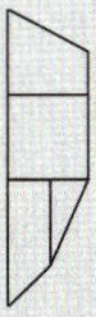

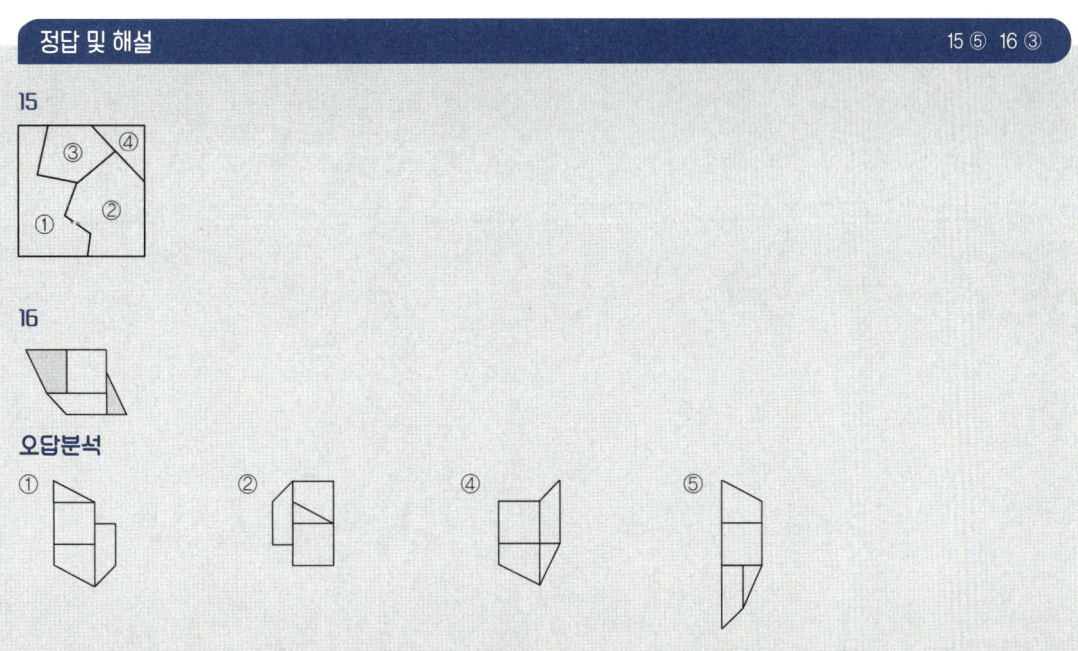

17

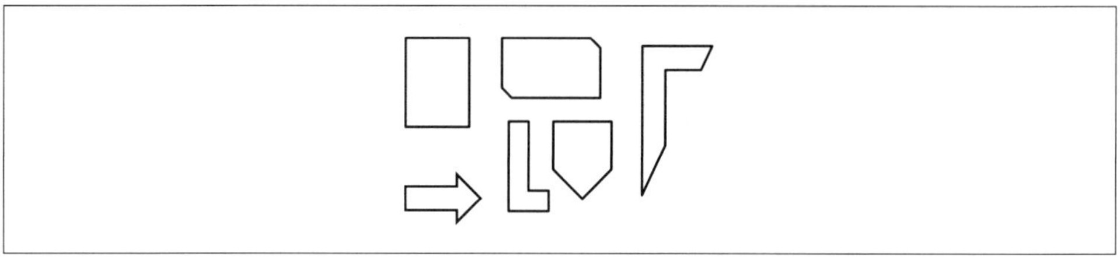

①

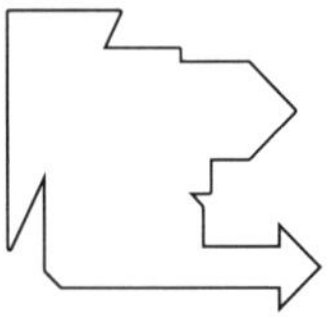

②

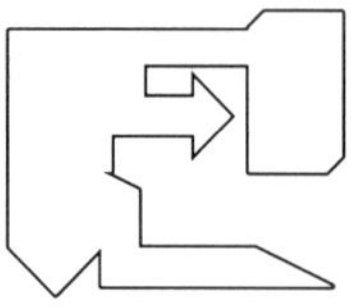

③

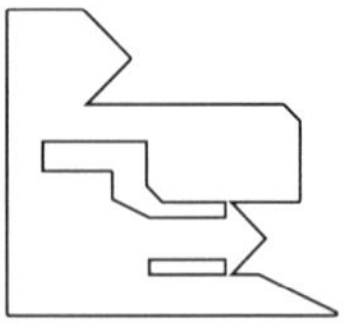

④

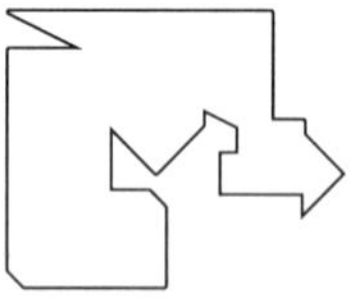

⑤

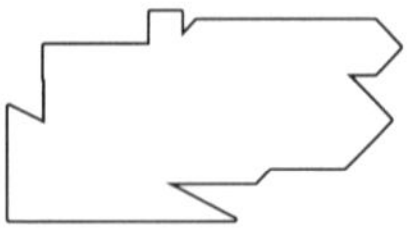

18 왼쪽 톱니를 시계 방향으로 180°, 오른쪽 톱니를 시계 반대 방향으로 90° 회전시킨 후, 화살표 방향에서 바라보았을 때 겹쳐진 모양은?

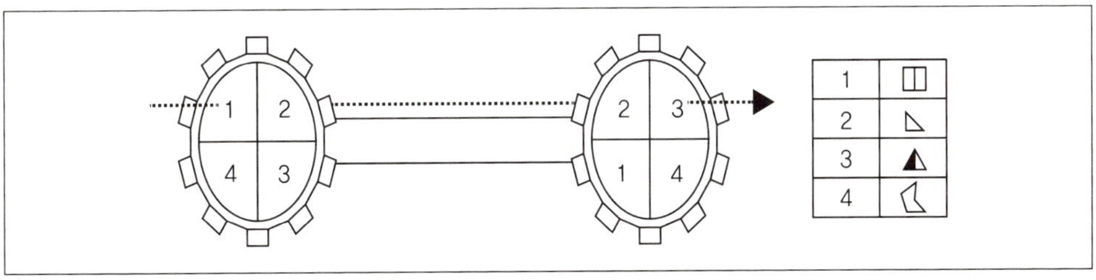

① 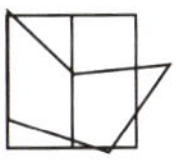

② 

③ 

④ 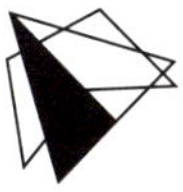

⑤ 

정답 및 해설

17 ⑤ 18 ③

17

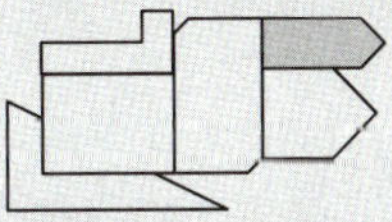

오답분석

① 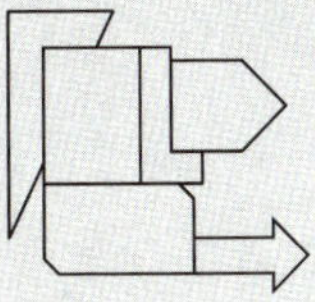

② 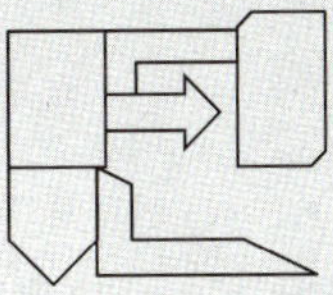

③ 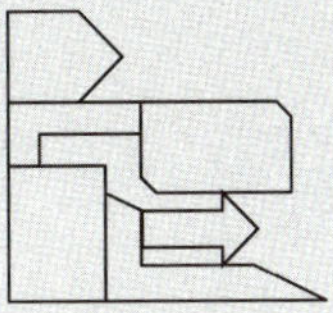

④ 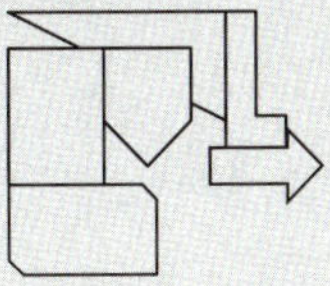

18

〈왼쪽〉 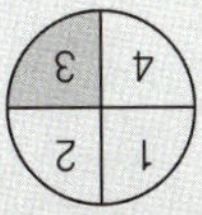

〈오른쪽〉 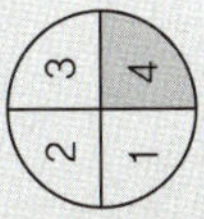

회전했을 때 숫자에 해당하는 모양은 각각 , 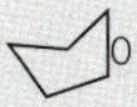이고 오른쪽 모양은 투영되어 보이므로 좌우 반전시켜서 겹치면

→  +  = 

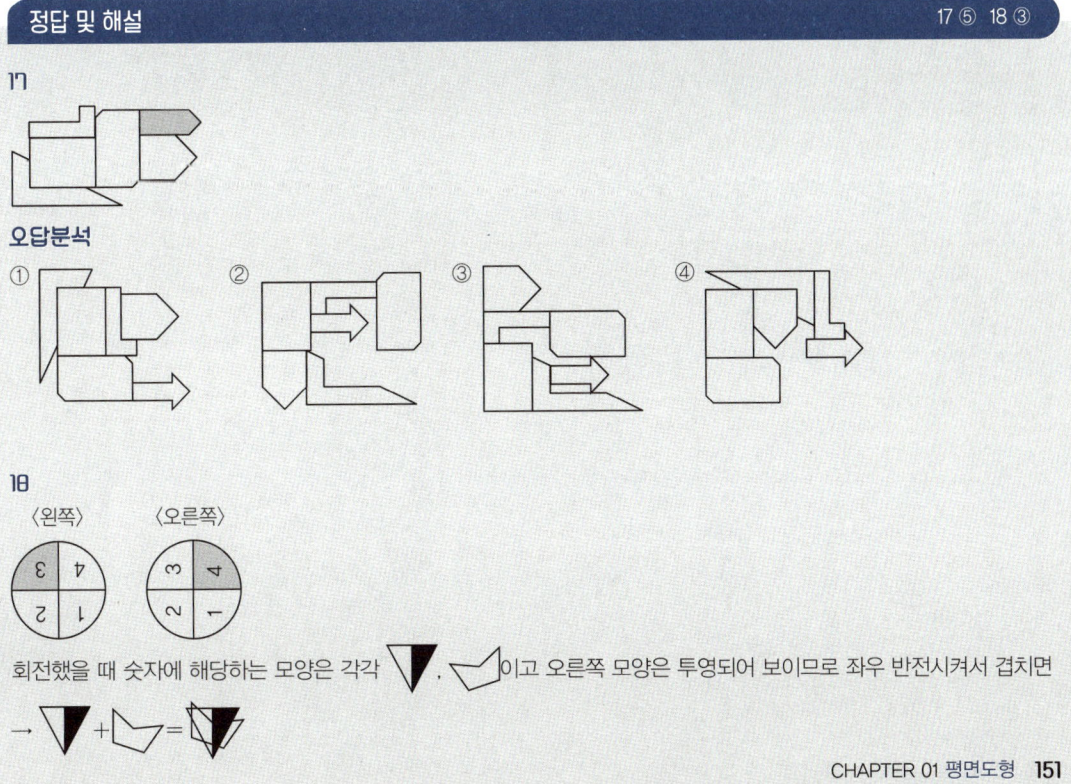

19

왼쪽 톱니를 시계 반대 방향으로 72°, 오른쪽 톱니를 시계 방향으로 72° 회전시킨 후, 화살표 방향에서 바라보았을 때 겹쳐진 모양은?

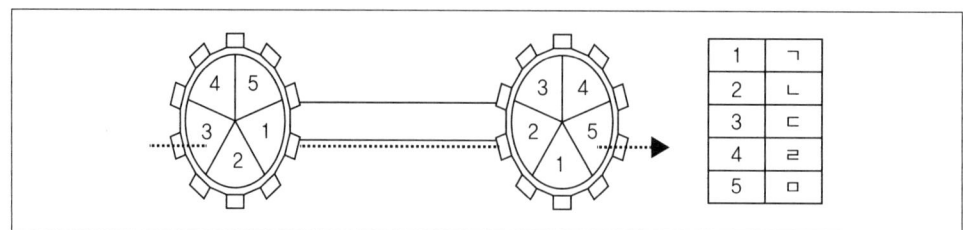

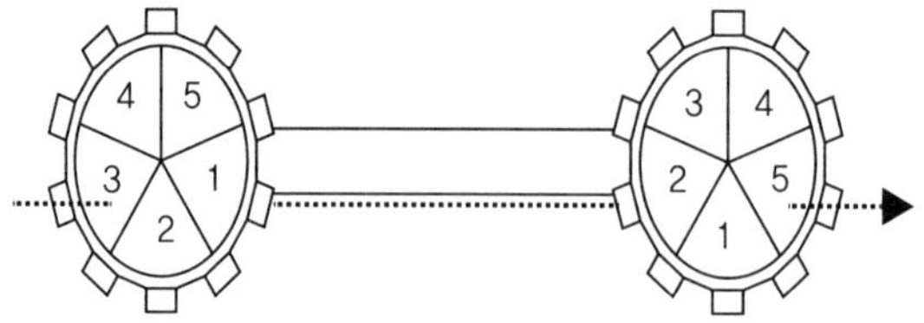

1	ㄱ
2	ㄴ
3	ㄷ
4	ㄹ
5	ㅁ

① 

② 

③ 

④ 

⑤ 

20 왼쪽 톱니를 시계 방향으로 216°, 오른쪽 톱니를 시계 반대 방향으로 144° 회전시킨 후, 화살표 방향에서 바라보았을 때 겹쳐진 모양은?

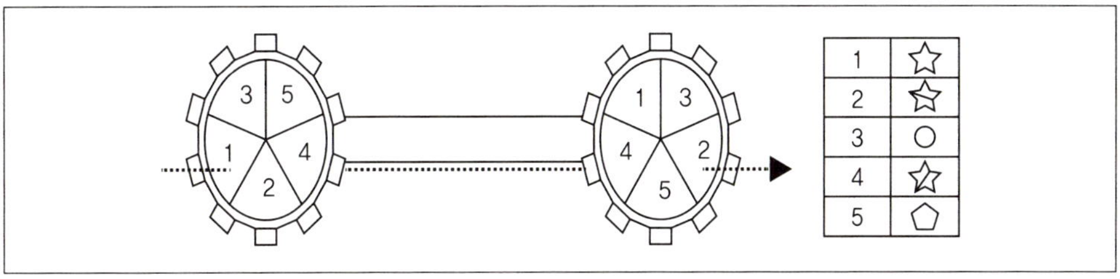

① 

② 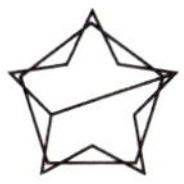

③ 

④ 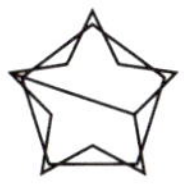

⑤ 

정답 및 해설

19 ① 20 ④

19

〈왼쪽〉 〈오른쪽〉

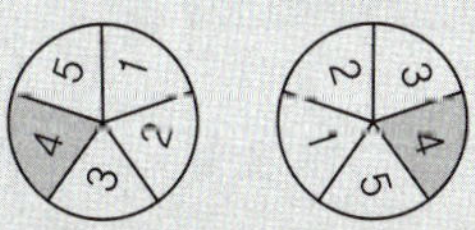

회전했을 때 숫자에 해당하는 모양은 각각 , 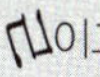이고, 오른쪽 모양은 투영되어 보이므로 좌우 반전시켜서 겹치면

→ 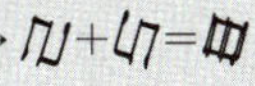

20

〈왼쪽〉 〈오른쪽〉

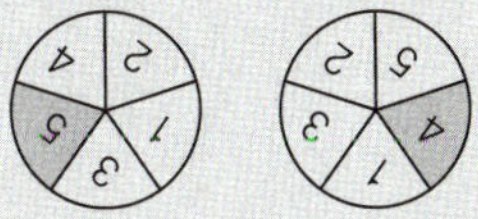

회전했을 때 숫자에 해당하는 모양은 각각 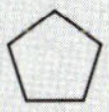, 이고, 오른쪽 모양은 투영되어 보이므로 좌우 반전시켜서 겹치면

→ 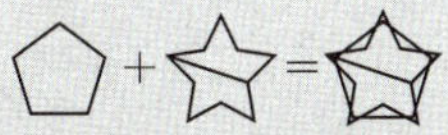

CHAPTER

02 입체도형

핵심이론 전개도

❶ **정의** : 제시된 전개도를 이용하여 만들 수 있는(없는) 입체도형을 찾는 문제와 제시된 입체도형의 전개도로 알맞은 것을 고르는 유형이 출제

❷ **학습전략** :

- 전개도 상에서는 떨어져 있지만 입체도형으로 만들었을 때 서로 연결되는 면을 주의 깊게 살핀다.
- 마주보는 면과 인접하는 면을 구분하여 학습한다.
- 평면이었던 전개도가 입체도형이 되면서 면의 그림이 회전되는 모양을 확인하다.
- 많이 출제되는 전개도는 마주보는 면과 인접하는 면, 만나는 꼭짓점을 미리 학습한다.
  - ① ~ ⑥은 접었을 때 마주보는 면을 의미한다. 즉, 두 수의 합이 7이 되는 면끼리 마주 보는 면이다. 또한 각 전개도에서 ①에 위치하는 면이 같다고 할 때, 전개도마다 면이 어떻게 배열되는지도 나타낸다.
  - 1 ~ 8은 접었을 때 만나는 점을 의미한다. 즉, 접었을 때 같은 숫자가 적힌 점끼리 만난다.

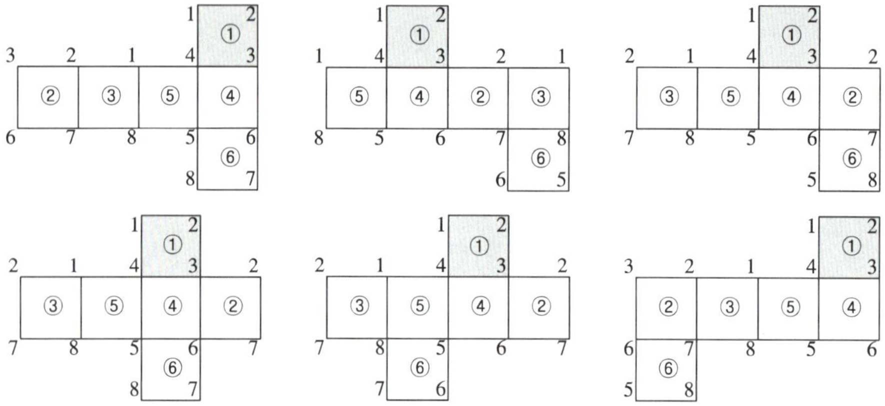

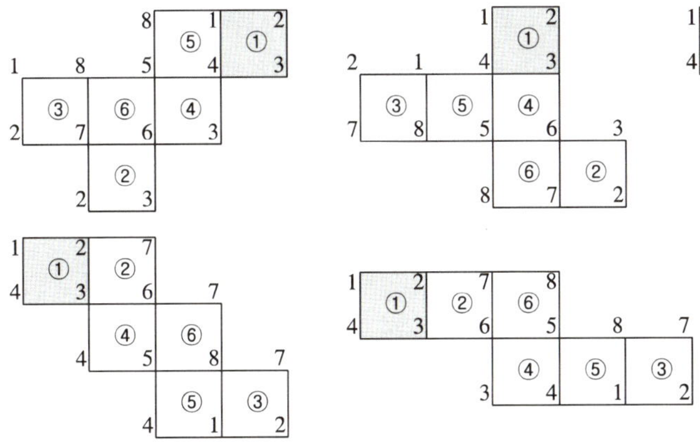

■ 다양한 전개도

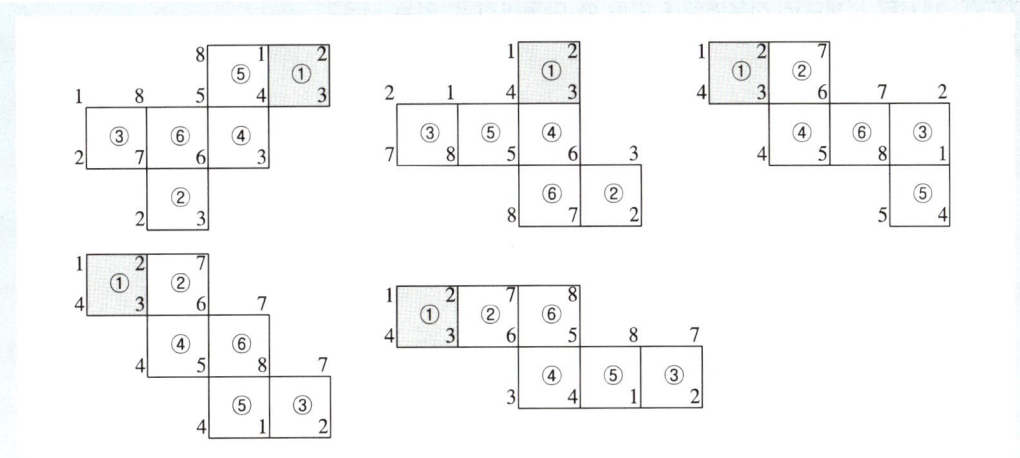

구분	도형 모양	전개도	꼭짓점의 수	모서리의 수	면의 수
정사면체	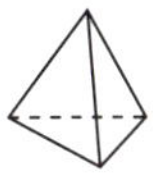		4	6	4
정육면체	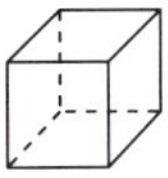		8	12	6
정팔면체	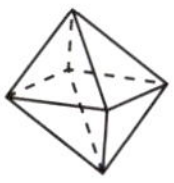	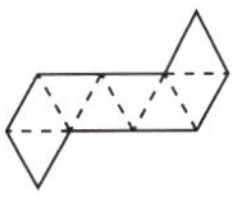	6	12	8
정십이면체	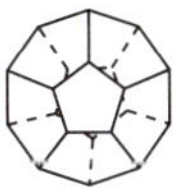	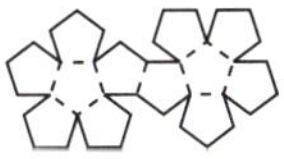	20	30	12
정이십면체		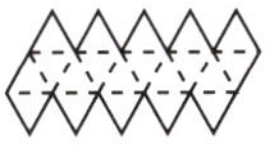	12	30	20

① 문제 조건 확인

대표 예제 **제시된 전개도로 정육면체를 만들 때 만들어질 수 없는 것은?**

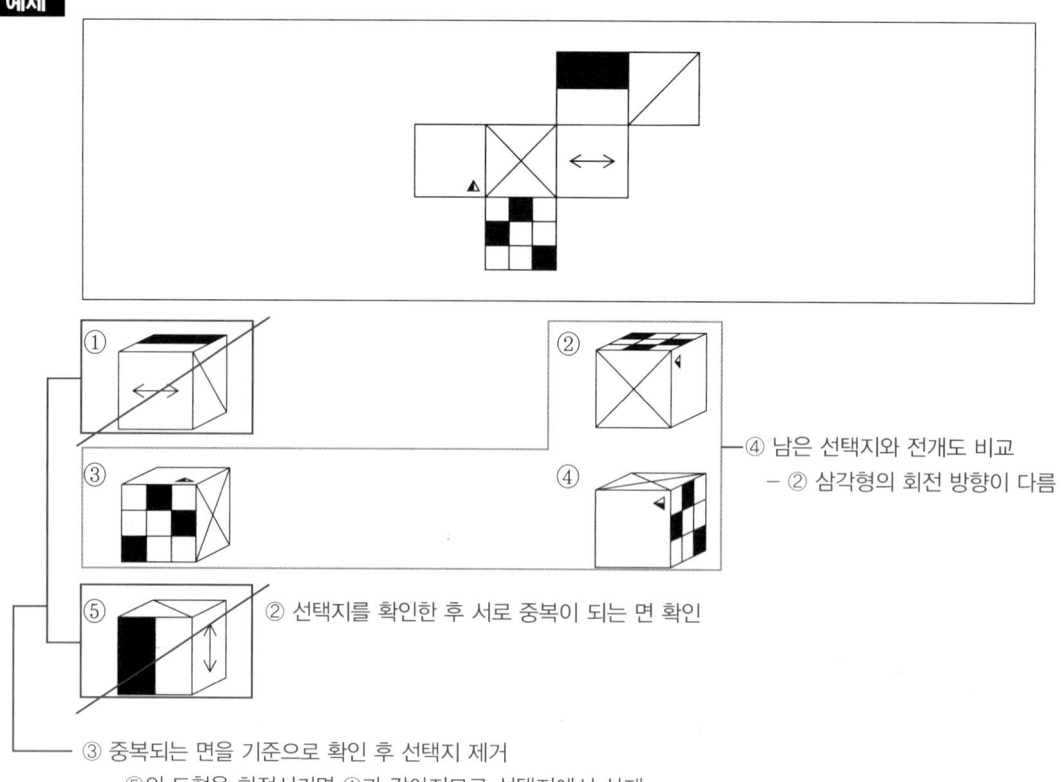

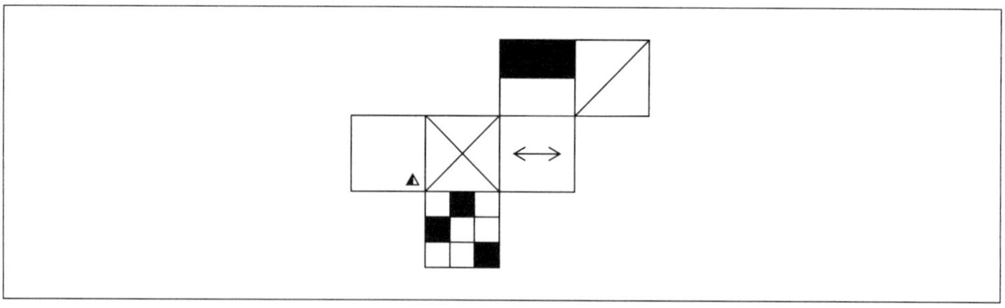

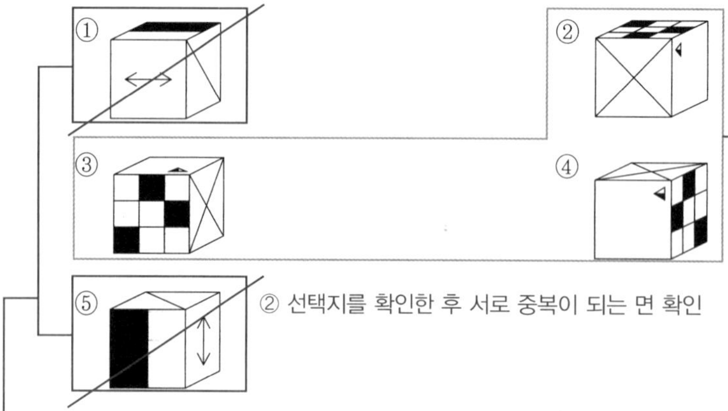

② 선택지를 확인한 후 서로 중복이 되는 면 확인

③ 중복되는 면을 기준으로 확인 후 선택지 제거
– ⑤의 도형을 회전시키면 ①과 같아지므로 선택지에서 삭제

④ 남은 선택지와 전개도 비교
– ② 삼각형의 회전 방향이 다름

정답 및 해설

정답 ②

선택지 ① ~ ⑤ 사이에 중복되는 면이 존재하는지 확인한다.
- ①, ⑤는 세 면, ②, ③, ④도 세 면씩 서로 중복된다.

중복되는 면이 존재하는 경우 해당 면을 기준으로 인접하는 면을 비교하며 오답을 제거한다.
- ①의 윗면을 정면으로 놓으면 ⑤와 같아지므로 ①, ⑤는 답에서 제외한다.
- ②의 윗면을 정면으로 놓으면 ③과 윗면의 모양이 달라지지만, ③의 윗면을 정면으로 놓으면 ④와 같아진다.

나머지 선택지의 정면, 측면, 윗면의 그림과 방향을 전개도와 비교한다.
- ②의 옆면에 위치한 삼각형이 시계 반대 방향으로 90° 회전되어야 옳다.

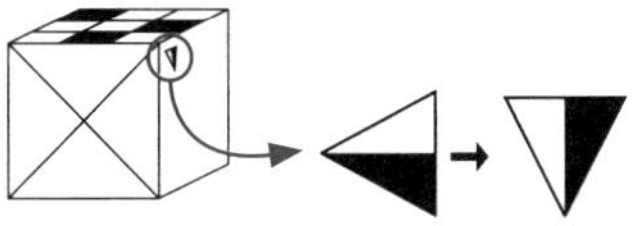

핵심이론 블록 결합

❶ **정의** : 여러 모양으로 쌓아진 두 개의 블록을 조합했을 때 나올 수 있거나 없는 입체도형을 찾거나 직육면체로 쌓아진 블록을 세 개의 블록으로 분리했을 때 제시되지 않은 하나의 블록을 고르는 유형 출제

❷ **학습전략** :

- 제시된 블록은 회전된 상태로 제시되는 경우가 있으므로 여러 관점에서 모양을 유추하는 능력이 필요하다.
- 쉽게 파악되지 않는 블록의 경우 블록을 한 층씩 나누어 생각한다.
- 직육면체를 분리한 블록형태를 찾는 문제의 경우 블록 모양을 직육면체에 표시한다.
- 블록은 다양한 방향과 각도로 회전하여 결합할 수 있으므로 결합되는 여러가지 경우의 수를 판단한다.

(1) 블록의 결합

두 개의 블록을 조합하였을 때 나올 수 있는 또는 없는 입체도형을 고르는 유형

①

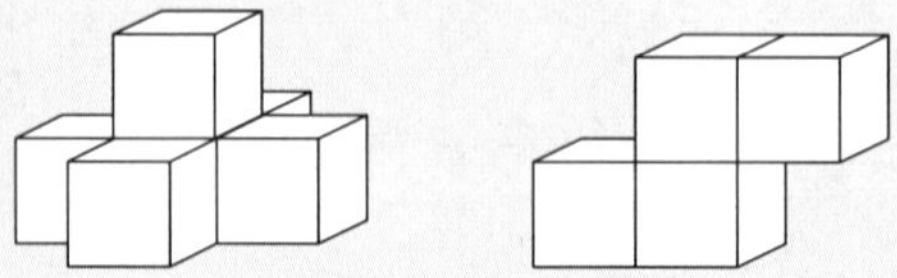

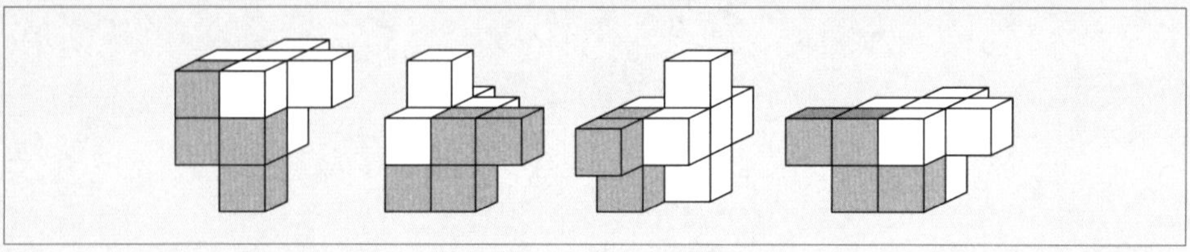

②

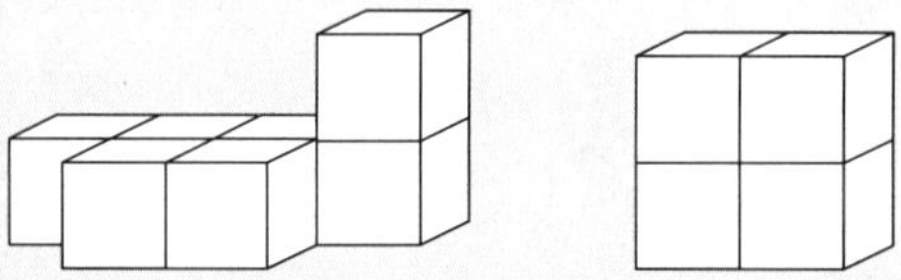

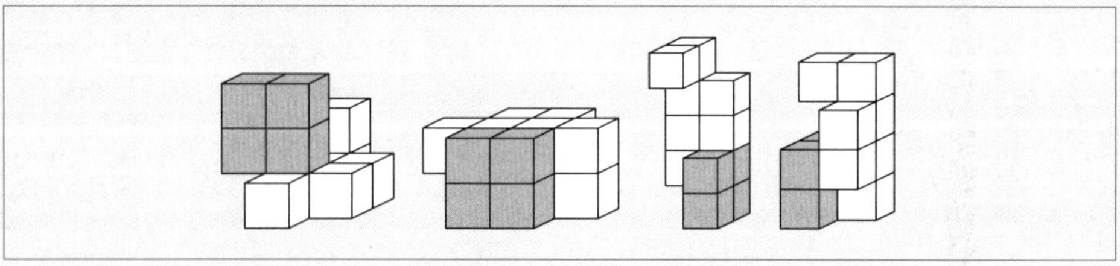

③

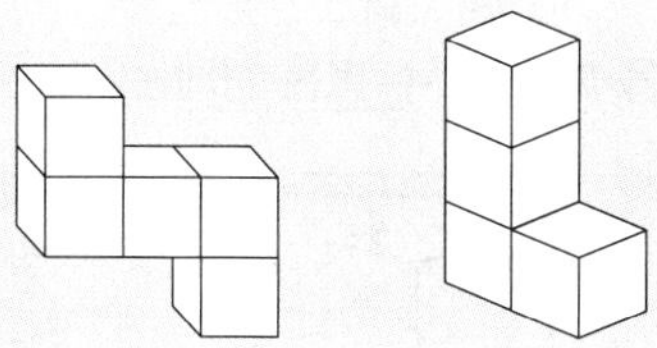

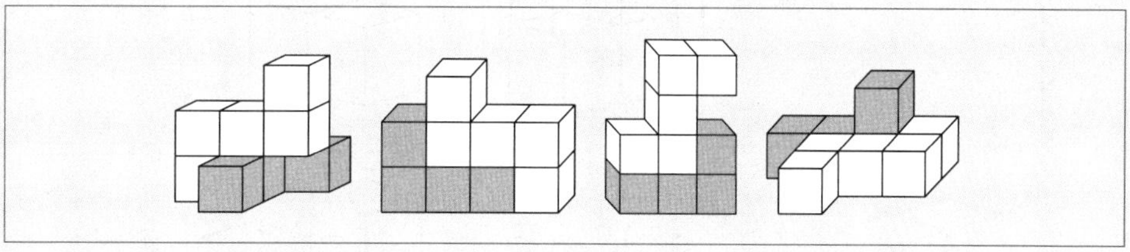

(2) 블록의 분리

직육면체의 입체도형을 세 개의 블록으로 분리했을 때, 들어갈 블록의 모양으로 옳은 것을 고르는 유형

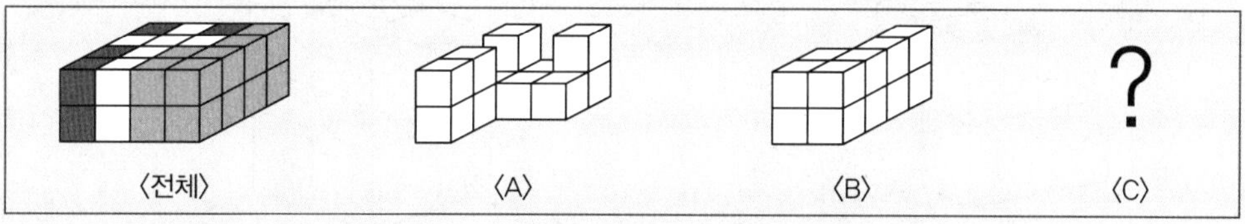

- 개별 블록과 완성된 입체도형을 비교하여 공통된 부분을 찾는다.
- 완성된 입체도형에서 각각의 블록에 해당되는 부분을 색칠하며 오답을 소거한다. 전체 블록은 16개의 정육면체가 2단으로 쌓인 것으로, 제일 윗단 중 모양이 유사한 부분에서 〈A〉와 〈B〉를 제하면 윗단은 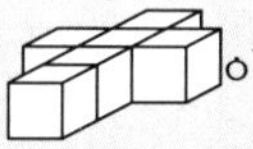이 되고, 아랫단은 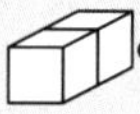이 되어 〈C〉에는 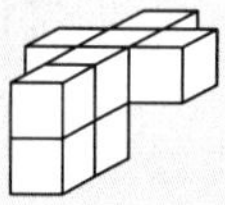이 들어가야 함을 알 수 있다.

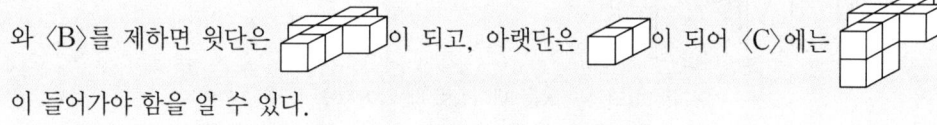

① 문제의 조건 확인

대표 예제 **제시된 두 블록을 합쳤을 때 나올 수 없는 형태는?**

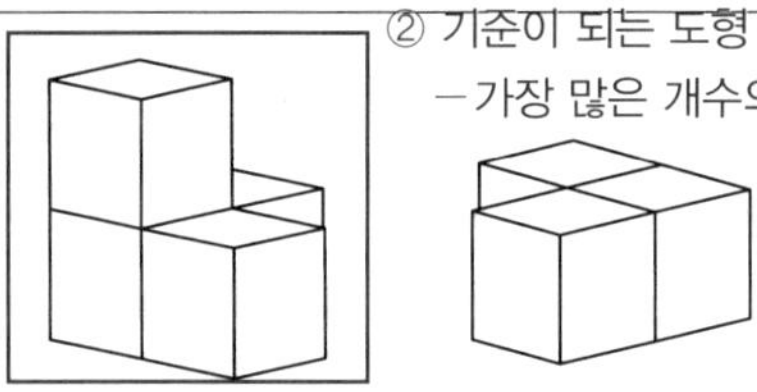

② 기준이 되는 도형 선택

－가장 많은 개수의 블록을 선택하거나 특징적인 모양의 블록 선

①

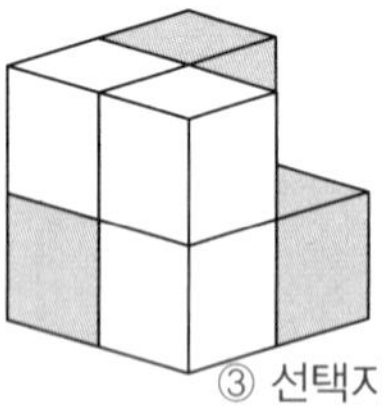

②

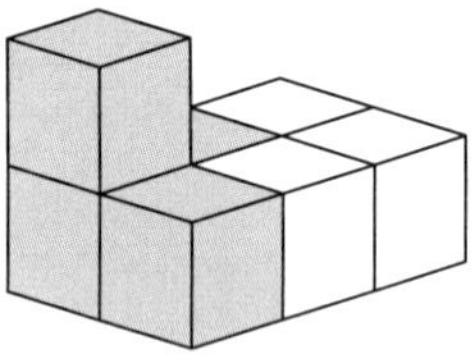

③ 선택지에 기준이 되는 블록 표시

③

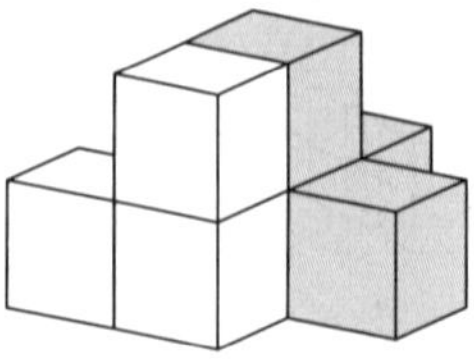

④

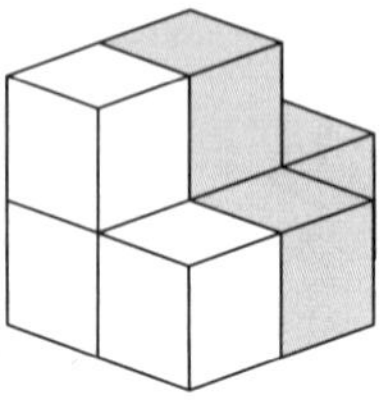

⑤

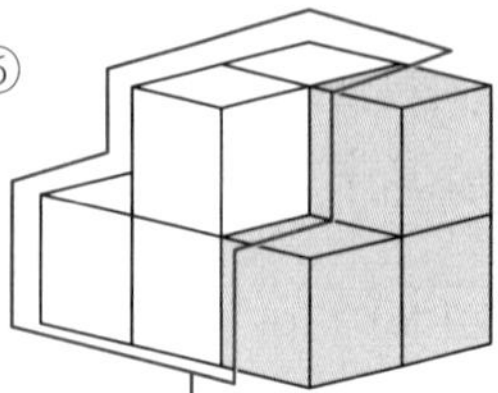

④ 기준이 되는 블록을 제거했을 때 나머지 블록 모양 확인

－기준이 되는 블록을 제거해도 4개 이상의 블록이 남음

정답 및 해설

정답 ⑤

오답분석

①

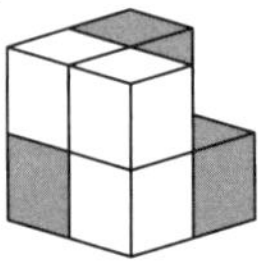

②

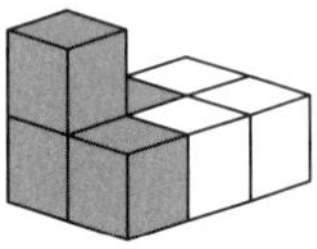

③

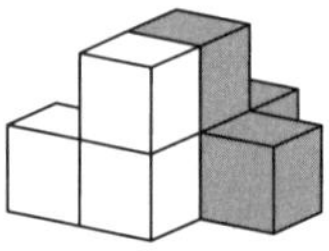

④

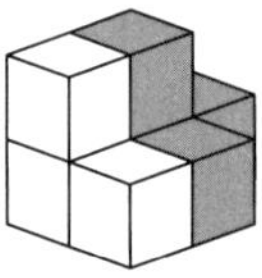

대표 예제 단면도

② 주어진 단면도의 시점 확인

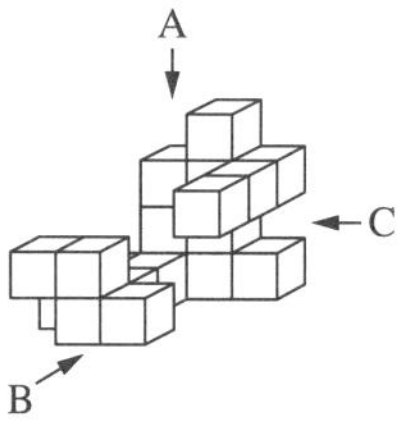

① 문제의 조건 확인

제시된 단면과 일치하는 입체도형은?

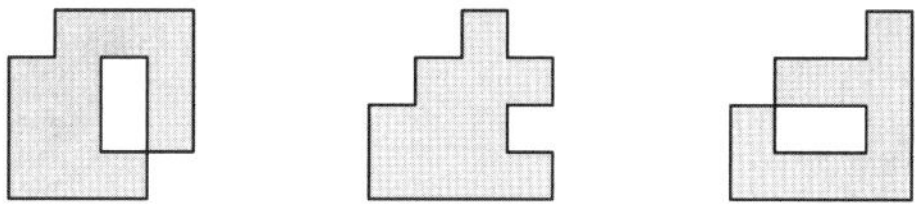

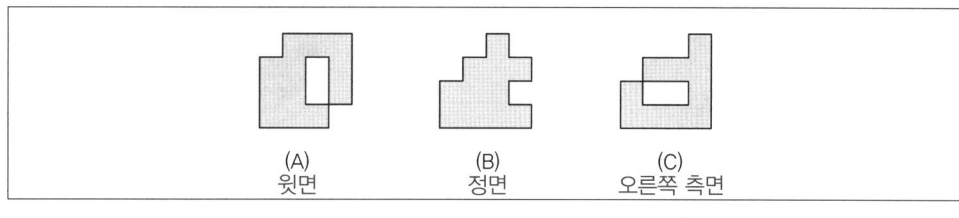

(A) 윗면　　(B) 정면　　(C) 오른쪽 측면

①

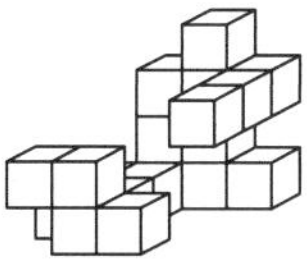

②

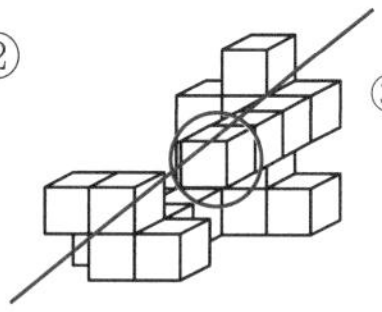

③ 위치를 파악한 단면도와 비교하면서 선택지 제거
－윗면을 기준으로 블록이 한 개씩 더 있음

③

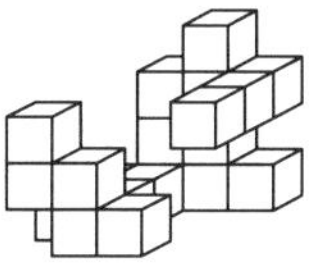

④

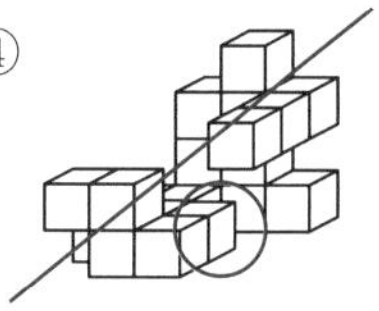

⑤

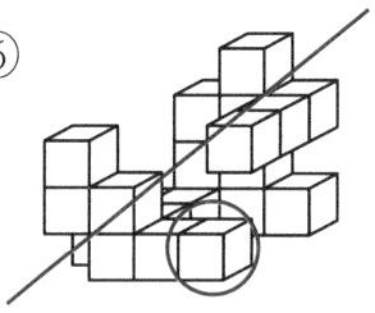

정답 및 해설

정답 ①

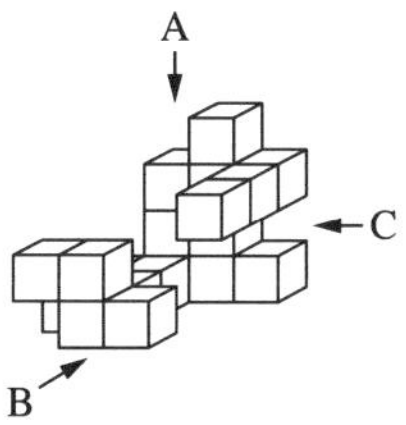

오답분석

②

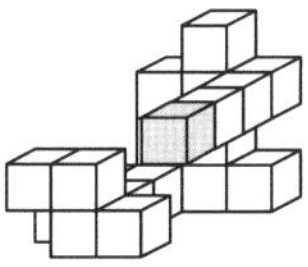

③

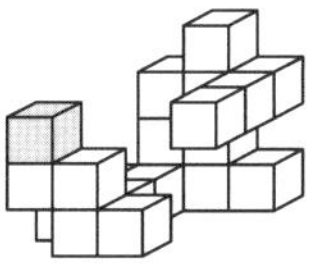

④

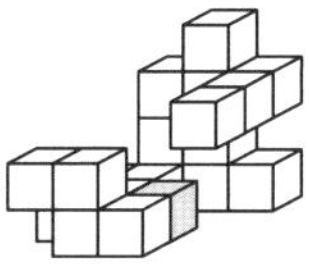

⑤

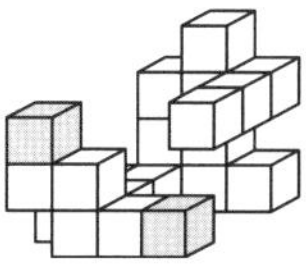

대표 예제 입체도형 비교

① 문제의 조건 확인

주어진 입체도형 중 다른 모양인 것은?

①

②

③

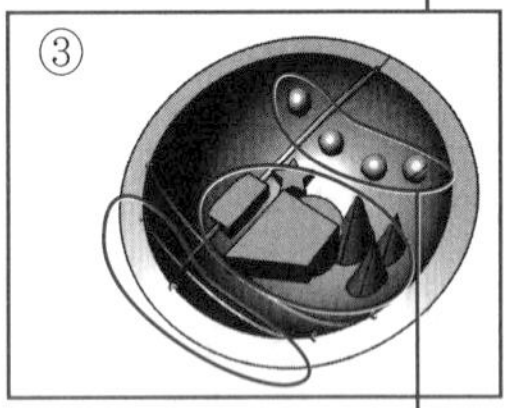

② 선택지 중 가장 많은 부분이 잘 보이는 것 하나를 기준 도형으로 설정

④

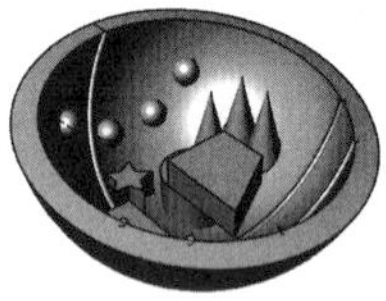

③ 기준 도형의 특징적인 부분 파악
—솟아 있는 기둥 높이와 파여 있는 도형의 높낮이, 개수, 위치, 형태 파악

⑤

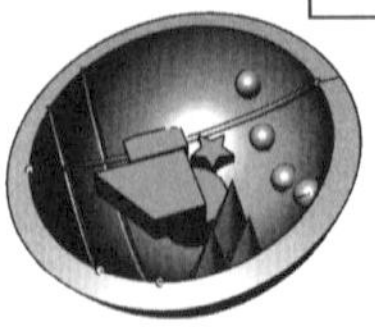

정답 및 해설

정답 ②

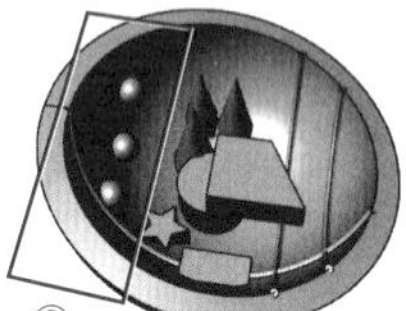

③

핵심이론 입체도형의 활용

❶ **정의** : 입체도형을 회전을 활용하여 다양한 유형 출제

❷ **학습전략** :

정육면체  에서 보이는 면은 ⓐ, ⓑ, ⓒ 세 면이다. 이것을 펼치면 전면 ⓐ를 기준으로 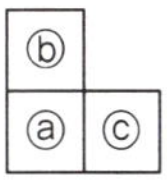 와 같이 나타남을 기억한다.

회전하는 경우를 전개도에서 바로 확인할 수 있도록 다음과 같이 정리할 수 있다.

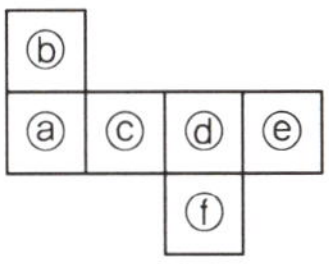

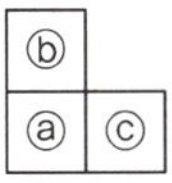

회전		정면 ⓐ	윗면 ⓑ	오른면 ⓒ(시계 방향)
뒤	1칸	ⓐ의 아랫면(ⓕ)	ⓐ면	ⓒ면 90° 회전
	2칸	ⓐ면과 마주보는 면(ⓓ)	ⓑ면과 마주보는 면(ⓕ)	ⓒ면 180° 회전
	3칸	ⓐ의 윗면(ⓑ)	ⓐ면과 마주보는 면(ⓓ)	ⓒ면 270° 회전

회전		정면 ⓐ	윗면 ⓑ	오른면 ⓒ(반시계 방향)
앞	1칸	ⓐ의 윗면(ⓑ)	ⓐ면과 마주보는 면(ⓓ)	ⓒ면 90° 회전
	2칸	ⓐ면과 마주보는 면(ⓓ)	ⓑ면과 마주보는 면(ⓕ)	ⓒ면 180° 회전
	3칸	ⓐ의 아랫면(ⓕ)	ⓐ면	ⓒ면 270° 회전

회전		정면 ⓐ	윗면 ⓑ(반시계 방향)	오른면 ⓒ
오른쪽	1칸	ⓒ면과 마주보는 면(ⓔ)	ⓑ면 90° 회전	ⓐ면
	2칸	ⓐ면과 마주보는 면(ⓓ)	ⓑ면 180° 회전	ⓒ면과 마주보는 면(ⓔ)
	3칸	ⓒ면	ⓑ면 270° 회전	ⓐ면과 마주보는 면(ⓓ)

회전		전면 ⓐ	윗면 ⓑ(시계 방향)	오른면 ⓒ
왼쪽	1칸	ⓒ면	ⓑ면 90° 회전	ⓐ면과 마주보는 면(ⓓ)
	2칸	ⓐ면과 마주보는 면(ⓓ)	ⓑ면 180° 회전	ⓒ면과 마주보는 면(ⓔ)
	3칸	ⓒ면과 마주보는 면(ⓔ)	ⓑ면 270° 회전	ⓐ면

① 기준면

대표 예제 다음 Ⓐ, Ⓑ, Ⓒ의 전개도를 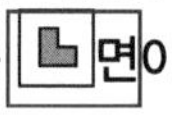 면이 정면에 오도록 접은 후 주어진 방향으로 회전하여 아래의 결합 모양과 같이 붙인 그림으로 알맞은 것은?

① 문제에 제시된 기준면을

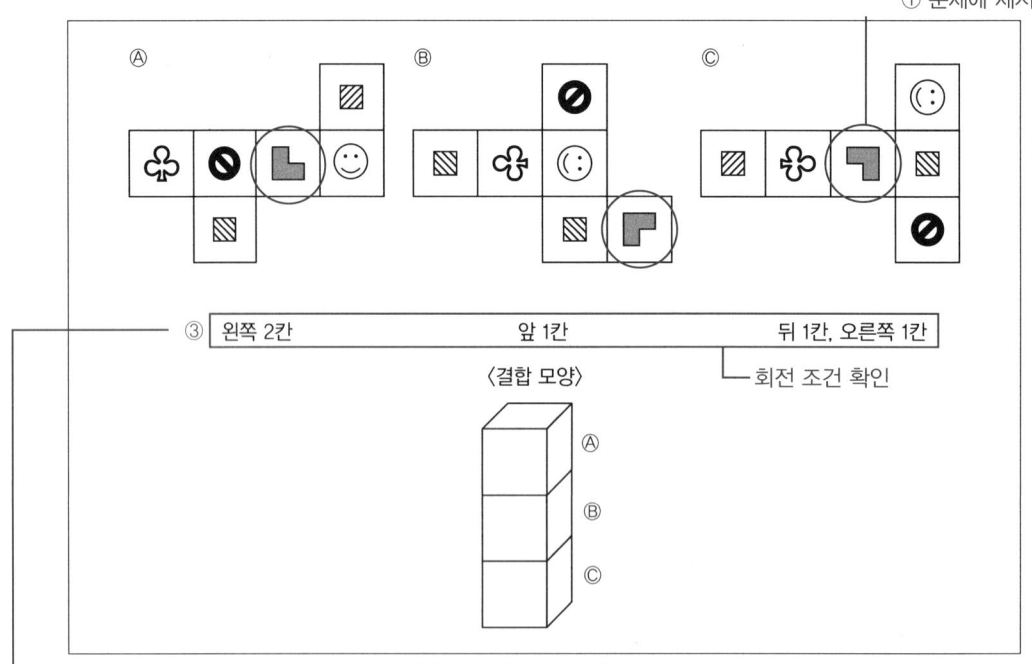

Ⓐ Ⓑ Ⓒ

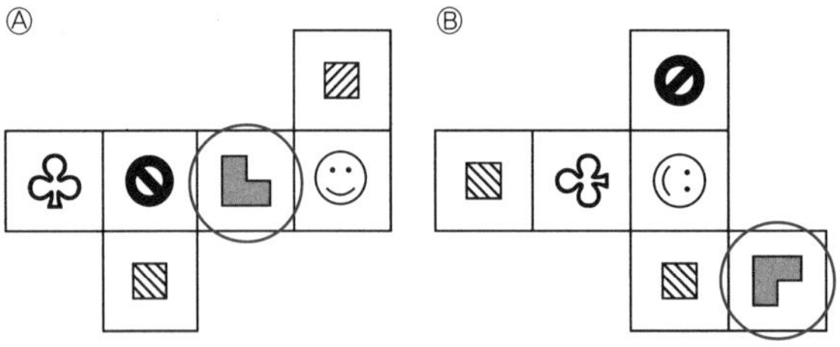

③ | 왼쪽 2칸 | 앞 1칸 | 뒤 1칸, 오른쪽 1칸

회전 조건 확인

〈결합 모양〉

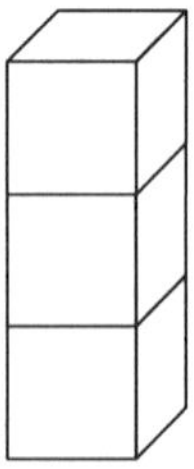

③ 기준면에 따라 정육면체를 만든 후 각각의 조건에 따라 회전

구분	회전 조건	정면이 되는 면	변화된 모양
Ⓐ	왼쪽으로 2칸	후면	
Ⓑ	앞으로 1칸	윗면	
Ⓒ	뒤로 1칸, 오른쪽으로 1칸	좌측면	

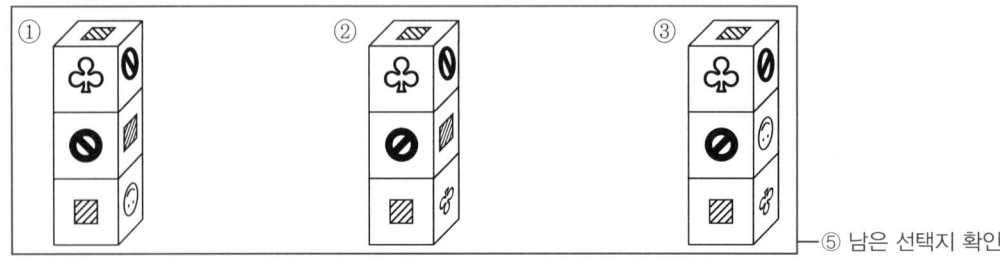

①

②

③

⑤ 남은 선택지 확인

④

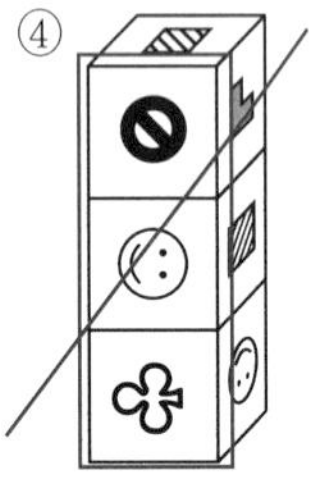

⑤

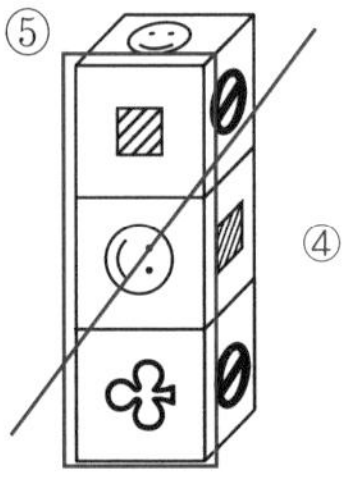

④ 변화된 면과 일치하지 않는 선택지 삭제

정답 및 해설

정답 ①

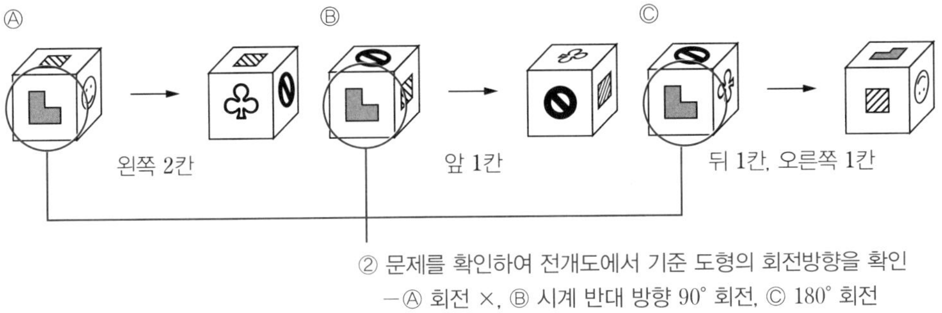
Ⓐ
Ⓑ
Ⓒ
왼쪽 2칸
앞 1칸
뒤 1칸, 오른쪽 1칸
② 문제를 확인하여 전개도에서 기준 도형의 회전방향을 확인
–Ⓐ 회전 ×, Ⓑ 시계 반대 방향 90° 회전, Ⓒ 180° 회전

유형풀이 입체도형

※ 제시된 전개도를 접었을 때 나타나는 입체도형으로 알맞은 것을 고르시오. [1~4]

01

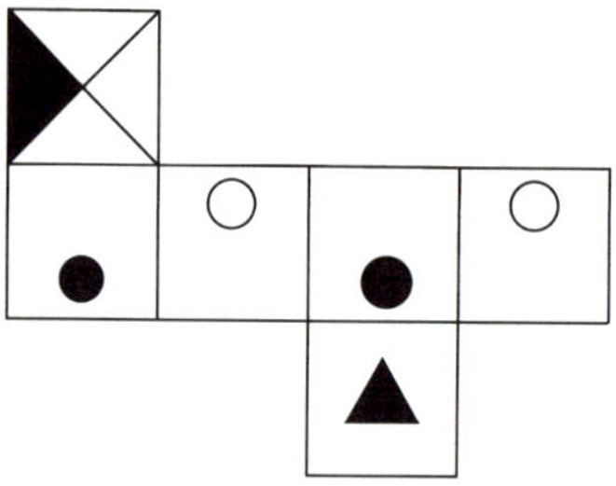

①
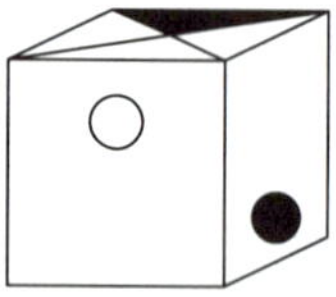

②
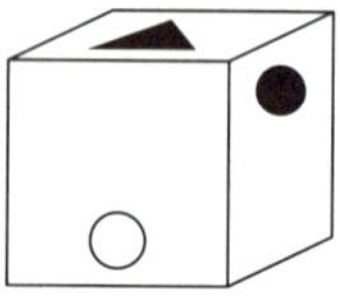

③
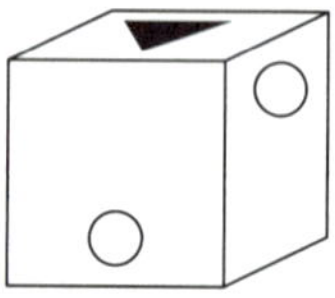

④
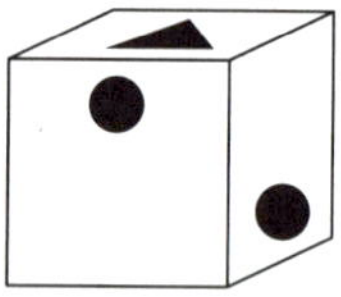

⑤
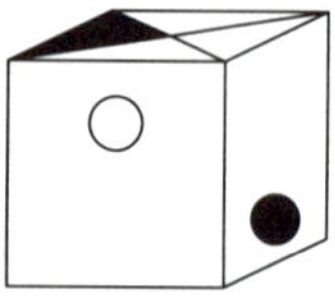

정답 및 해설 01 ① 02 ③

01

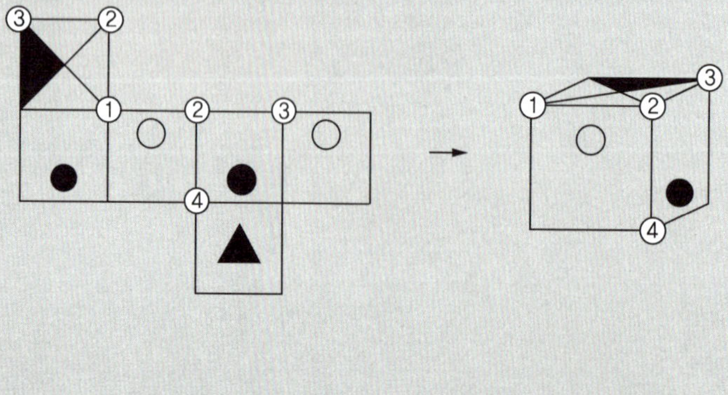

02

① 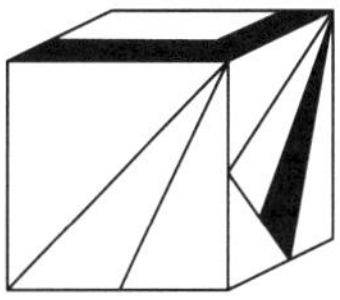

② 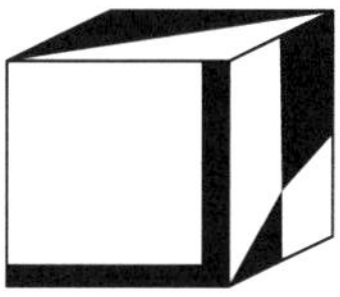

③ 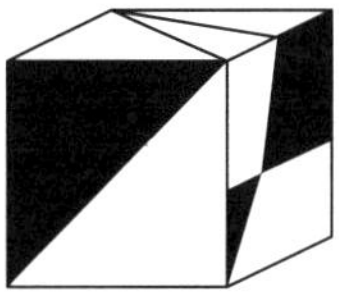

④ 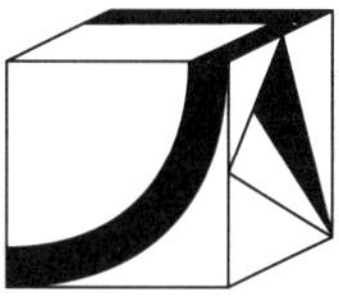

⑤ 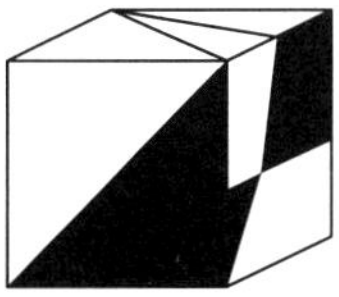

02

03

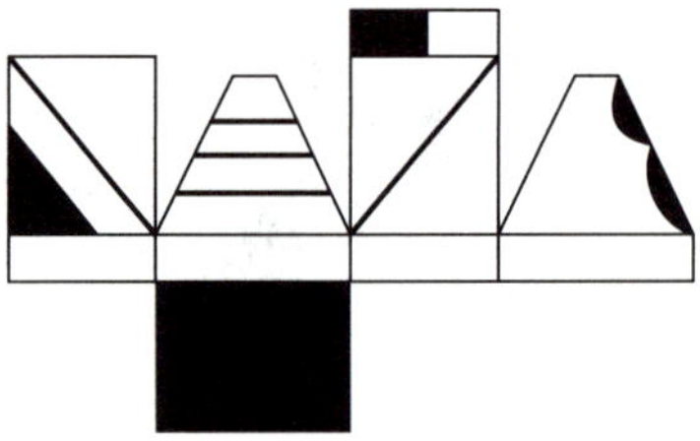

①

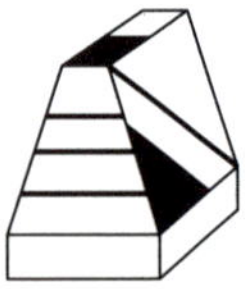

②

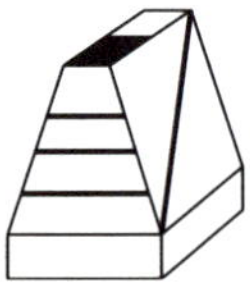

③

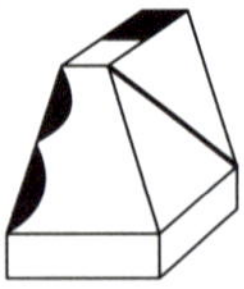

④

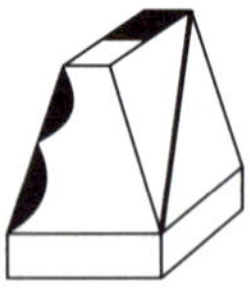

⑤

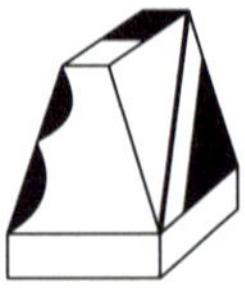

정답 및 해설 03 ② 04 ④

03

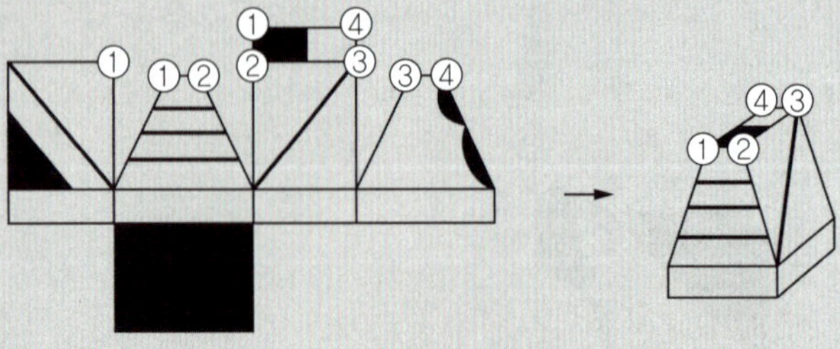

04

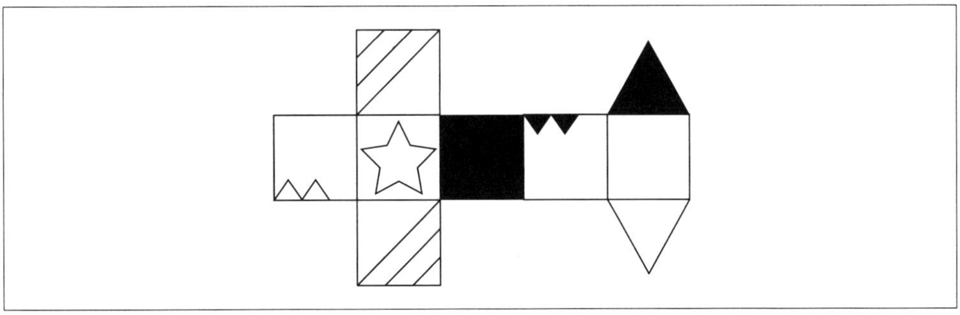

①

②
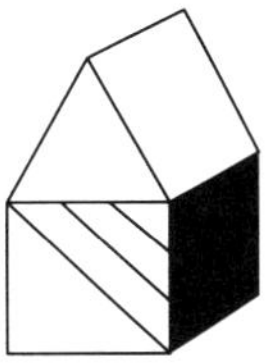

③
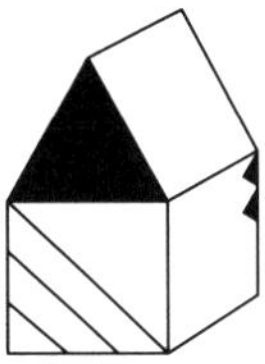

④

⑤
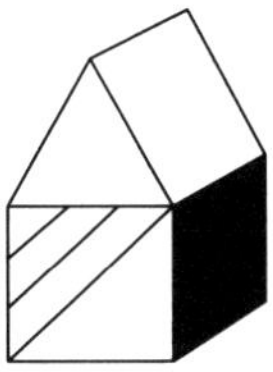

04

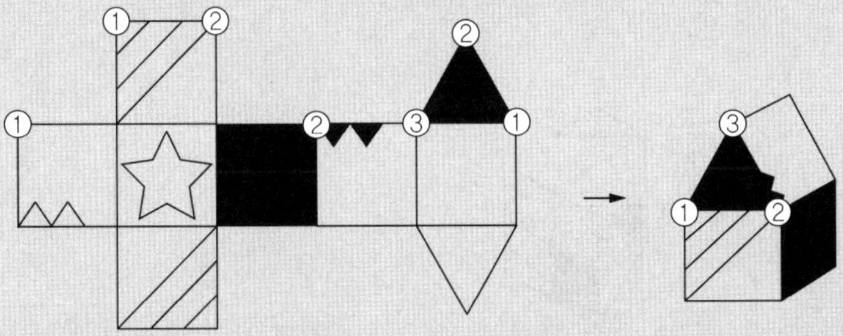

※ 제시된 전개도를 접었을 때 만들어질 수 없는 것을 고르시오. [5~6]

05

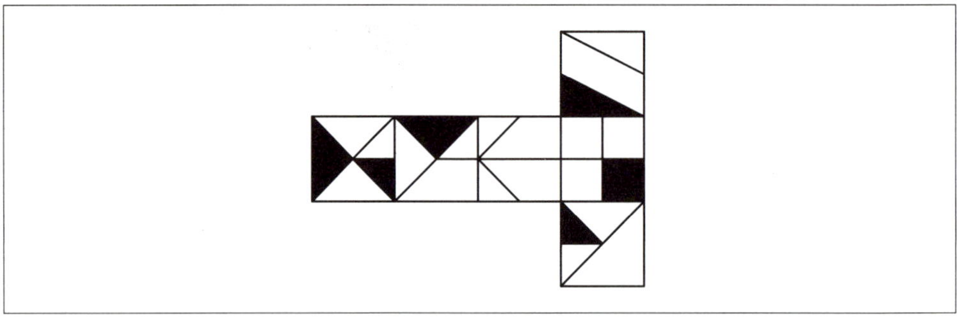

①

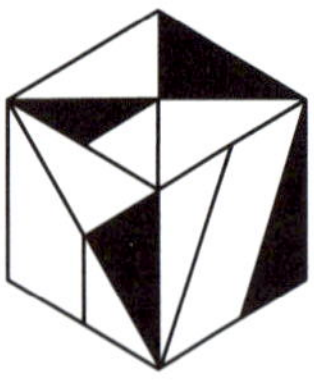

②

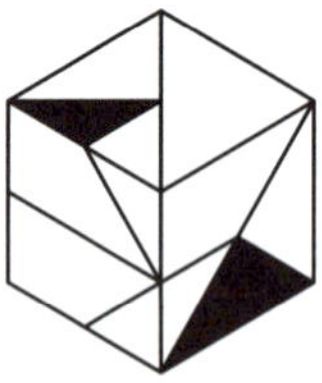

③

④

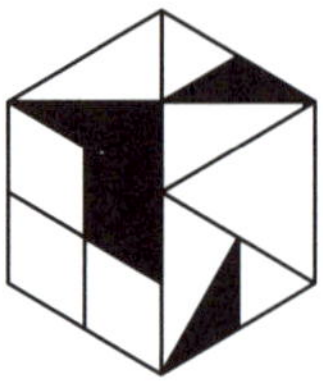

⑤

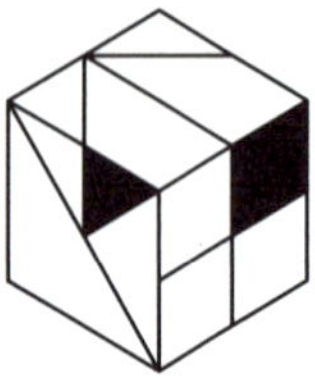

정답 및 해설

05 ⑤ 06 ⑤

05

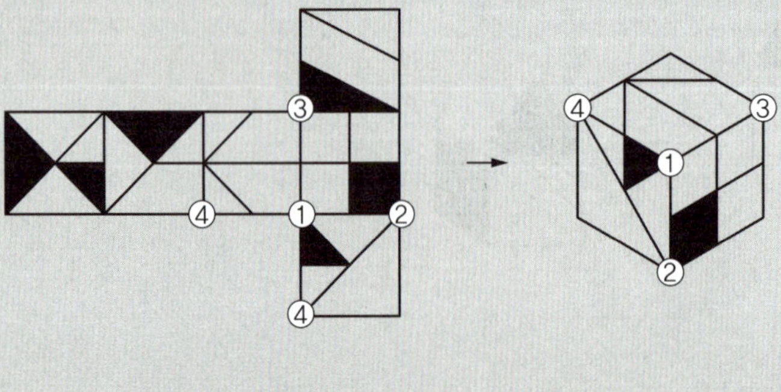

06

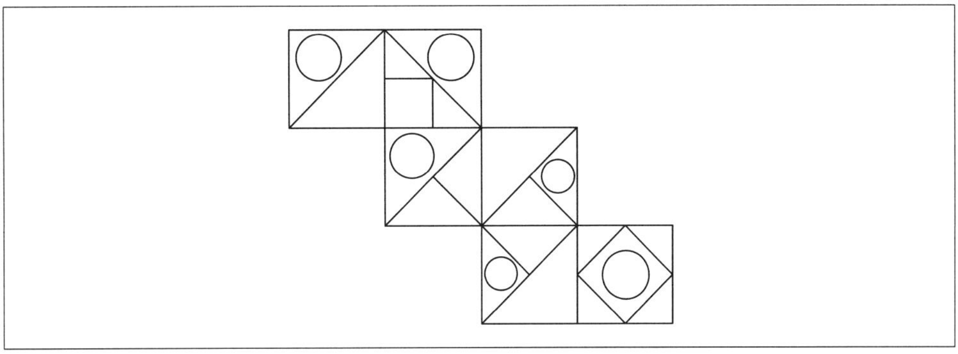

①

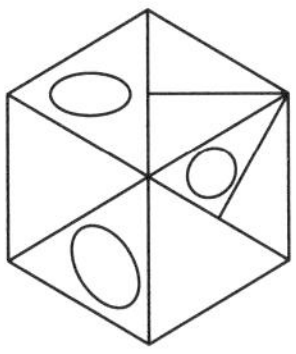

②

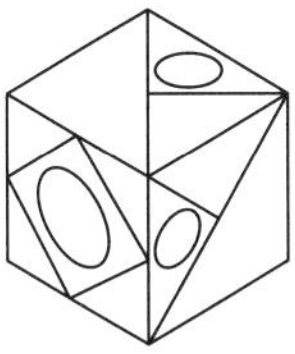

③

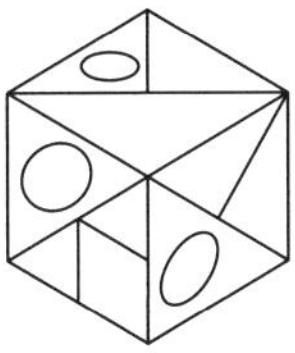

④

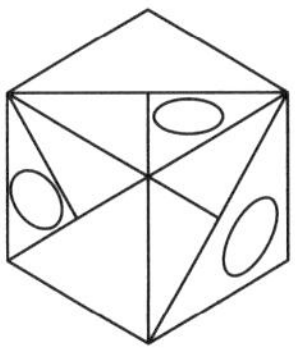

⑤

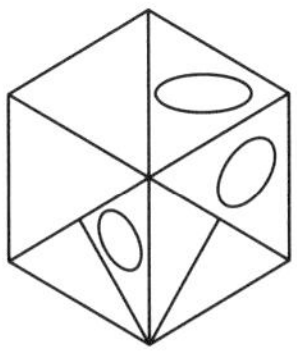

06

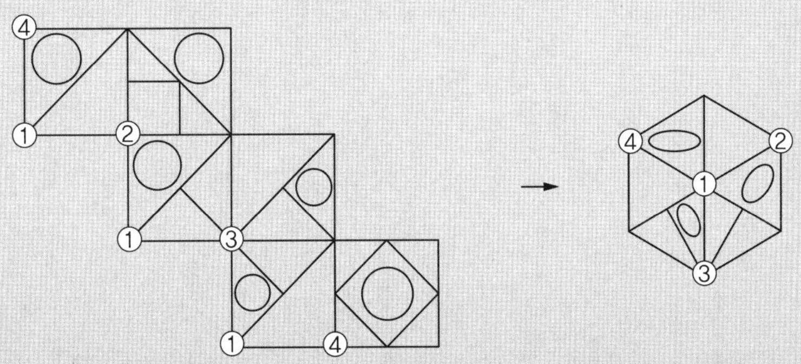

※ 제시된 두 블록을 합쳤을 때, 나올 수 있는 형태를 고르시오. [7~8]

07

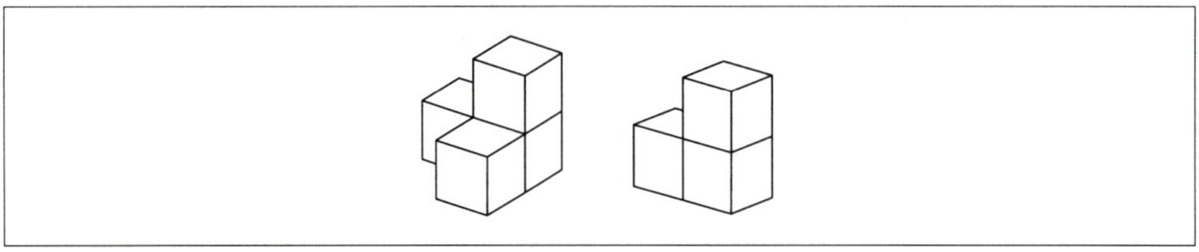

① 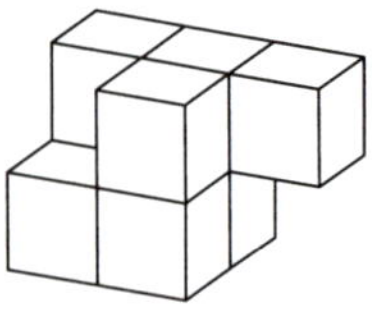

② 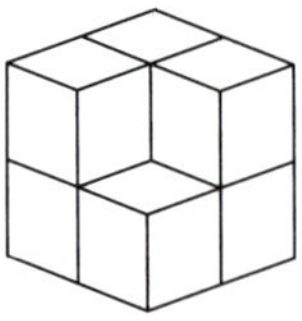

③ 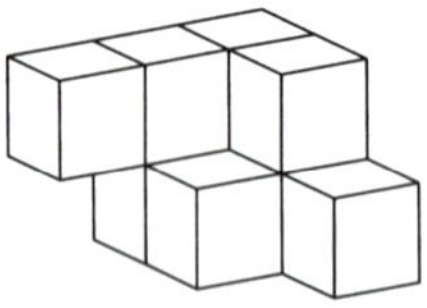

④ 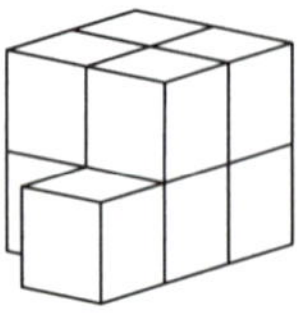

⑤ 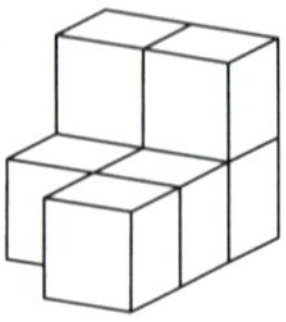

정답 및 해설 07 ② 08 ④

07

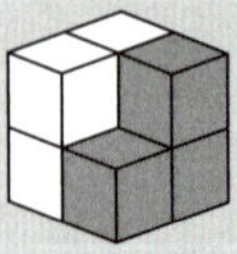

08

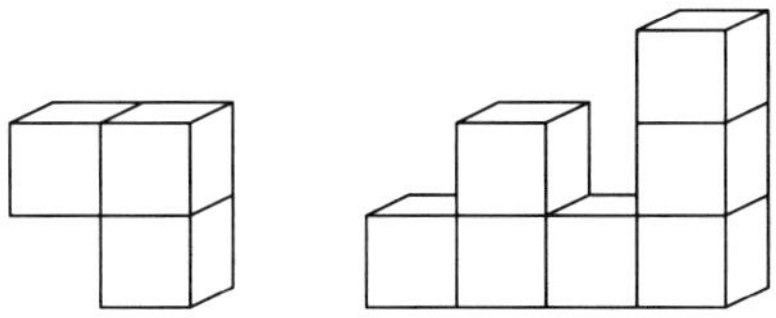

① 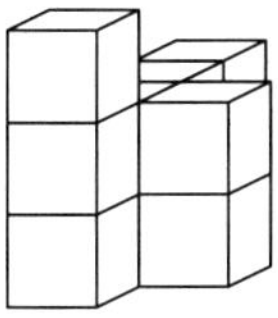

② 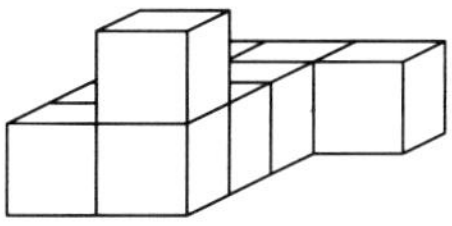

③ 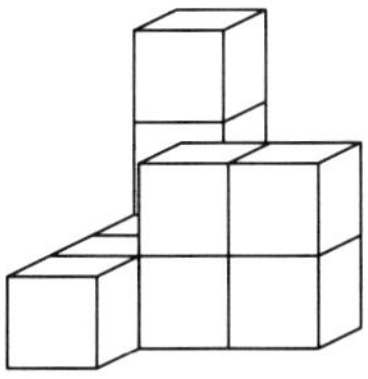

④ 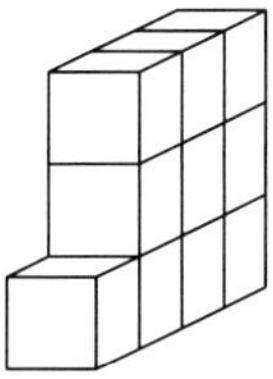

⑤ 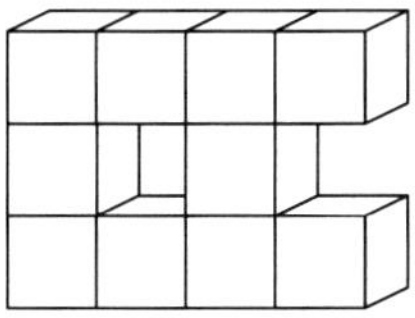

PART 2

08

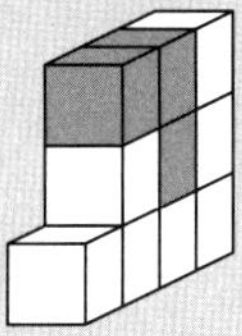

※ 제시된 두 블록을 합쳤을 때, 나올 수 없는 형태를 고르시오. [9~10]

09

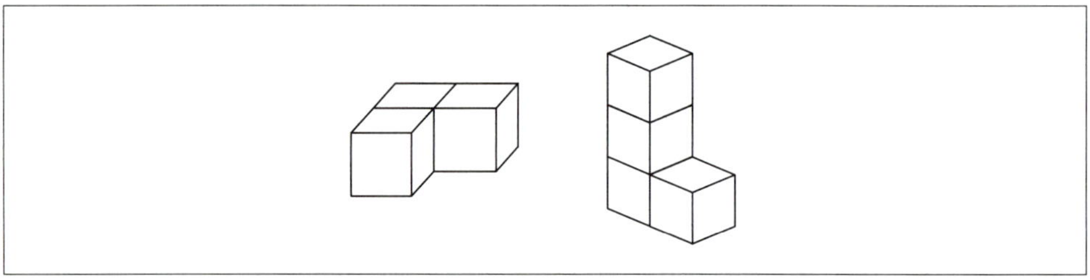

①

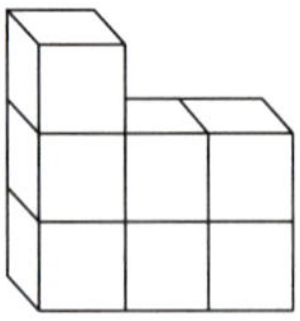

②

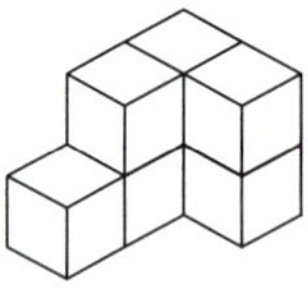

③

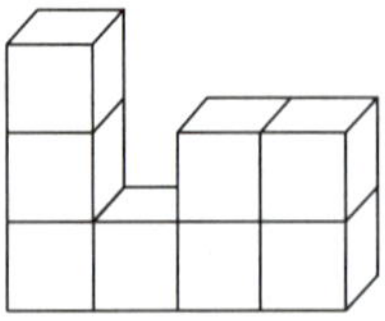

④

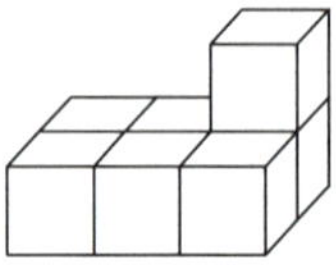

⑤

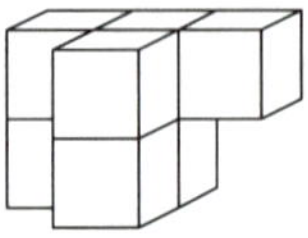

정답 및 해설

09 ③ 10 ④

09

오답분석

①

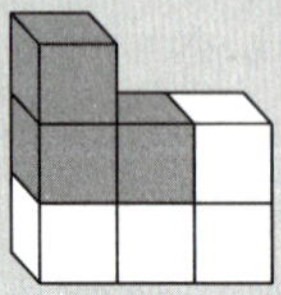

②

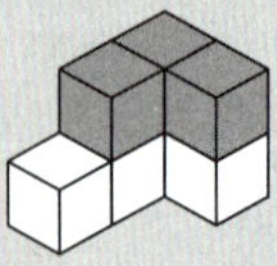

④

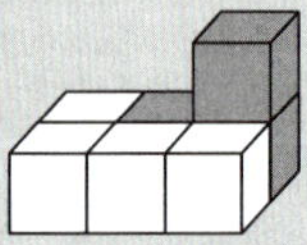

⑤

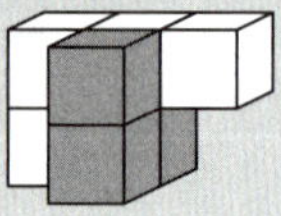

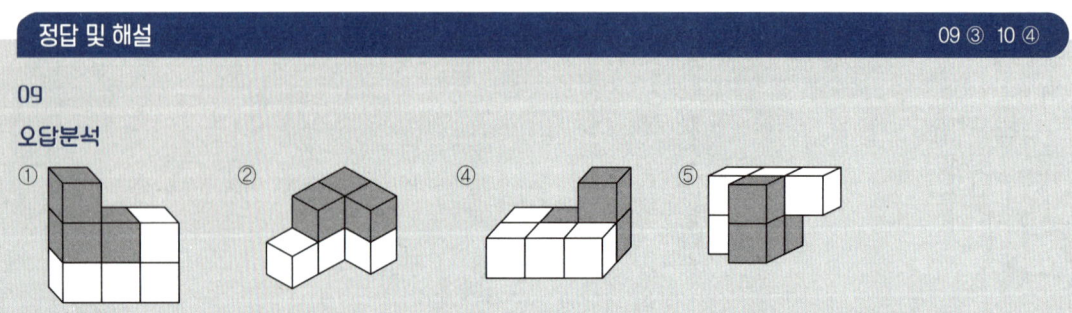

10

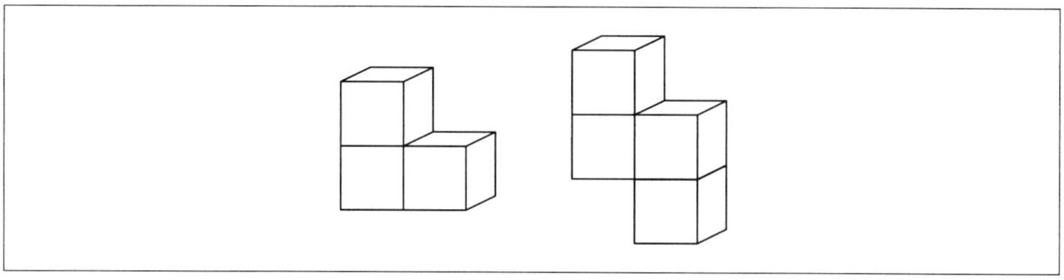

① 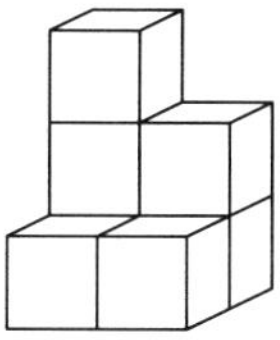

② 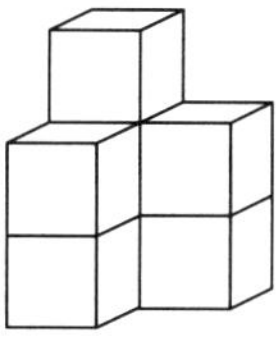

③ 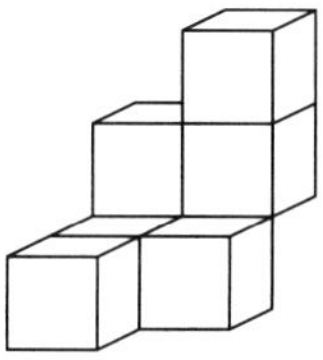

④ 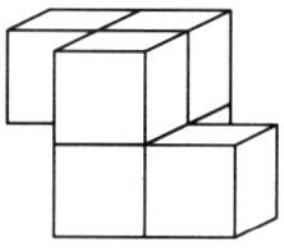

⑤ 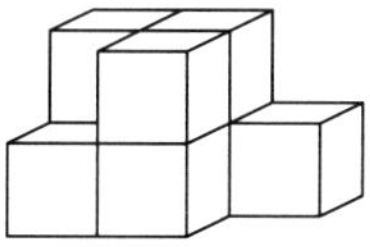

10

오답분석

① 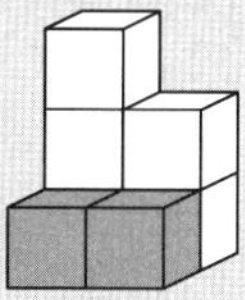

② 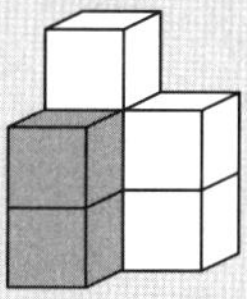

③ 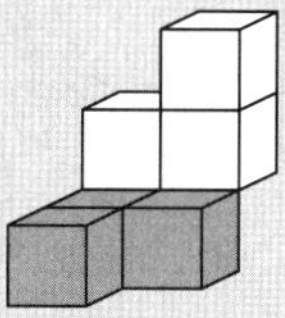

⑤ 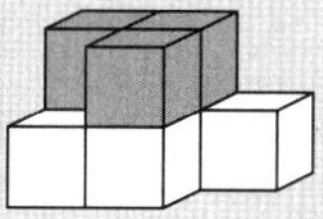

11 왼쪽의 직육면체 모양의 입체도형은 두 번째, 세 번째 입체도형과 ?를 조합하여 만들 수 있다. ?에 알맞은 도형은?

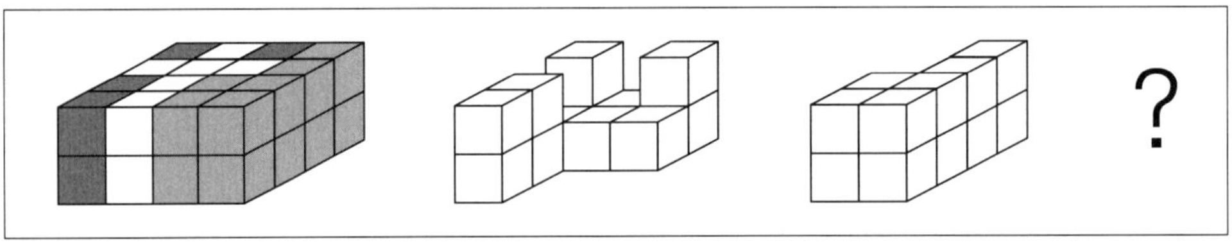

① 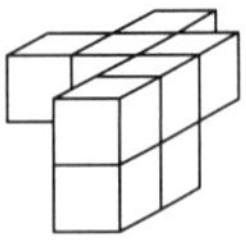

② 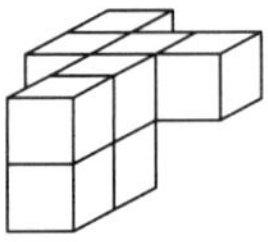

③ 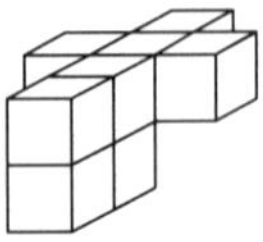

④ 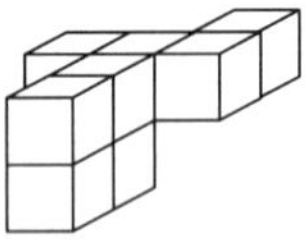

⑤ 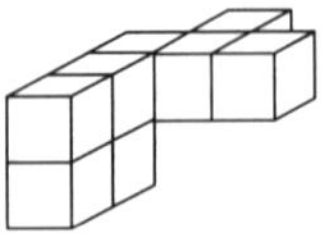

정답 및 해설 11 ③ 12 ③

11

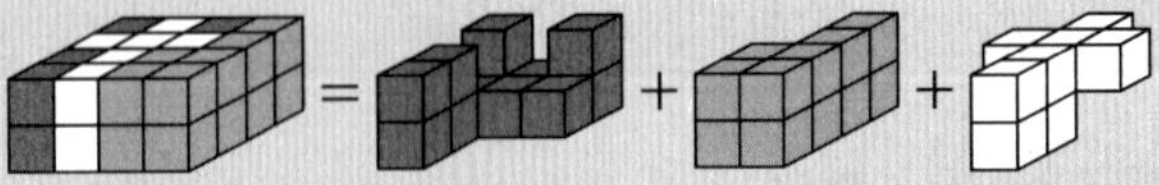

※ 제시된 단면과 일치하는 입체도형을 고르시오. [12~14]

12

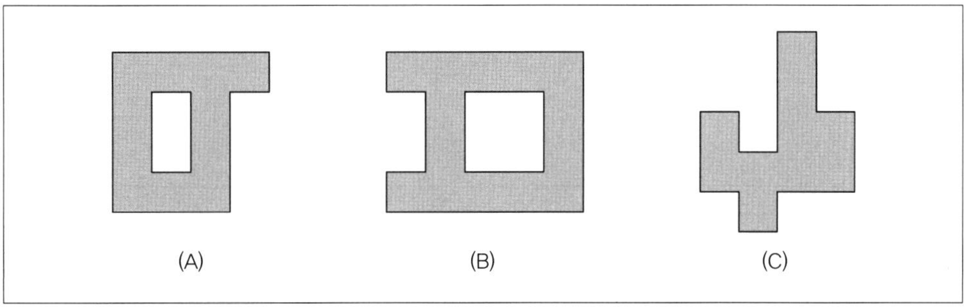

①
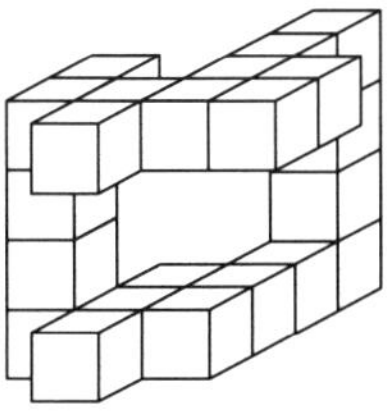

②
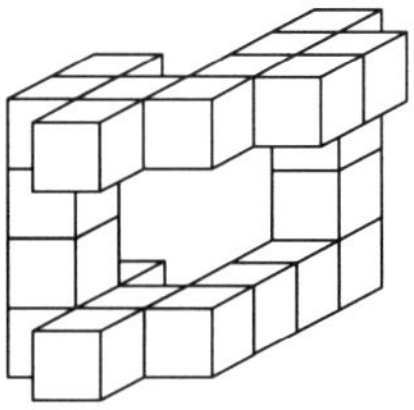

③
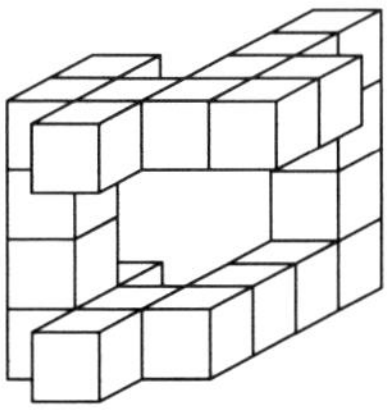

④
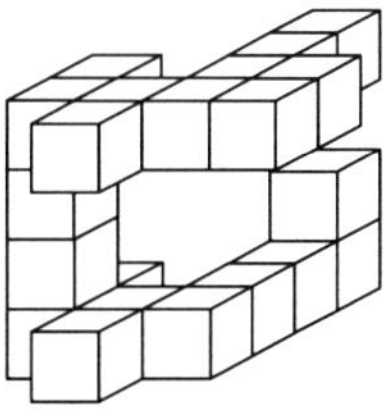

⑤
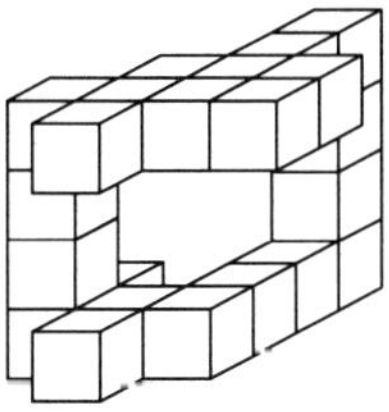

12

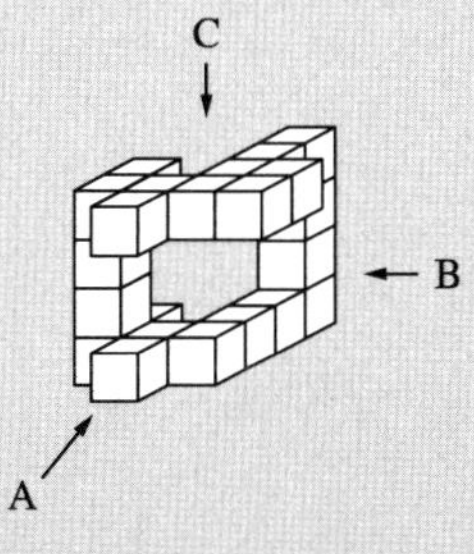

13

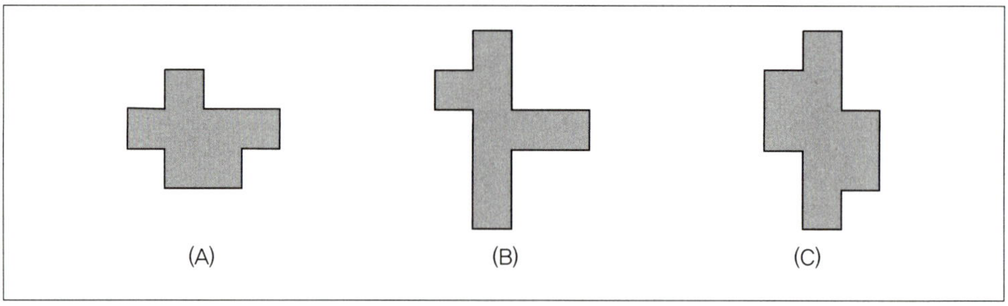

①
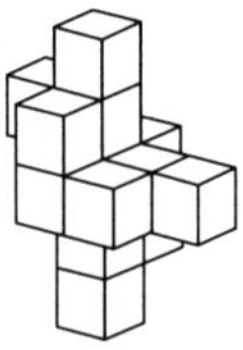

②
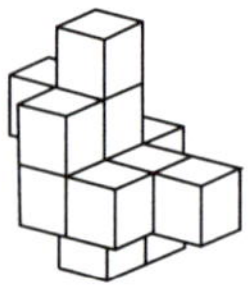

③
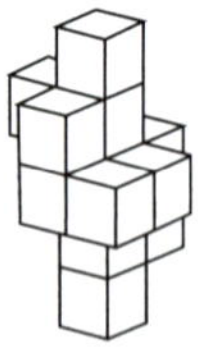

④
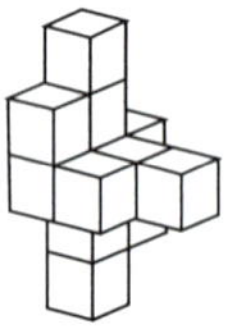

⑤
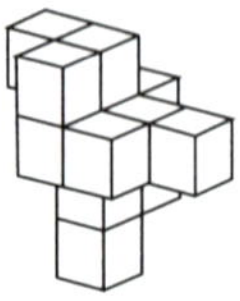

정답 및 해설

13 ① 14 ②

13

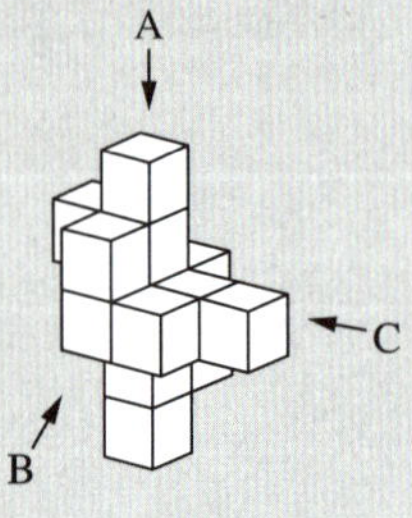

14

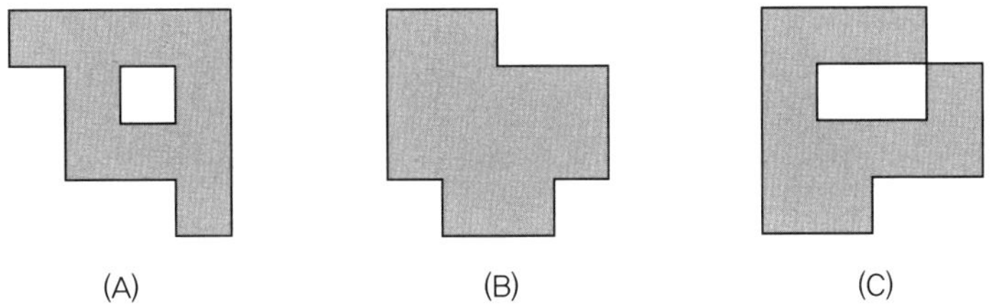

①

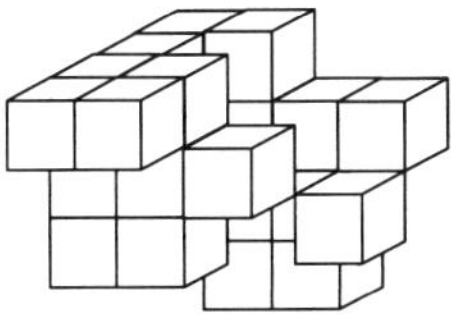

②

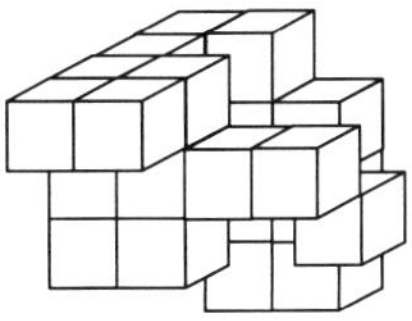

③

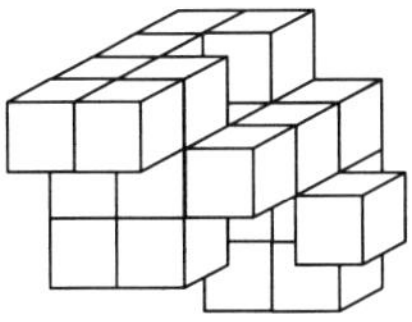

④

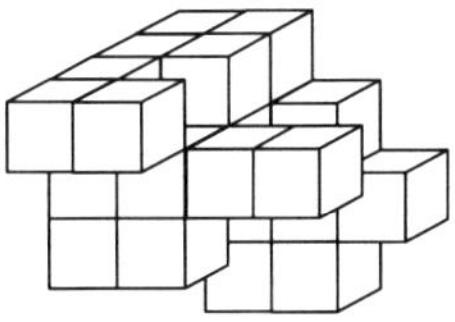

⑤

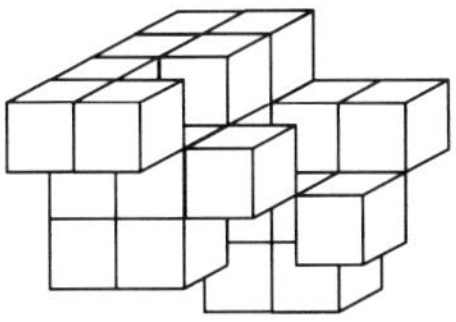

14

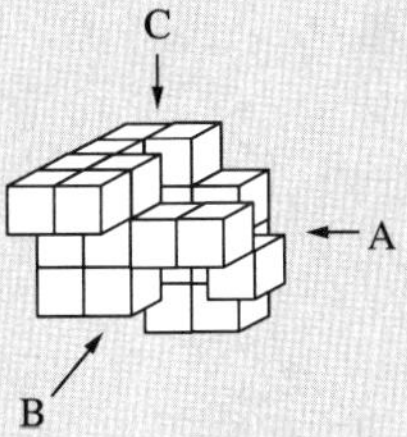

※ 주어진 입체도형 중 일치하지 않는 것을 고르시오. [15~17]

15

①
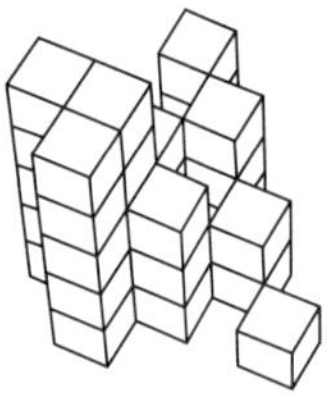

②
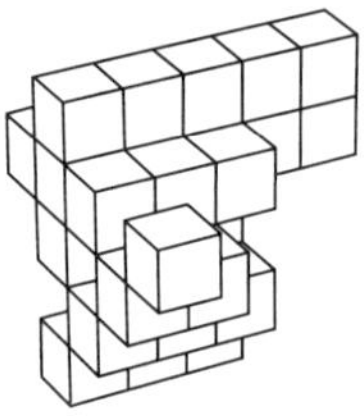

③
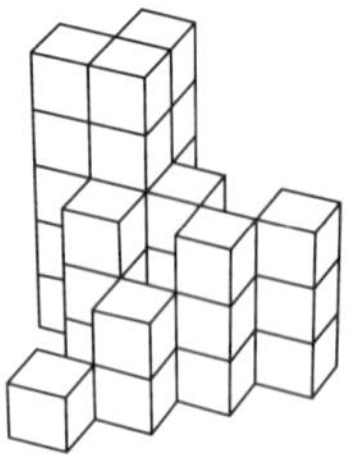

④
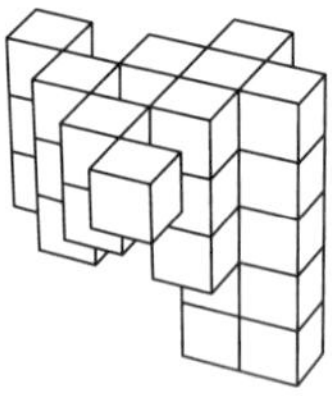

⑤
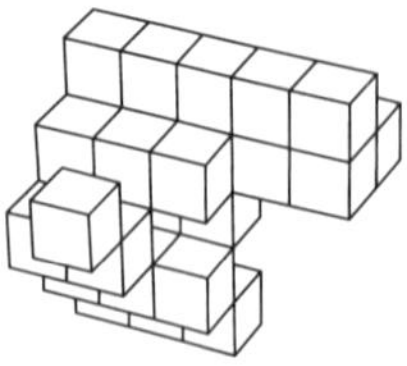

16

①
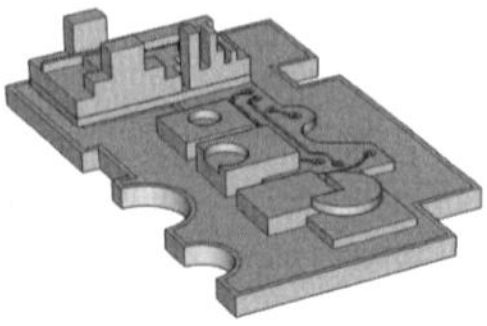

②
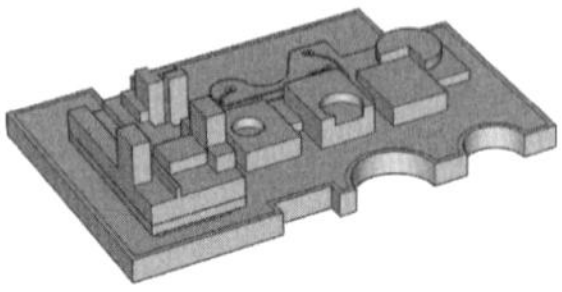

③
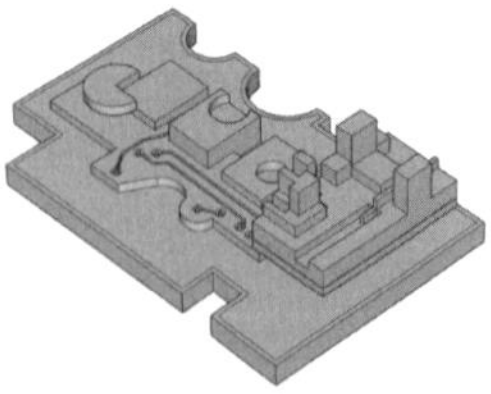

④
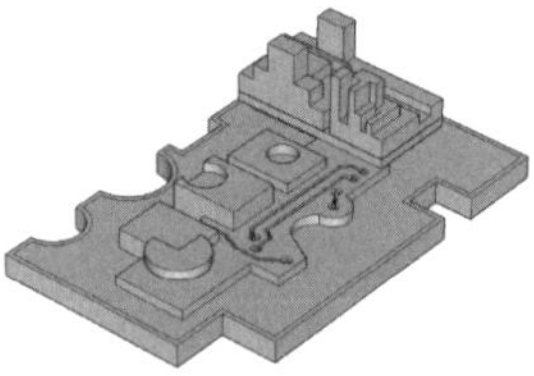

⑤
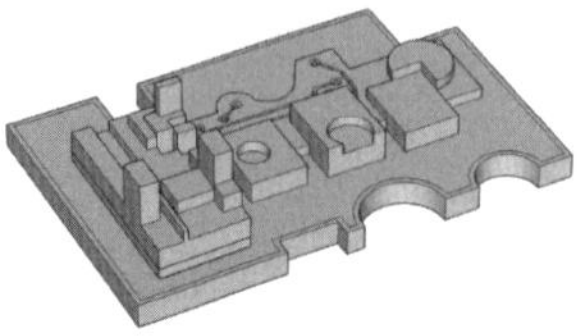

17

①

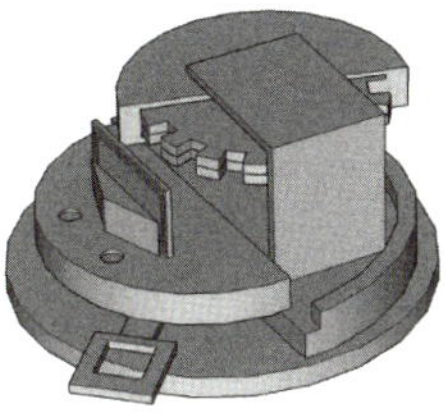

②

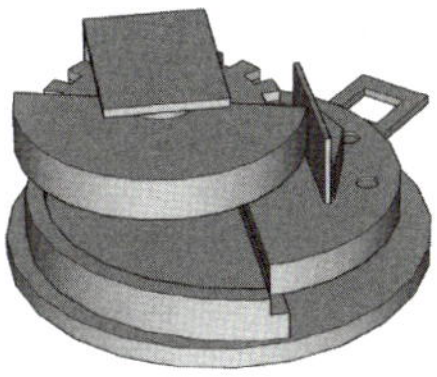

③

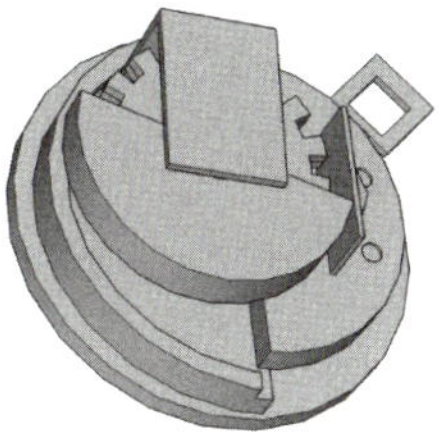

④

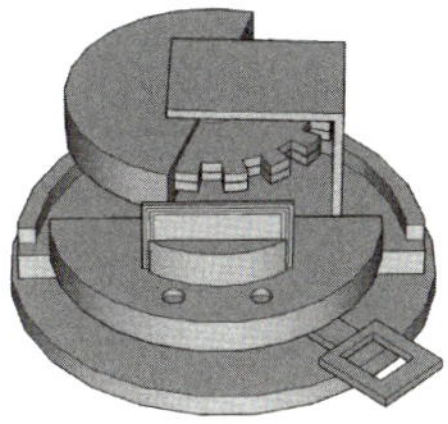

⑤

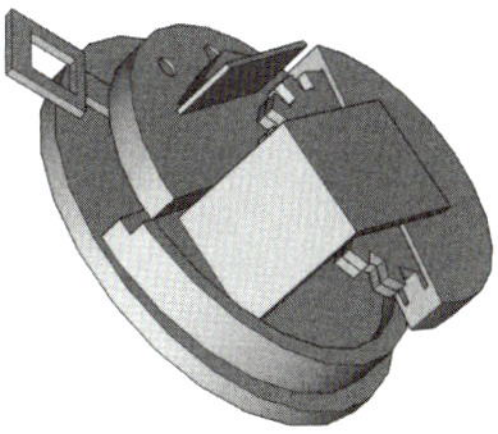

정답 및 해설

15 ⑤ 16 ⑤ 17 ④

15

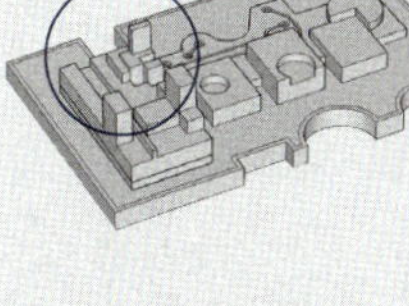

16

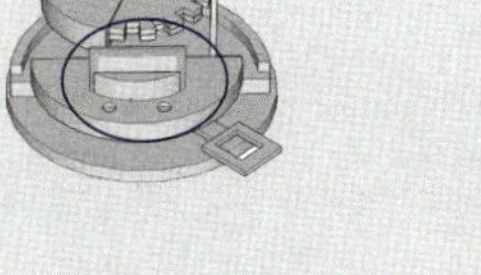

17

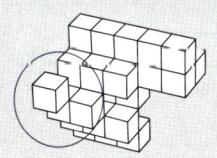

※ 3×3×3 큐브를 다음과 같이 정의한다고 할 때, 이어지는 질문에 답하시오. [18~19]

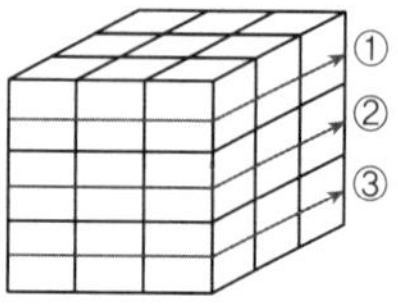

① 첫 번째 가로줄
② 두 번째 가로줄
③ 세 번째 가로줄
시계 방향
시계 반대 방향

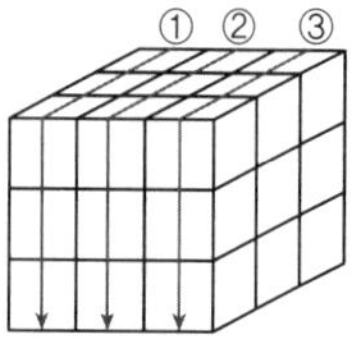

① 첫 번째 세로줄
② 두 번째 세로줄
③ 세 번째 세로줄
앞으로
뒤로

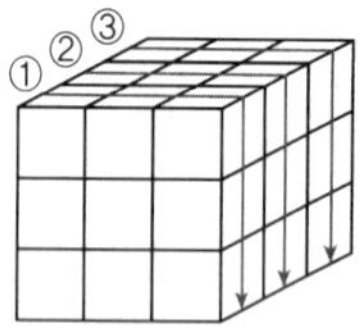

① 첫 번째 높이줄
② 두 번째 높이줄
③ 세 번째 높이줄
시계 방향
시계 반대 방향

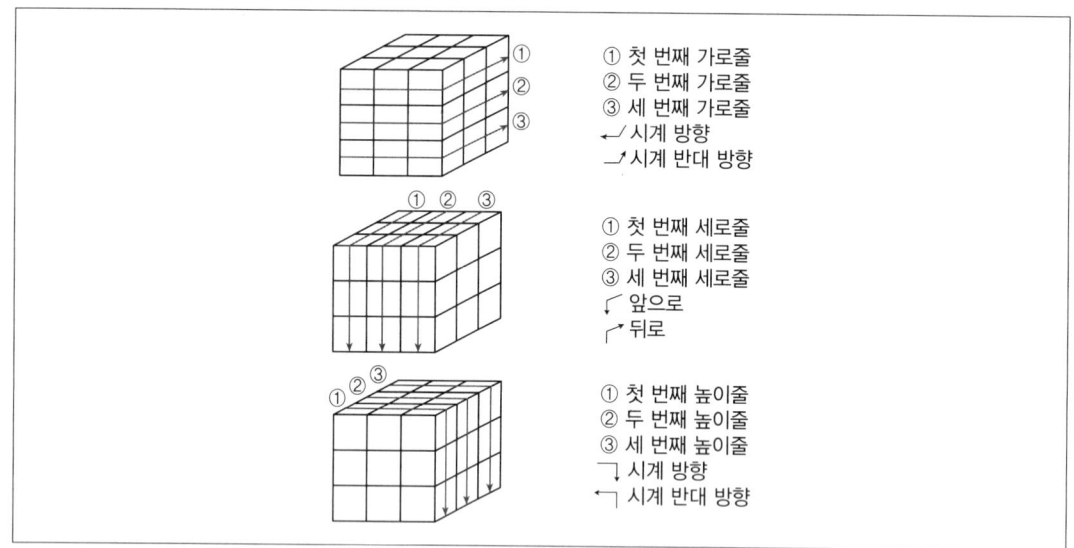

18 첫 번째 가로줄을 시계 방향으로 90°, 두 번째 높이줄을 시계 반대 방향으로 90°, 두 번째 세로줄을 앞으로 90° 돌렸을 때 나오는 모양을 다음과 같이 잘랐을 때의 단면은?

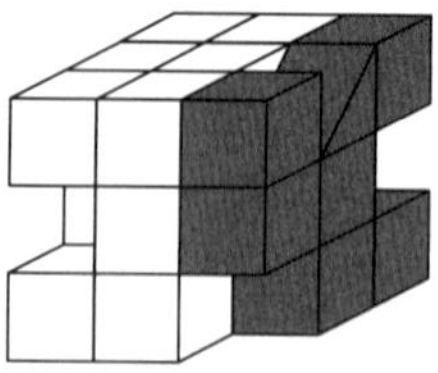

①
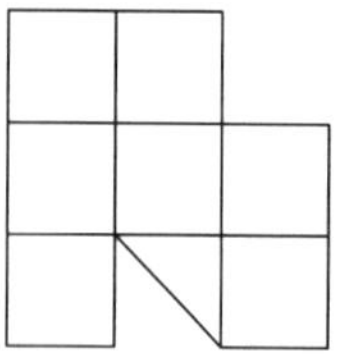

②
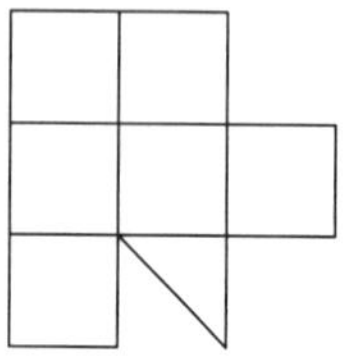

③
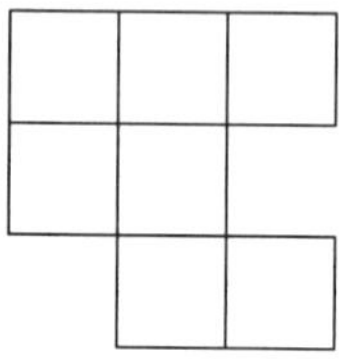

④
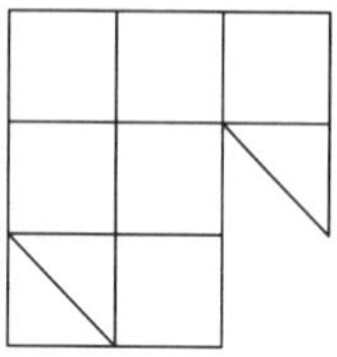

⑤
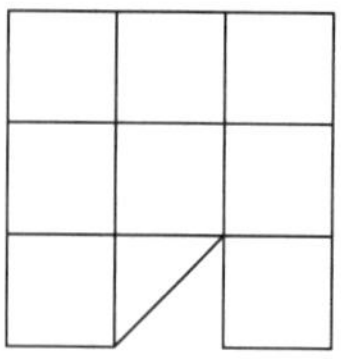

19 두 번째 가로줄을 시계 반대 방향으로 90°, 세 번째 높이줄을 시계 반대 방향으로 90°, 첫 번째 가로줄을 시계 반대 방향으로 90° 돌렸을 때 나오는 모양을 다음과 같이 잘랐을 때의 단면은?

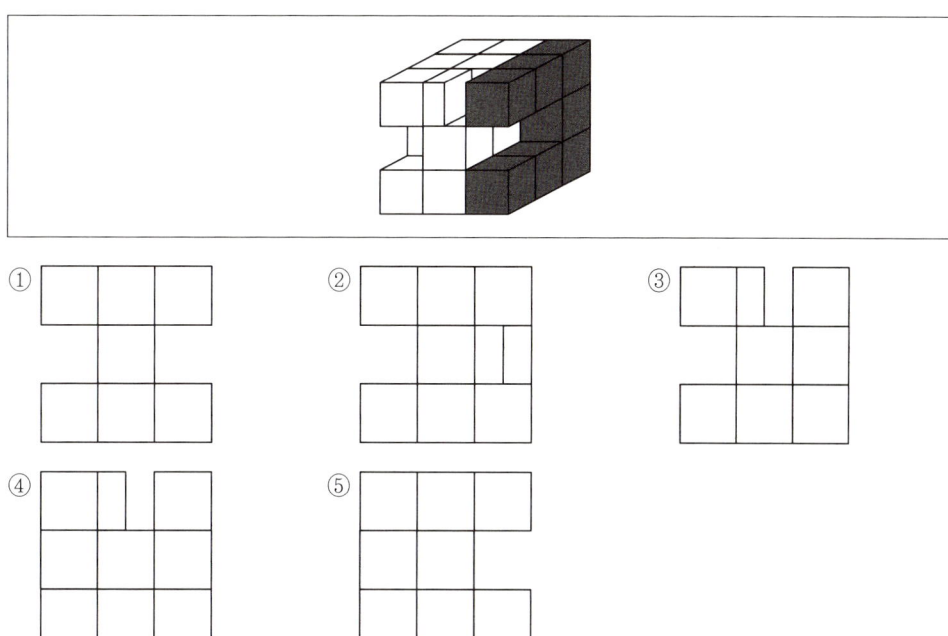

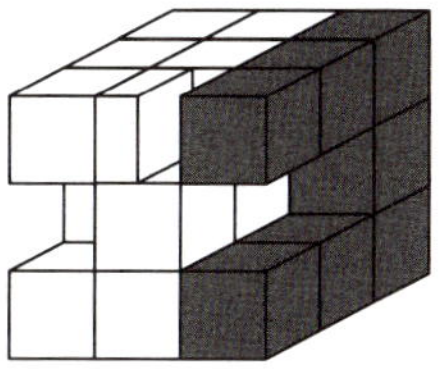

①

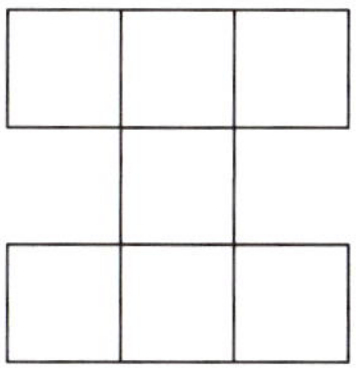

②

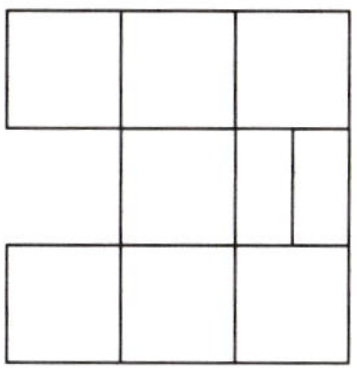

③

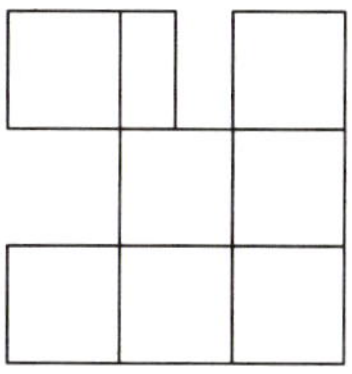

④

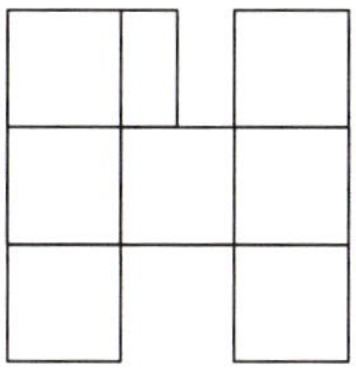

⑤

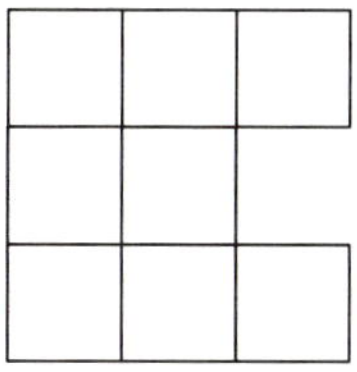

PART 2

정답 및 해설

18 ③ 19 ③

18

19

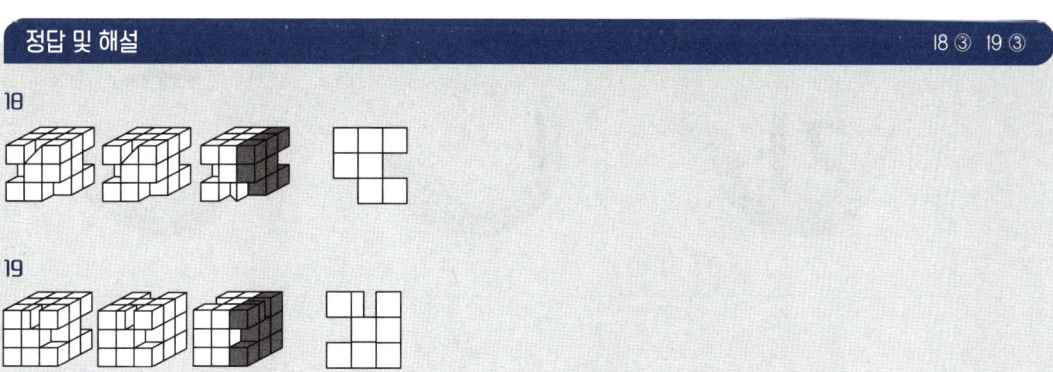

20

구에 대한 회전 규칙이 다음과 같다. 규칙에 따라 제시된 도형을 360° 지점에서 ↑방향으로 90° 회전, 90° 지점에서 ↓방향으로 90° 회전, 360° 지점에서 ↓방향으로 90° 회전했을 때, 정면에서 본 모양으로 알맞은 것은?

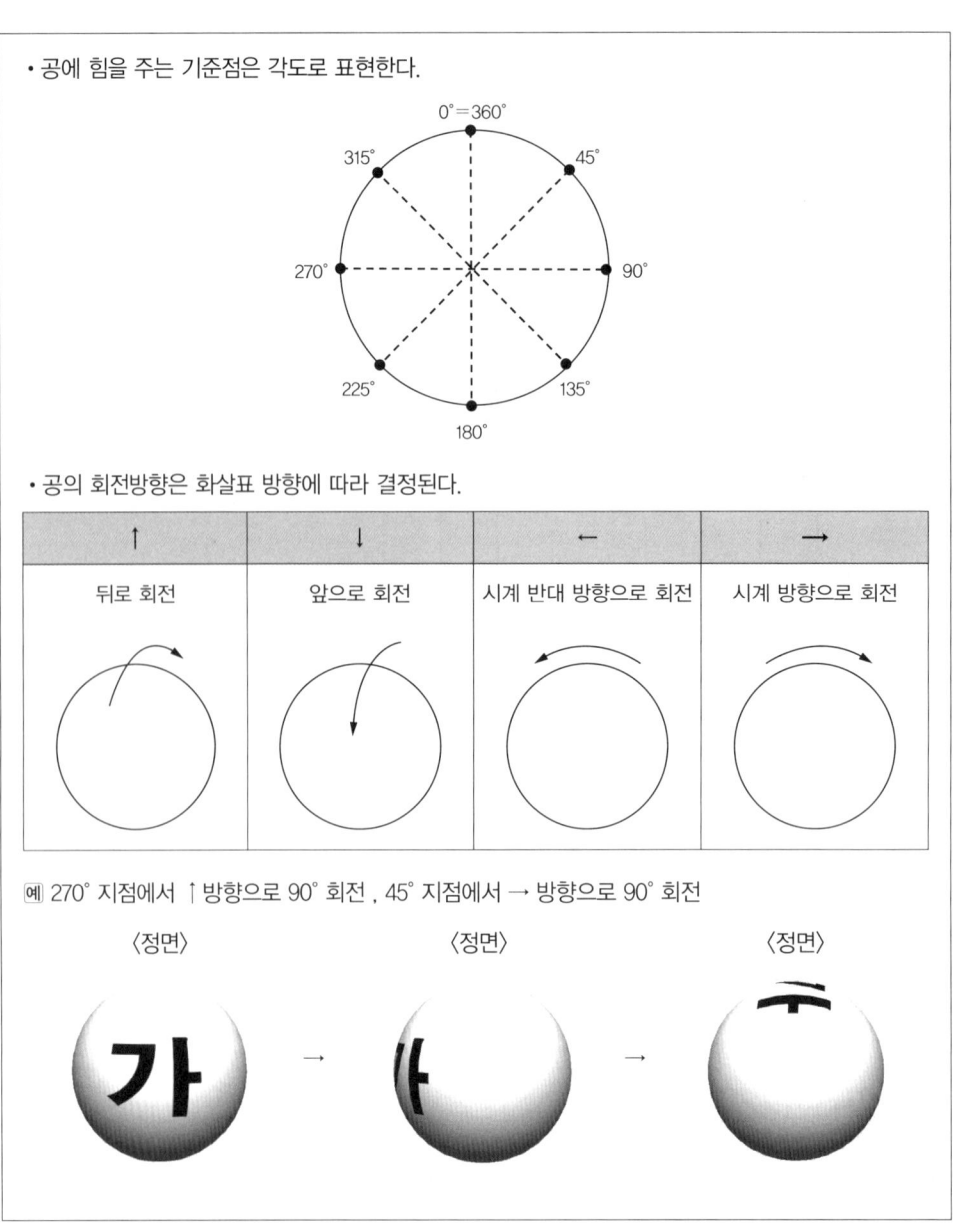

• 공에 힘을 주는 기준점은 각도로 표현한다.

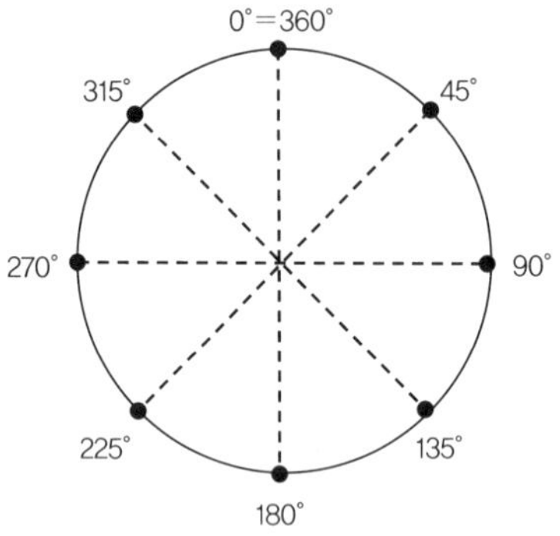

• 공의 회전방향은 화살표 방향에 따라 결정된다.

↑	↓	←	→
뒤로 회전	앞으로 회전	시계 반대 방향으로 회전	시계 방향으로 회전
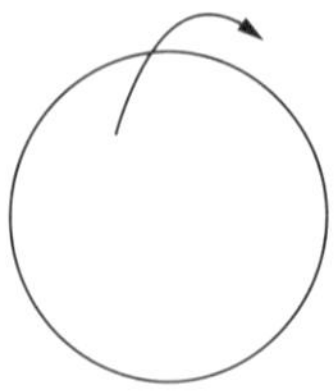	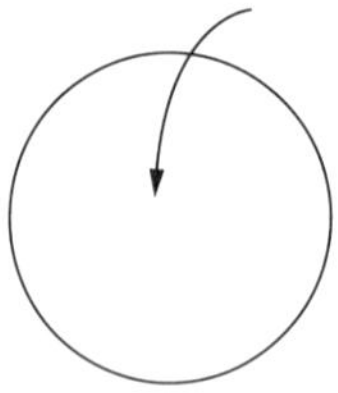	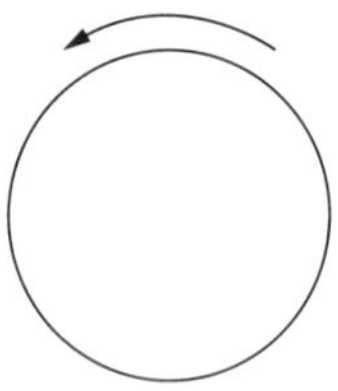	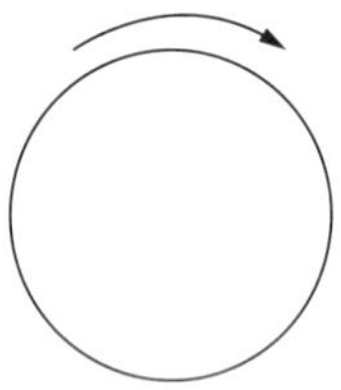

예 270° 지점에서 ↑방향으로 90° 회전 , 45° 지점에서 → 방향으로 90° 회전

〈정면〉 〈정면〉 〈정면〉

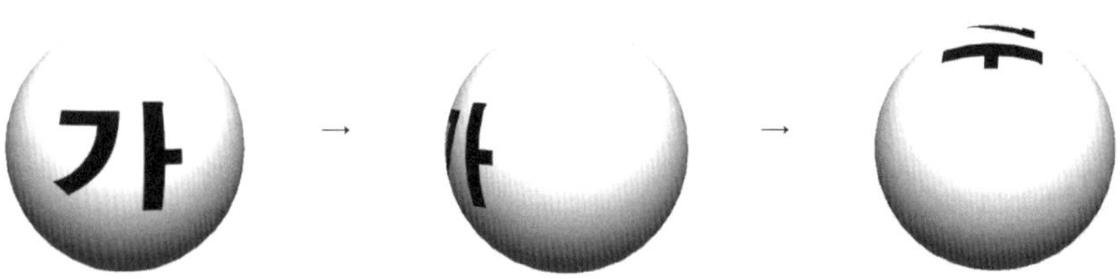

①

②

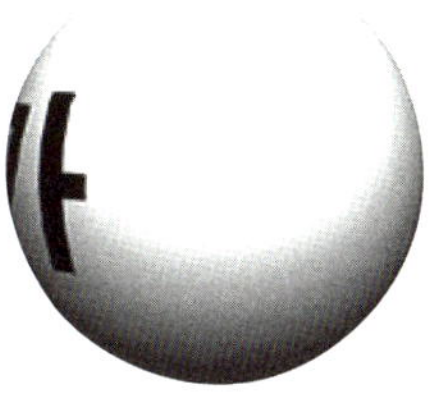

③

④

⑤

정답 및 해설 20 ⑤

20

21

제시된 전개도를 접어 3차원 공간에서 이동시켰을 때, 처음과 마지막이 다음과 같았다. 이동한 방향으로 옳은 것은?(단, 정육면체는 회전하면서 이동한다)

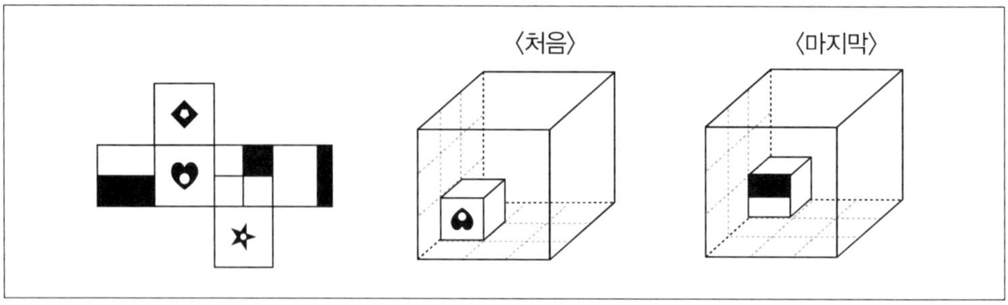

① 좌전전
② 후전후
③ 전후후
④ 후좌우
⑤ 우후좌

22

다음 Ⓐ, Ⓑ, Ⓒ의 전개도를 면이 정면에 오도록 접은 후 주어진 방향으로 회전하여 아래의 결합 모양과 같이 붙인 그림으로 알맞은 것은?

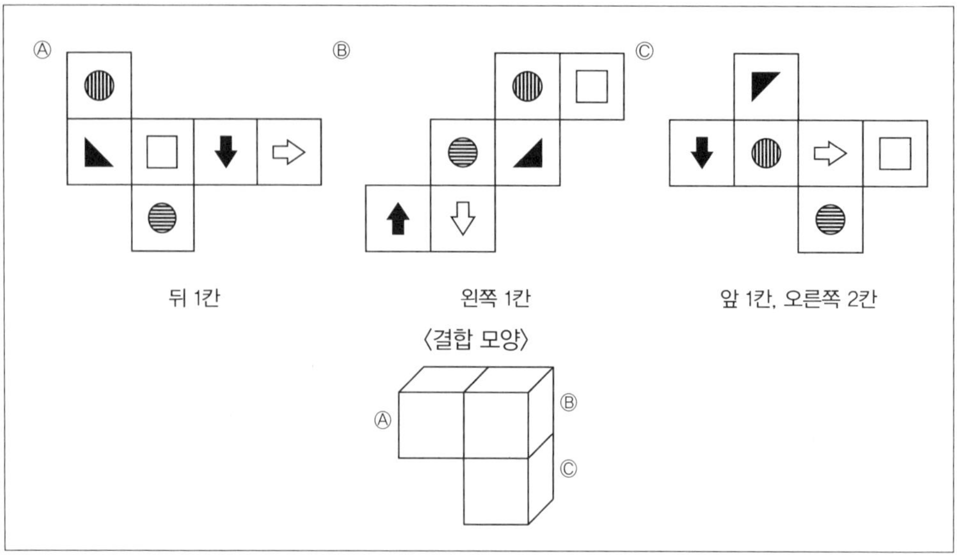

① 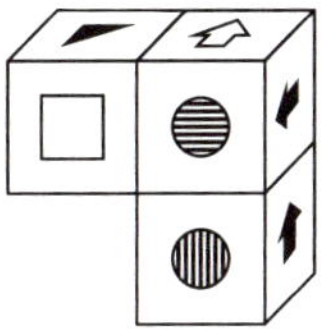

② 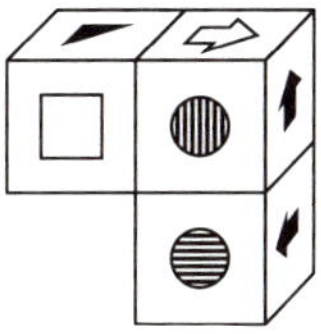

③ 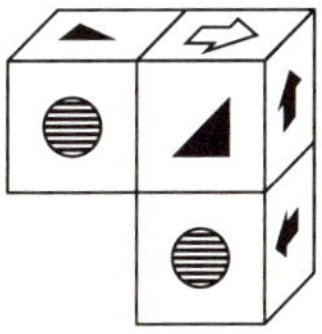

④ 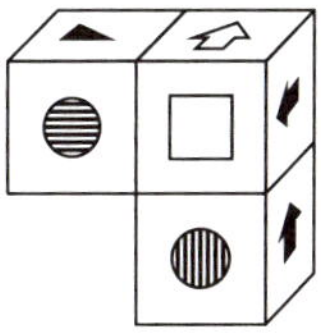

⑤ 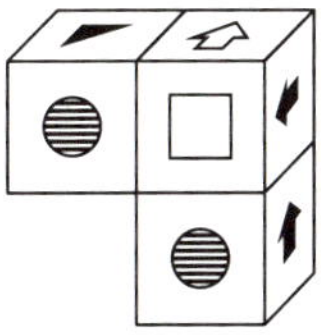

정답 및 해설

21 ⑤ 22 ①

21

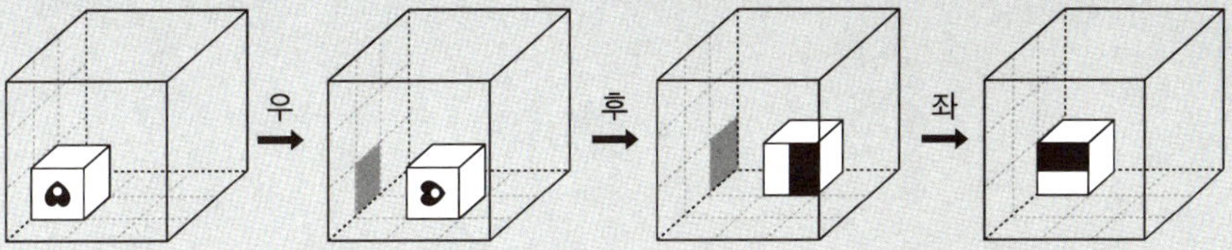

22

Ⓐ 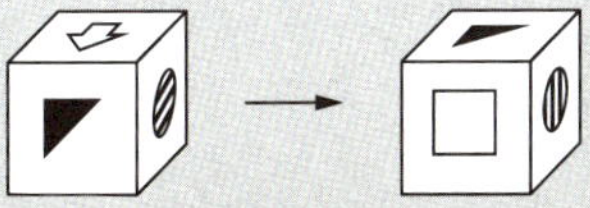

뒤 1칸

Ⓑ 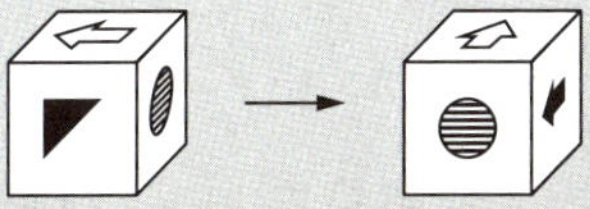

왼쪽 1칸

Ⓒ 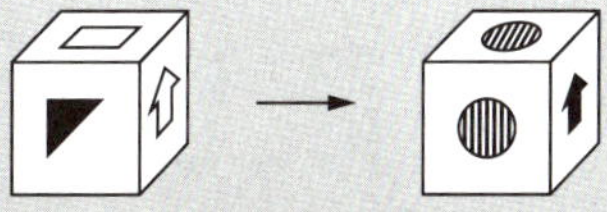

앞 1칸, 오른쪽 2칸

PART

2

실전문제

정답 및 해설 p.015

※ 다음 그림과 같이 화살표 방향에 따라 종이를 접은 후, 구멍을 뚫거나 자른 후 다시 펼쳤을 때의 그림으로 옳은 것을 고르시오. [1~3]

평면도형

01

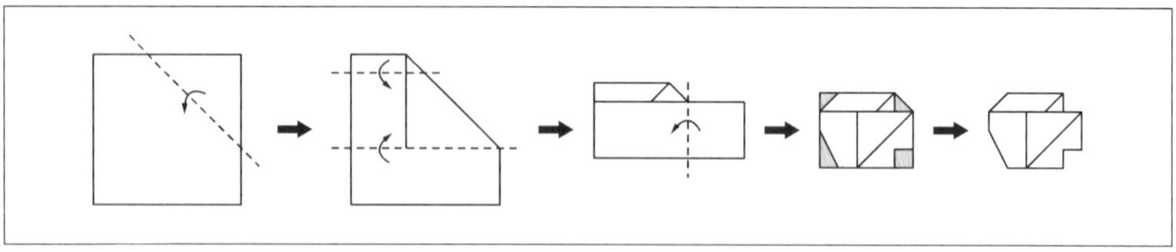

①

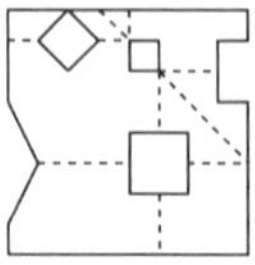

②

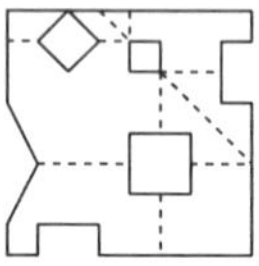

③

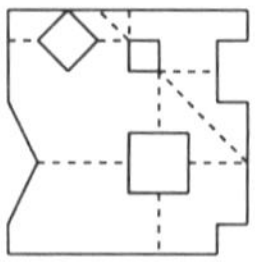

④

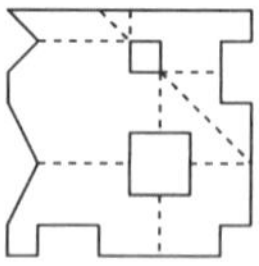

⑤

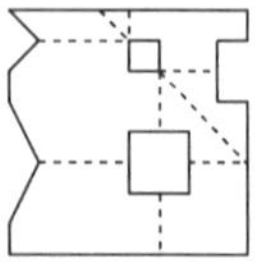

02

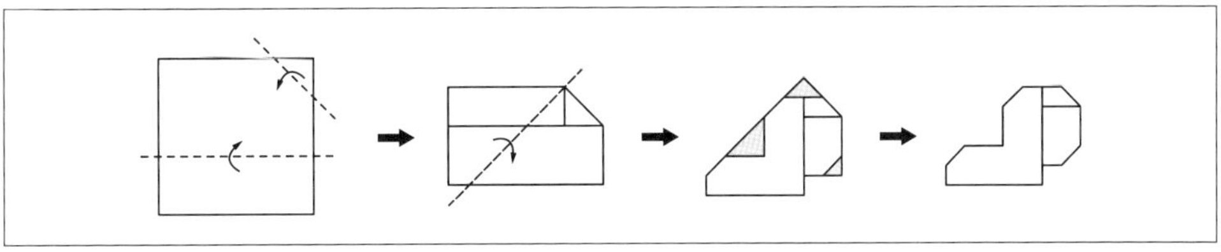

①
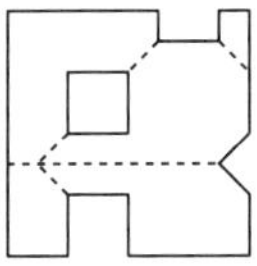

②
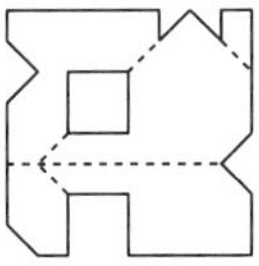

③
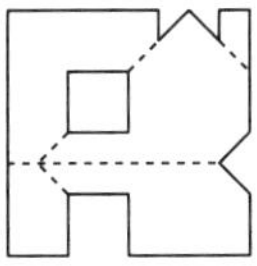

④
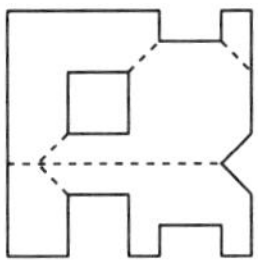

⑤
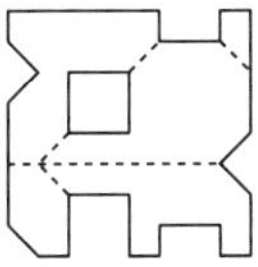

03

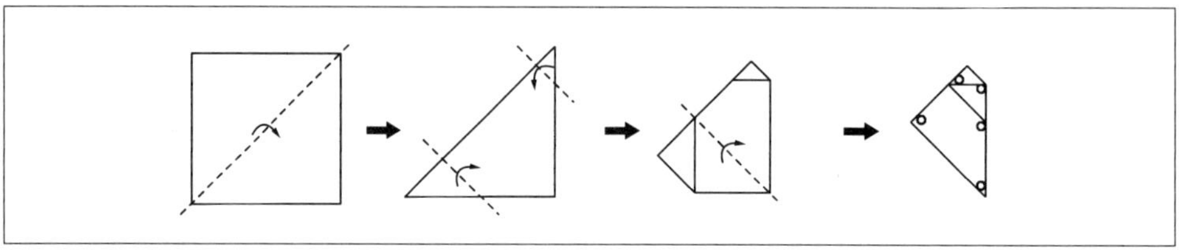

①

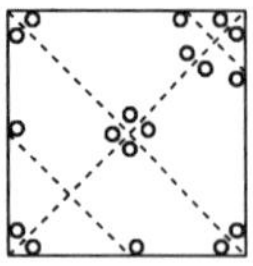

②

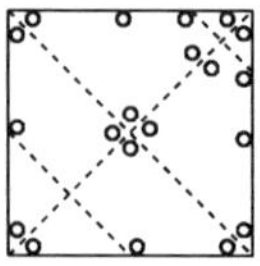

③

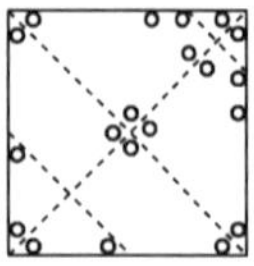

④

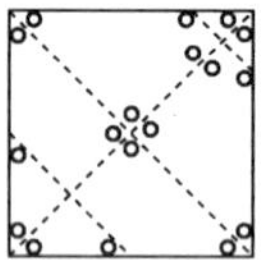

⑤

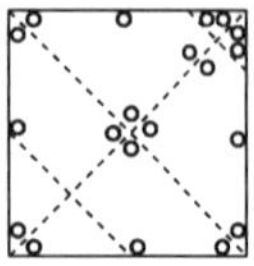

※ 다음 그림과 같이 접었을 때, 나올 수 있는 뒷면의 모양으로 옳은 것을 고르시오. [4~5] 평면도형

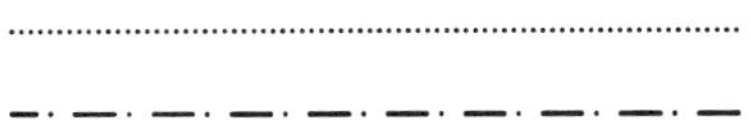

04

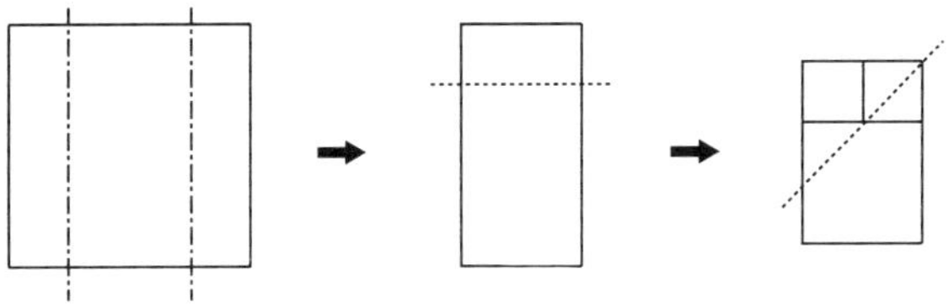

①

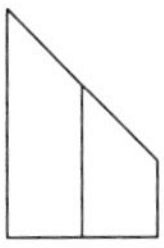

②

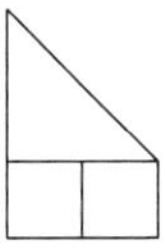

③

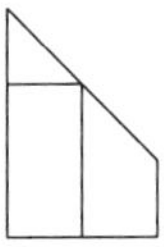

④

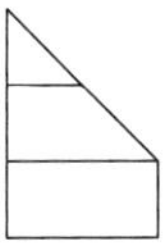

⑤

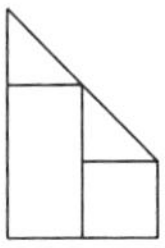

05

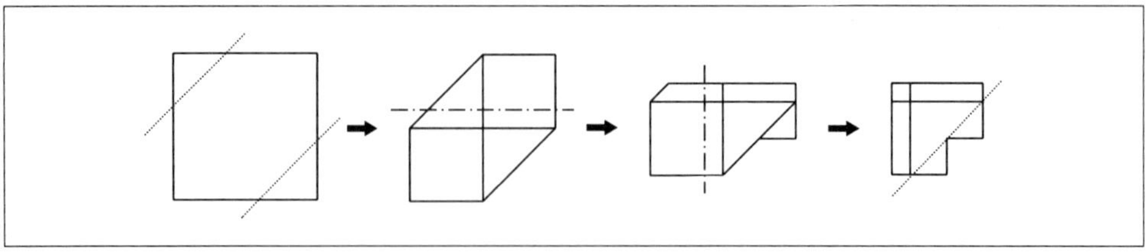

① 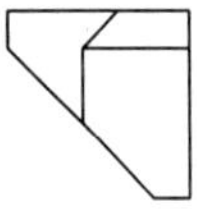

② 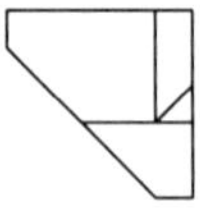

③ 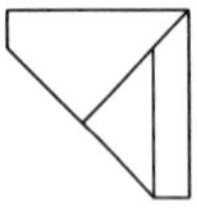

④ 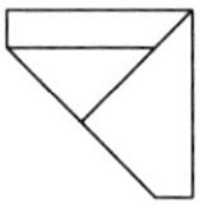

⑤ 

06 **다음 그림과 같이 접었을 때 나올 수 있는 모양으로 옳지 않은 것은?** 평면도형

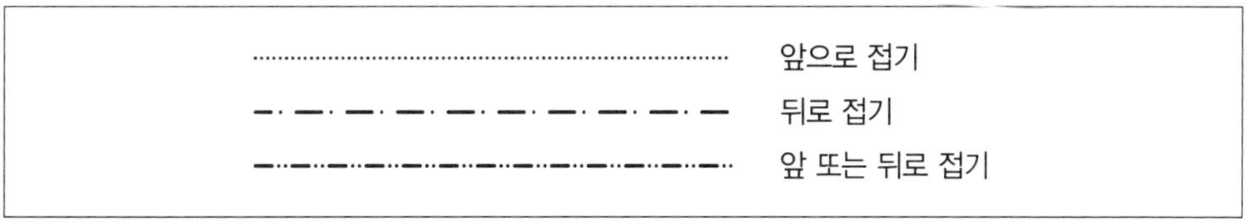

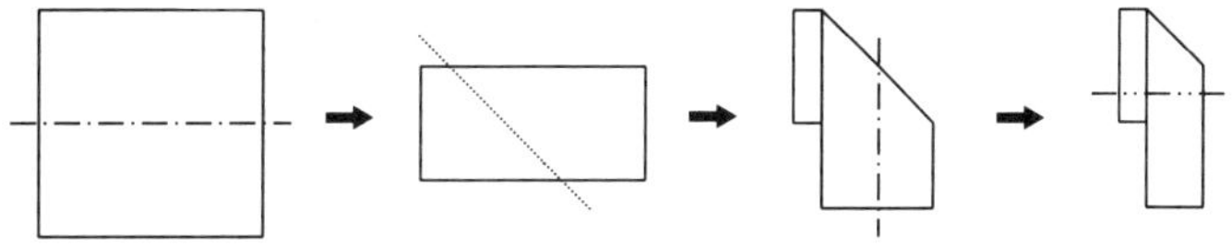

①
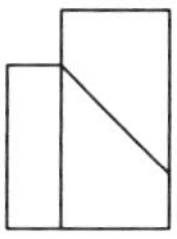

②
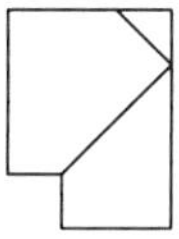

③
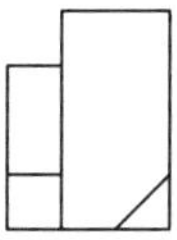

④
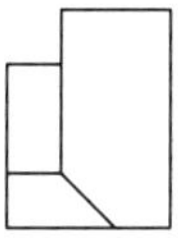

⑤
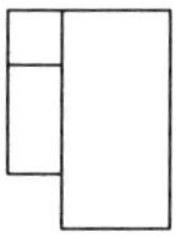

※ 제시된 그림에서 찾을 수 없는 도형을 고르시오. [7~8]

07

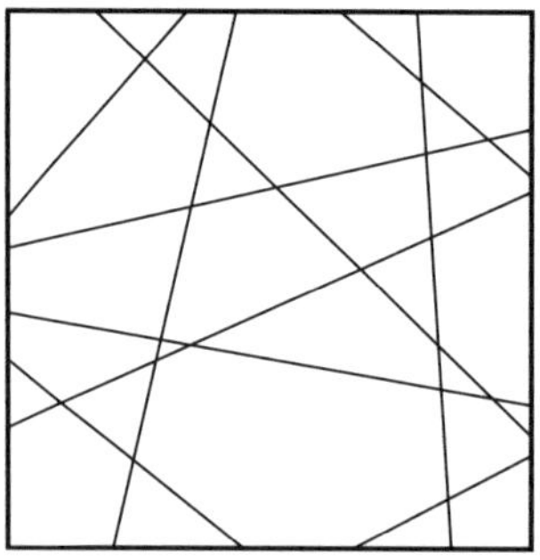

① 

② 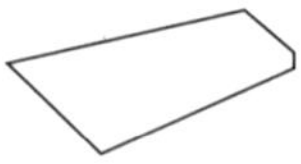

③ 

④ 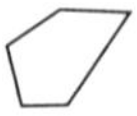

⑤ 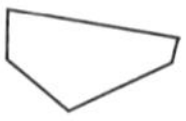

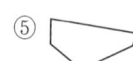

08

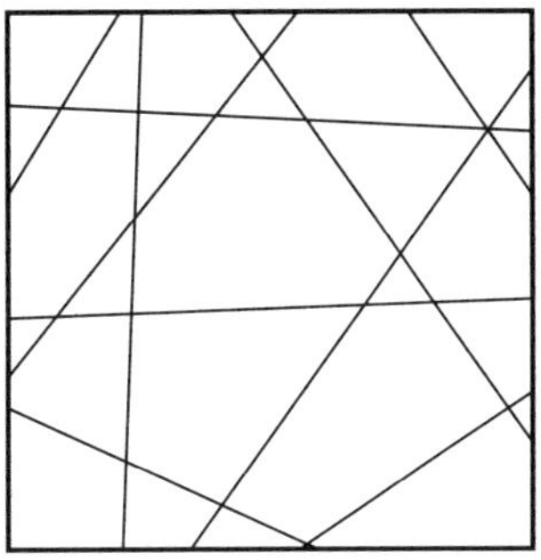

①
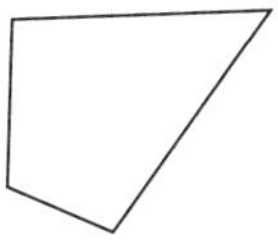

②
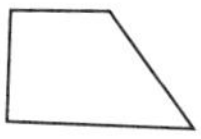

③
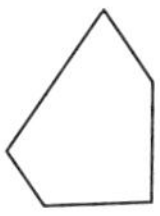

④

⑤
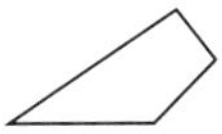

※ 제시된 도형을 조합했을 때 만들 수 없는 도형을 고르시오. [9~10]

09

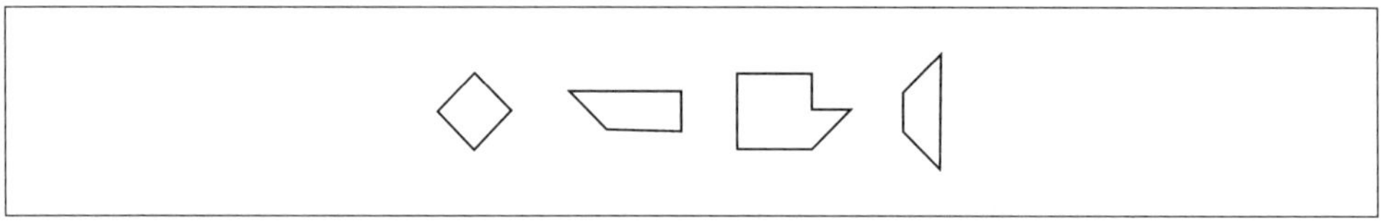

① 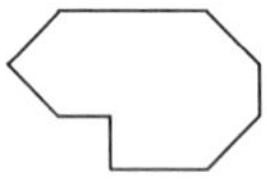

② 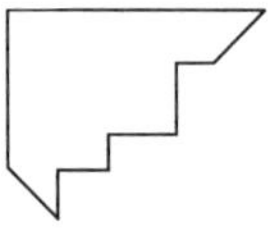

③ 

④ 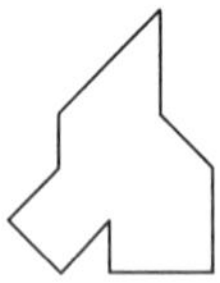

⑤ 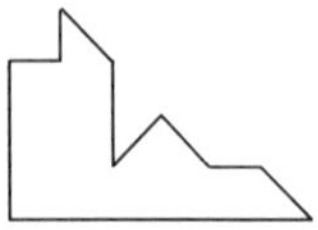

10

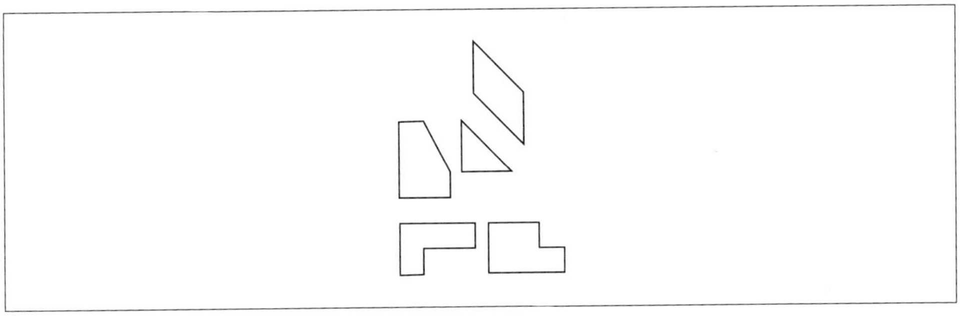

① 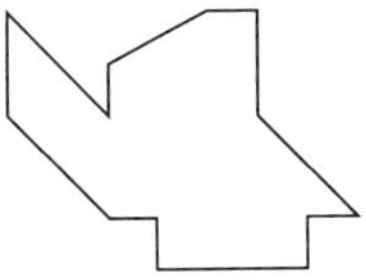

② 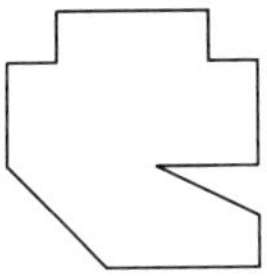

③ 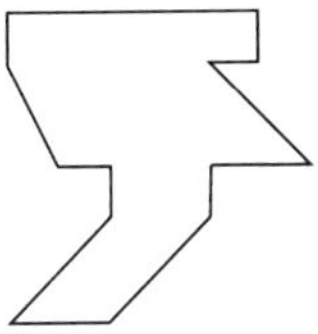

④ 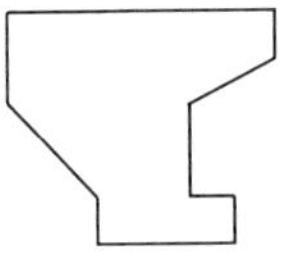

⑤ 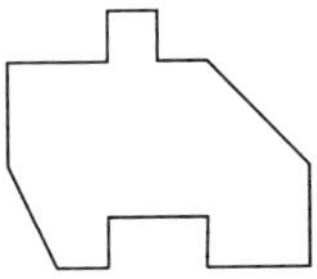

※ 제시된 도형을 만들기 위해 필요하지 않은 조각을 고르시오. [11~12]

11

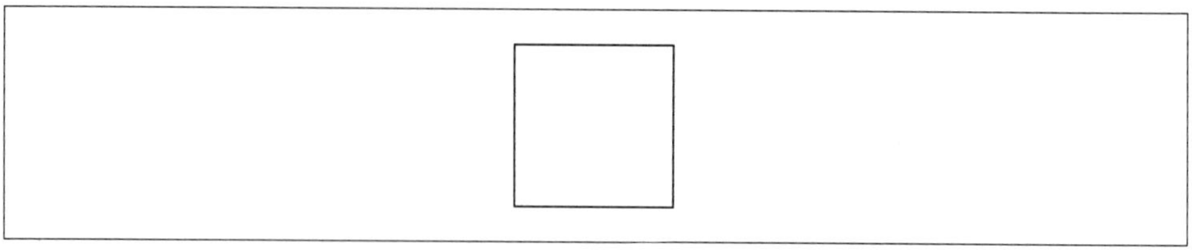

① 

② 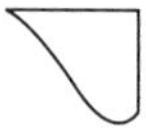

③ 

④ 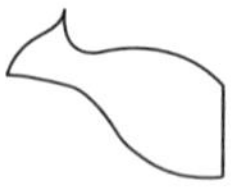

⑤ 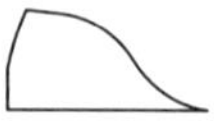

12

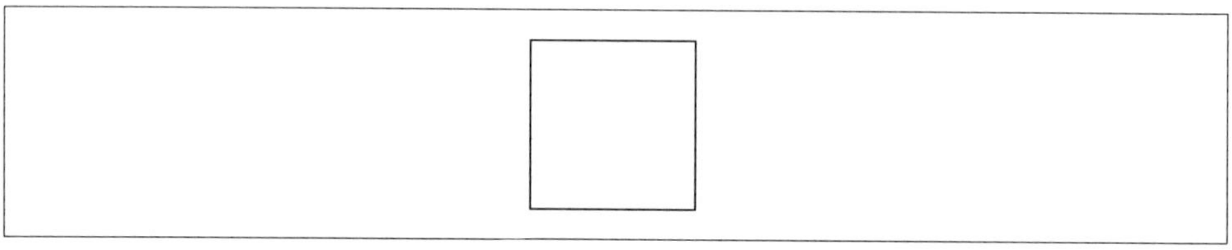

① 

② 

③ 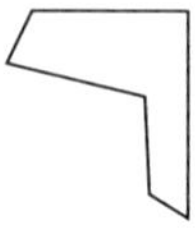

④ 

⑤ 

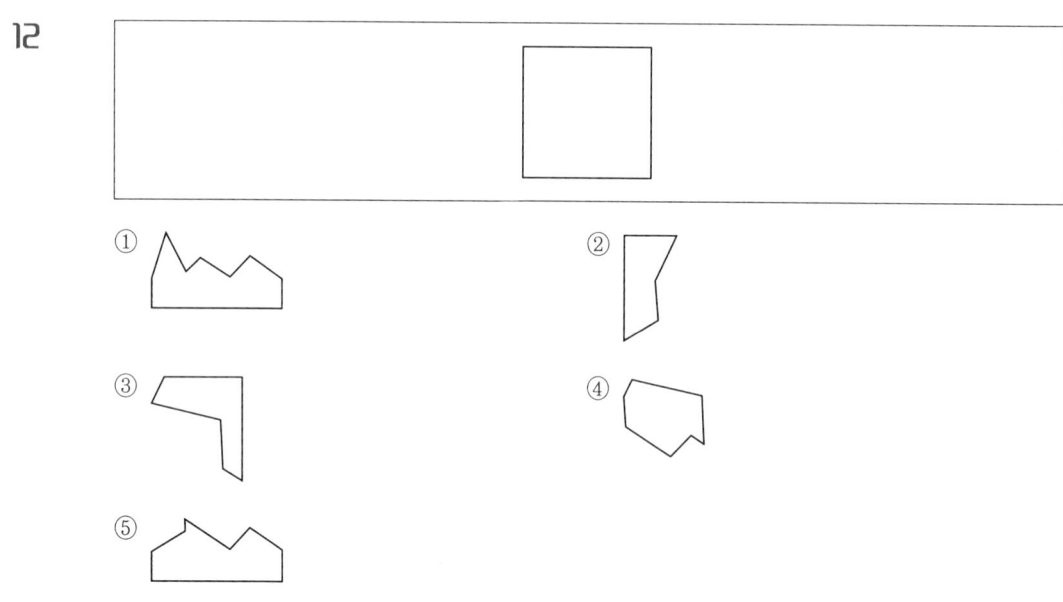

13 왼쪽 톱니를 시계 방향으로 72°, 오른쪽 톱니를 시계 반대 방향으로 144° 회전시킨 후, 화살표 방향에서 바라보았을 때 겹쳐진 모양은? 평면도형

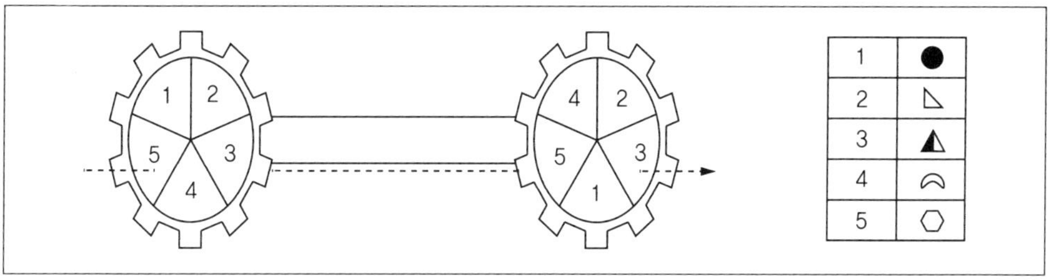

① 

② 

③ 

④ 

⑤ 

14 왼쪽 톱니를 시계 방향으로 240°, 오른쪽 톱니를 시계 반대 방향으로 120° 회전시킨 후, 화살표 방향에서 바라보았을 때 겹쳐진 모양은? 평면도형

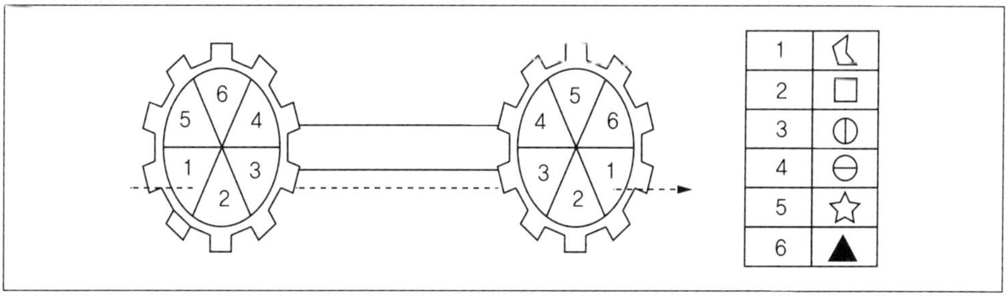

① 

② 

③ 

④ 

⑤ 

※ 제시된 전개도를 접었을 때 만들어 질 수 없는 것을 고르시오. [15~16]

15

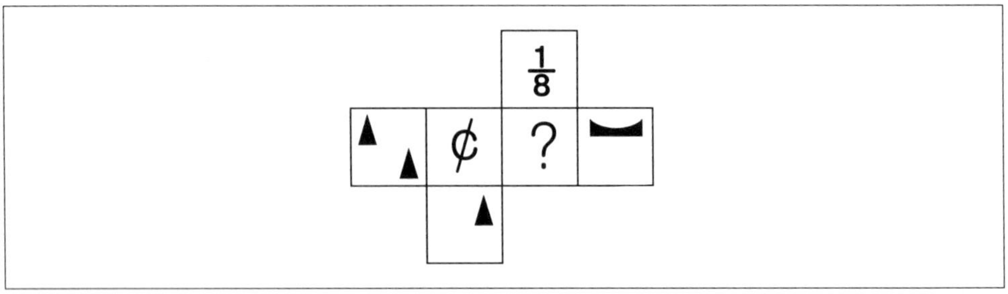

① 

② 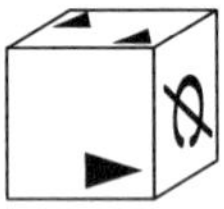

③ 

④ 

⑤ 

16

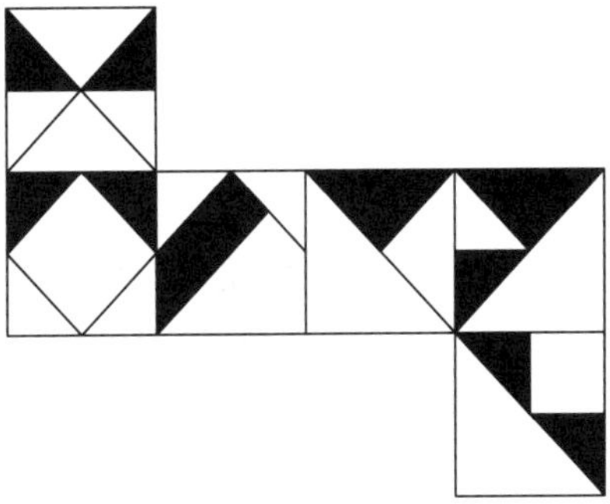

①
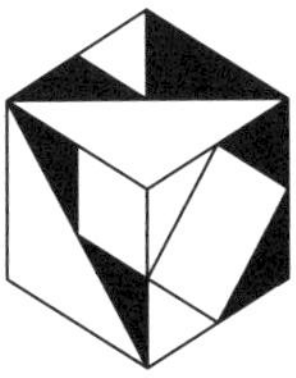

②
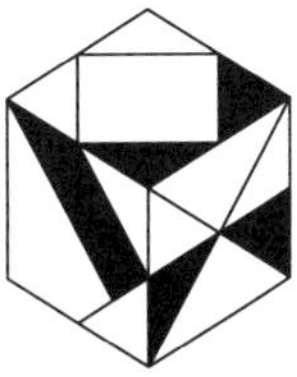

③
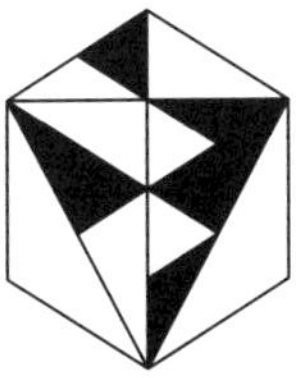

④
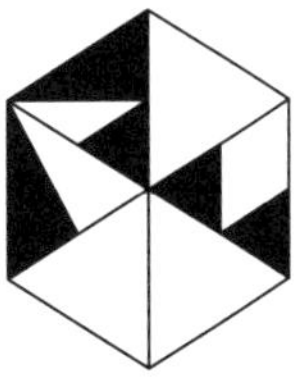

⑤
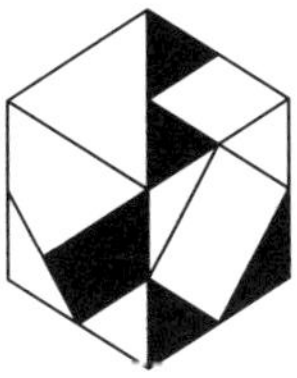

17 **제시된 전개도를 접었을 때 나타나는 입체도형으로 알맞은 것은?** 입체도형

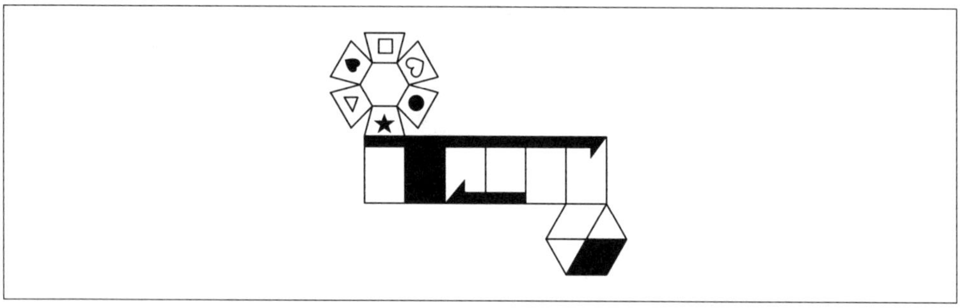

①

②

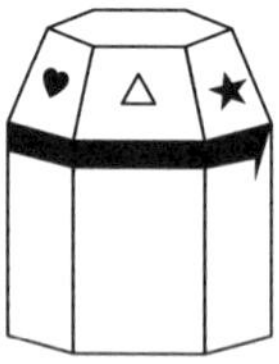

③

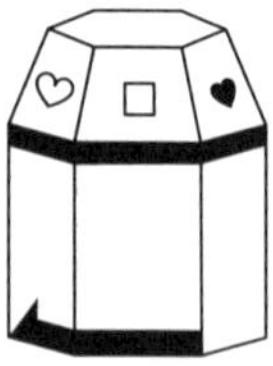

④

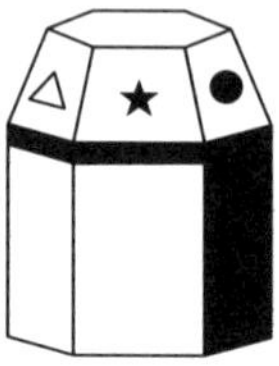

⑤

※ 제시된 두 블록을 합쳤을 때, 나올 수 없는 형태를 고르시오. [18~19]

18

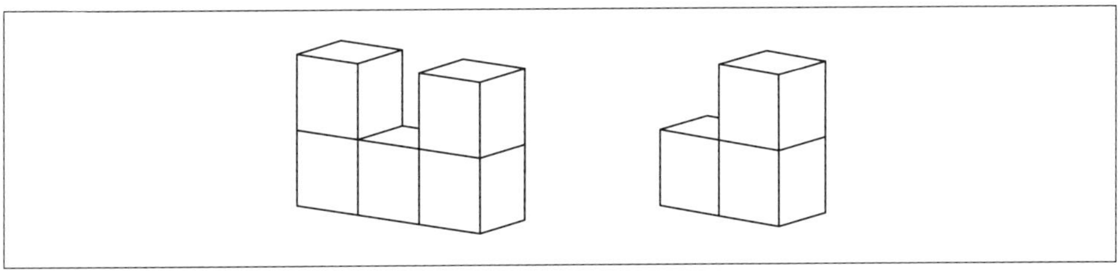

①

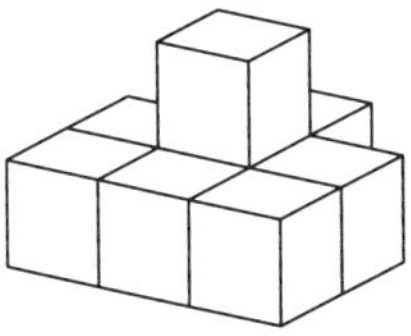

②

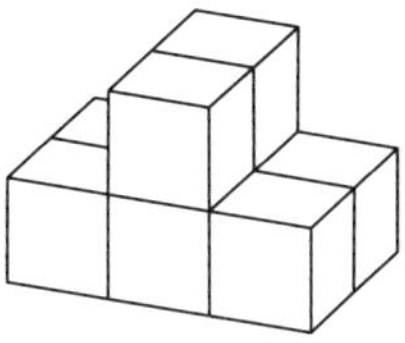

③

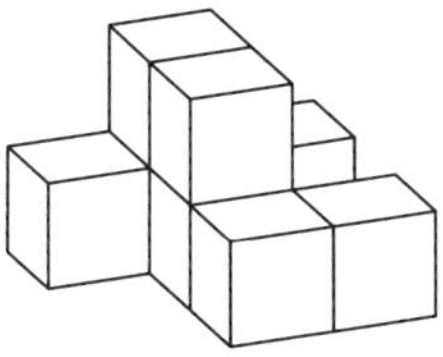

④

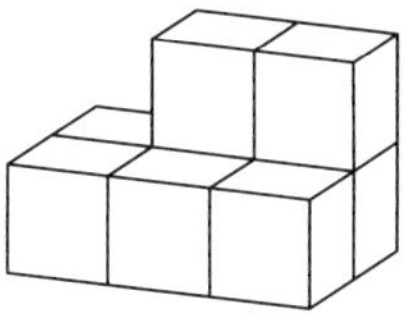

⑤

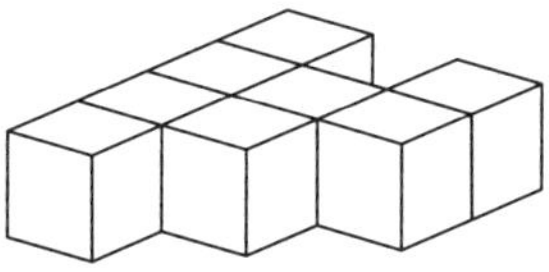

19

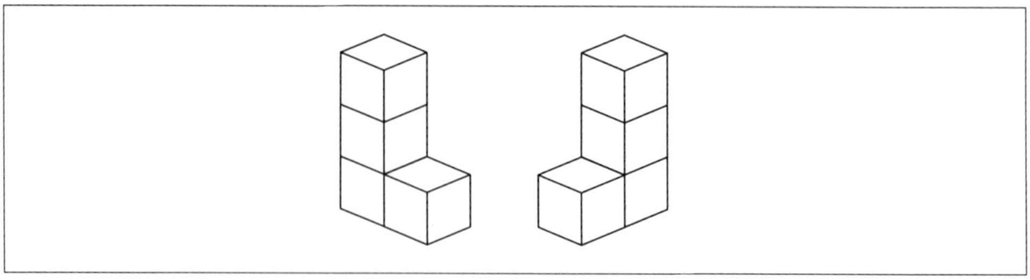

①

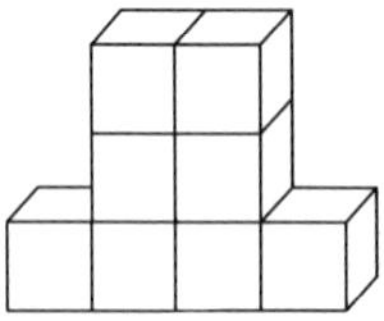

②

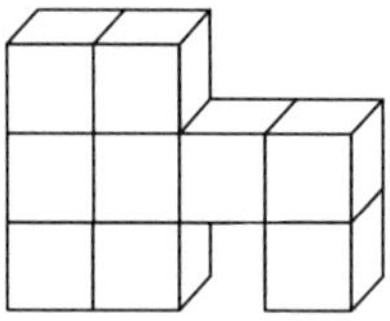

③

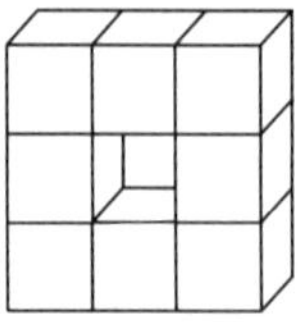

④

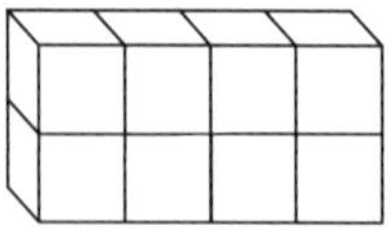

⑤

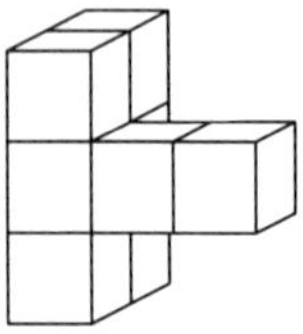

20 제시된 두 블록을 합쳤을 때, 나올 수 있는 형태는?

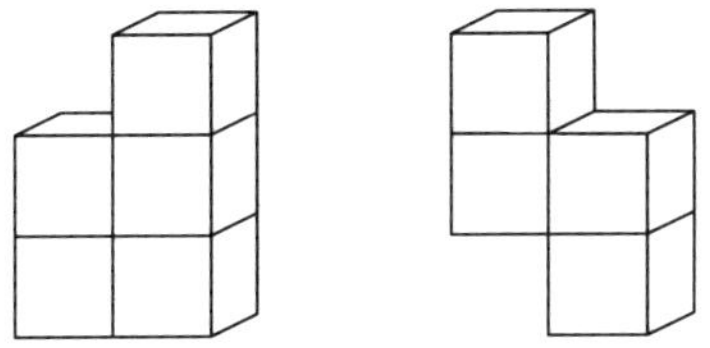

①
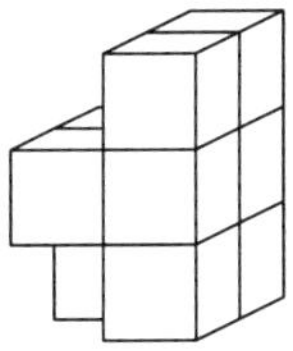

②
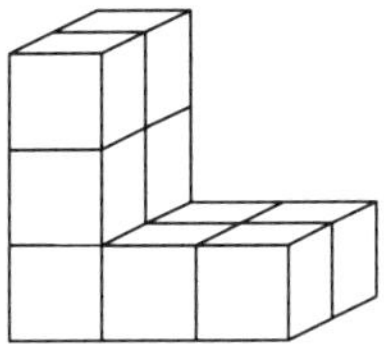

③
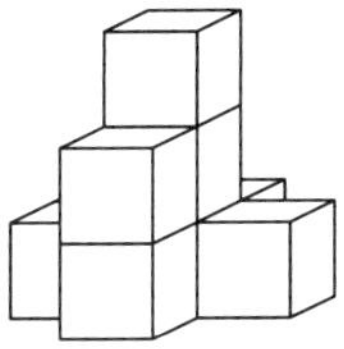

④
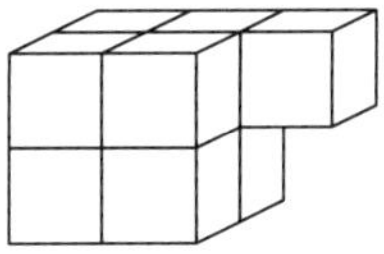

⑤
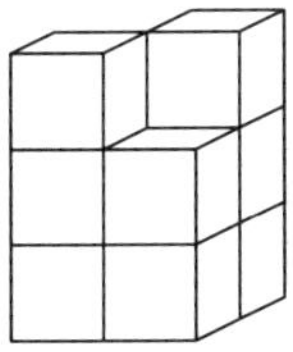

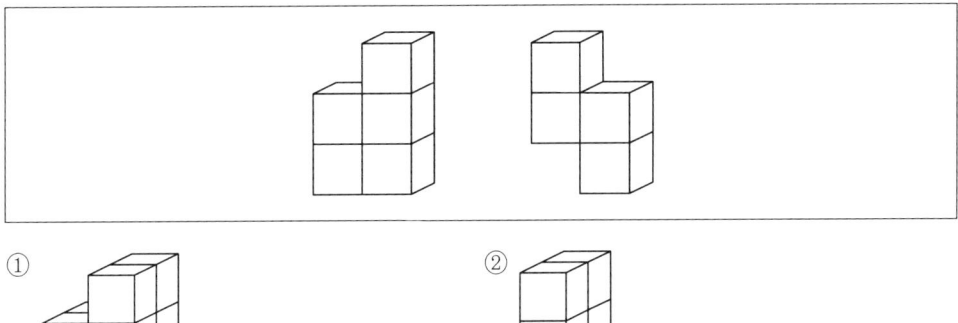

21 왼쪽의 직육면체 모양의 입체도형은 두 번째, 세 번째 입체도형과 ?를 조합하여 만들 수 있다. ?에 알맞은 도형은?

입체도형

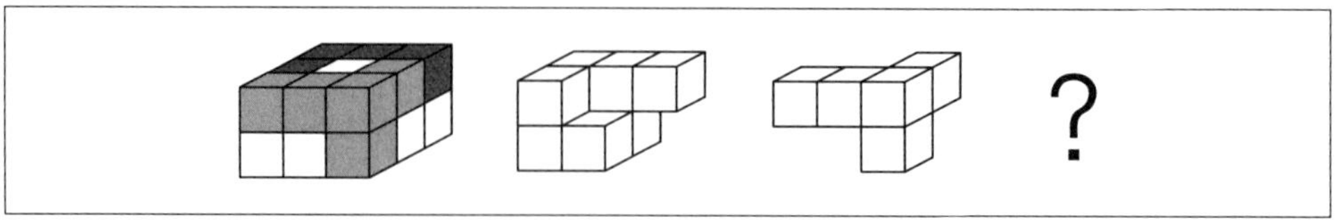

① 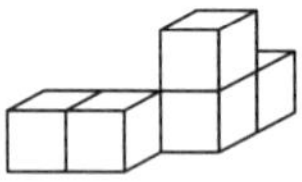

② 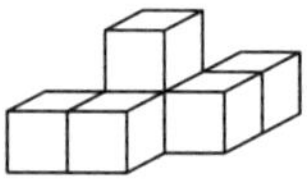

③ 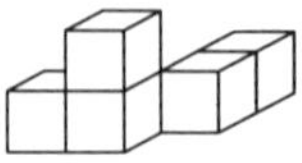

④ 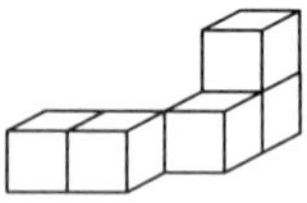

⑤ 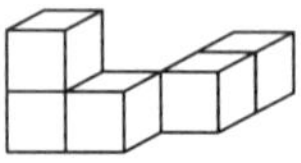

※ 제시된 단면과 일치하는 입체도형을 고르시오. [22~23]

22

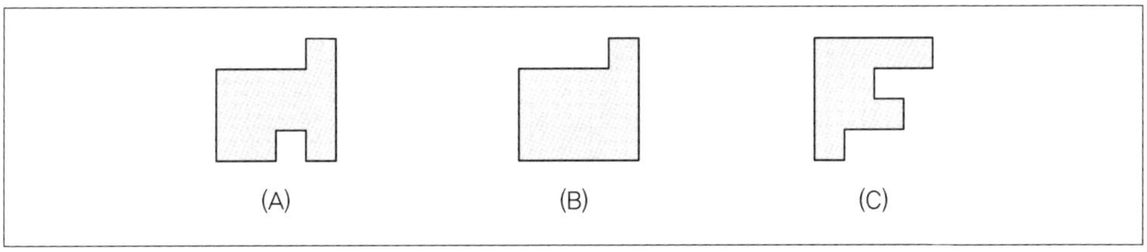

①
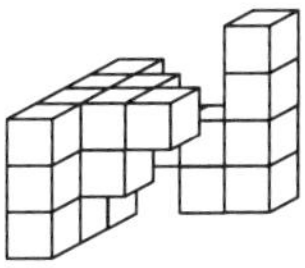

②
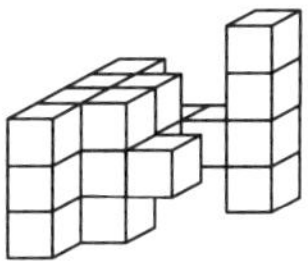

③
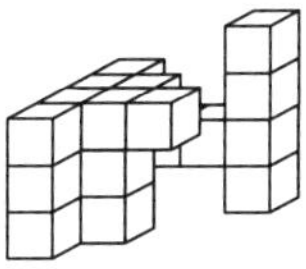

④
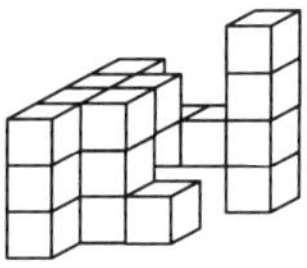

⑤
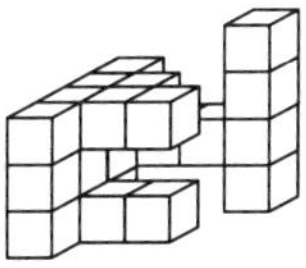

23

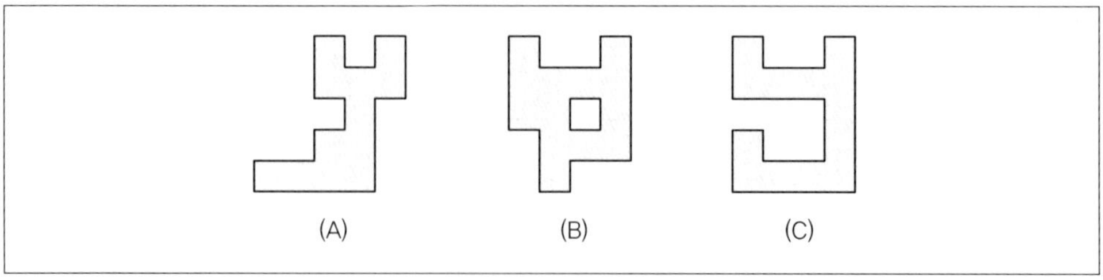

①
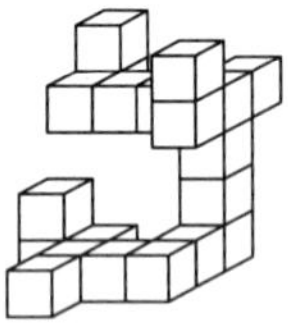

②
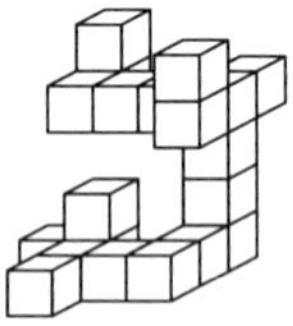

③
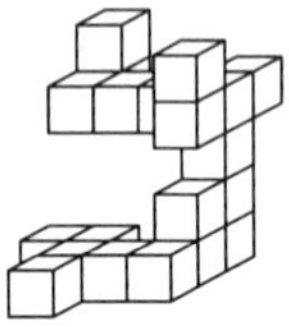

④
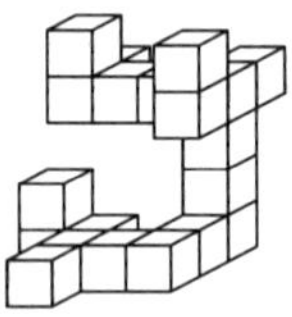

⑤
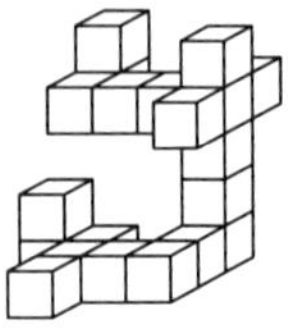

※ 주어진 입체도형 중 일치하지 않는 것을 고르시오. [24~26]

24

①

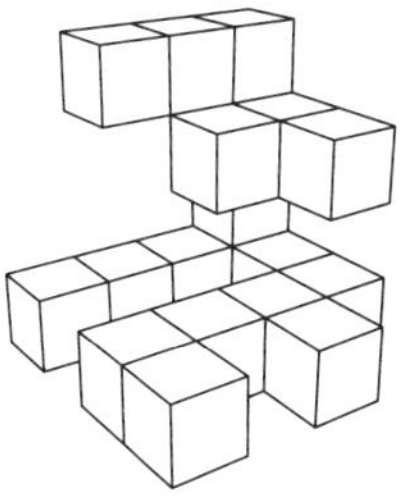

②

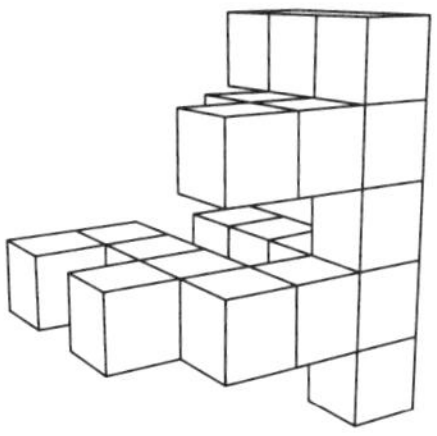

③

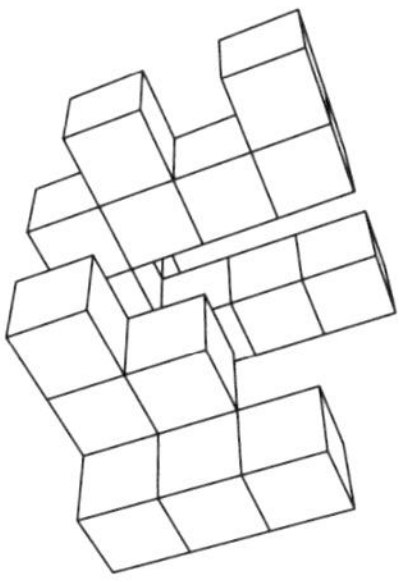

④

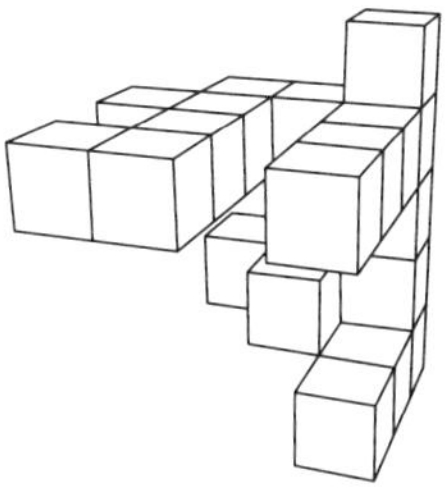

⑤

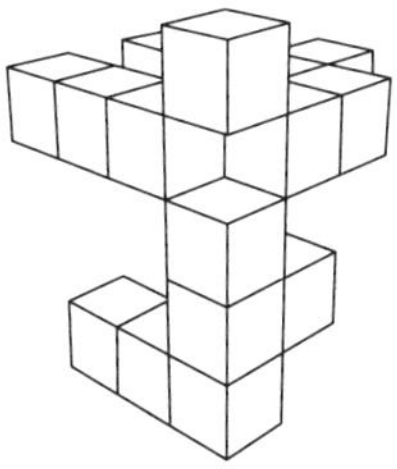

25 ①

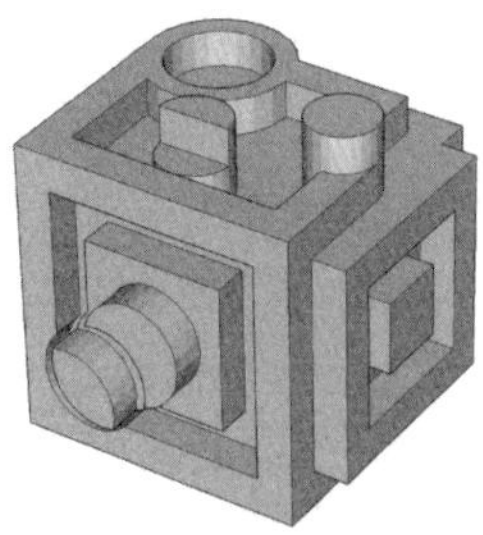

②

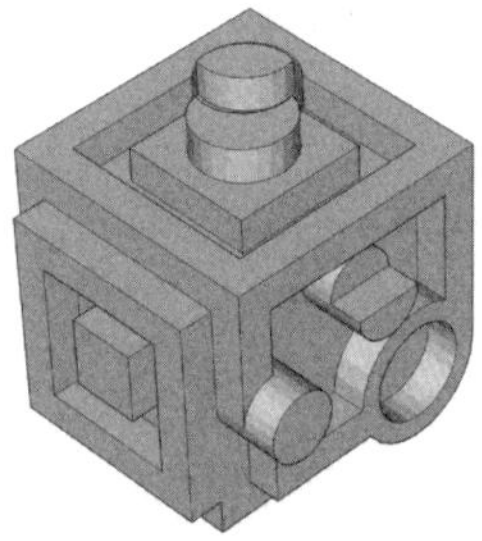

③

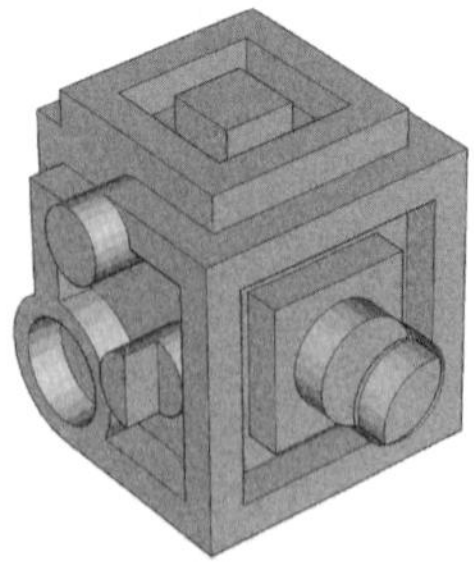

④

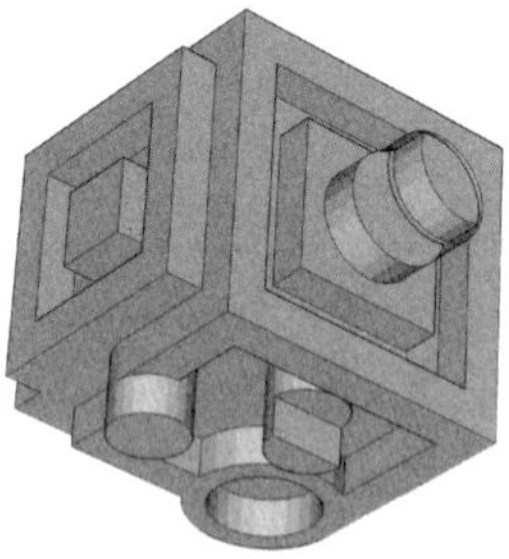

⑤

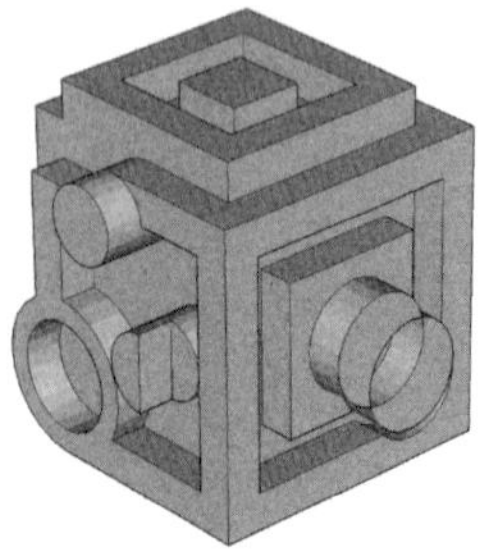

26

①

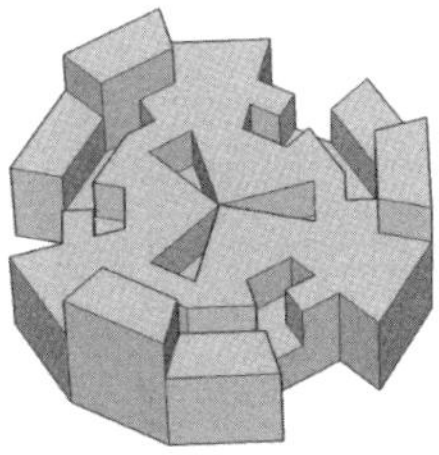

②

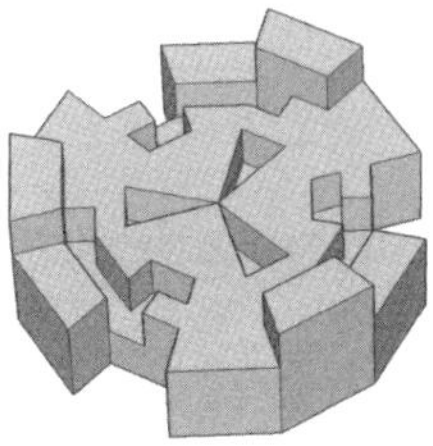

③

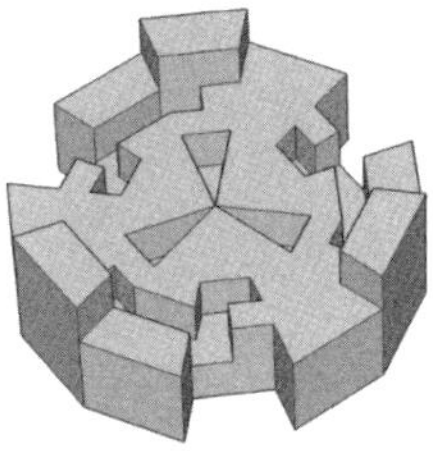

④

⑤

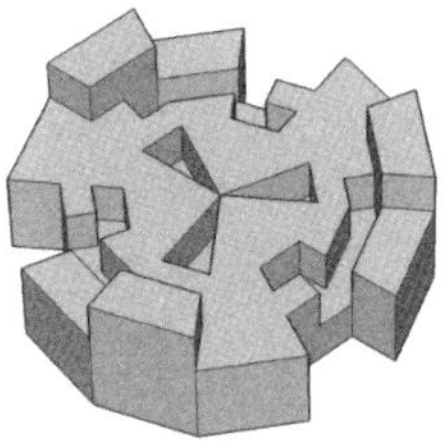

※ 3×3×3 큐브를 다음과 같이 정의한다고 할 때, 이어지는 질문에 답하시오. [27~28]

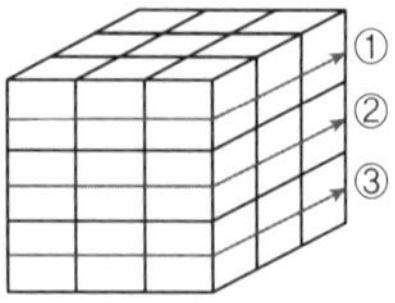

① 첫 번째 가로줄
② 두 번째 가로줄
③ 세 번째 가로줄
시계 방향
시계 반대 방향

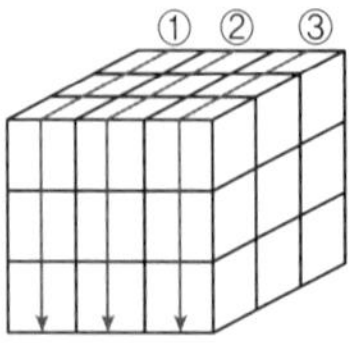

① 첫 번째 세로줄
② 두 번째 세로줄
③ 세 번째 세로줄
앞으로
뒤로

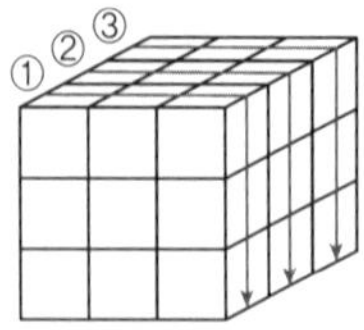

① 첫 번째 높이줄
② 두 번째 높이줄
③ 세 번째 높이줄
시계 방향
시계 반대 방향

27

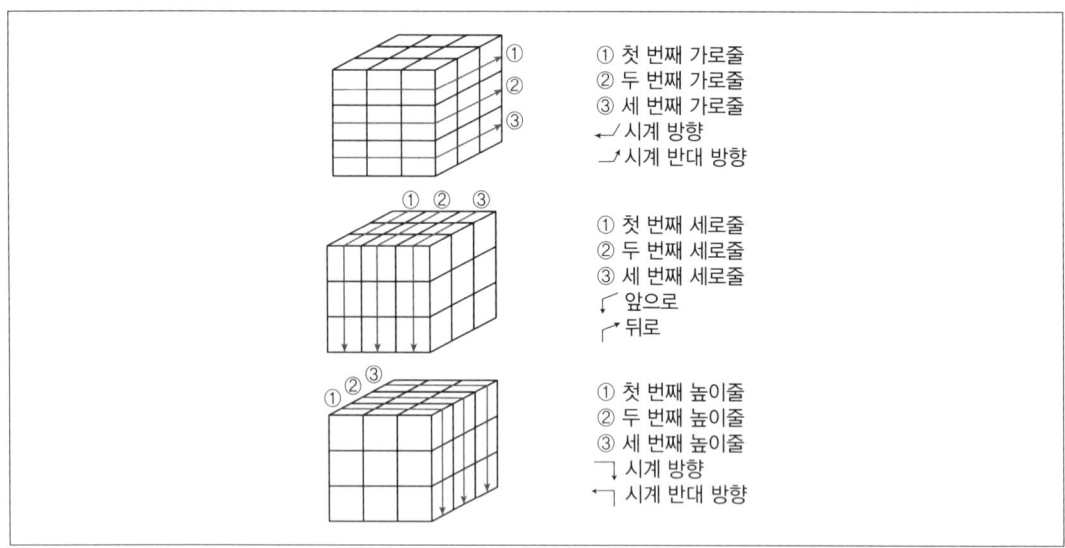

첫 번째 가로줄을 180°, 두 번째 가로줄을 시계 반대 방향으로 90°, 첫 번째 세로줄을 앞으로 90° 돌렸을 때 나오는 모양을 다음과 같이 잘랐을 때의 단면은?

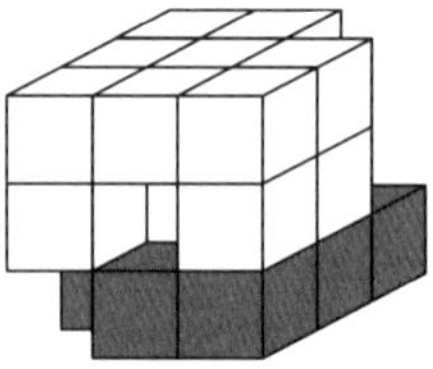

①
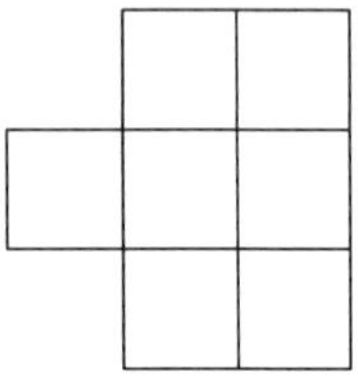

②
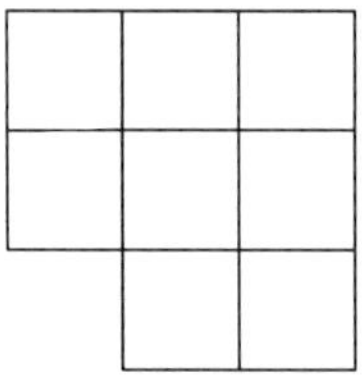

③
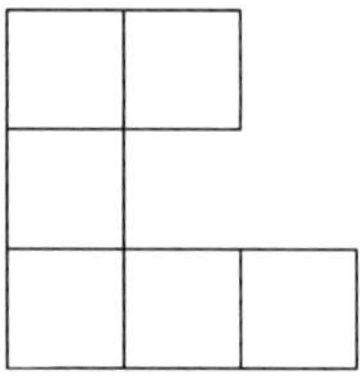

④
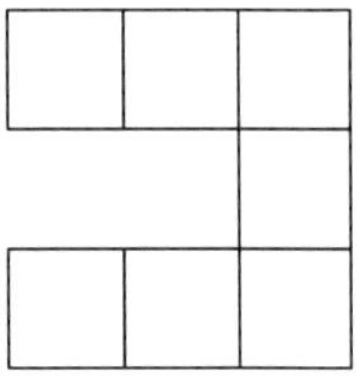

⑤
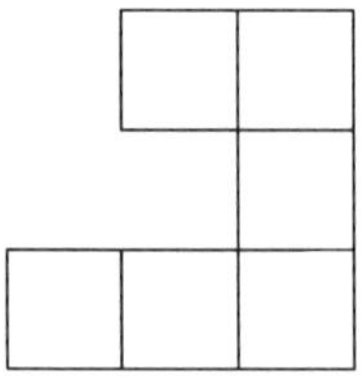

28 첫 번째 세로줄을 앞으로 90˚, 두 번째 가로줄을 시계 방향으로 90˚, 첫 번째 가로줄을 시계 반대 방향으로 90˚ 돌렸을 때 나오는 모양을 다음과 같이 잘랐을 때의 단면은?

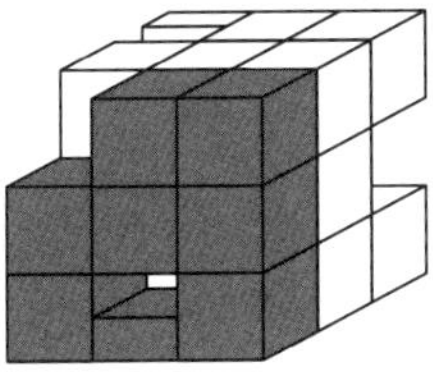

①
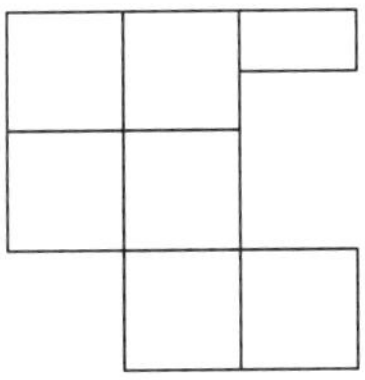

②
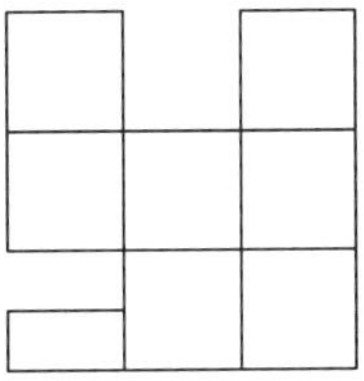

③
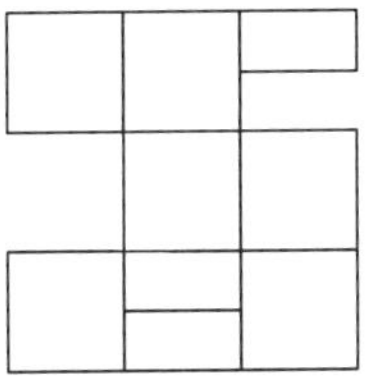

④
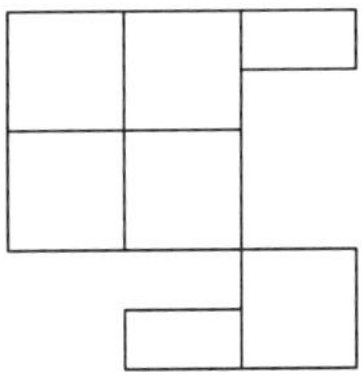

⑤
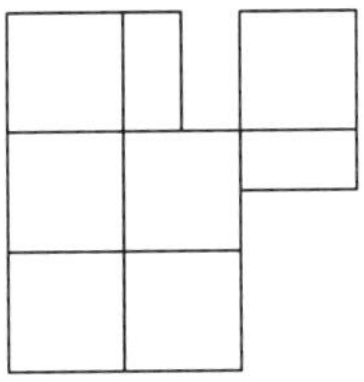

29 구에 대한 회전 규칙이 다음과 같다. 규칙에 따라 제시된 도형을 135° 지점에서 ← 방향으로 180° 회전, 45° 지점에서 → 방향으로 45° 회전, 270° 지점에서 ↑ 방향으로 45° 회전했을 때, 정면에서 본 모양으로 알맞은 것은?

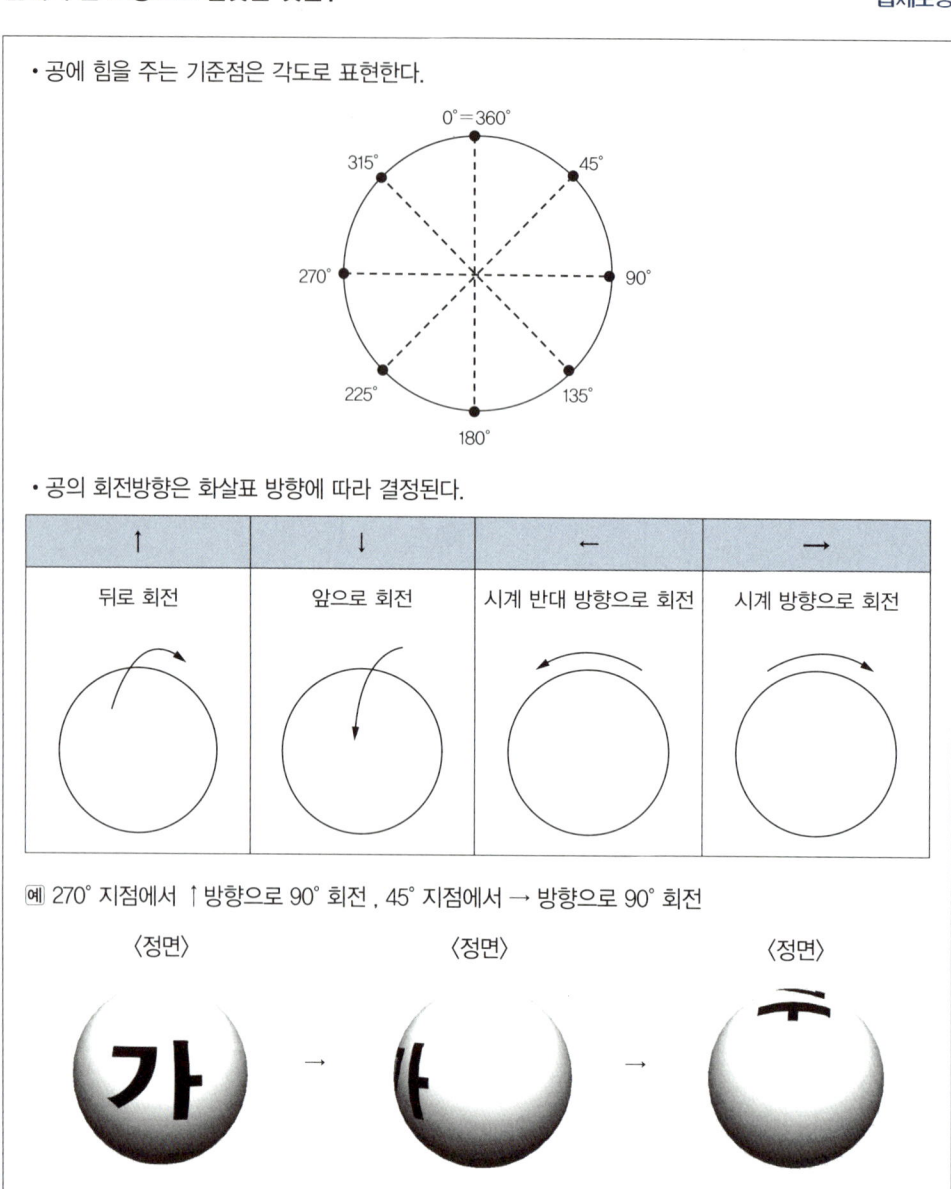

입체도형

• 공에 힘을 주는 기준점은 각도로 표현한다.

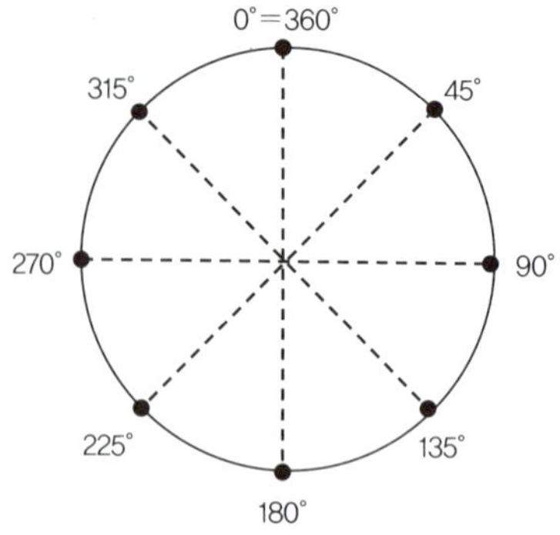

• 공의 회전방향은 화살표 방향에 따라 결정된다.

↑	↓	←	→
뒤로 회전	앞으로 회전	시계 반대 방향으로 회전	시계 방향으로 회전
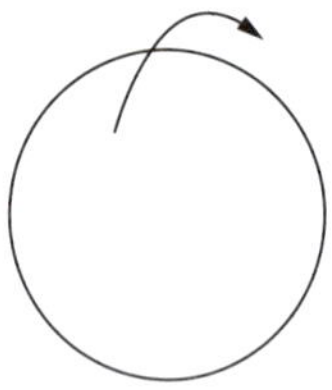	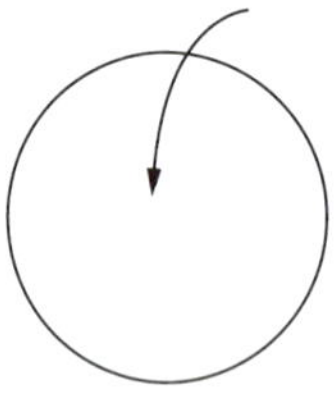	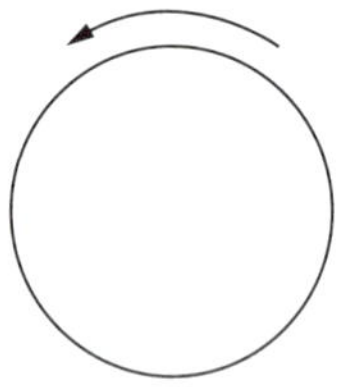	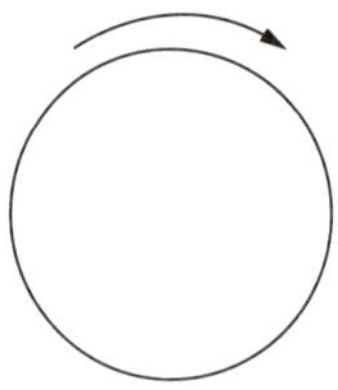

예 270° 지점에서 ↑ 방향으로 90° 회전 , 45° 지점에서 → 방향으로 90° 회전

〈정면〉 〈정면〉 〈정면〉

①

②

③

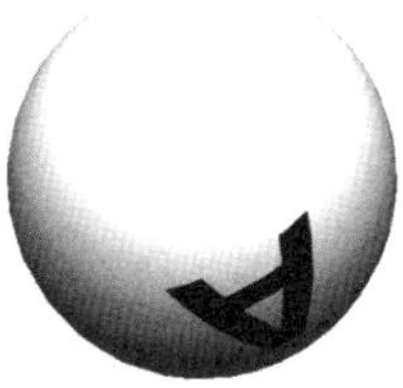

④

⑤

30 다음 Ⓐ, Ⓑ, Ⓒ의 전개도를 면이 정면에 오도록 접은 후 주어진 방향으로 회전하여 아래의 결합 모양과 같이 붙인 그림으로 알맞은 것은? 입체도형

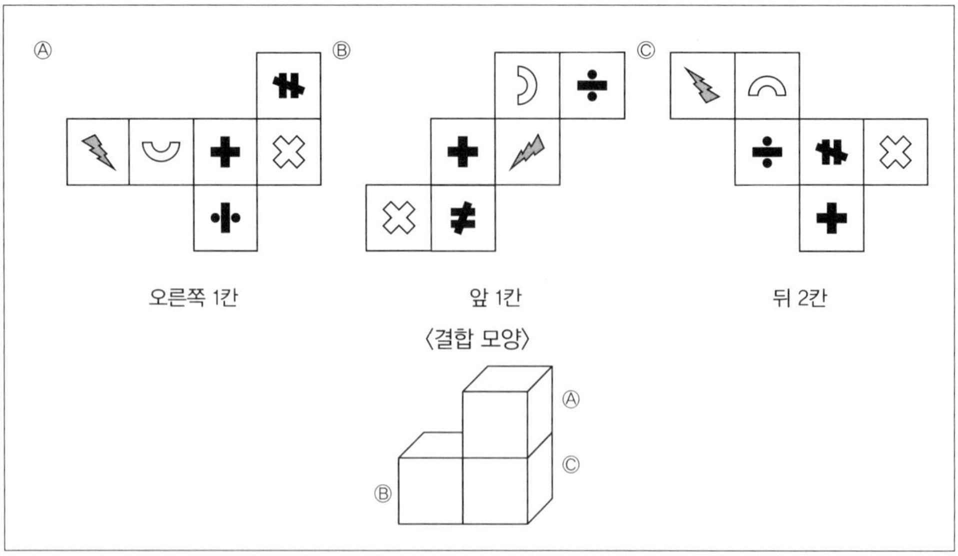

①

②
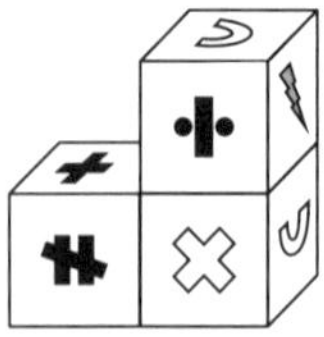

③
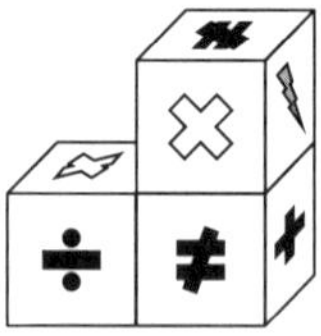

④
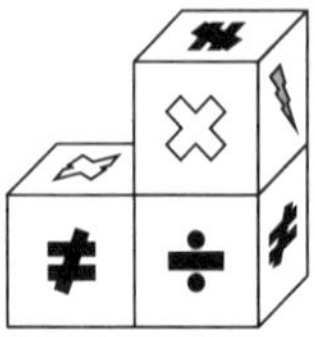

⑤
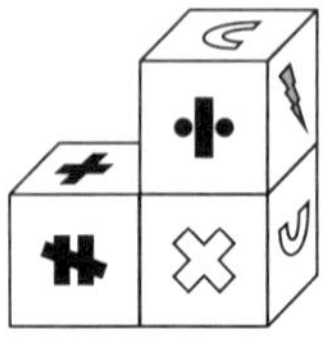

PART 3
실전모의고사

제1회
실전모의고사

모바일 OMR

정답 및 해설 p.022

응시시간 : 40분 | **문항 수** : 30문항

추리

01 **제시된 단어의 대응 관계로 볼 때, 빈칸에 들어가기에 알맞은 것은?**

(　) : 혼절＝감사 : 사례

① 나태　② 소멸
③ 충격　④ 곡해
⑤ 오해

02 **제시된 낱말의 대응 관계로 볼 때, 빈칸에 들어가기에 알맞은 것으로 짝지어진 것을 고르면?**

자립 : (　)＝심야 : (　)

① 독립, 광명　② 의존, 백주
③ 의타심, 꼭두새벽　④ 의지, 한밤
⑤ 식민지, 암흑

03 **다음 명제가 참일 때, 빈칸에 들어갈 명제로 가장 적절한 것은?**

- 병원에 가지 않았다면 사고가 나지 않은 것이다.
- ______________________________
- 그러므로 무단횡단을 하면 병원에 간다.

① 사고가 나지 않으면 무단횡단을 하지 않은 것이다.
② 병원에 가지 않았다면 무단횡단을 하지 않은 것이다.
③ 병원에 가면 사고가 나지 않은 것이다.
④ 병원에 가면 무단횡단을 한 것이다.
⑤ 사고가 나면 무단횡단을 하지 않은 것이다.

04 다음 명제를 읽고 옳은 것은?

- 공부를 열심히 하면 시험을 잘 본다.
- 성적을 잘 받으면 좋은 대학에 간다.
- 성적을 못 받았다면 시험을 못 봤다는 것이다.

A : 공부를 열심히 하면 성적을 잘 받는다.
B : 성적을 잘 받았다면 공부를 열심히 한 것이다.

① A만 옳다.
② B만 옳다.
③ A와 B 모두 옳다.
④ A와 B 모두 틀리다.
⑤ A와 B 모두 옳은지 틀린지 판단할 수 없다.

PART 3

05 A~E 다섯 명의 사람이 일렬로 나란히 자리에 앉으려고 한다. 다음 〈조건〉을 바탕으로 바르게 추론한 것은?

조건

- A~E 다섯 명의 자리는 우리가 바라보는 방향을 기준으로 한다.
- 자리의 순서는 왼쪽을 기준으로 한다.
- D는 A의 바로 왼쪽에 있다.
- B와 D 사이에 C가 있다.
- A는 마지막 자리가 아니다.
- A와 B 사이에 C가 있다.
- B는 E의 바로 오른쪽에 앉는다.

① D는 두 번째에 앉을 수 있다.
② E는 네 번째 자리에 앉을 수 있다.
③ C는 두 번째 자리에 앉을 수 있다.
④ C는 E의 오른쪽에 앉을 수 있다.
⑤ C는 A의 왼쪽에 앉을 수 있다.

※ 일정한 규칙으로 수를 나열할 때, 빈칸에 들어갈 알맞은 것을 고르시오. [6~8]

06

7 4 35 13 175 40 875 ( ) 4,375 364

① 121
② 119
③ 118
④ 115
⑤ 113

07

( ) 125 3 25 −9 5 27 1

① −3
② −1
③ 5
④ 17
⑤ 20

08

45 40 80 75 150 ( ) 290

① 200
② 170
③ 165
④ 155
⑤ 145

09 다음 도식에서 기호들은 일정한 규칙에 따라 문자를 변화시킨다. ?에 들어갈 알맞은 문자는?

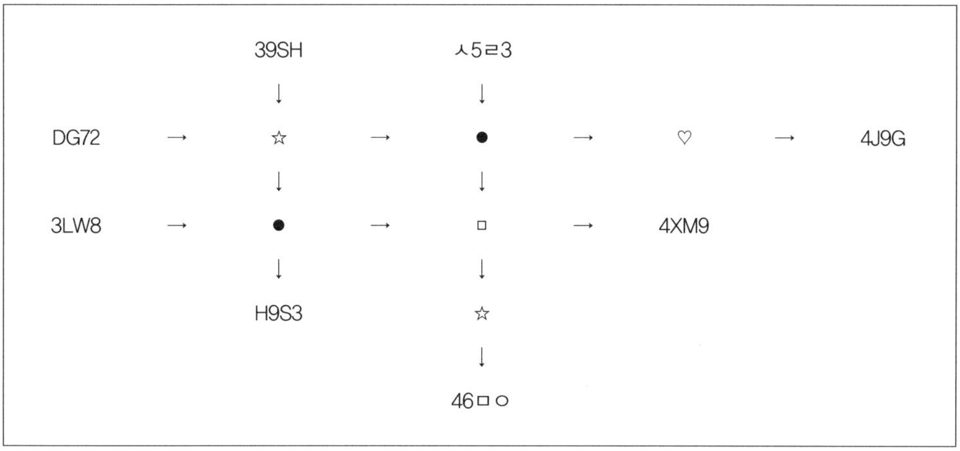

8ㅂㄷ5 → ☆ → ㅁ → ?

① 9ㅅ6ㅁ
② 6ㄹㅅ9
③ 1ㅁ8ㅇ
④ 8ㄹㅅ1
⑤ 7ㅁㄷ2

10 **다음 기호들은 일정한 규칙에 따라 도형을 변화시킨다. 주어진 도형을 도식에 따라 변화시켰을 때 결과로 알맞은 것은?**

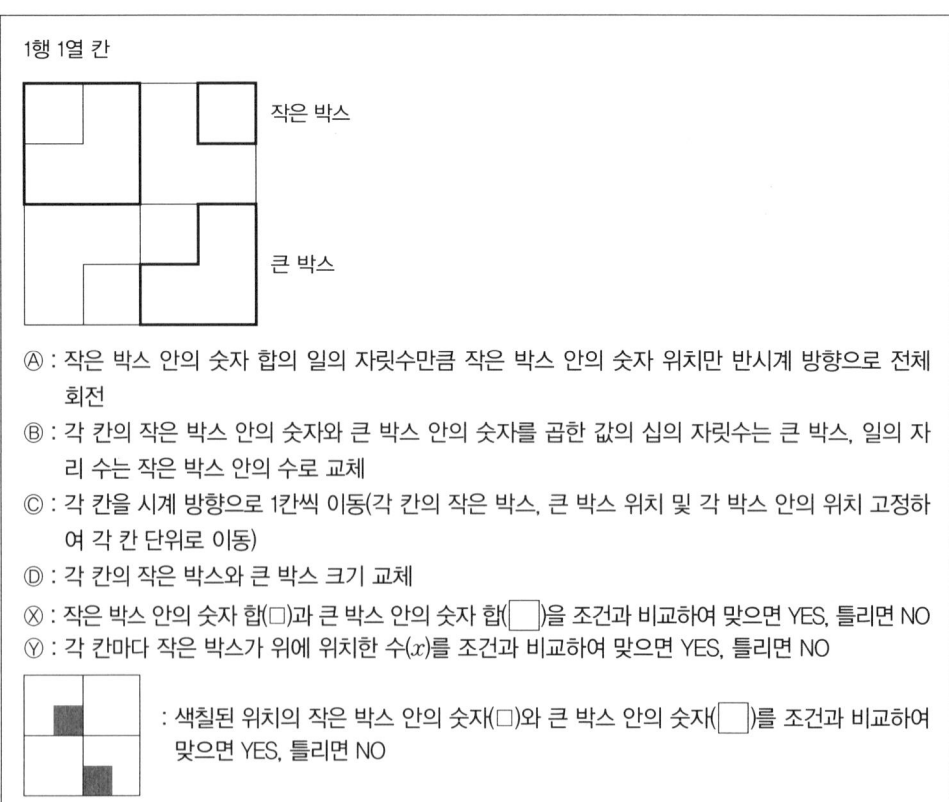

1행 1열 칸

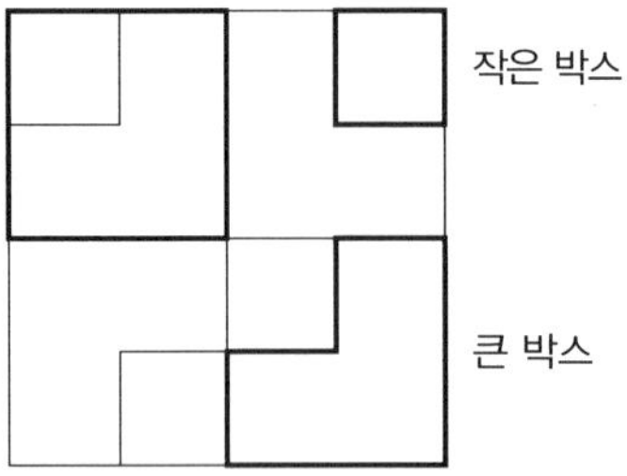

Ⓐ : 작은 박스 안의 숫자 합의 일의 자릿수만큼 작은 박스 안의 숫자 위치만 반시계 방향으로 전체 회전

Ⓑ : 각 칸의 작은 박스 안의 숫자와 큰 박스 안의 숫자를 곱한 값의 십의 자릿수는 큰 박스, 일의 자리 수는 작은 박스 안의 수로 교체

Ⓒ : 각 칸을 시계 방향으로 1칸씩 이동(각 칸의 작은 박스, 큰 박스 위치 및 각 박스 안의 위치 고정하여 각 칸 단위로 이동)

Ⓓ : 각 칸의 작은 박스와 큰 박스 크기 교체

Ⓧ : 작은 박스 안의 숫자 합(□)과 큰 박스 안의 숫자 합(▢)을 조건과 비교하여 맞으면 YES, 틀리면 NO

Ⓨ : 각 칸마다 작은 박스가 위에 위치한 수(x)를 조건과 비교하여 맞으면 YES, 틀리면 NO

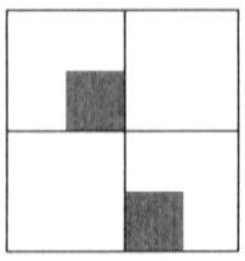

: 색칠된 위치의 작은 박스 안의 숫자(□)와 큰 박스 안의 숫자(▢)를 조건과 비교하여 맞으면 YES, 틀리면 NO

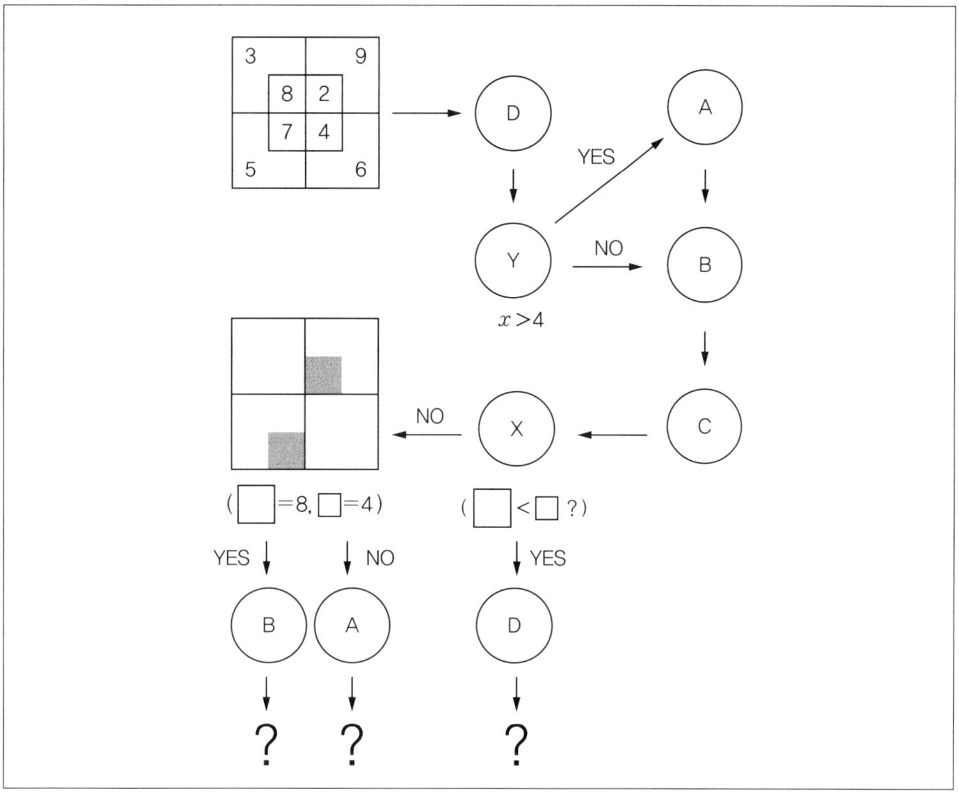

①
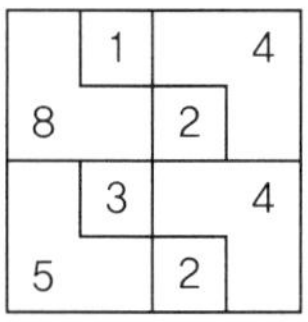

②
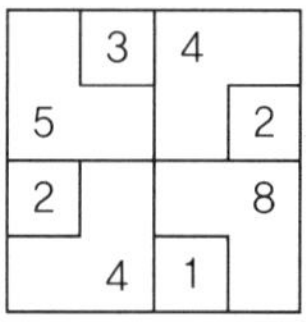

③
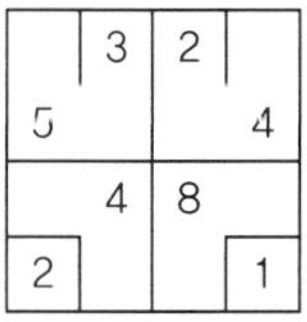

④
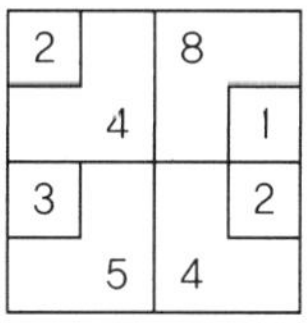

⑤
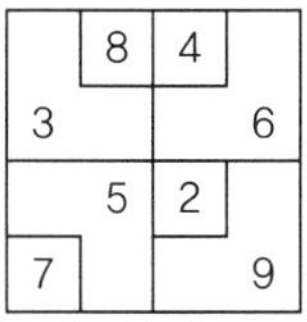

※ 제시된 도형의 규칙을 보고 ?에 들어갈 알맞은 것을 고르시오. [11~12]

11

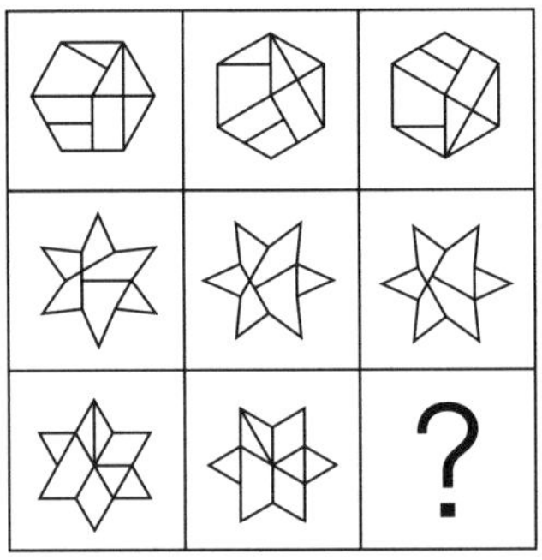

① 

② 

③ 

④ 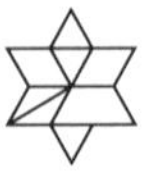

⑤ 

12

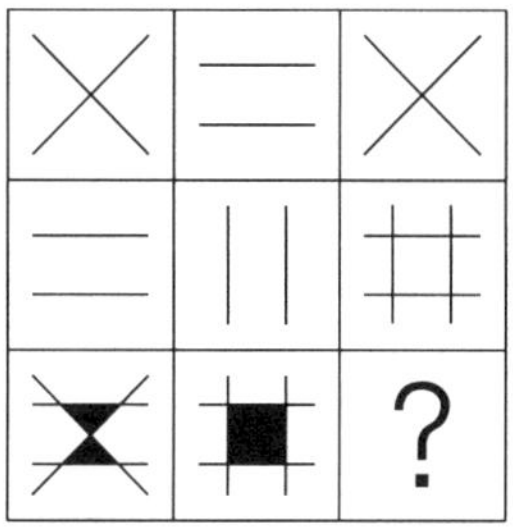

① 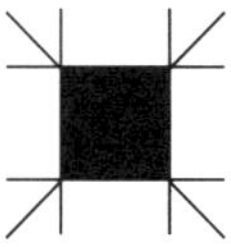

② 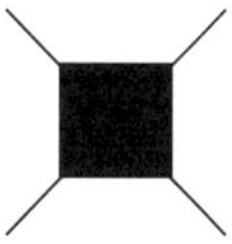

③ 

④ 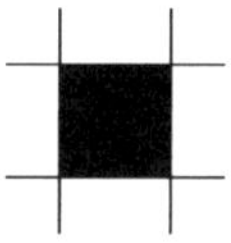

⑤ 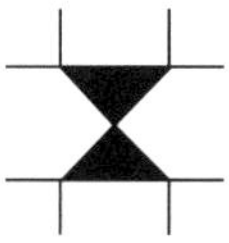

13 다음 도형들은 각 행 또는 열마다 공통 규칙이 적용된 후 개별 규칙이 적용되고 있다. 아래의 규칙 중 1~2가지로 이루어졌으며, 도형들에 적용되는 규칙을 찾아 〈보기〉의 A, B에 들어갈 도형의 모습을 추론한 것으로 옳은 것은?

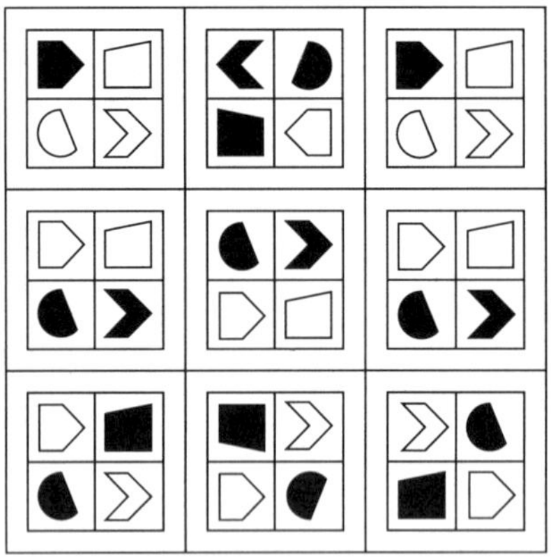

규칙

- 색 반전
- 시계 방향으로 90° 회전
- 180° 회전
- 시계 반대 방향으로 90° 회전
- 시계 방향으로 한 칸 이동
- 시계 방향으로 두 칸 이동
- 시계 방향으로 세 칸 이동
- 상하대칭
- 좌우대칭
- 1행과 2행 교환
- 1열과 2열 교환
- 1행1 열과 1행 2열 교환
- 1행1 열과 2행 1열 교환
- 1행 1열과 2행 2열 교환
- 1행 2열과 2행 1열 교환
- 1행 2열과 2행 2열 교환
- 2행 1열과 2행 2열 교환

보기

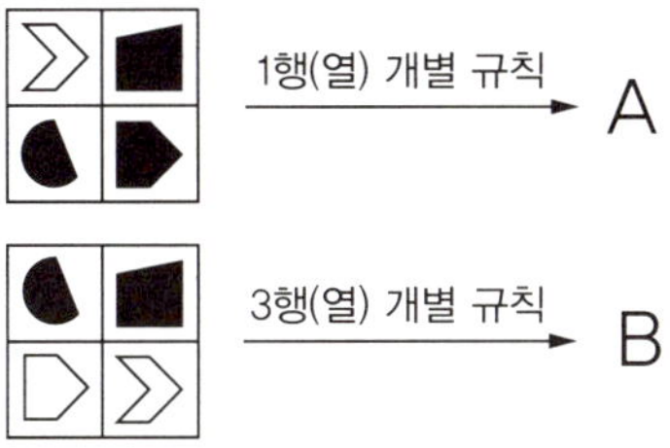

A B A B

① 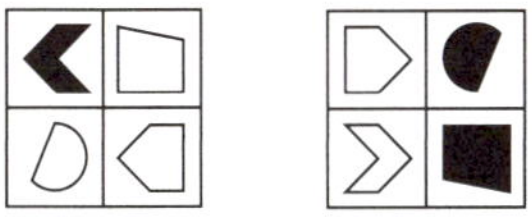

② 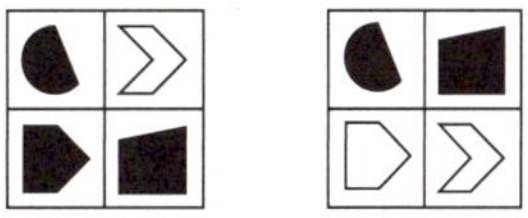

③ 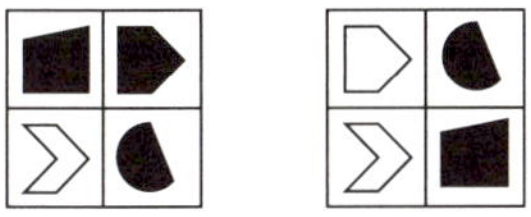

④ 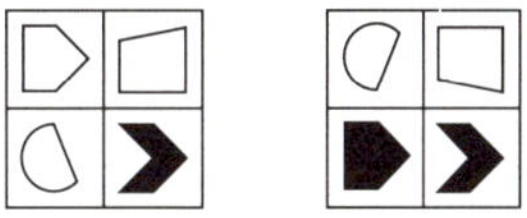

⑤ 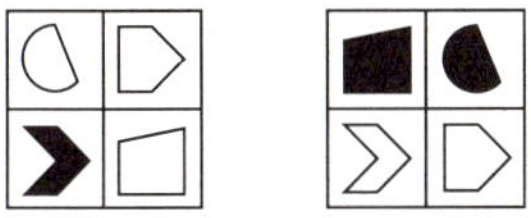

14 **제시된 도형을 〈조건〉에 따라 변화시켰을 때 ?에 들어갈 알맞은 도형은?**

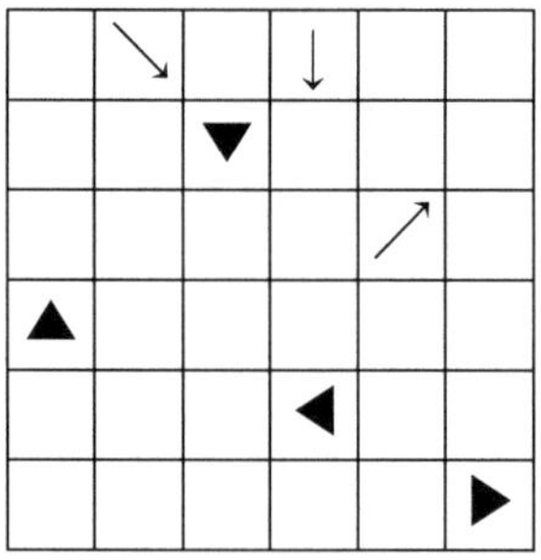

규칙 1 : 각 도형은 1초마다 아래로 한 칸씩 이동함

규칙 2 : 바닥에 닿은 도형은 더 이상 내려가지 않음

조건

2초 후 → 시계 반대 방향 90° 회전 → 2초 후 → ?

①
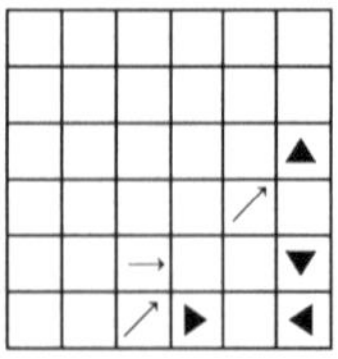

②
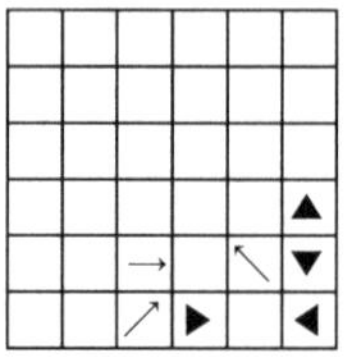

③
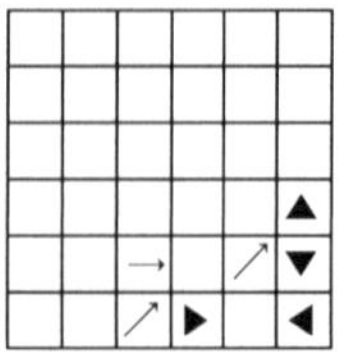

④
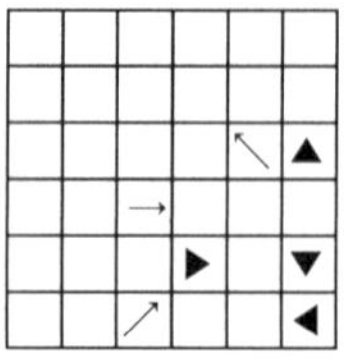

⑤
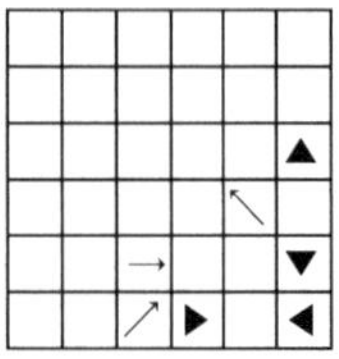

15 다음은 두 도형을 완전히 겹쳐지게 하여 새로운 도형을 만드는 과정을 나타낸 것이다. ?에 들어갈 도형으로 알맞은 것은?

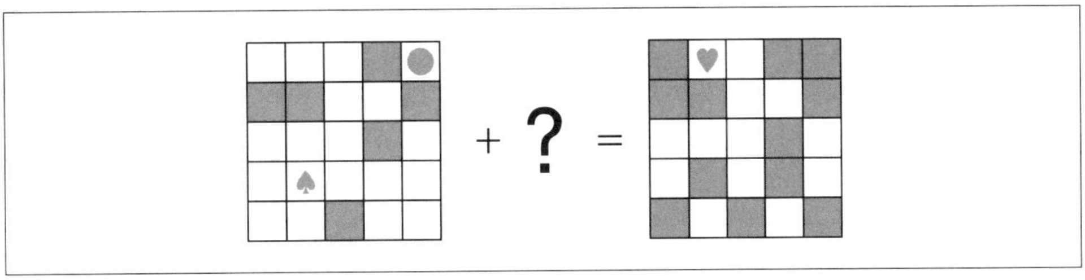

① 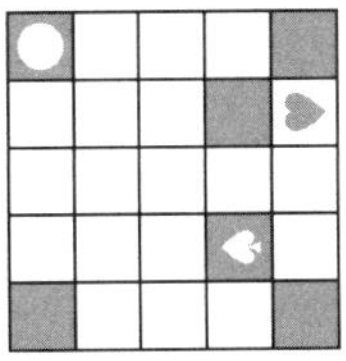

② 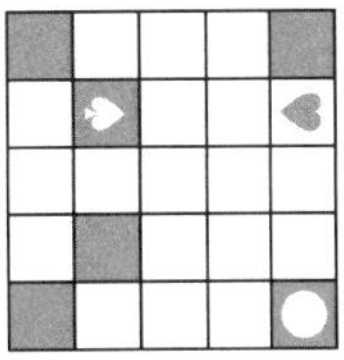

③ 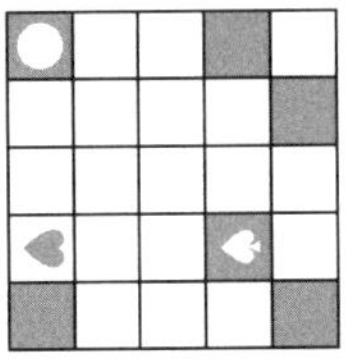

④ 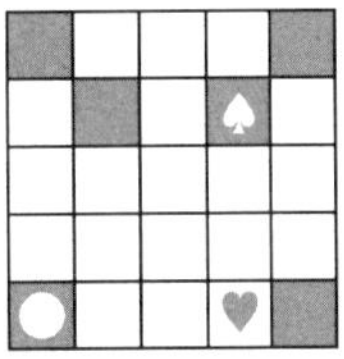

⑤ 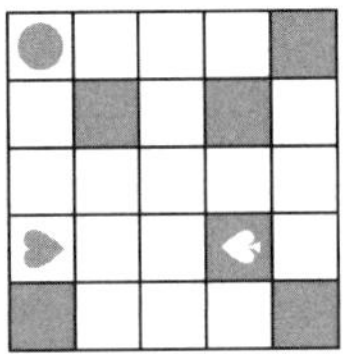

도형

※ 다음 그림과 같이 화살표 방향으로 종이를 접은 후, 일부분을 잘라내어(구멍을 뚫고) 다시 펼쳤을 때의 그림으로 옳은 것을 고르시오. [1~2]

01

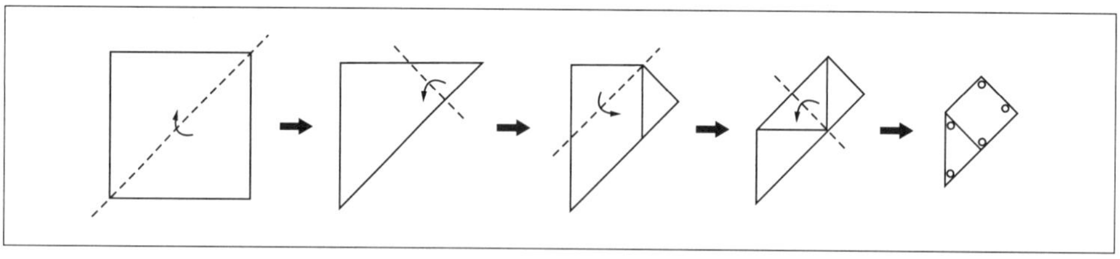

①
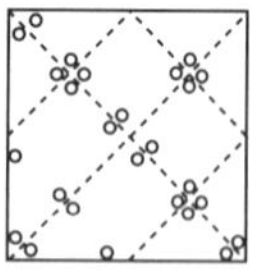

②
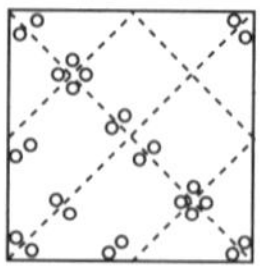

③
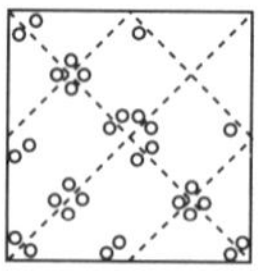

④
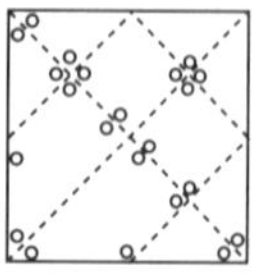

⑤
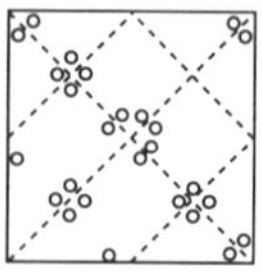

02

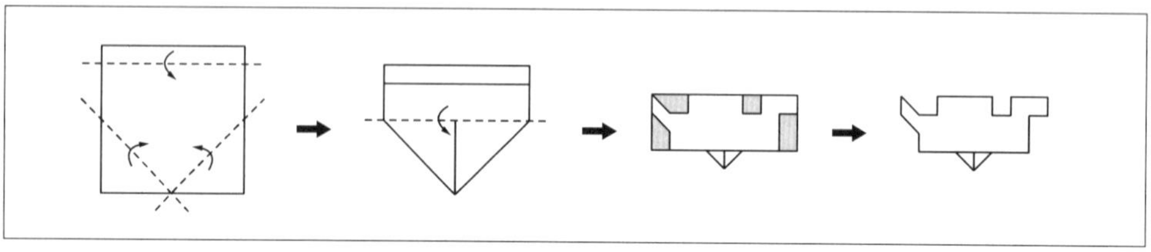

①
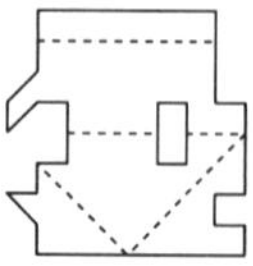

②
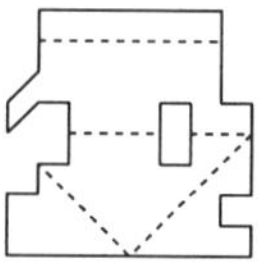

③
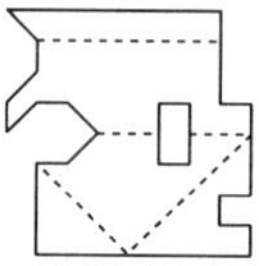

④
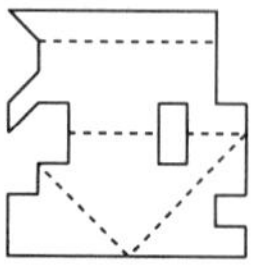

⑤
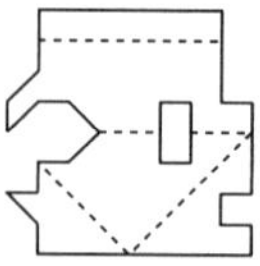

03 다음 그림과 같이 접었을 때, 나올 수 있는 뒷면의 모양으로 옳은 것은?

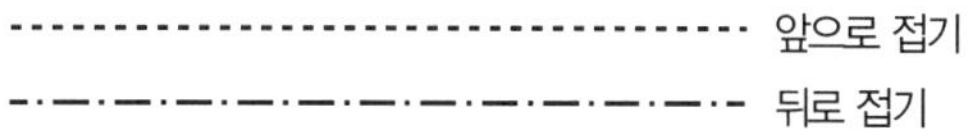

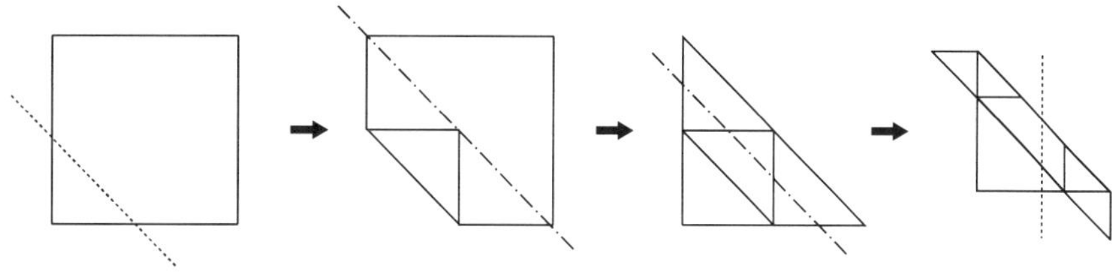

①

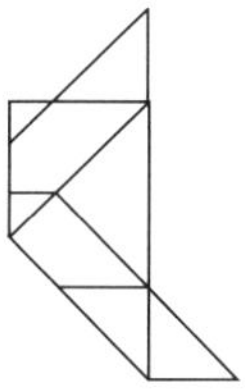

②

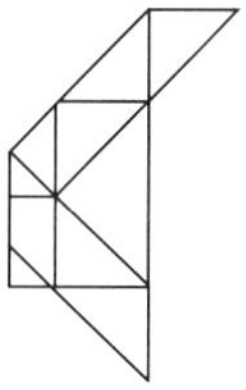

③

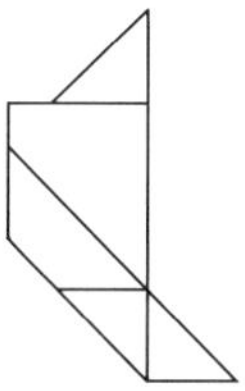

④

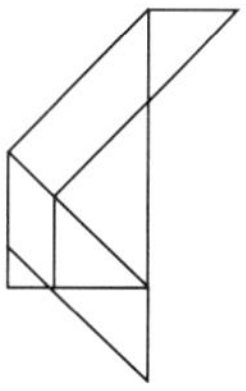

⑤

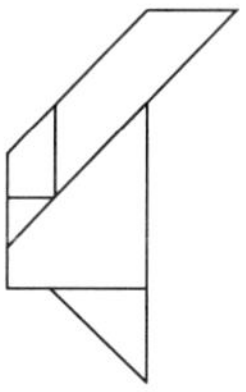

04 다음 그림에서 찾을 수 없는 도형은?

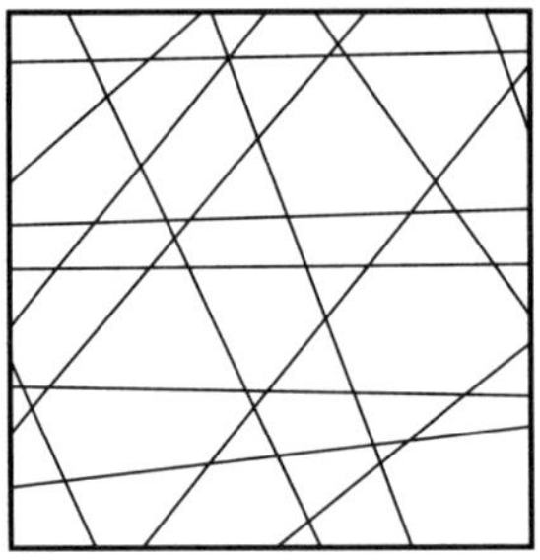

① 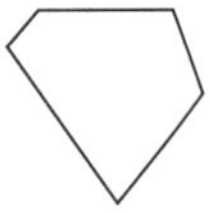

② 

③ 

④ 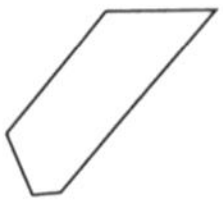

⑤ 

05 다음 도형을 만들기 위해 필요하지 않은 조각은?

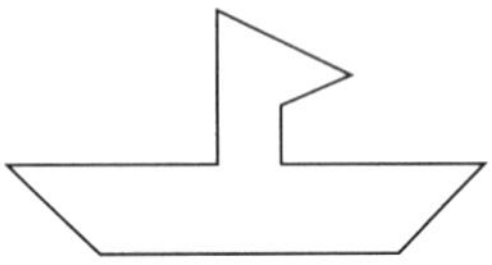

① 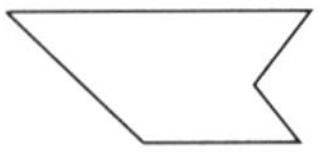

② 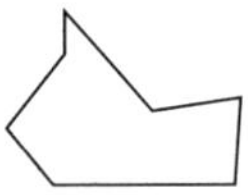

③ 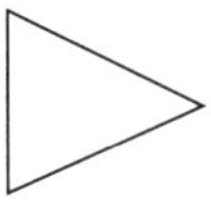

④ 

⑤ 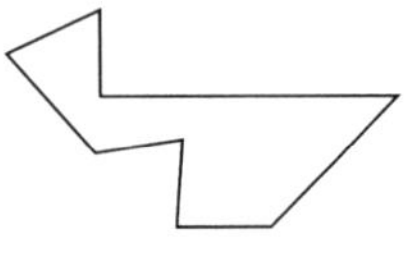

06 다음 도형을 조합하였을 때 만들 수 없는 도형은?

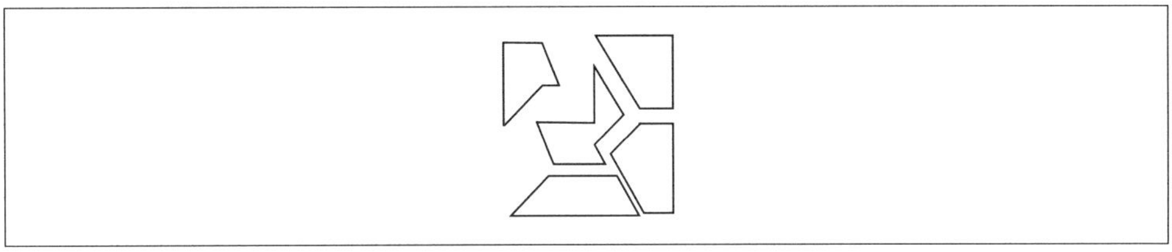

①
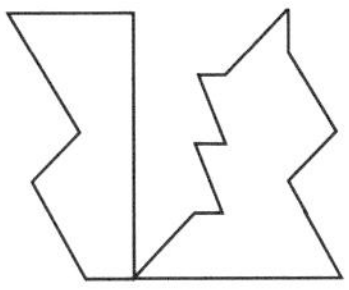

②
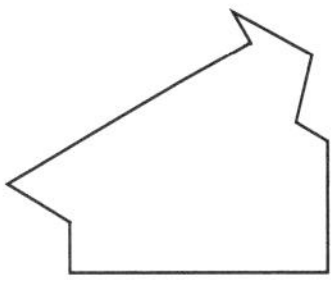

③
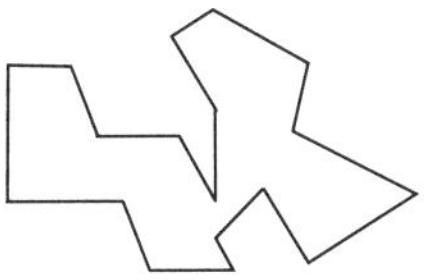

④
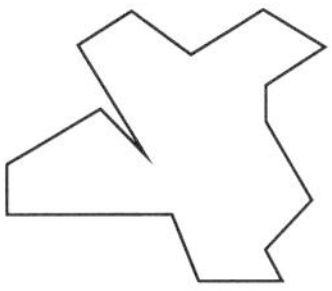

⑤
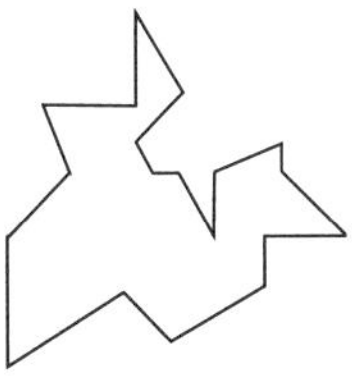

07 왼쪽 톱니를 시계 반대 방향으로 72°, 오른쪽 톱니를 시계 방향으로 144° 회전시킨 후, 화살표 방향에서 바라보았을 때 겹쳐진 모양은?

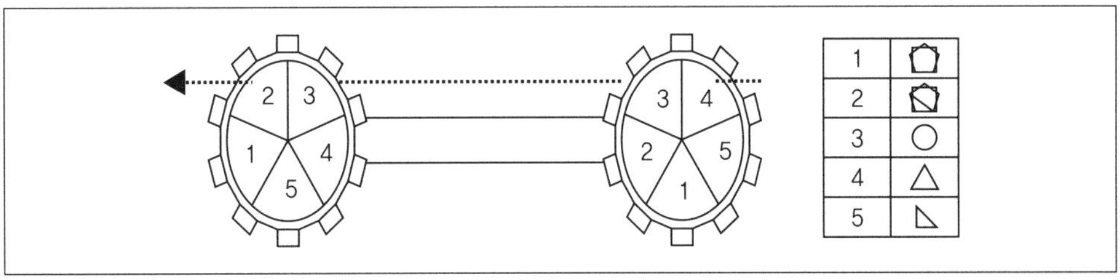

①

②
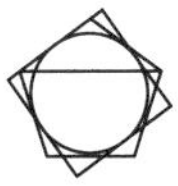

③
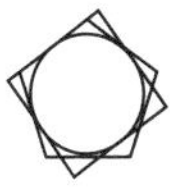

④

⑤

08 다음 전개도를 접었을 때, 만들어질 수 없는 것은?

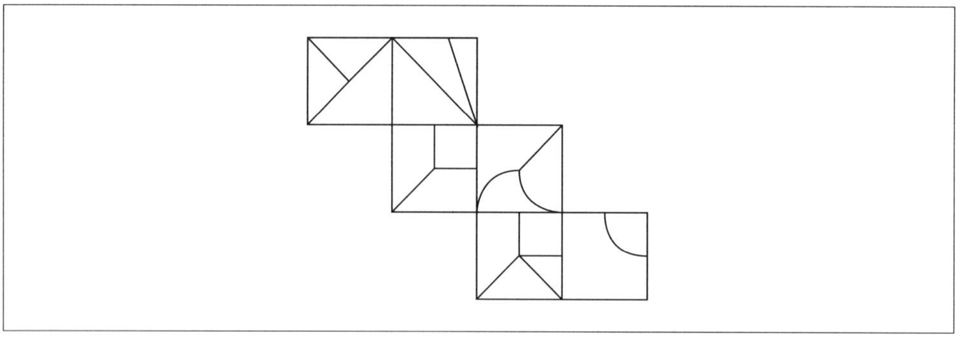

① 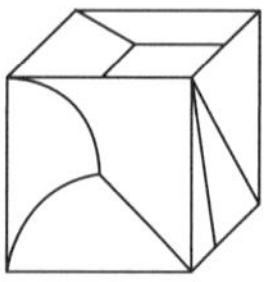

② 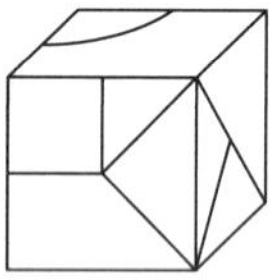

③ 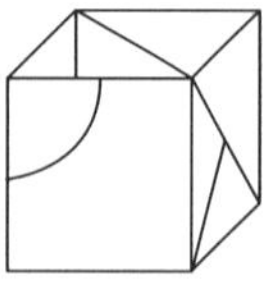

④ 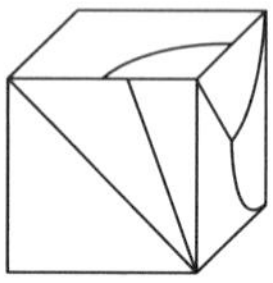

⑤ 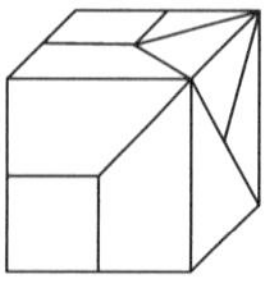

09 다음 전개도를 접었을 때, 나타나는 입체도형으로 알맞은 것은?

①
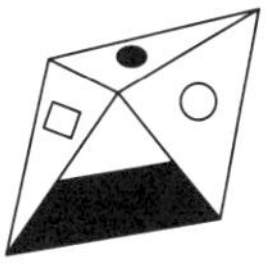

②
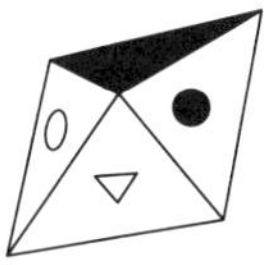

③
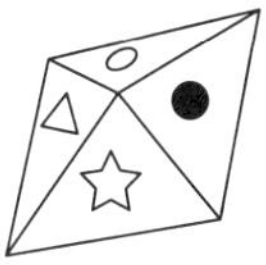

④
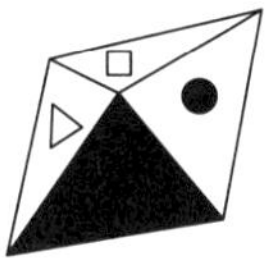

⑤
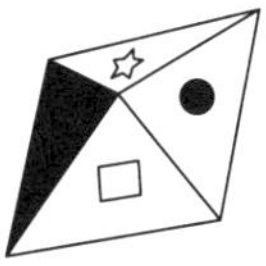

PART 3

10 다음 두 블록을 합쳤을 때 나올 수 없는 형태는?

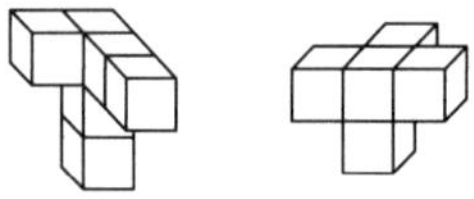

①
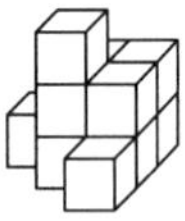

②
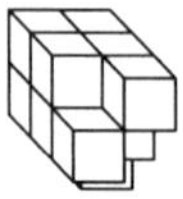

③

④
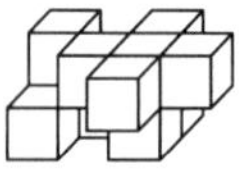

⑤
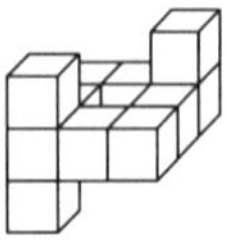

11 왼쪽의 직육면체 모양의 입체도형은 두 번째, 세 번째 입체도형과 ?를 조합하여 만들 수 있다. ?에 알맞은 도형은?

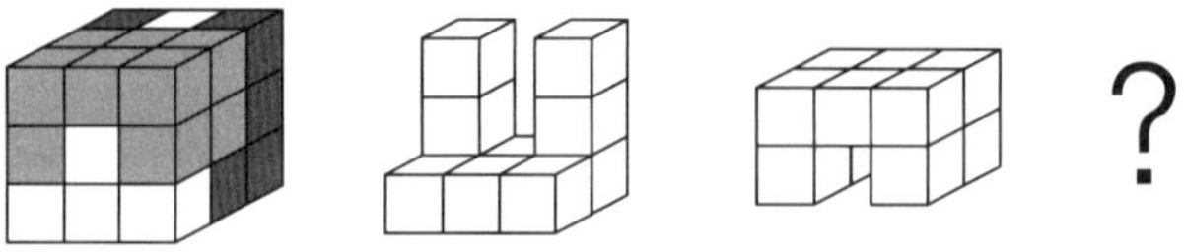

①
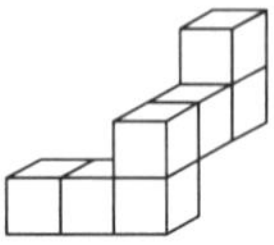

②
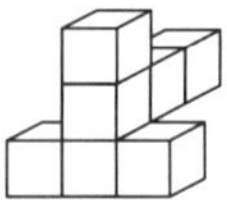

③
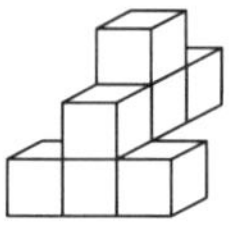

④
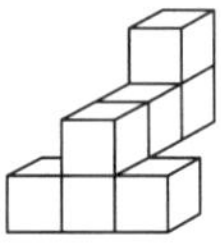

⑤
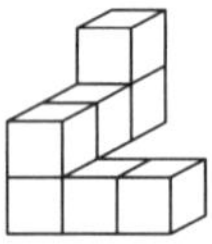

12 다음 단면들과 일치하는 입체도형은?

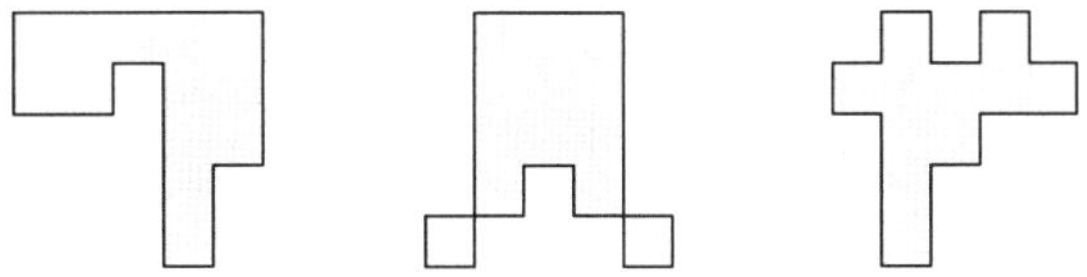

(A) (B) (C)

①
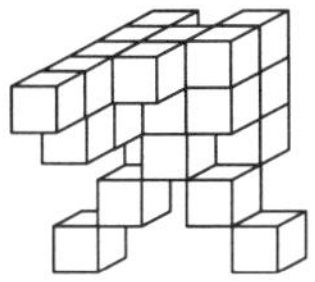

②
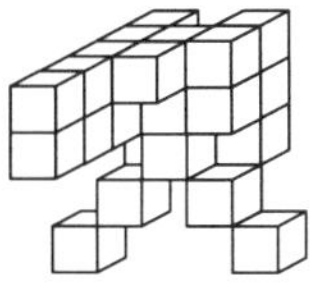

③
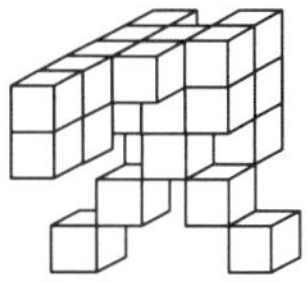

④
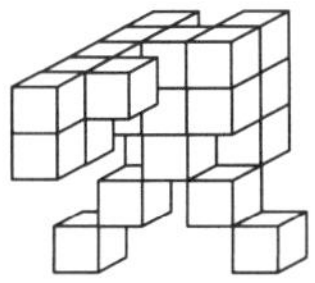

⑤
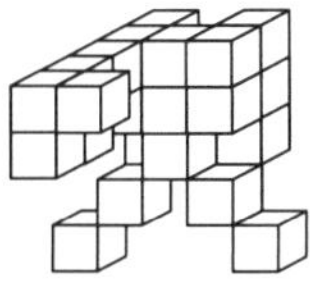

13 주어진 입체도형 중 다른 입체도형과 일치하지 않는 것은?

①

②

③

④

⑤
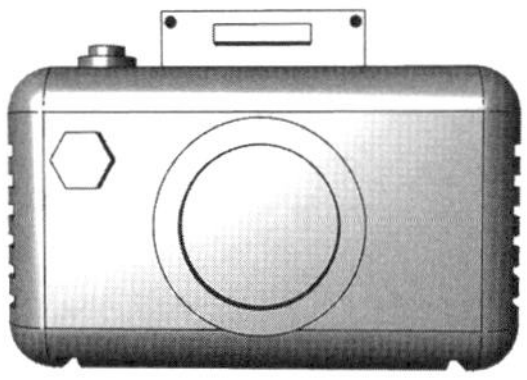

※ 3×3×3 큐브를 다음과 같이 정의하려고 할 때, 이어지는 질문에 답하시오. [14~15]

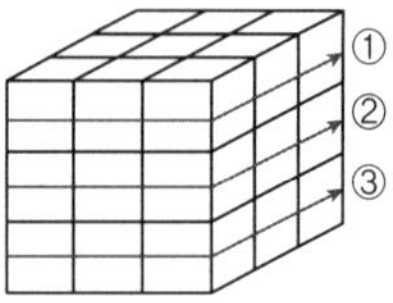

① 첫 번째 가로줄
② 두 번째 가로줄
③ 세 번째 가로줄
시계 방향
시계 반대 방향

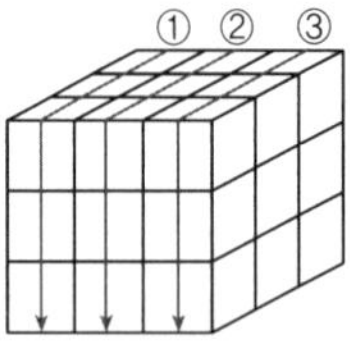

① 첫 번째 세로줄
② 두 번째 세로줄
③ 세 번째 세로줄
앞으로
뒤로

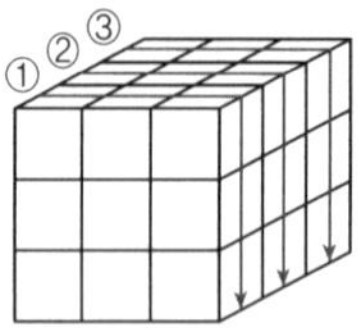

① 첫 번째 높이줄
② 두 번째 높이줄
③ 세 번째 높이줄
시계 방향
시계 반대 방향

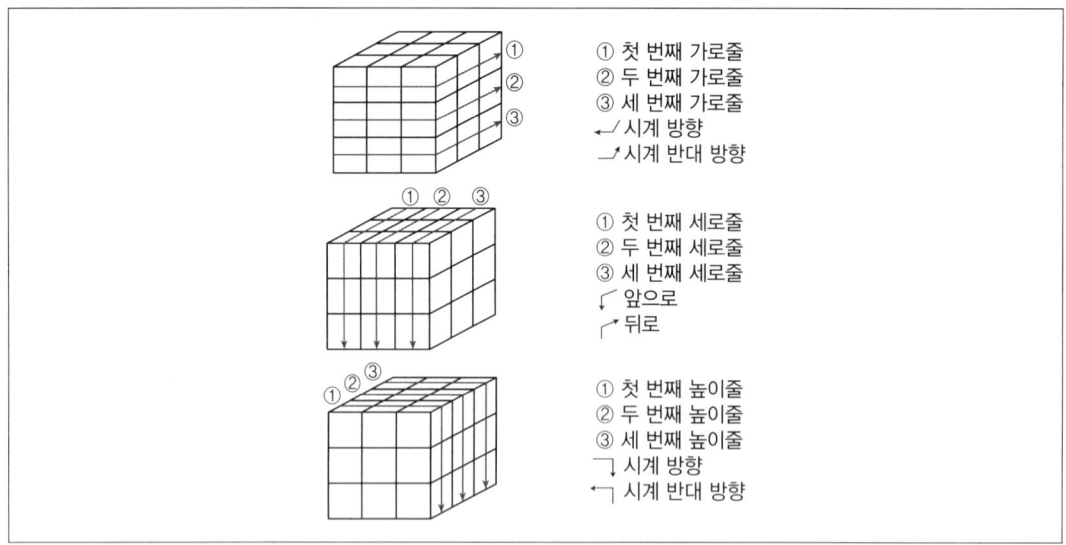

14 세 번째 높이줄을 시계 반대 방향으로 90°, 첫 번째 가로줄을 시계 방향으로 90°, 두 번째 세로줄을 앞으로 90° 돌렸을 때 나오는 모양을 다음과 같이 잘랐을 때의 단면은?

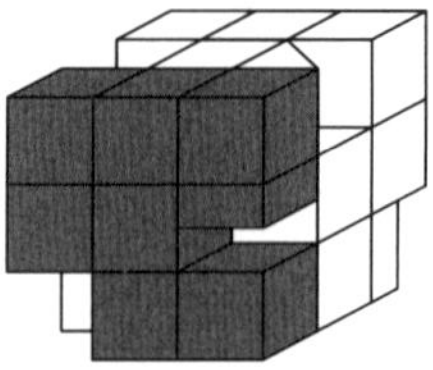

①
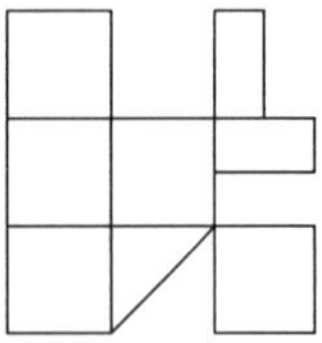

②
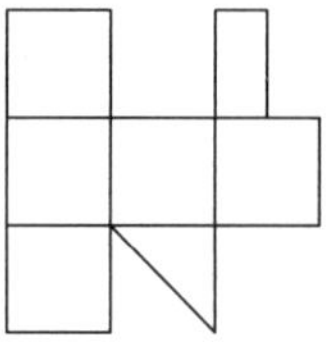

③
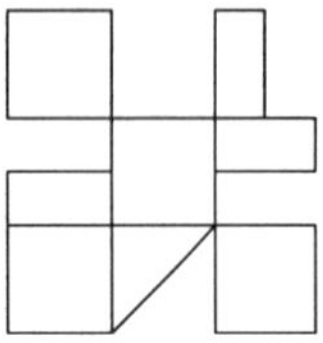

④
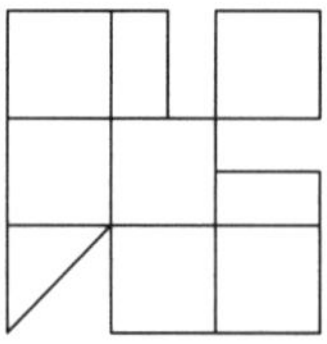

⑤
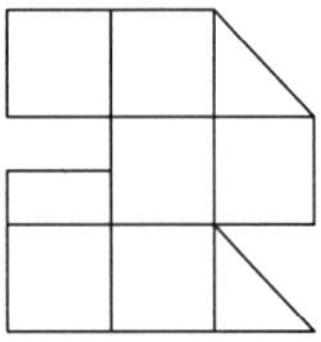

15 세 번째 높이줄을 시계 반대 방향으로 90°, 첫 번째 가로줄을 180°, 세 번째 세로줄을 180° 돌렸을 때 나오는 모양을 다음과 같이 잘랐을 때의 단면은?

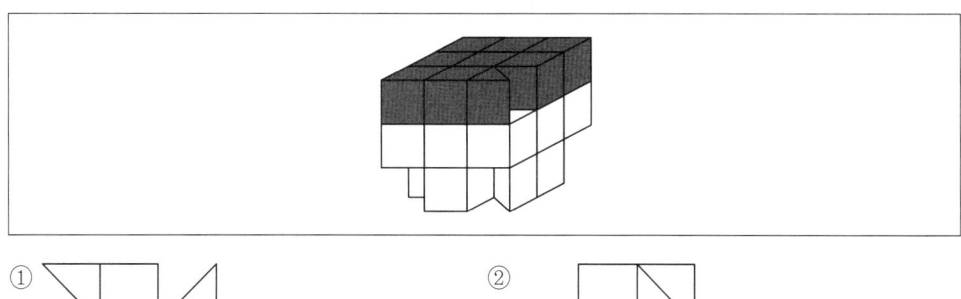

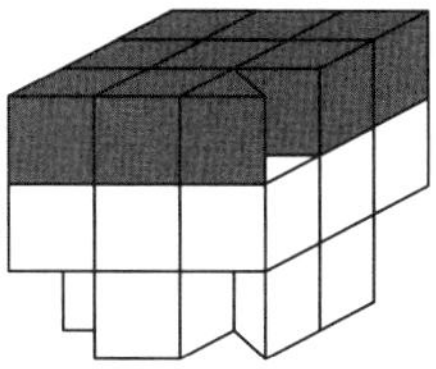

① 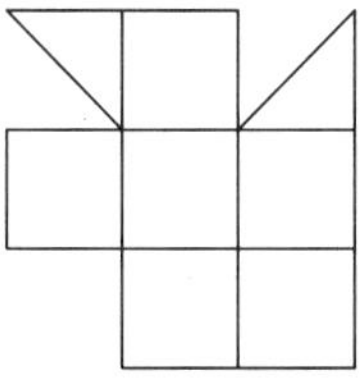

② 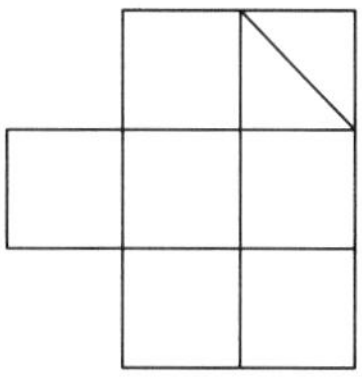

③ 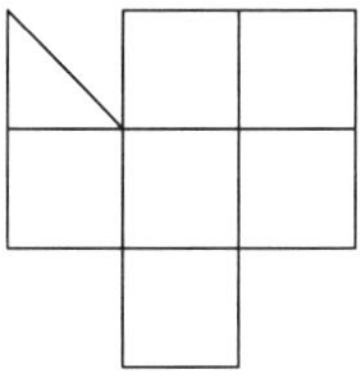

④ 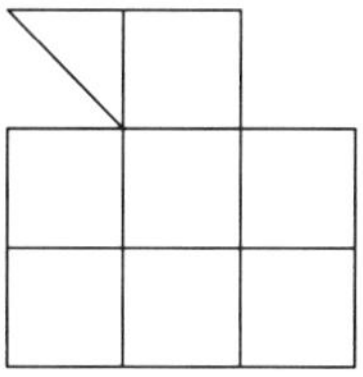

⑤ 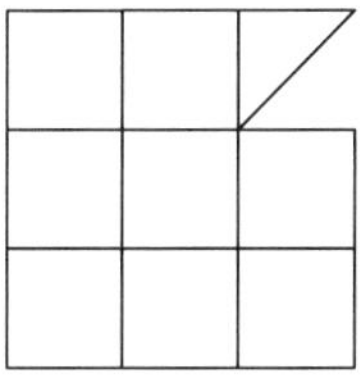

제2회 실전모의고사

모바일 OMR

정답 및 해설 p.030

응시시간 : 40분 | **문항 수** : 30문항

추리

01 제시된 단어의 대응 관계로 볼 때 빈칸에 들어가기에 알맞은 것은?

이단 : 전통＝모방 : (　)

① 사설
② 종가
③ 모의
④ 답습
⑤ 창안

02 제시된 단어와 동일한 관계가 성립하도록 빈칸 안에 들어갈 단어를 순서대로 나열한 것은?

(　) : 간식＝(　) : 술

① 니코틴, 녹차
② 카페, 보리차
③ 비타민, 커피
④ 과자, 막걸리
⑤ 주식, 밀가루

03 다음 문장을 읽고 유추할 수 있는 것은?

- 마라톤을 좋아하는 사람은 체력이 좋고, 인내심도 있다.
- 몸무게가 무거운 사람은 체력이 좋다.
- 명랑한 사람은 마라톤을 좋아한다.

① 체력이 좋은 사람은 인내심이 없다.
② 인내심이 없는 사람은 명랑하지 않다.
③ 마라톤을 좋아하는 사람은 몸무게가 가볍다.
④ 몸무게가 무겁지 않은 사람은 체력이 좋지 않다.
⑤ 체력이 좋지 않은 사람은 인내심도 없다.

04 다음 명제를 읽고 옳은 것은?

- 설사 등의 증세가 일어나면 생활에 나쁜 영향을 준다.
- 몸의 수분 비율이 일정 수치 이하로 떨어지면 탈수 현상이 발생한다.
- 설사 등의 증세가 일어나지 않았다는 것은 탈수 현상은 발생하지 않았다는 것이다.

A : 탈수 현상이 발생하면 생활에 나쁜 영향을 준다.
B : 몸의 수분 비율이 일정 수치 이하로 떨어지면 설사 등의 증세가 발생한다.

① A만 옳다.
② B만 옳다.
③ A와 B 모두 옳다.
④ A와 B 모두 틀리다.
⑤ A와 B 모두 옳은지 틀린지 판단할 수 없다.

05 A~D는 구두를 사기 위해 신발가게에 갔다. 신발가게에서 세일을 하는 품목은 빨간색, 주황색, 노란색, 초록색, 파란색, 남색, 보라색 구두이고 각각 한 켤레씩 남았다. 다음 〈조건〉을 만족할 때, A는 주황색 구두를 제외하고 어떤 색의 구두를 샀는가?(단, 빨간색–초록색, 주황색–파란색, 노란색–남색은 보색 관계이다)

조건

- A는 주황색을 포함하여 두 켤레를 샀다.
- C는 빨간색 구두 한 켤레를 샀다.
- B, D는 파란색을 좋아하지 않는다.
- C, D는 같은 수의 구두를 샀다.
- B는 C가 산 구두와 보색 관계인 구두를 샀다.
- D는 B가 산 구두와 보색 관계인 구두를 샀다.
- 모두 한 켤레 이상씩 샀으며, 네 사람은 세일품목을 모두 샀다.

① 노란색
② 초록색
③ 파란색
④ 남색
⑤ 보라색

※ 일정한 규칙으로 수 · 문자를 나열할 때, 빈칸에 들어갈 알맞은 것을 고르시오. [6~8]

06

2 −3 6 1 −2 −7 14 ( )

① 2
② 9
③ 19
④ −28
⑤ −36

07

−7 3 −2 4 ( ) 8 8 15

① 3
② −5
③ 9
④ −12
⑤ 15

08

3 8 16 17 42 ( ) 94 71

① 35
② 38
③ 40
④ 42
⑤ 44

09 다음 도식에서 기호들은 일정한 규칙에 따라 문자를 변화시킨다. ?에 들어갈 알맞은 문자는?(단, 규칙은 가로와 세로 중 한 방향으로만 적용된다)

		EB2		YGO7		S3P8		
		↓		↓		↓		
365M	→	▣	→	○	→	Σ	→	365M
		↓		↓		↓		
		EB2E		▼		▣		
				↓		↓		
				7OG		8S3P8		

87CHO → ▼ → ○ → ?

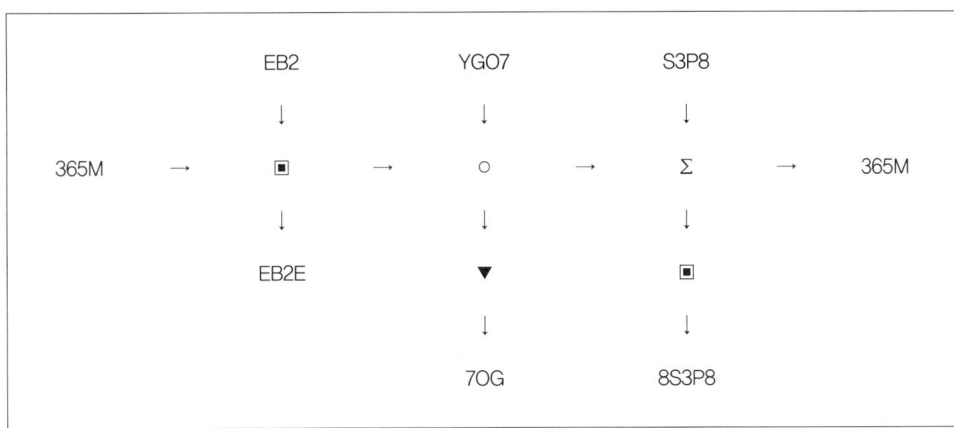

① CO87H
② 7CHO
③ 87CH
④ HC78
⑤ O87

10 다음 기호들은 일정한 규칙에 따라 도형을 변화시킨다. 주어진 도형을 도식에 따라 변화시켰을 때 결과로 알맞은 것은?

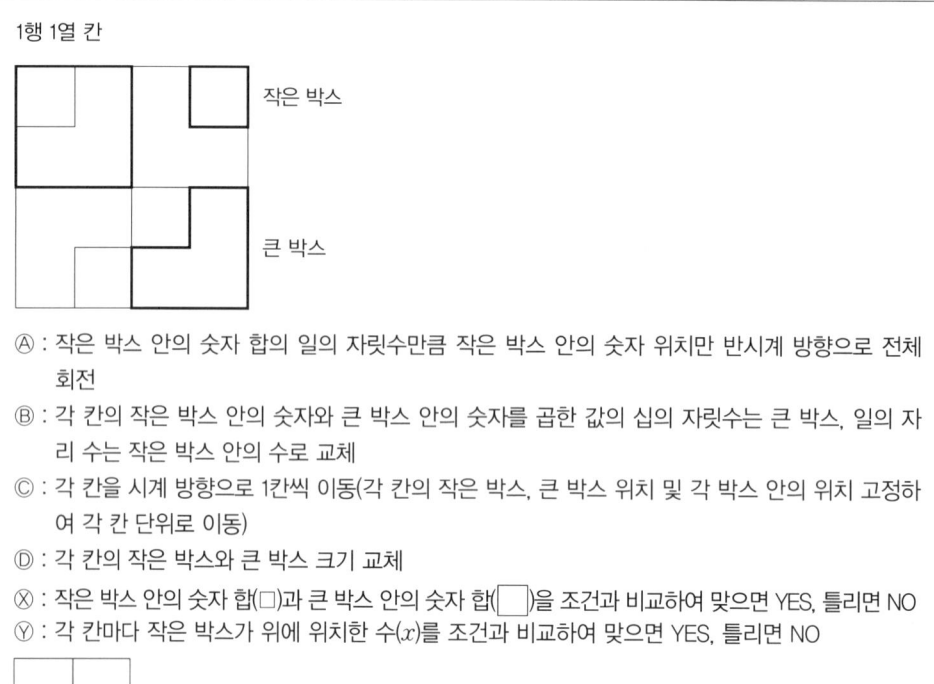

1행 1열 칸

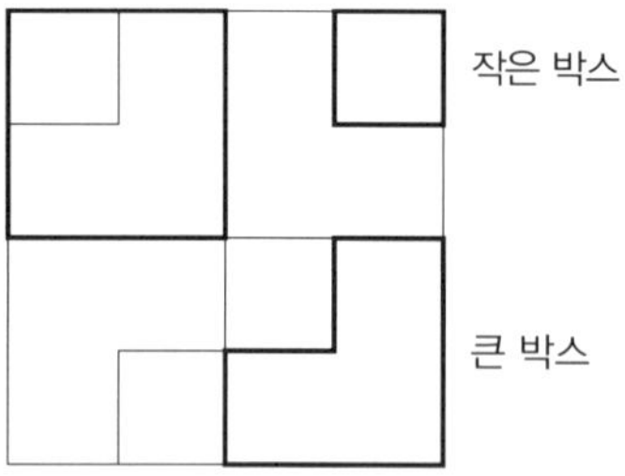

Ⓐ : 작은 박스 안의 숫자 합의 일의 자릿수만큼 작은 박스 안의 숫자 위치만 반시계 방향으로 전체 회전

Ⓑ : 각 칸의 작은 박스 안의 숫자와 큰 박스 안의 숫자를 곱한 값의 십의 자릿수는 큰 박스, 일의 자리 수는 작은 박스 안의 수로 교체

Ⓒ : 각 칸을 시계 방향으로 1칸씩 이동(각 칸의 작은 박스, 큰 박스 위치 및 각 박스 안의 위치 고정하여 각 칸 단위로 이동)

Ⓓ : 각 칸의 작은 박스와 큰 박스 크기 교체

Ⓧ : 작은 박스 안의 숫자 합(□)과 큰 박스 안의 숫자 합(□)을 조건과 비교하여 맞으면 YES, 틀리면 NO

Ⓨ : 각 칸마다 작은 박스가 위에 위치한 수(x)를 조건과 비교하여 맞으면 YES, 틀리면 NO

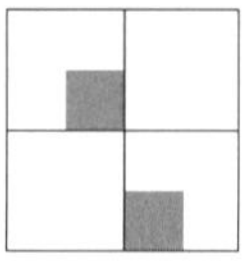

: 색칠된 위치의 작은 박스 안의 숫자(□)와 큰 박스 안의 숫자(□)를 조건과 비교하여 맞으면 YES, 틀리면 NO

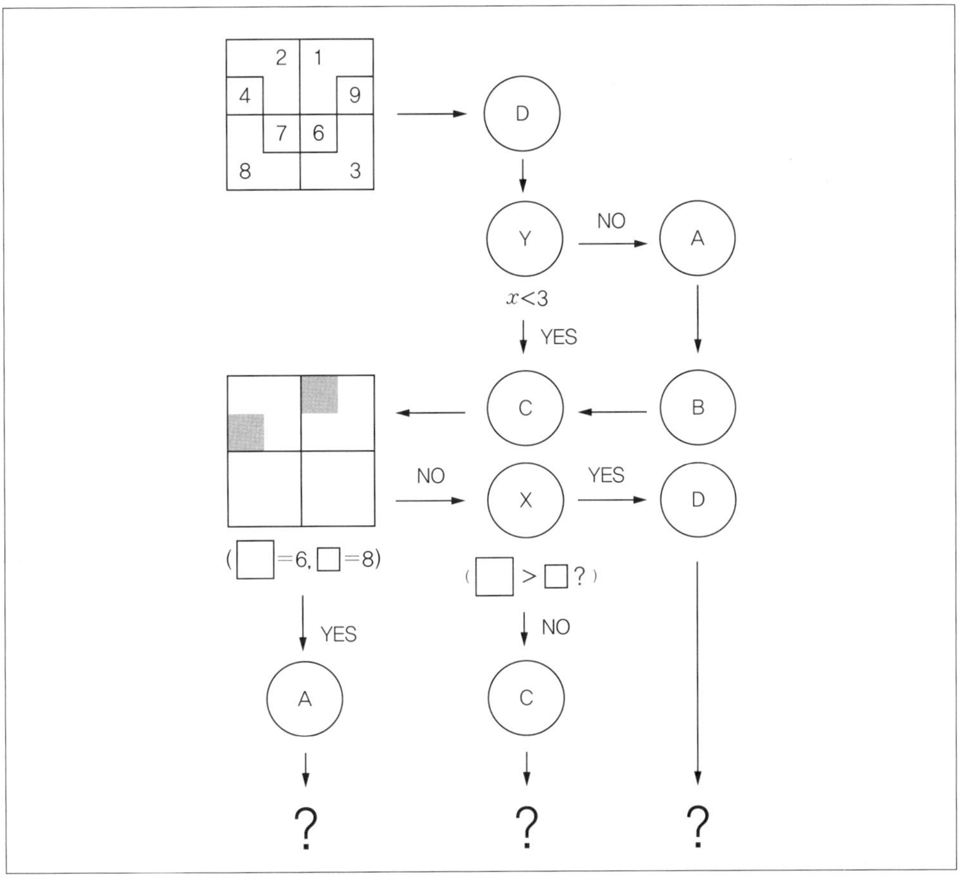
2 1
4 9
7 6
8 3
D
Y
NO
A
x<3
YES
B
C
NO
X
YES
D
(□ =6, □ =8)
(□ > □ ?)
YES
NO
A
C
?
?
?

① 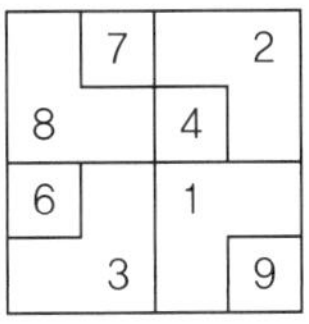
7 2
8 4
6 1
3 9

② 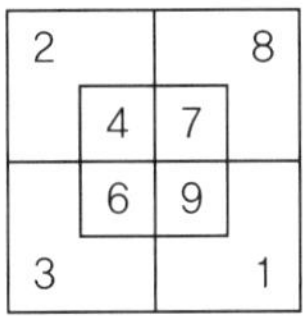
2 8
4 7
6 9
3 1

③ 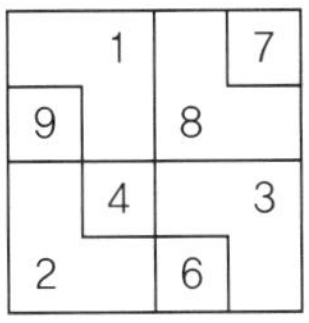
1 7
9 8
4 3
2 6

④ 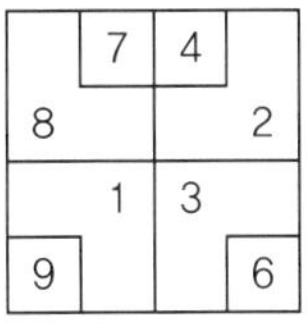
7 4
8 2
1 3
9 6

⑤ 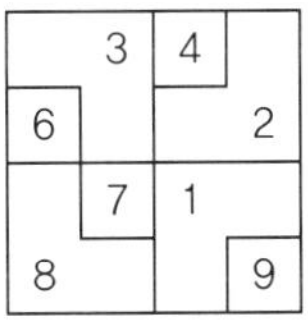
3 4
6 2
7 1
8 9

11 다음 신호등과 방향표지판은 일정한 규칙에 따라 도형을 변화시킨다. 주어진 도형을 규칙에 따라 변화시켰을 때, 그 결과로 알맞은 것은?

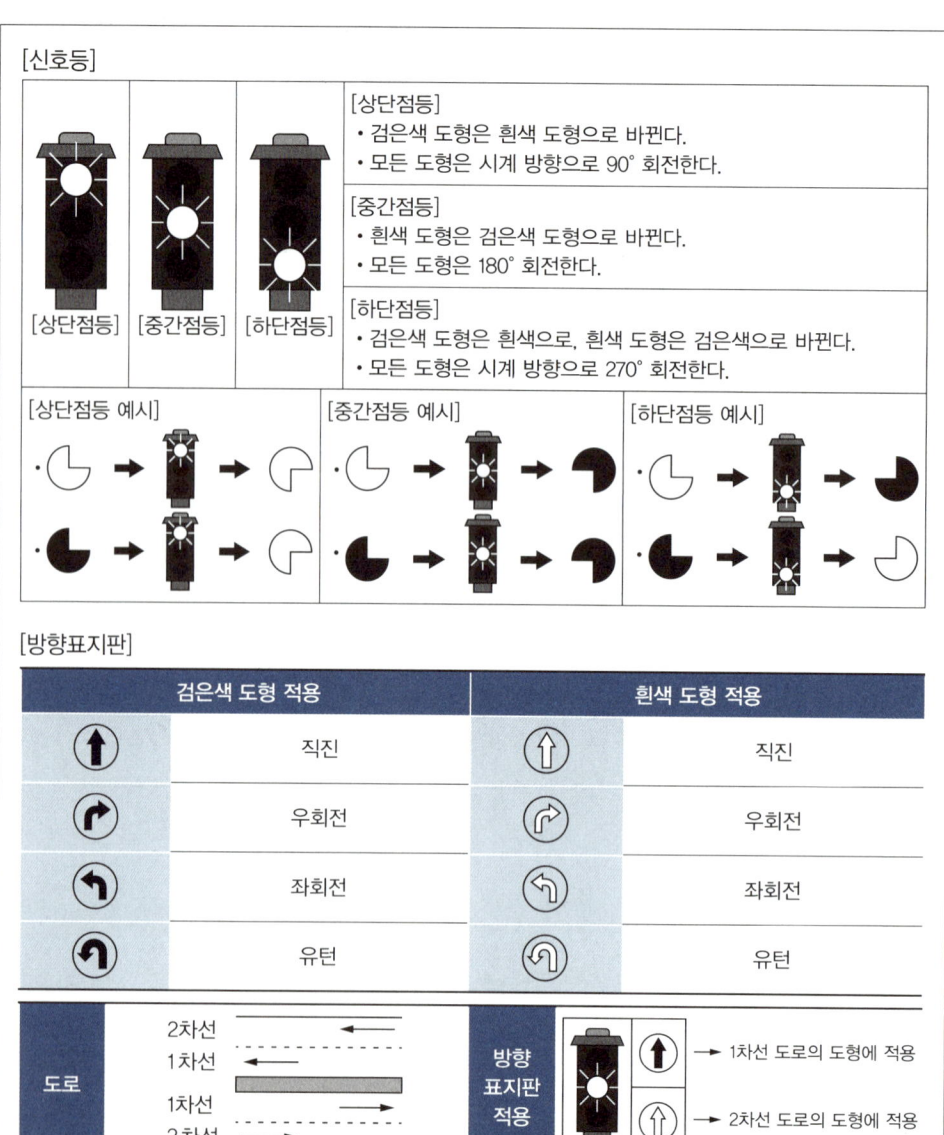

[신호등]

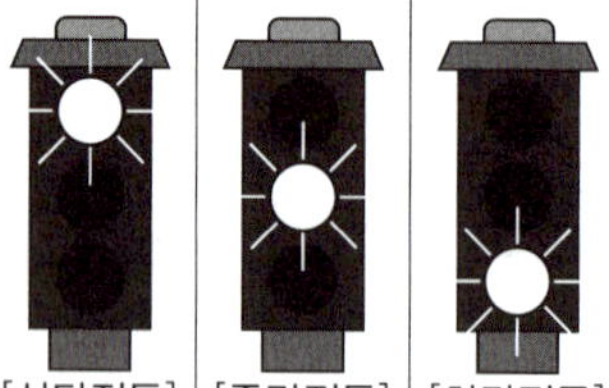

[상단점등] [중간점등] [하단점등]

[상단점등]
- 검은색 도형은 흰색 도형으로 바뀐다.
- 모든 도형은 시계 방향으로 90° 회전한다.

[중간점등]
- 흰색 도형은 검은색 도형으로 바뀐다.
- 모든 도형은 180° 회전한다.

[하단점등]
- 검은색 도형은 흰색으로, 흰색 도형은 검은색으로 바뀐다.
- 모든 도형은 시계 방향으로 270° 회전한다.

[상단점등 예시]

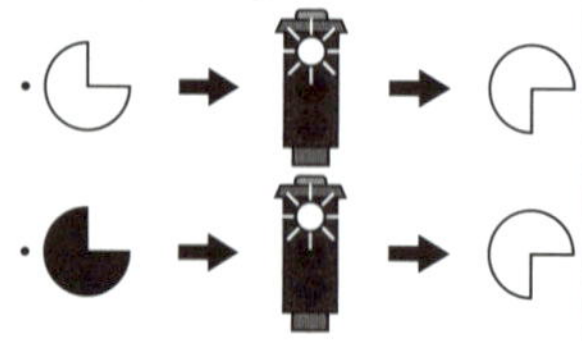

[중간점등 예시]

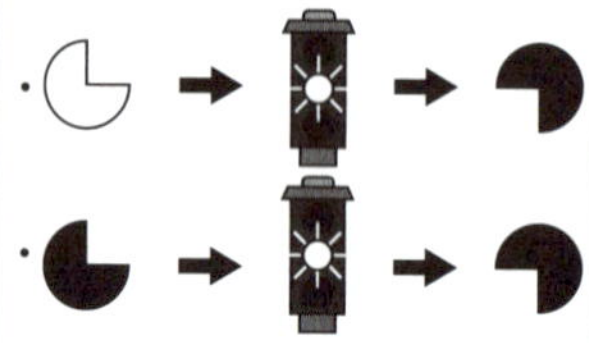

[하단점등 예시]

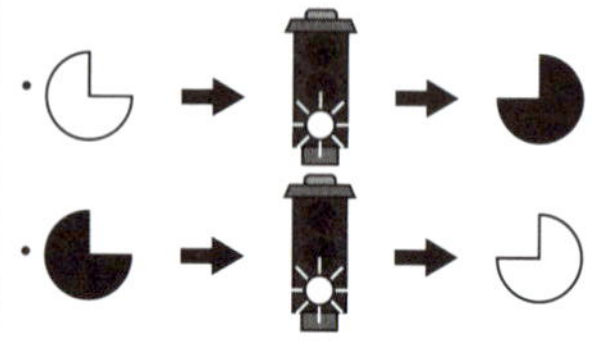

[방향표지판]

검은색 도형 적용		흰색 도형 적용	
	직진		직진
	우회전		우회전
	좌회전		좌회전
	유턴		유턴

도로

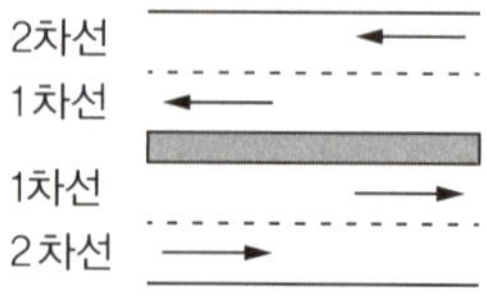

방향 표지판 적용

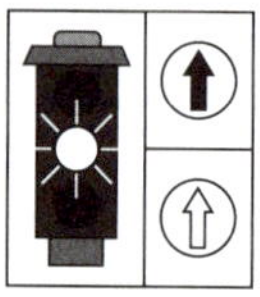

→ 1차선 도로의 도형에 적용

→ 2차선 도로의 도형에 적용

- 도형은 각 차선에 따라 움직이며, 신호등을 마주칠 경우 신호등의 규칙에 따라 모습이 변화된다. 이후 변화된 도형은 방향표지판의 지시에 따라 다른 도형과 독립적으로 움직인다.
- 변화된 도형이 방향표지판의 색과 맞지 않아 통과하지 못할 경우, 도형은 다음 신호등을 기다려 방향표지판의 색과 맞는 도형으로 변화된 후에 통과해야 한다.
- 신호등은 순차적으로 [상단점등] → [중간점등] → [하단점등] → [상단점등] 순서로 바뀐다.

예

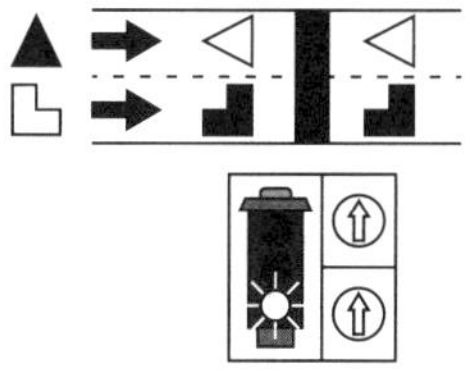

(X)

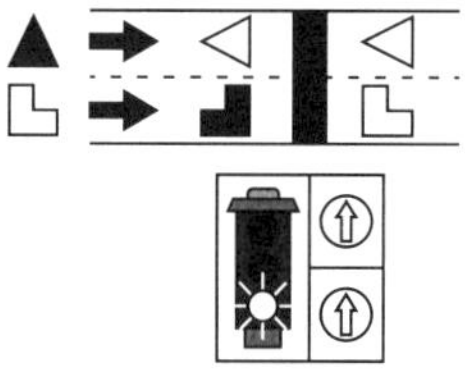

(O)

※ 2차선의 도형은 신호등의 다음 점등(상단점등)을 기다려 2차선 도로 표지판의 맞는 색의 도형으로 변화 후 통과

- 도형의 차선은 변경되지 않는다(직진, 좌회전, 우회전, 유턴을 통해 차선이 변경되지 않는다).
- 좌회전, 우회전, 유턴의 과정에서 도형의 모습은 변화하지 않는다(신호등의 점등에 의해서만 도형의 모습이 변화된다).
- 도형이 도착지점에 1차선으로 도착 시 ①에 도착하게 되며, 2차선으로 도착 시 ②에 도착하게 된다.

예

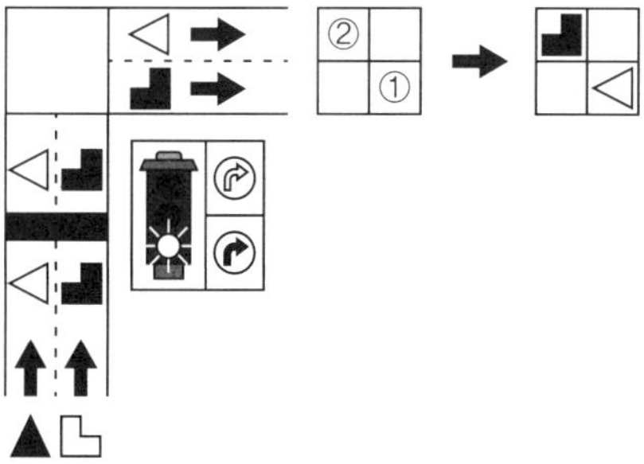

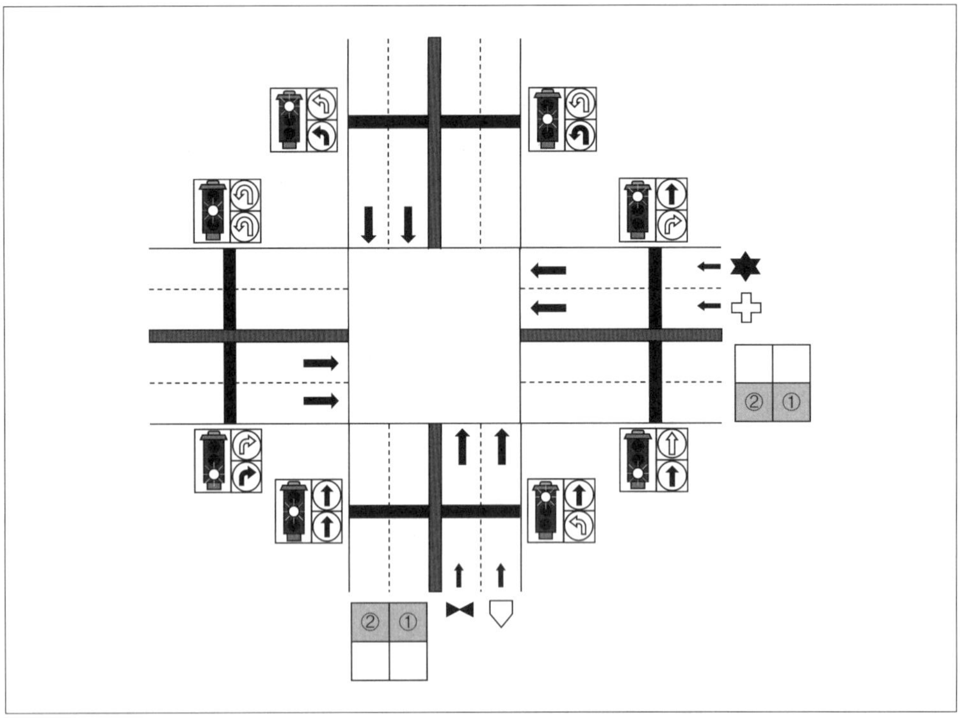

① 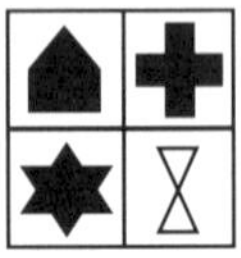

② 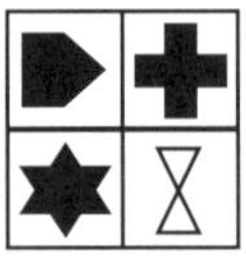

③ 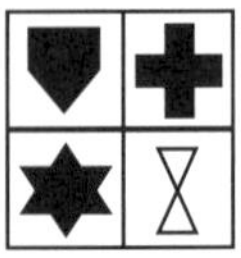

④ 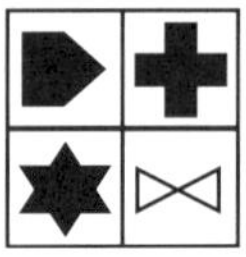

⑤ 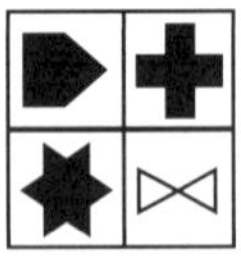

12 다음 도형의 규칙을 보고 ?에 들어갈 알맞은 것은?

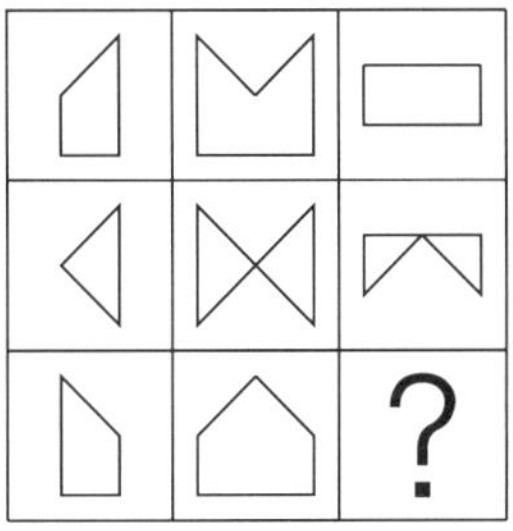

① 

② 

③ 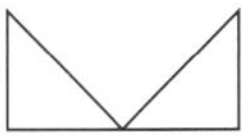

④ 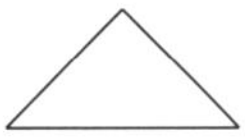

⑤ 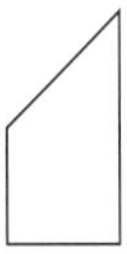

13 다음 도형들은 각 행 또는 열마다 공통 규칙이 적용된 후 개별 규칙이 적용되고 있다. 아래의 규칙 중 1~2가지로 이루어졌으며, 도형들에 적용되는 규칙을 찾아 〈보기〉의 A, B에 들어갈 도형의 모습을 추론한 것으로 옳은 것은?

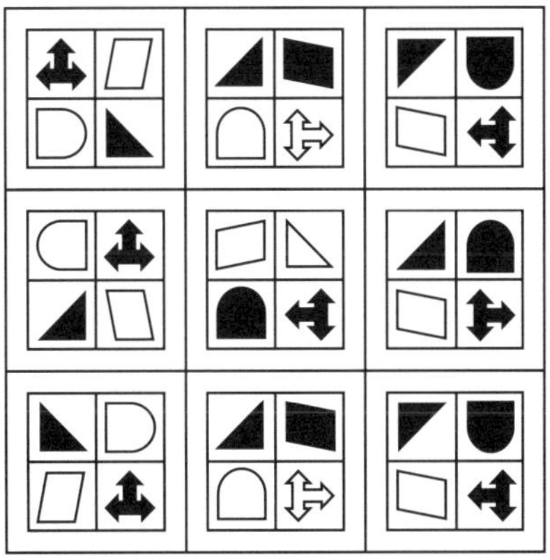

규칙

- 색 반전
- 시계 방향으로 90° 회전
- 180° 회전
- 시계 반대 방향으로 90° 회전
- 시계 방향으로 한 칸 이동
- 시계 방향으로 두 칸 이동
- 시계 방향으로 세 칸 이동
- 상하대칭
- 좌우대칭
- 1행과 2행 교환
- 1열과 2열 교환
- 1행 1열과 1행 2열 교환
- 1행 1열과 2행 1열 교환
- 1행 1열과 2행 2열 교환
- 1행 2열과 2행 1열 교환
- 1행 2열과 2행 2열 교환
- 2행 1열과 2행 2열 교환

보기

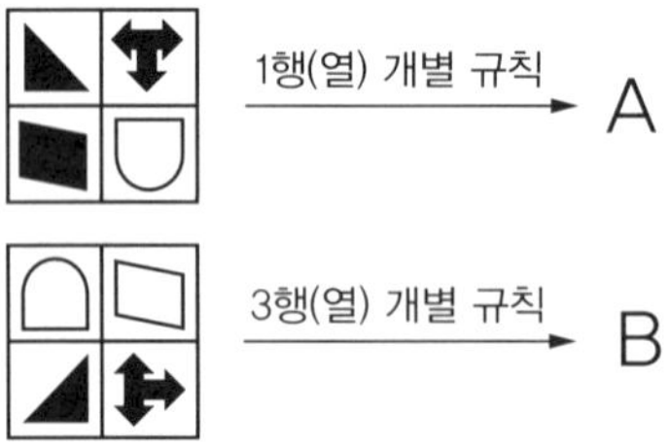

A B A B

①
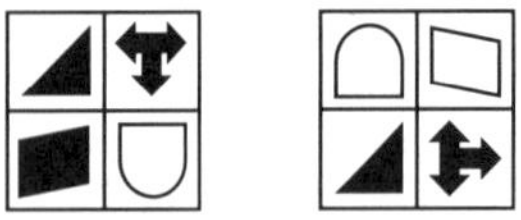

②
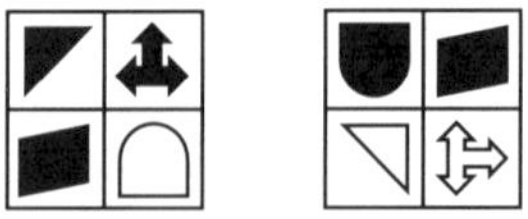

③
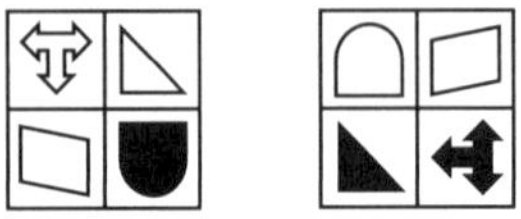

④
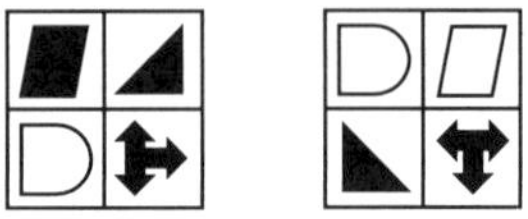

⑤
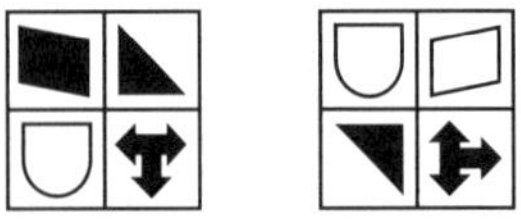

14 다음 도형을 〈조건〉에 따라 변화시켰을 때 ?에 들어갈 알맞은 도형은?

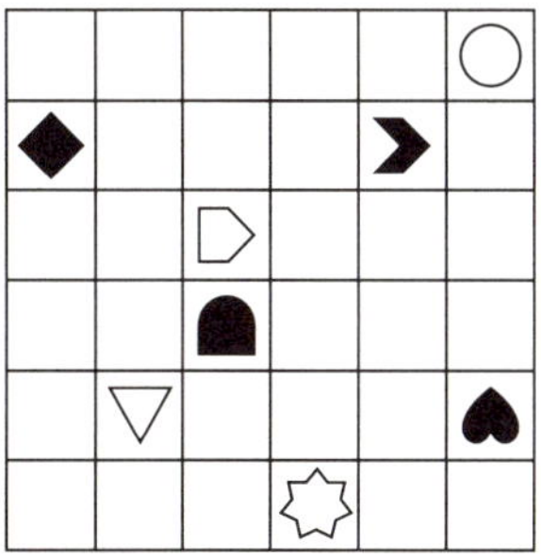

규칙 1 : 각 도형은 1초마다 아래로 한 칸씩 이동함
규칙 2 : 바닥에 닿은 도형은 더 이상 내려가지 않음

조건

3초 후 → 시계 반대 방향으로 90° 회전 → 1초 후 → 180° 회전 → ?

① 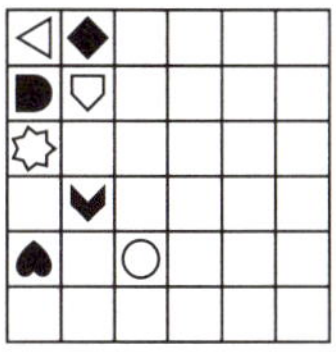

② 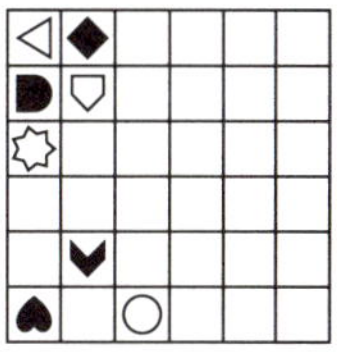

③ 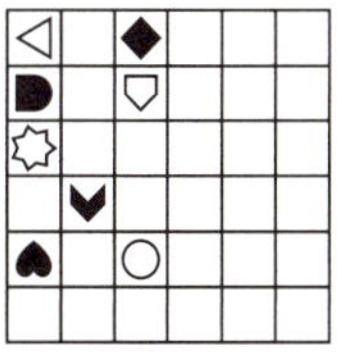

④ 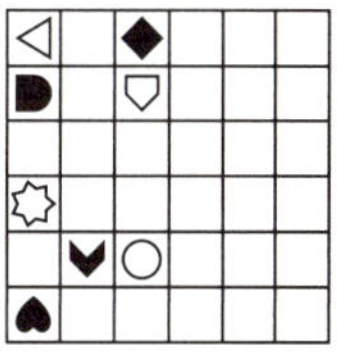

⑤ 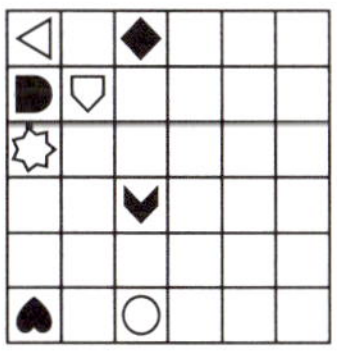

15 다음은 두 도형을 완전히 겹쳐지게 하여 새로운 도형을 만드는 과정을 나타낸 것이다. ?에 들어갈 도형으로 알맞은 것은?

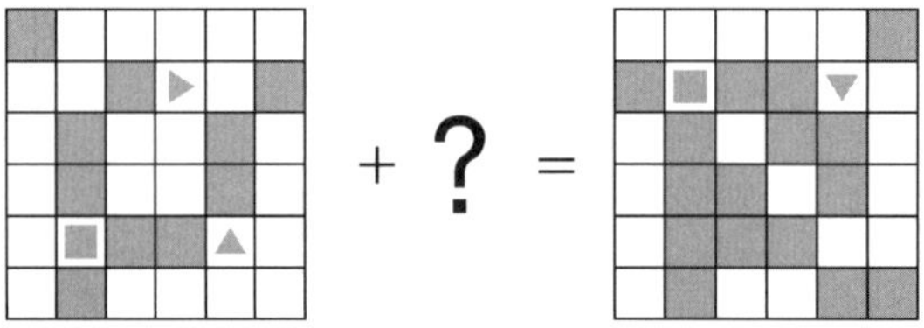

① 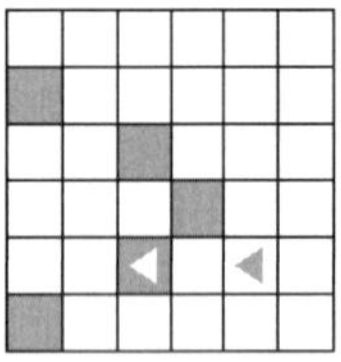

② 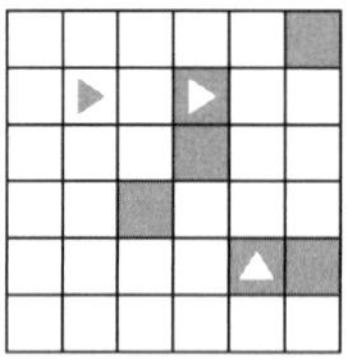

③ 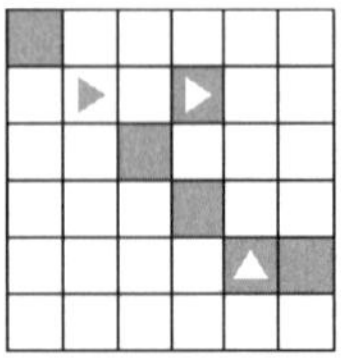

④ 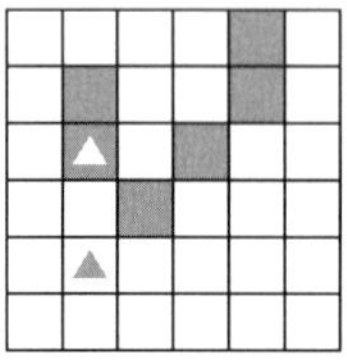

⑤ 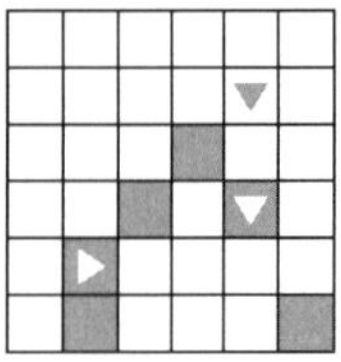

도형

※ 다음 그림과 같이 화살표 방향으로 종이를 접은 후, 일부분을 잘라내어(구멍을 뚫고) 다시 펼쳤을 때의 그림으로 옳은 것을 고르시오. [1~2]

01

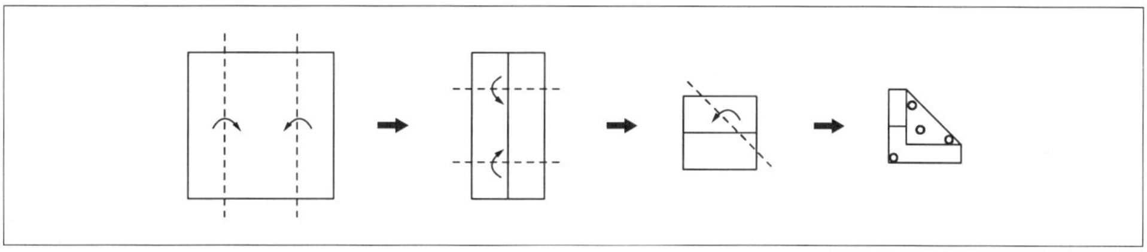

① 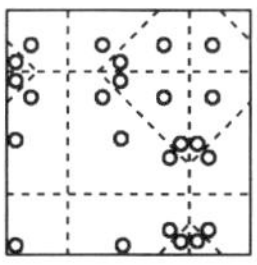

② 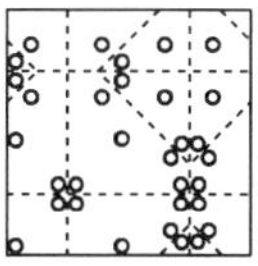

③ 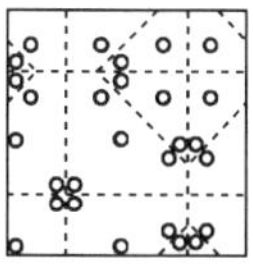

④ 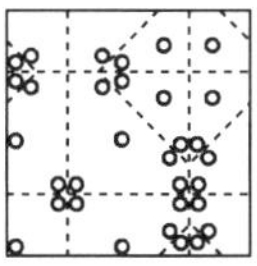

⑤ 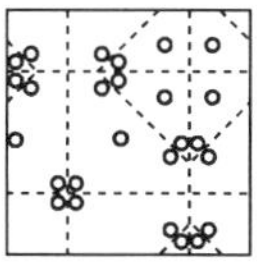

02

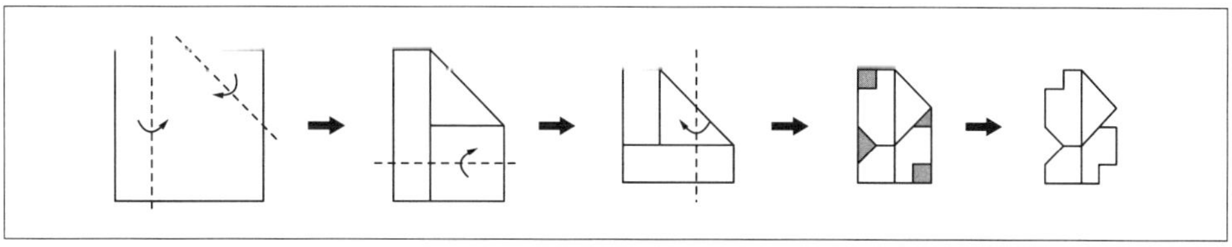

① 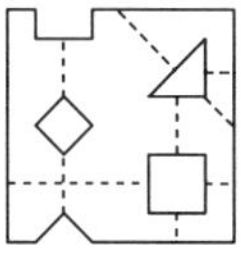

② 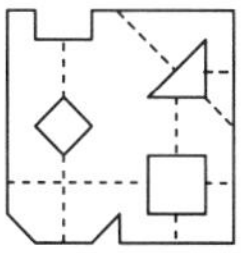

③ 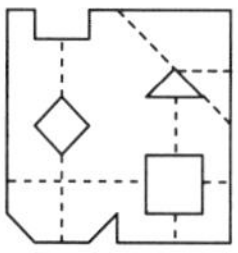

④ 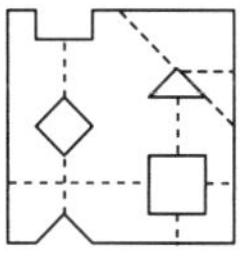

⑤ 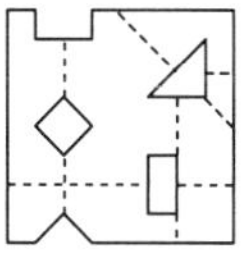

03 다음 그림과 같이 접었을 때 나올 수 있는 모양으로 옳지 않은 것은?

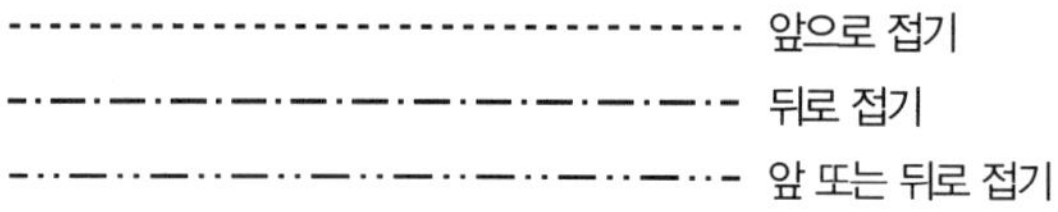

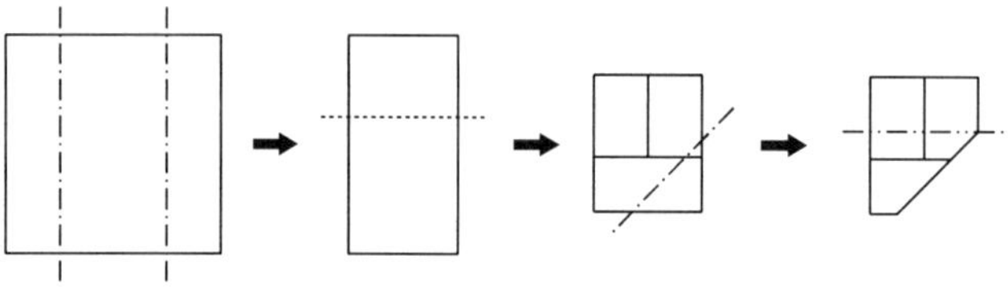

① 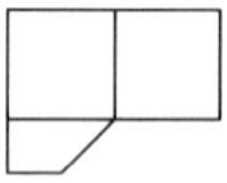

② 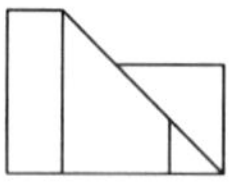

③ 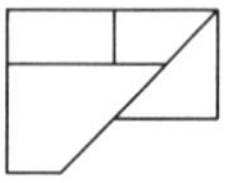

④ 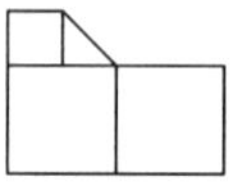

⑤ 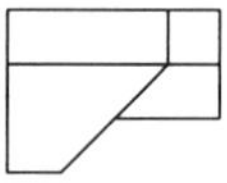

04 다음 그림에서 찾을 수 없는 조각은?

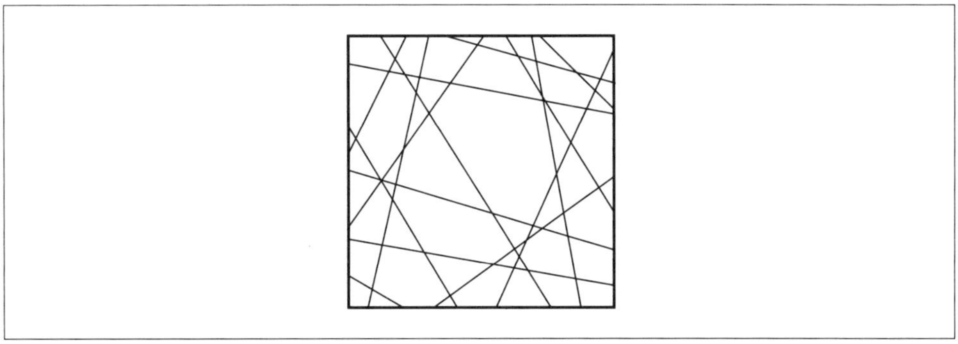

① 

② 

③ 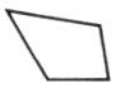

④ 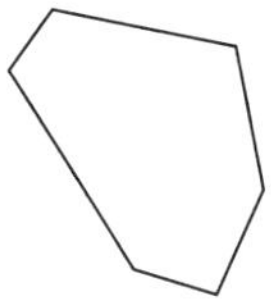

⑤ 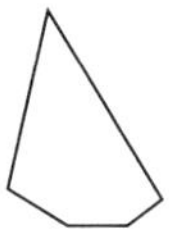

05 다음 도형을 만들기 위해 필요하지 않은 조각은?

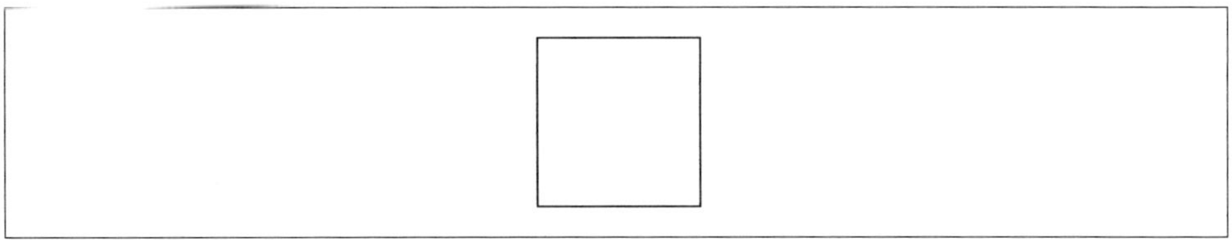

① 

② 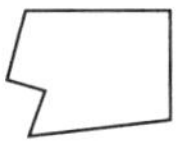

③ 

④ 

⑤ 

06 다음 조각을 조합하였을 때 만들 수 없는 도형은?

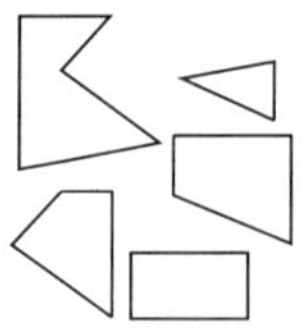

① 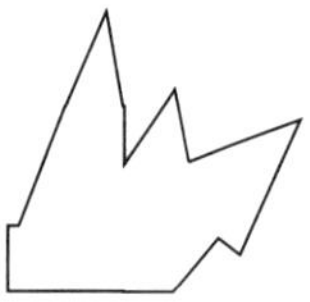

② 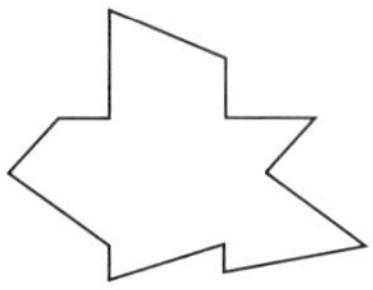

③ 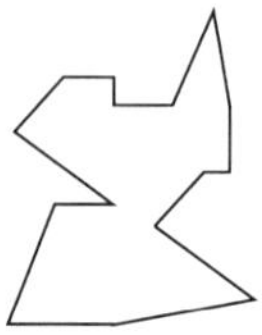

④ 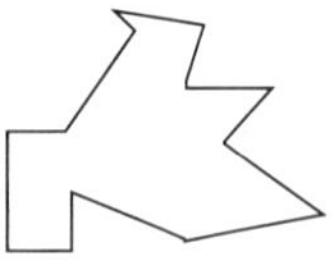

⑤ 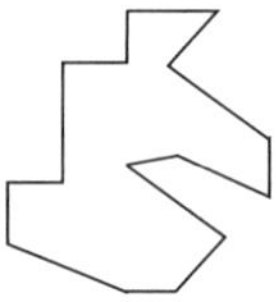

07 왼쪽 톱니를 시계 방향으로 72°, 오른쪽 톱니를 시계 방향으로 216° 회전시킨 후, 화살표 방향에서 바라보았을 때 겹쳐진 모양은?

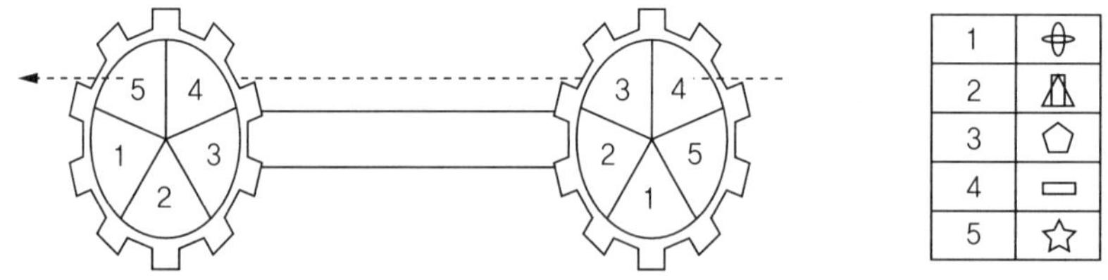

① 

② 

③ 

④ 

⑤ 

08 다음 전개도를 접었을 때, 만들어 질 수 없는 것은?

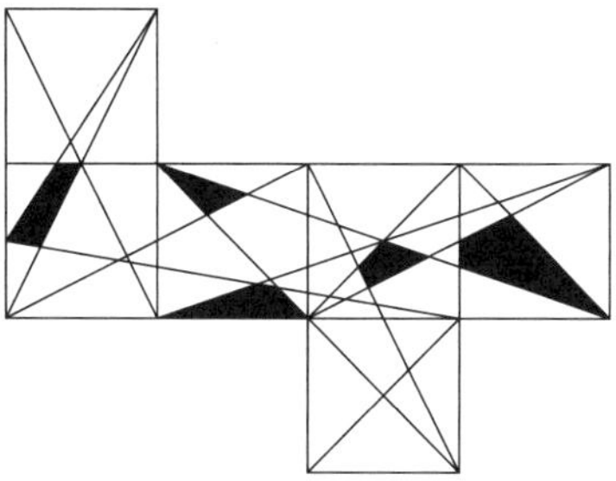

①

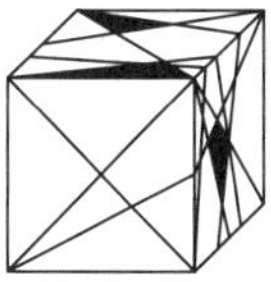

②

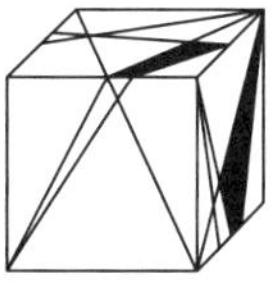

③

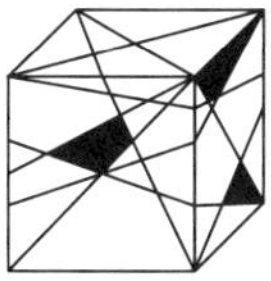

④

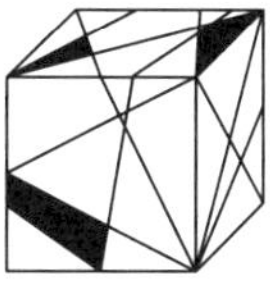

⑤

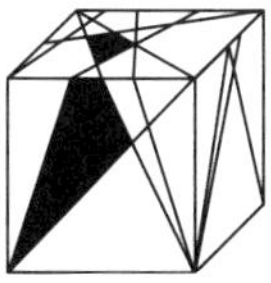

09 다음 전개도를 접었을 때, 나타나는 입체도형으로 알맞은 것은?

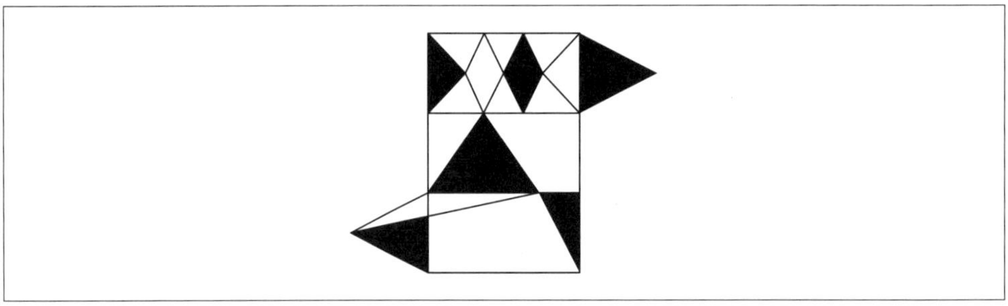

①
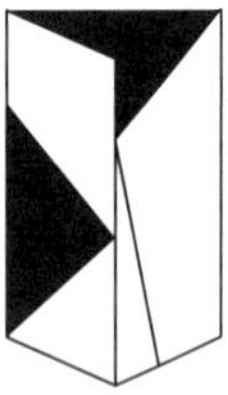

②

③
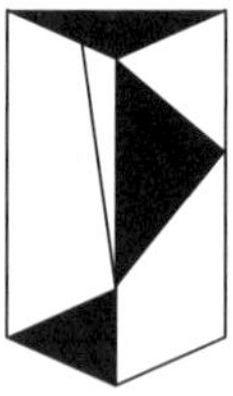

④

⑤

10 다음 두 블록을 합쳤을 때 나올 수 있는 것은?

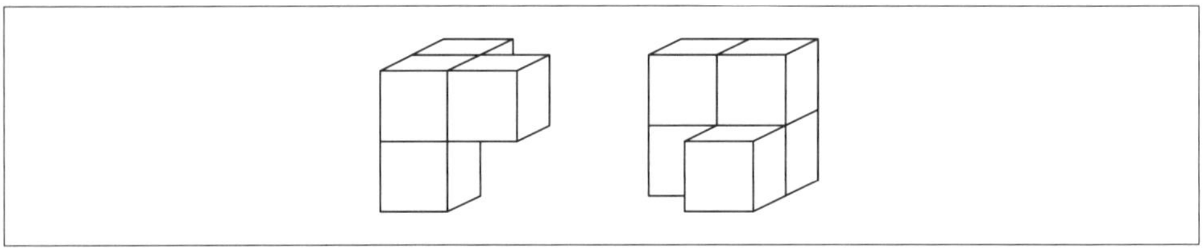

①
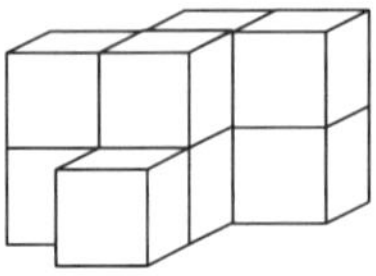

②
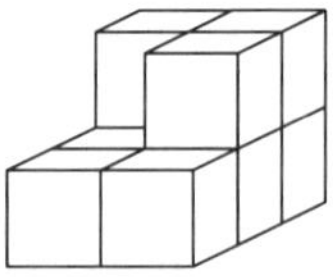

③
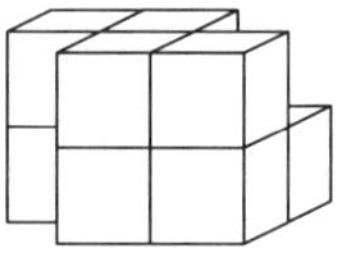

④
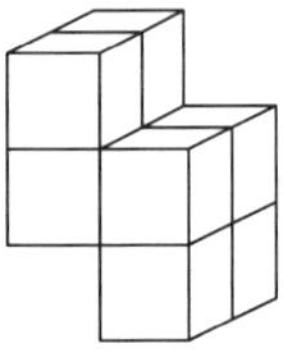

⑤
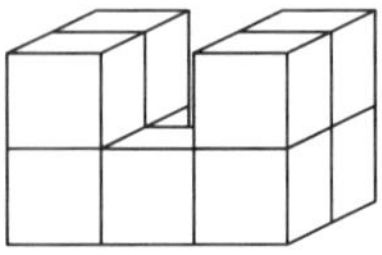

11 왼쪽의 직육면체 모양의 입체도형은 두 번째, 세 번째 입체도형과 ?를 조합하여 만들 수 있다. ?에 알맞은 도형은?

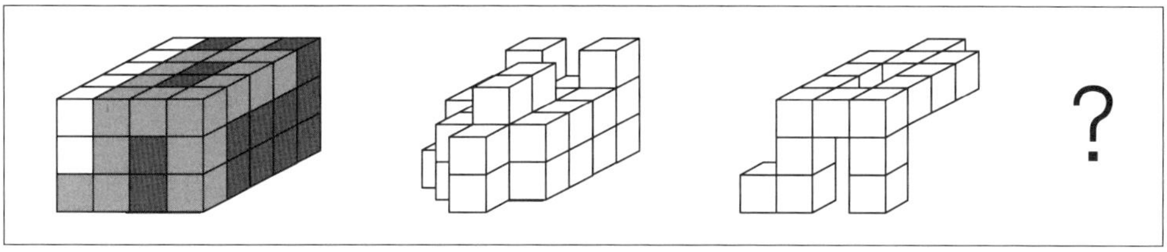

① 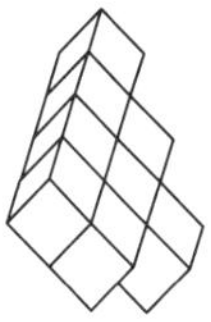

② 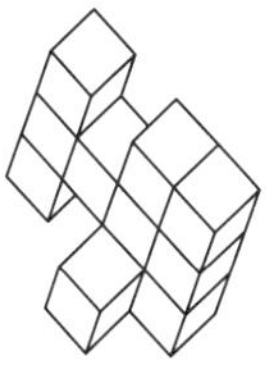

③ 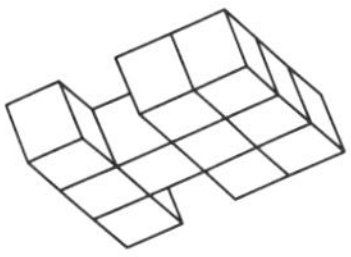

④ 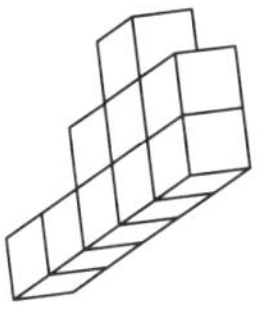

⑤ 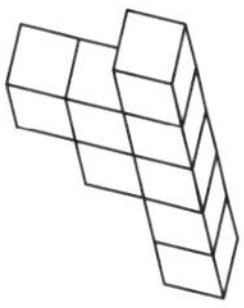

12 다음 단면들과 일치하는 입체도형은?

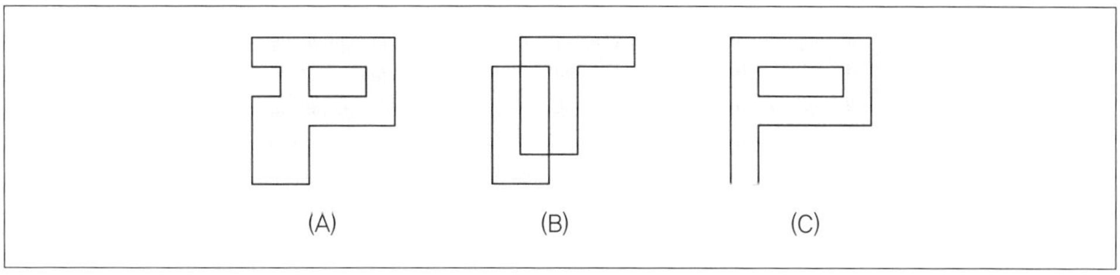

① 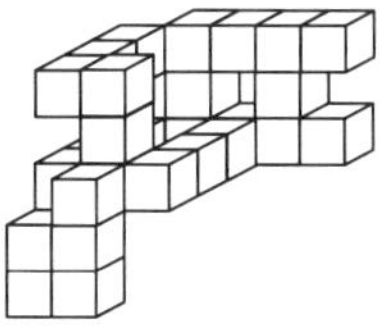

② 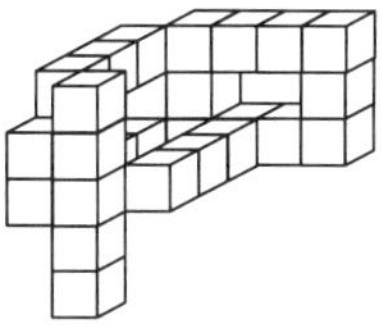

③ 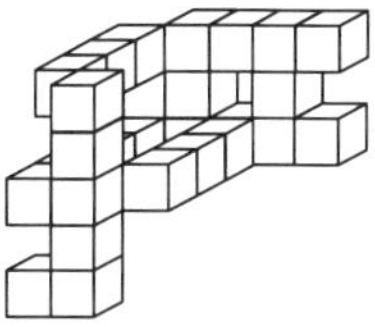

④ 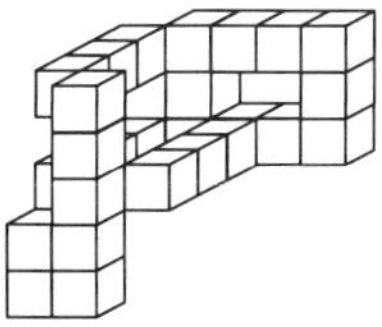

⑤ 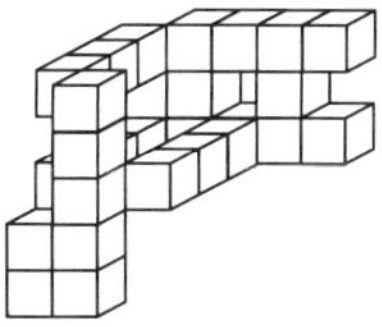

13 주어진 입체도형 중 일치하지 않는 것은?

①

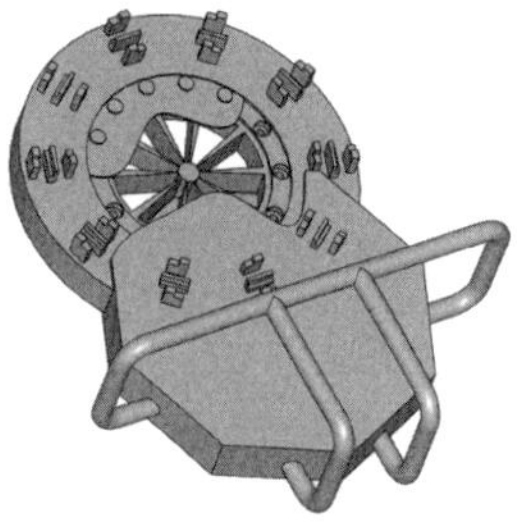

②

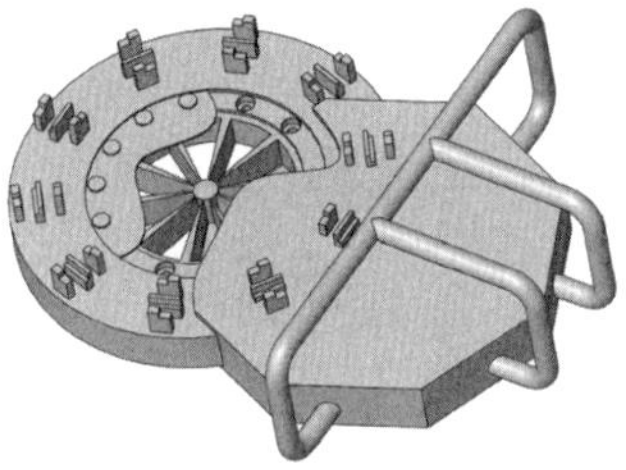

③

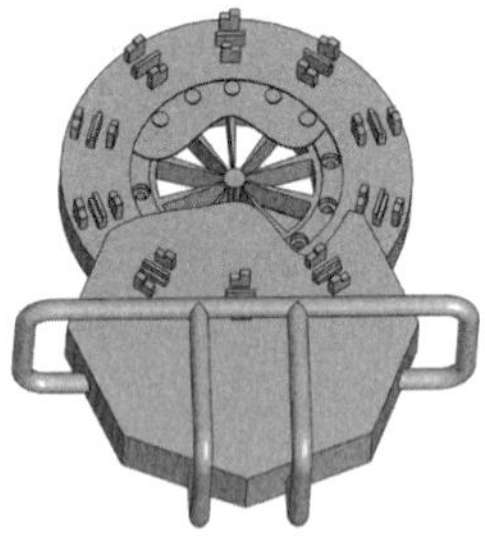

④

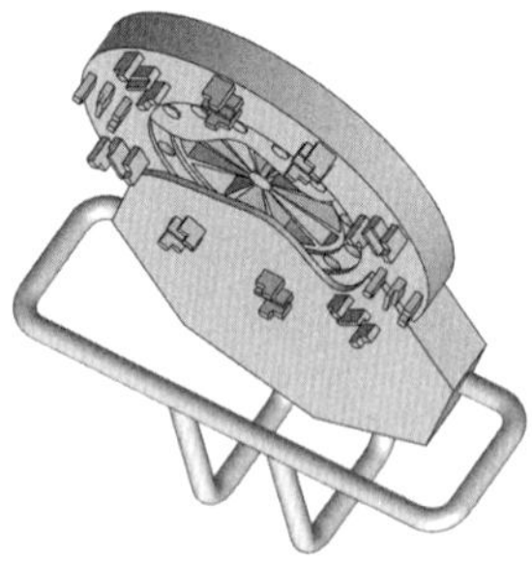

⑤

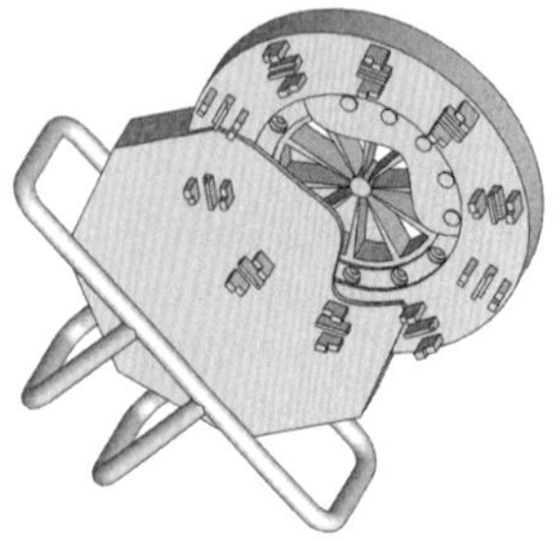

14 다음 Ⓐ, Ⓑ, Ⓒ의 전개도를 면이 전면에 오도록 접은 후 주어진 방향으로 회전하여 아래의 결합 모양과 같이 붙인 그림으로 알맞은 것은?

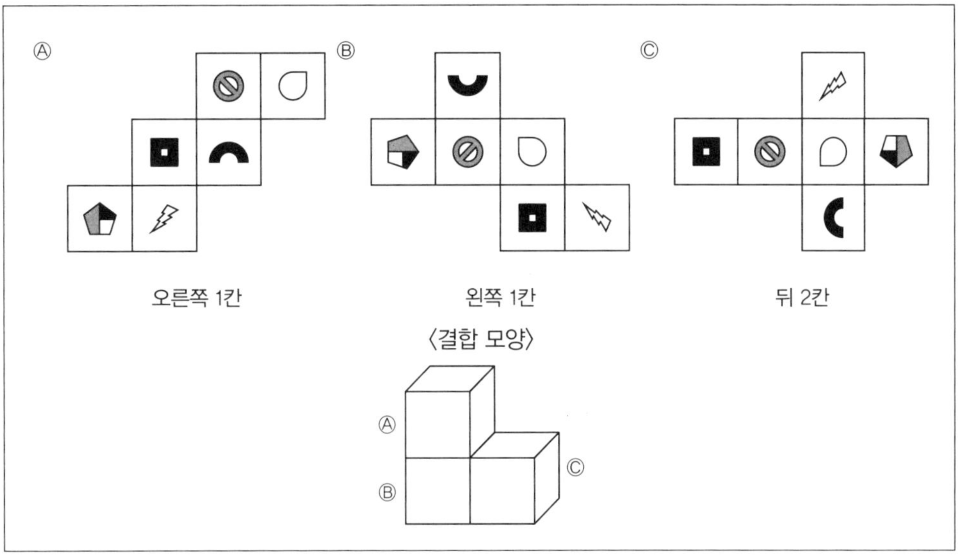

①
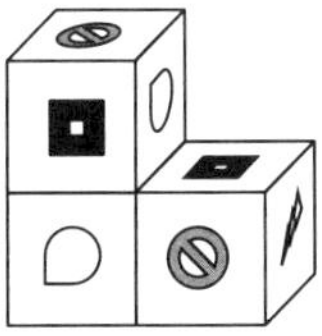

②
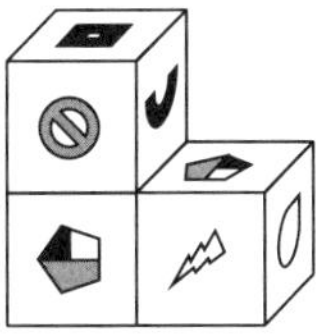

③
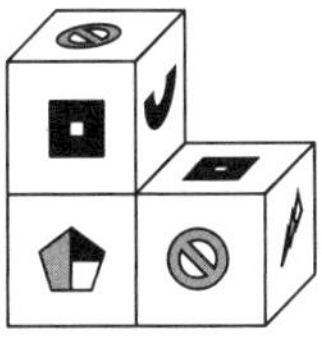

④
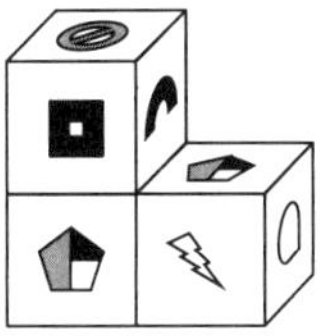

⑤

15 제시된 전개도를 접어 3차원 공간에서 이동시켰을 때, 처음과 마지막이 다음과 같았다. 이동한 방향으로 옳은 것은?(단, 정육면체는 회전하면서 이동한다)

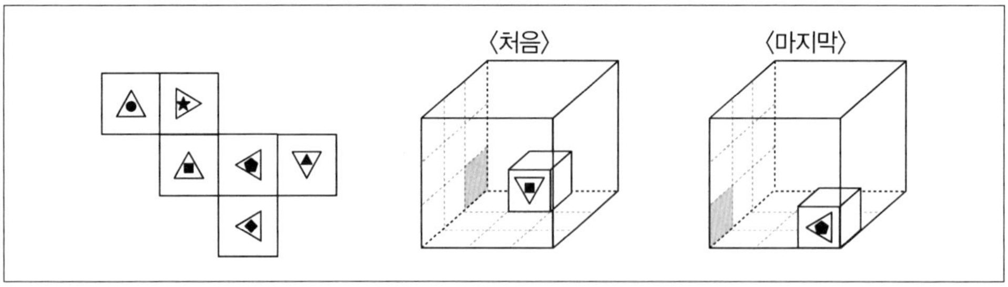

① 우전좌

② 좌우전

③ 우전전

④ 전전우

⑤ 전우전

누적 판매량
1위
대기업 인적성검사 시리즈

유튜브로 쉽게 끝내는

인적성검사
추리·도형 완성

2024년 삼성, LG, SK, 포스코, KT 기출복원문제 수록

정답 및 해설

편저 | SDC(Sidae Data Center)

SDC

SDC는 시대에듀 데이터 센터의 약자로
약 30만 개의 NCS · 적성 문제 데이터를
바탕으로 최신 출제경향을 반영하여 문제를 출제합니다.

추리부터 **도형**까지
빅데이터로 **자주 출제되는 유형**만 담았다!

시대에듀

정답 및 해설

PART 1

추리

문제 p.086

01	02	03	04	05	06	07	08	09	10	11	12	13	14	15	16	17	18	19	20
④	③	②	①	②	①	①	⑤	①	③	④	⑤	①	④	②	③	④	⑤	②	⑤
21	22	23	24	25	26	27	28	29	30	31	32	33	34	35	36	37	38	39	40
②	①	②	④	①	②	④	④	②	①	②	①	①	④	④	④	⑤	④	④	①
41	42	43	44	45	46	47	48	49	50	51	52	53	54	55	56	57	58	59	60
①	①	④	①	③	①	⑤	①	①	④	②	①	②	④	①	④	②	①	②	⑤

01

정답 ④

제시된 단어는 유의 관계이다.
'위임'은 '어떤 일을 책임 지워 맡김'을 뜻하고, '의뢰'는 '남에게 부탁함'을 뜻한다. 따라서 '지식수준이 낮거나 인습에 젖은 사람을 가르쳐서 깨우침'의 뜻인 '계몽'과 유의 관계인 단어는 '사람의 지혜가 열려 새로운 사상, 문물, 제도 따위를 가지게 됨'의 뜻인 '개화'이다.

오답분석

① 대리 : 남을 대신하여 일을 처리함
② 주문 : 다른 사람에게 어떤 일을 하도록 요구하거나 부탁함
③ 효시 : 어떤 사물이나 현상이 시작되어 나온 맨 처음을 비유적으로 이르는 말
⑤ 미개 : 사회가 발전되지 않고 문화 수준이 낮은 상태

02

정답 ③

제시된 단어는 상하 관계이다. '문장' 안에는 '낱말'이 있고, '태양계' 안에는 '행성'이 있다.
선택지 중 태양계의 범주에 포함될 수 있는 어휘를 선택해야 한다. 태양계는 중심에 태양이 있고, 그 주위를 공전하는 행성, 소행성, 왜소행성, 혜성이 있으며, 행성 주위를 도는 위성과 작은 천체 조각인 유성체로 이루어져 있다.

03

정답 ②

제시된 단어는 반의 관계이다. '가공'의 반의어는 '실재'이고, '가결'의 반의어는 '부결'이다.

오답분석

① 의결 : 논의하여 결정함
④ 각하 : 행정법에서 국가 기관에 대한 행정상 신청을 배척하는 처분

04

정답 ①

제시된 단어는 상하 관계이다. '독수리'는 '새'의 하위어이며, '장미'는 '꽃'의 하위어이다.

05

정답 ②

제시된 단어는 유의 관계이다. '이자'의 유의어는 '금리'이고 '재배'의 유의어는 '배양'이다.

06

정답 ①

제시된 낱말의 관계는 도시와 그 도시를 상징하는 랜드마크이다.

- 자유의 여신상 : 1884년 미국 독립 100주년을 기념하여 프랑스가 기증한 높이 약 46미터의 거대한 여신상이다. 프레데리크 오귀스트 바르톨디가 조각했고, 귀스타브 에펠이 조립했다. 아메리칸 드림의 상징으로, 1984년 유네스코 세계유산으로 지정되었다.
- 오페라 하우스 : 공모전에 당선된 덴마크의 건축가 요른웃숀이 설계한 것으로 1973년 완성되었으며, 2007년에 세계문화유산으로 지정되었다.

07

정답 ①

제시된 단어는 상하 관계이다. '한옥'은 '건물'의 하위어이고, '김치'는 '음식'의 하위어이다.

08

정답 ⑤

제시된 단어는 반의 관계이다. '의무'의 반의어는 '권리'이고, '용기'의 반의어는 '비겁'이다.

09

정답 ①

제시된 단어는 단위 관계이다. 'cc'는 '부피'의 단위이고, 'in/s'는 '속도'의 단위이다.

10

정답 ③

제시문은 유의 관계이다. '유언비어'의 유의어는 '풍문'이고, '격언'의 유의어는 '속담'이다.

11

정답 ④

주어진 명제를 정리하면 다음과 같다.

- p : 도보 이용
- q : 자가용 이용
- r : 자전거 이용
- s : 버스 이용

$p \to \sim q$, $r \to q$, $\sim r \to s$이며, 두 번째 명제의 대우인 $\sim q \to \sim r$이 성립함에 따라 $p \to \sim q \to \sim r \to s$가 성립한다. 따라서 '도보로 걷는 사람은 버스를 탄다.'는 명제를 유추할 수 있다.

12

정답 ⑤

두 번째 명제의 대우 명제는 '제비가 낮게 날면 비가 온다.'이다. 즉, ⑤와 동치인 명제이다.

13

정답 ①

'승우가 도서관에 간다.'를 p, '민우가 도서관에 간다.'를 q, '견우가 도서관에 간다.'를 r, '연우가 도서관에 간다.'를 s, '정우가 도서관에 간다.'를 t라고 하면 $\sim s \rightarrow t \rightarrow \sim p \rightarrow q \rightarrow r$이므로 정우가 금요일에 도서관에 가면 민우와 견우도 도서관에 간다.

14

정답 ④

'커피를 좋아한다.'를 p, '홍차를 좋아한다'를 q, '탄산수를 좋아한다.'를 r, '우유를 좋아한다.'를 s, '녹차를 좋아한다.'를 t라고 하면 $p \rightarrow \sim q \rightarrow \sim t \rightarrow r$와 $\sim r \rightarrow s$이므로 탄산수를 좋아하는 사람이 홍차를 좋아하는지는 알 수 없다.

15

정답 ②

'축구를 좋아한다.'를 p, '골프를 좋아한다.'를 q, '야구를 좋아한다.'를 r, '농구를 좋아한다.'를 s라고 하면 $p \rightarrow \sim q \rightarrow \sim r \rightarrow s$이므로 한영이는 농구를 좋아한다.

16

정답 ③

'아이스크림을 좋아한다.'를 p, '피자를 좋아한다.'를 q, '갈비탕을 좋아한다.'를 r, '짜장면을 좋아한다.'를 s라 하면, 첫 번째, 두 번째, 네 번째 명제는 각각 $p \rightarrow \sim q$, $\sim r \rightarrow q$, $p \rightarrow s$이다. 두 번째 명제의 대우와 첫 번째 명제에 따라 $p \rightarrow \sim q \rightarrow r$이 되어 $p \rightarrow r$이 성립하고, 결론이 $p \rightarrow s$가 되기 위해서는 $r \rightarrow s$가 추가로 필요하다. 따라서 빈칸에 들어갈 명제는 '갈비탕을 좋아하면 짜장면을 좋아한다.'이다.

17

정답 ④

'비가 온다.'를 p, '물이 불어나다.'를 q, '보트를 타다.'를 r, '자전거를 타다.'를 s라고 하면, 첫 번째, 두 번째, 네 번째 명제는 각각 $p \rightarrow q$, $\sim p \rightarrow \sim r$, $\sim s \rightarrow q$이다. 두 번째 명제의 대우와 첫 번째 명제에 따라 $r \rightarrow p \rightarrow q$이므로, 결론이 $\sim s \rightarrow q$가 되기 위해서는 $\sim s \rightarrow r$이라는 명제가 추가로 필요하다. 따라서 빈칸에 들어갈 명제는 '자전거를 타지 않으면 보드를 탄다.'이다.

18

정답 ⑤

'좋은 자세로 공부한다.'를 p, '허리통증이 심하지 않다.'를 q, '공부를 오래 하다.'를 r, '성적이 올라간다.'를 s라고 하면, 첫 번째, 두 번째, 네 번째 명제는 각각 $\sim q \rightarrow \sim p$, $r \rightarrow s$, $\sim s \rightarrow \sim p$이므로 네 번째 명제가 도출되기 위해서는 세 번째 명제에 $\sim r \rightarrow \sim q$가 필요하다. 따라서 빈칸에 들어갈 명제는 대우 명제인 '허리통증이 심하지 않으면 공부를 오래 할 수 있다.'이다.

19

정답 ②

미정은 거북이, 현아는 강아지, 강희는 고양이, 예원은 햄스터를 좋아한다.

- A : 예원은 햄스터를 좋아하므로 틀리다.
- B : 현아는 강아지를 좋아하므로 거북이를 좋아하지 않는다.

20

정답 ⑤

제시된 조건을 통해 A가 가장 완만하고 길이가 짧은지, F가 가장 가파르고 길이가 긴지 둘 다 알 수 없다.

21

정답 ②

동주는 관수보다, 관수는 보람보다, 보람은 창호보다 크다. 따라서 동주 – 관수 – 보람 – 창호 순서로 크다. 그러나 인성은 보람보다 작지 않은 것만 알 수 있을 뿐, 다른 사람과의 관계는 알 수 없다. 따라서 반드시 참이 되는 것은 ②이다.

22

정답 ①

민정이가 아르바이트를 하는 날은 화요일, 목요일, 토요일이다.

23

정답 ②

제시된 진료 현황을 각각의 명제로 보고 이들을 기호로 나타내면 다음과 같다(단, 명제가 참일 경우 그 대우도 참이다. 또 ~A 라는 기호는 A병원이 진료를 하지 않는다는 뜻이다).

- B병원이 진료를 하지 않으면 A병원이 진료한다. (~B → A / ~A → B).
- B병원이 진료를 하면 D병원은 진료를 하지 않는다. (B → ~D / D → ~B).
- A병원이 진료를 하면 C병원은 진료를 하지 않는다. (A → ~C / C → ~A).
- C병원이 진료를 하지 않으면 E병원이 진료한다. (~C → E / ~E → C).

이를 하나로 연결하면, 'D병원이 진료를 하면 B병원이 진료를 하지 않고, B병원이 진료를 하지 않으면 A병원은 진료를 한다.
A병원이 진료를 하면 C병원은 진료를 하지 않고, C병원이 진료를 하지 않으면 E병원은 진료를 한다.
(D → ~B → A → ~C → E)
명제가 참일 경우 그 대우도 참이므로 ~E → C → ~A → B → ~D도 참이다.
E병원은 공휴일에 진료를 하지 않으므로 위의 명제를 참고하면 C와 B병원만이 진료를 하게 된다. 따라서 공휴일에 진료를 하는 병원은 2곳이다.

24

정답 ④

12시 방향에 앉아 있는 서울 대표를 기준으로 각 지역본부 대표를 시계 방향으로 배열하면 '서울 – 대구 – 춘천 – 경인 – 부산 – 광주 – 대전 – 속초'이다. 따라서 경인 대표의 맞은편에 앉은 사람은 속초 대표이다.

25

정답 ①

A~E 중 살아남은 A, B, C에서 2명은 늑대 인간이며, 남은 1명은 드라큘라이다. 또한 D, E의 캐릭터는 서로 같지 않으므로 D와 E는 각각 늑대 인간 또는 드라큘라를 선택하였다. 따라서 이 팀의 3명은 늑대 인간 캐릭터를, 2명은 드라큘라 캐릭터를 선택하였다.

오답분석

② B는 드라큘라일 수도 늑대 인간일 수도 있다.
③ C는 늑대 인간일 수도 드라큘라일 수도 있다.
④ 늑대 인간의 수가 드라큘라의 수보다 많다.
⑤ D와 E는 서로 다른 캐릭터를 선택했을 뿐 어떤 캐릭터를 선택하였는지는 알 수 없다.

26

정답 ②

주어진 조건을 고려하면 C－K－A－B 또는 K－C－A－B 순서로 대기하고 있다는 것을 알 수 있다. 그 중 K－C－A－B의 경우에는 마지막 조건을 만족시킬 수 없으므로 대기자 5명은 C－K－A－B－D 순서로 대기하고 있다. 따라서 K씨는 두 번째로 진찰을 받을 수 있다.

27

정답 ④

진실을 말하는 사람이 1명뿐인데, 만약 E의 말이 거짓이라면 5명 중에 먹은 사과의 개수가 겹치는 사람은 없어야 한다. 그런데 먹은 사과의 개수가 겹치지 않고 5명이서 12개의 사과를 나누어 먹는 것은 불가능하다. 따라서 E의 말은 참이고, A, B, C, D의 말은 거짓이므로 이를 정리하면 다음과 같다.

- A보다 사과를 적게 먹은 사람이 있다.
- B는 사과를 3개 이상 먹었다.
- C는 D보다 사과를 많이 먹었고, B보다 사과를 적게 먹었다.
- 사과를 가장 많이 먹은 사람은 A가 아니다.
- E는 사과를 4개 먹었고, 먹은 사과의 개수가 같은 사람이 있다.

E가 먹은 개수를 제외한 나머지 사과의 개수는 모두 8개이고, D<C<B(3개 이상)이며, 이 중에서 A보다 사과를 적게 먹은 사람이 있어야 한다. 이를 모두 충족시키는 먹은 사과 개수는 B 3개, C 2개, D 1개, A 2개이다.

따라서 사과를 가장 많이 먹은 사람은 E, 가장 적게 사람은 D이다.

28

정답 ④

여섯 번째와 마지막 조건에 따라, 유기화학 분야는 여름에 상을 수여받고, 겨울에 상을 수여받을 수 있다. 따라서 무기화학 분야도 여름과 겨울에만 상을 수여받을 수 있다.

오답분석

각 보기와 조건에 부합하는 경우는 다음과 같다.

①

구분	봄	여름	가을	겨울
물리화학		○		○
유기화학			○	
분석화학	○			
무기화학			○	

②

구분	봄	여름	가을	겨울
물리화학		○		○
유기화학	○		○	
분석화학		○		
무기화학	○			

③

구분	봄	여름	가을	겨울
물리화학		○		○
유기화학		○		
분석화학	○		○	
무기화학		○		

⑤

구분	봄	여름	가을	겨울
물리화학	○		○	
유기화학				○
분석화학		○		
무기화학				○

29

정답 ②

첫 번째, 두 번째 조건에 따라 로봇의 순서는 3번－1번－2번－4번 또는 3번－2번－1번－4번이며, 사용 언어는 세 번째, 네 번째, 다섯 번째 조건에 따라 중국어－영어－한국어－일본어 또는 일본어－중국어－영어－한국어 순서이다. 제시된 조건에 의해 3번 로봇의 자리는 정해지게 되는데, 3번 로봇은 일본어를 사용하지 않는다고 하였으므로 사용 언어별 순서는 중국어－영어－한국어－일본어 순서이다. 또한, 2번 로봇은 한국어를 사용하지 않는다고 하였으므로 3번－2번－1번－4번 순서이다. 이를 정리하면 다음과 같다.

3번 로봇(중국어)	2번 로봇(영어)	1번 로봇(한국어)	4번 로봇(일본어)

따라서 3번 로봇은 가장 왼쪽에 위치해 있다.

30

정답 ①

첫 번째 조건과 두 번째 조건을 고려하면 E－B－A 또는 E－A－B 순서임을 알 수 있다. 여기서 세 번째 조건을 고려하면 D과장이 A사원보다 앞에 있는 경우는 E－D－B－A, E－D－A－B, D－E－B－A, D－E－A－B이다. 네 번째 조건을 고려하면 E부장과 B사원 사이에 2명이 있어야 하므로 가능한 순서는 5가지 경우는 E－D－C－B－A, E－C－D－B－A, E－D－A－B－C, C－E－D－A－B, D－E－C－A－B이다.
마지막으로 다섯 번째 조건을 고려하면 C대리와 A사원 사이에 2명이 있는 순서는 E－C－D－B－A와 C－E－D－A－B이다.
따라서 C대리는 첫 번째 또는 두 번째로 검진을 받을 수 있다.

31

정답 ②

×2와 －2가 번갈아 가면서 적용되는 수열이다.
따라서 ( )＝88－2＝86이다.

32

정답 ①

각 항을 세 개씩 묶고 각각을 A, B, C라고 하면 다음과 같은 규칙을 갖는다.

$\underline{A\ B\ C} \rightarrow A+B=C$

$(\quad)\ 9\ 10 \rightarrow (\quad)+9=10$

따라서 $(\quad)=10-9=1$이다.

33

정답 ①

각 항을 네 개씩 묶고 각각을 A, B, C, D라고 하면 다음과 같은 규칙을 갖는다.

$\underline{A\ B\ C\ D} \rightarrow A+B=C+D$

$4\ -8\ 6\ (\quad) \rightarrow 4+(-8)=6+(\quad)$

따라서 $(\quad)=4-8-6=-10$이다.

34

정답 ④

앞의 항에 $+3$, $+5$, $+7$, $+9$, …인 수열이다.

따라서 $(\quad)=8+7=15$이다.

35

정답 ④

앞의 항에서 2씩 빼는 수열이다.

ㅍ	ㅋ	ㅈ	ㅅ	ㅁ	(ㄷ)
13	11	9	7	5	3

36

정답 ④

앞의 항에 $+2^0\times10$, $+2^1\times10$, $+2^2\times10$, $+2^3\times10$, $+2^4\times10$, …인 수열이다.

따라서 $(\quad)=632+2^6\times10=632+640=1,272$이다.

37

정답 ⑤

15^2, 16^2, 17^2, 18^2, …인 수열이다.

따라서 $(\quad)=19^2=361$이다.

38

정답 ④

홀수 항은 $\times0.3$, $\times0.4$, $\times0.5$ …이고, 짝수 항은 $\times\frac{1}{4}$, $\times\left(-\frac{1}{5}\right)$, $\times\frac{1}{6}$, …인 수열이다.

따라서 $(\quad)=\left(-\frac{1}{120}\right)\times\frac{1}{6}=-\frac{1}{720}$이다.

39

정답 ④

홀수 항은 2씩 더하고, 짝수 항은 2씩 곱하는 수열이다.

H	ㄷ	(J)	ㅂ	L	ㅌ
8	3	10	6	12	12

40

정답 ①

홀수 항은 +4이고, 짝수 항은 −3인 수열이다.

따라서 ( )=11−(−3)=14이다.

41

정답 ①

● : 1234 → 4231

■ : 각 자릿수에 +1, −2, +3, −4

▲ : 각 자릿수에 +1, −2, +2, −1

GHKT → (■) HFNP → (●) PFNH

42

정답 ①

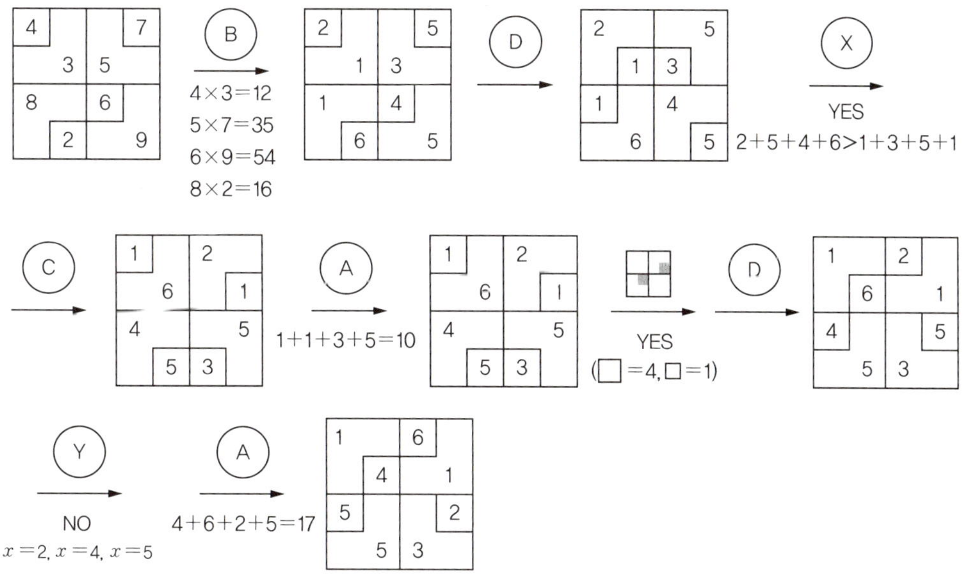

43

정답 ④

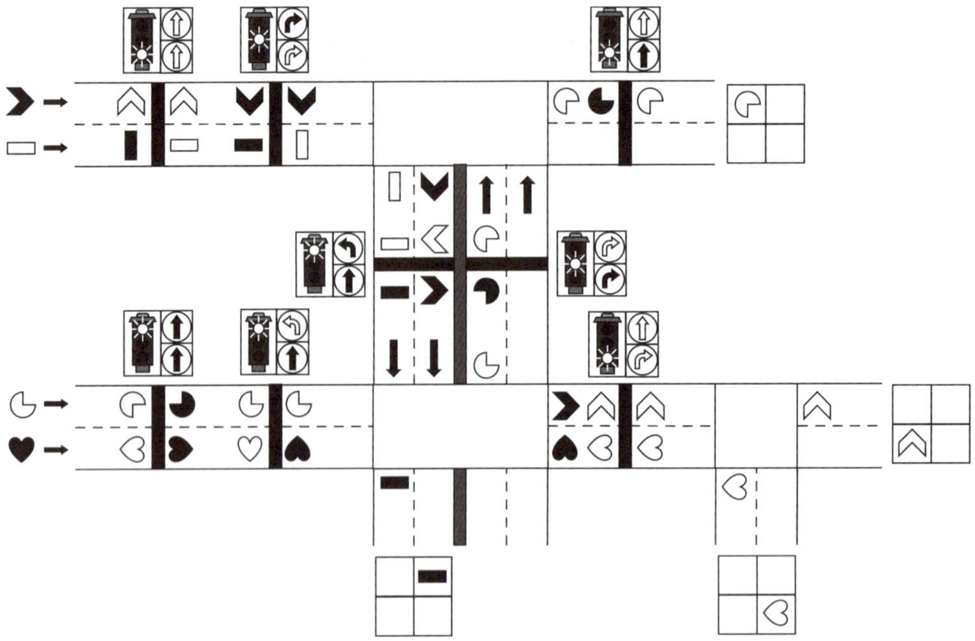

44

정답 ①

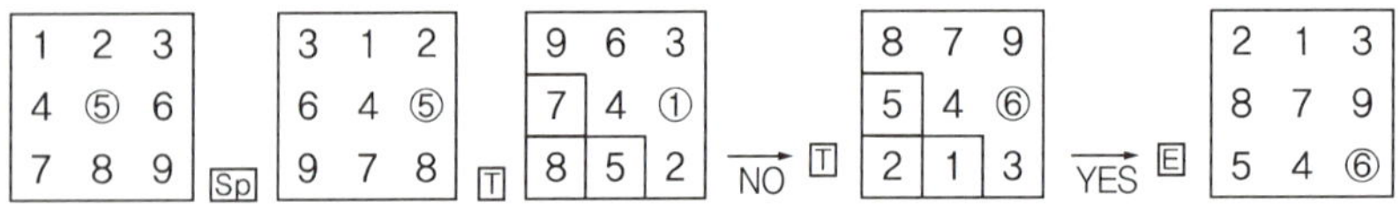

45

정답 ③

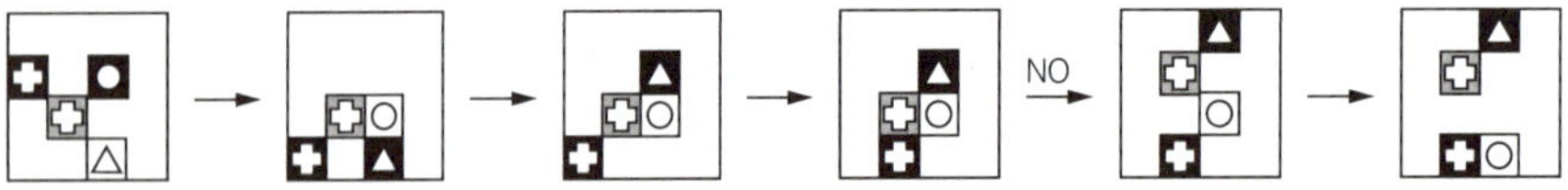

46

정답 ①

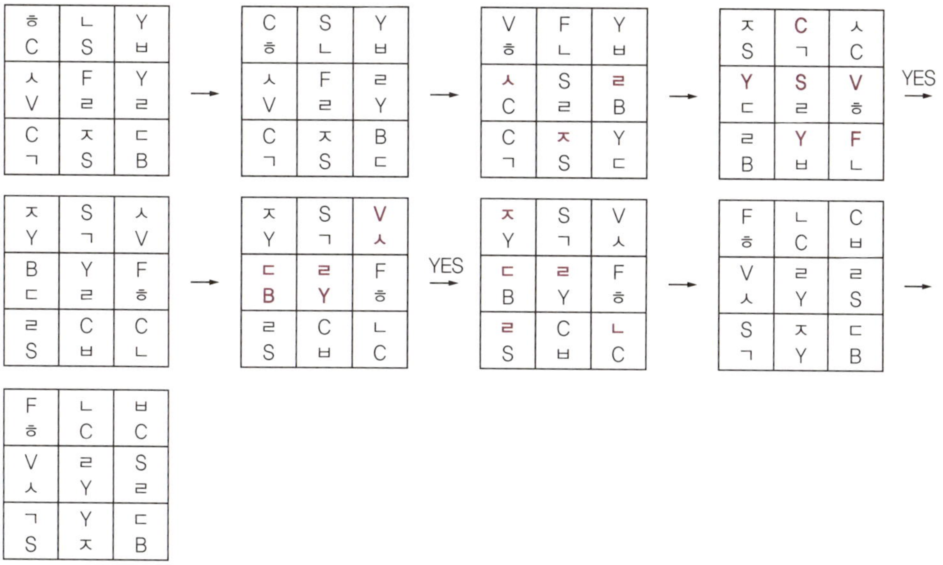

47

정답 ⑤

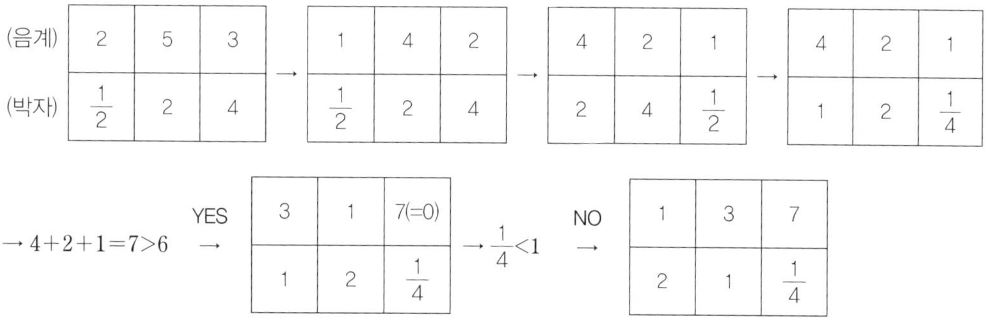

48

정답 ①

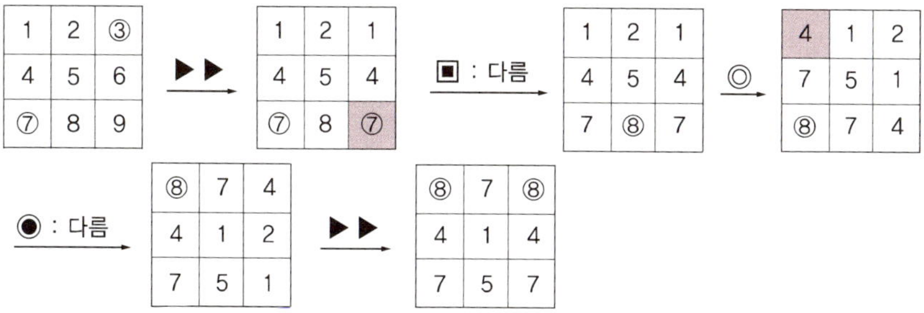

49

정답 ①

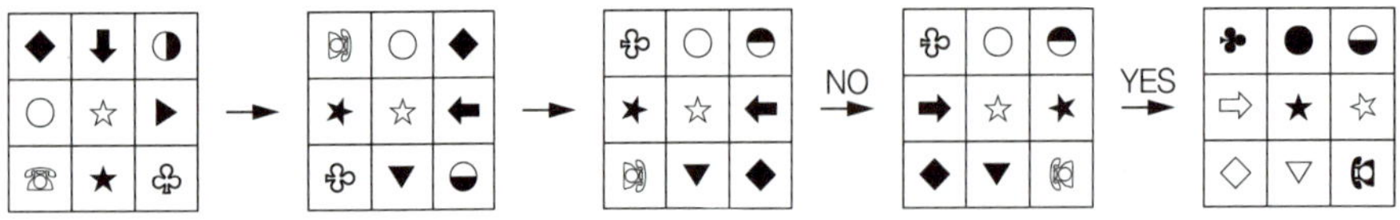

50

정답 ④

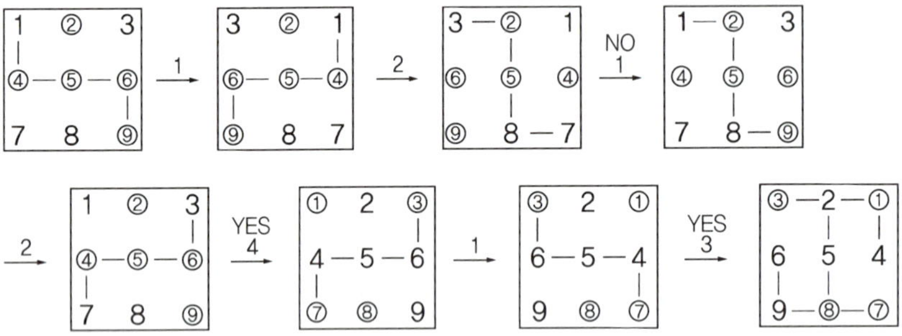

51

정답 ②

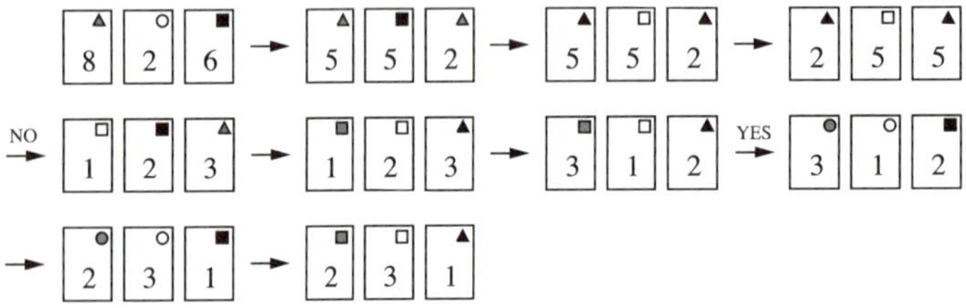

52

정답 ①

규칙은 세로 방향으로 적용된다.
첫 번째 도형과 두 번째 도형의 겹치는 부분을 제외하면 세 번째 도형이다.

53

정답 ②

규칙은 가로 방향으로 적용된다.
첫 번째 도형에서 두 번째 도형을 뺀 것이 세 번째 도형이다.

54
정답 ④

오른쪽에 위치한 원이 각 행의 규칙을 표시한다.

○ : 시계 반대 방향으로 270° 회전 & 색 반전

◍ : 시계 반대 방향으로 90° 회전

● : 상하대칭 후 시계 반대 방향으로 90° 회전

55
정답 ①

첫 번째 칸 기준 전면도형은 시계 반대 방향으로 45°, 첫 번째 칸 기준 후면도형은 시계 방향(또는 시계 반대 방향)으로 90°씩, 첫 번째 칸 기준 외부도형은 시계 방향(또는 시계 반대 방향)으로 45°씩 회전하고 있다. 또한, 전면도형과 후면도형의 패턴이 서로 바뀌면서 180°씩 회전하고 있는데, 패턴 색상은 회색 → 흰색, 흰색 → 검은색, 검은색 → 회색의 과정을 거치고 있다.

56
정답 ④

규칙을 거꾸로 적용하여 거슬러 올라가 보면 다음과 같다.

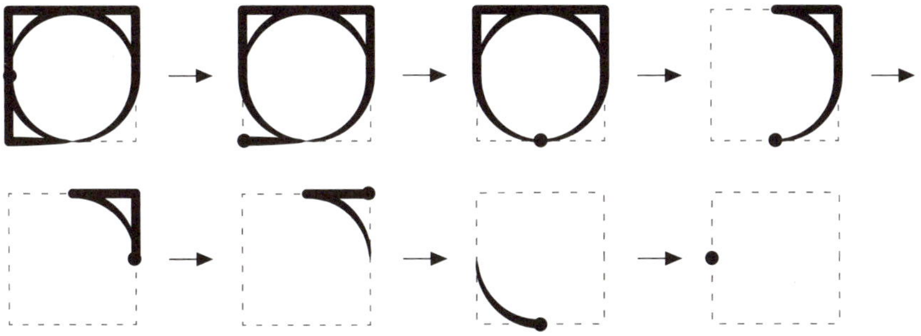

57
정답 ②

- 가로 : 상하 행 교환
- 세로 : 시계 반대 방향으로 90° 회전

맨 오른쪽 도형에서 우선 B를 구하기 위해서는 주어진 도형을 시계 방향으로 90° 회전시키면 되므로, B는 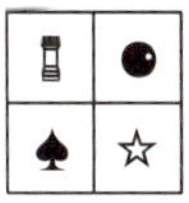

이다. 그리고 A의 상하 행을 교환한 것이 B이므로, A는 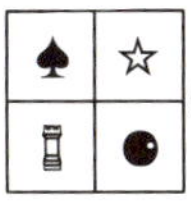 이 된다. 따라서 정답은 ②이다.

58

정답 ①

- 윗면 : 상하대칭
- 좌측면 : 시계 반대 방향으로 90° 회전
- 아랫면 : 좌우대칭
- 우측면 : 시계 방향으로 90° 회전
- 후면 : 색 반전
- 정면 : 180° 회전

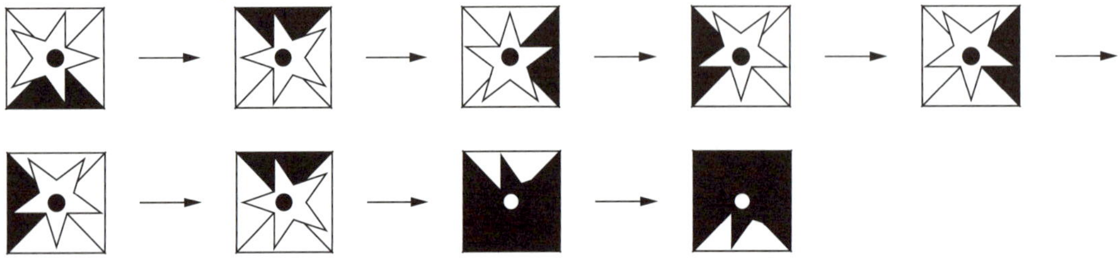

59

정답 ②

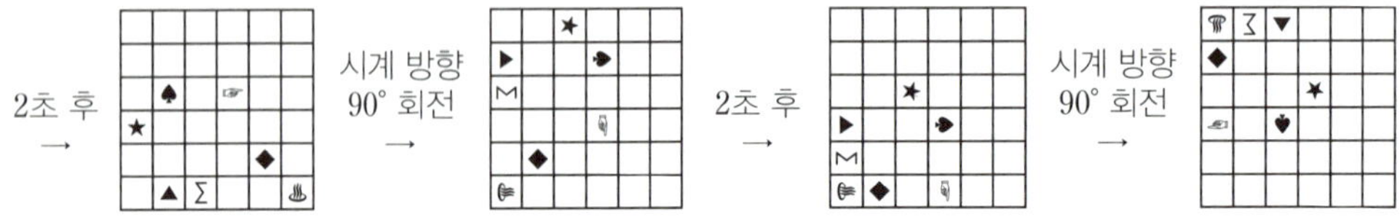

60

정답 ⑤

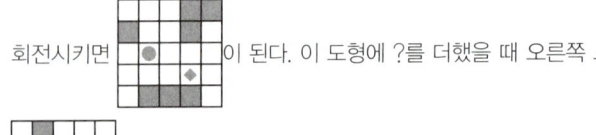

왼쪽 도형의 원 그림은 오른쪽 도형의 위에서 세 번째 줄 두 번째 칸에 해당한다. 왼쪽 도형을 시계 반대 방향으로 90° 회전시키면 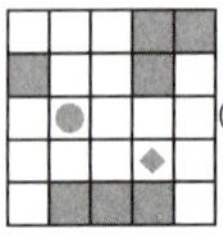 이 된다. 이 도형에 ?를 더했을 때 오른쪽 도형이 되려면 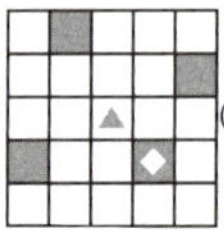 이 필요하다. 따라서 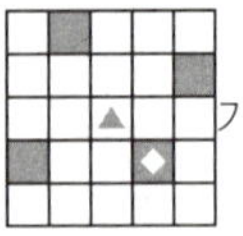 가 답이 된다.

PART

2 도형

문제 p.188

01	02	03	04	05	06	07	08	09	10	11	12	13	14	15	16	17	18	19	20
⑤	①	②	①	①	③	④	⑤	③	②	②	①	②	④	⑤	③	③	③	②	③
21	22	23	24	25	26	27	28	29	30										
②	③	①	⑤	⑤	⑤	①	④	⑤	③										

01

정답 ⑤

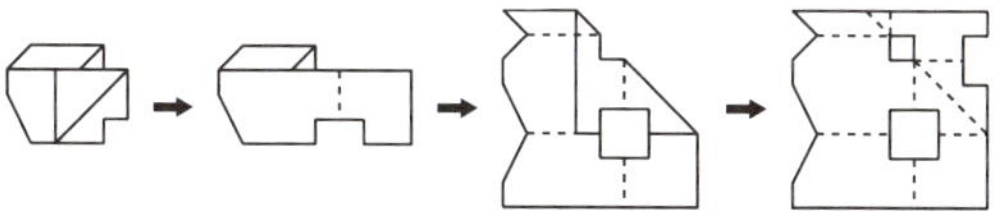

02

정답 ①

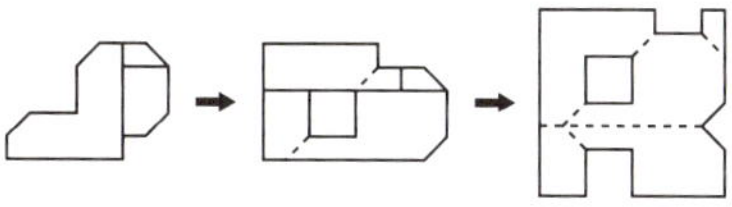

03

정답 ②

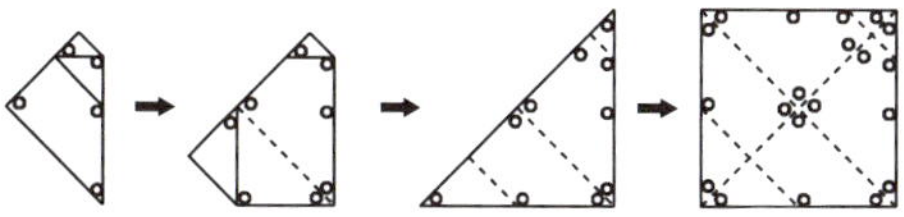

04

정답 ①

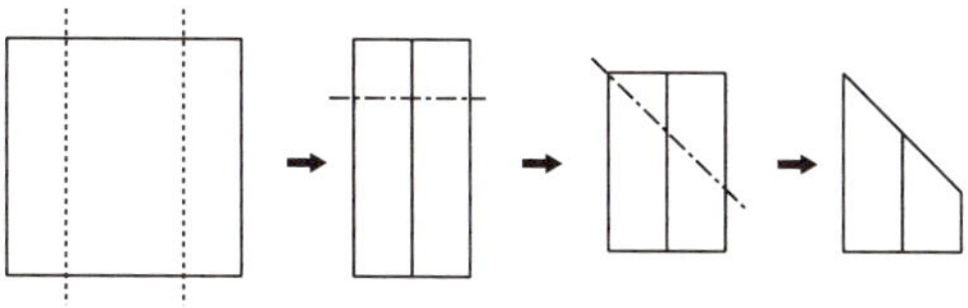

05

정답 ①

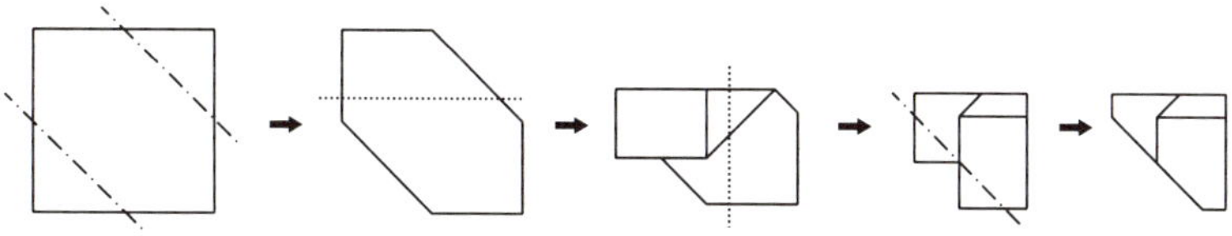

06

정답 ③

오답분석

① 아래쪽 면을 뒤로 접었을 때 나오는 앞면의 모양이다.
② 아래쪽 면을 앞으로 접었을 때 나오는 뒷면의 모양이다.
④ 아래쪽 면을 앞으로 접었을 때 나오는 앞면의 모양이다.
⑤ 아래쪽 면을 뒤로 접었을 때 나오는 뒷면의 모양이다.

07

정답 ④

08

정답 ⑤

09

정답 ③

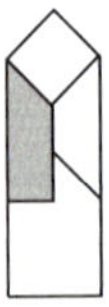

오답분석

①
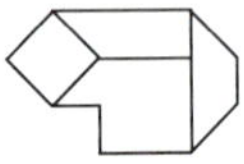
②
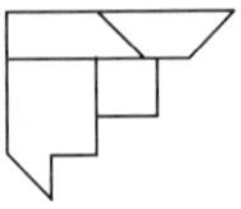
④
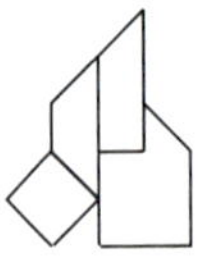
⑤
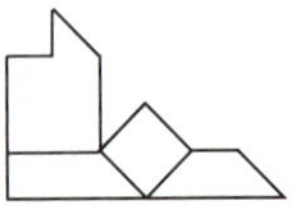

10

정답 ②

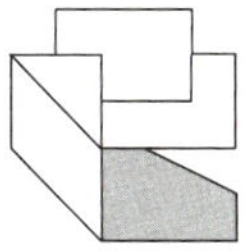

오답분석

①

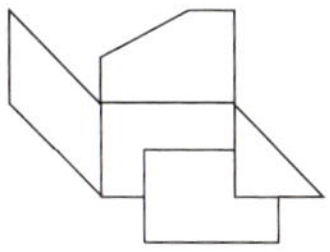

③

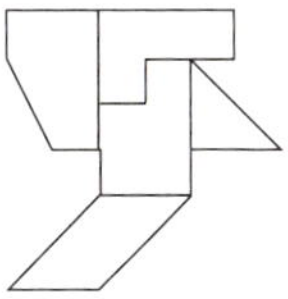

④

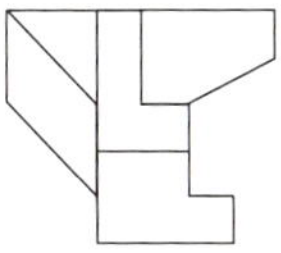

⑤

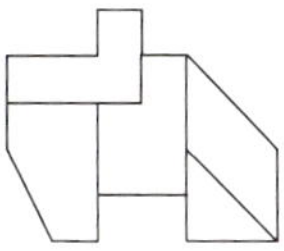

11

정답 ②

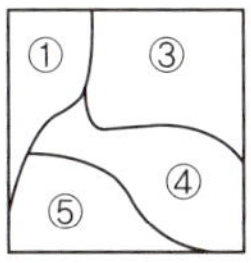

12

정답 ①

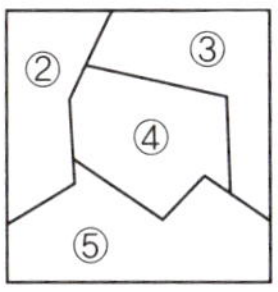

13

정답 ②

〈왼쪽〉 〈오른쪽〉

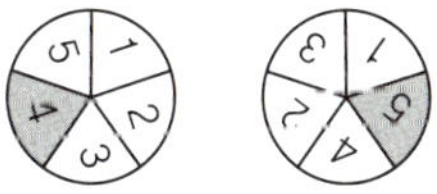

회전했을 때 숫자에 해당하는 모양은 각각 , 이고, 오른쪽 모양은 투영되어 보이므로 좌우 반전시켜서 겹치면,

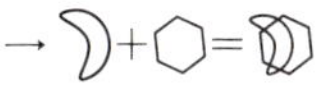

14

정답 ④

〈왼쪽〉 〈오른쪽〉

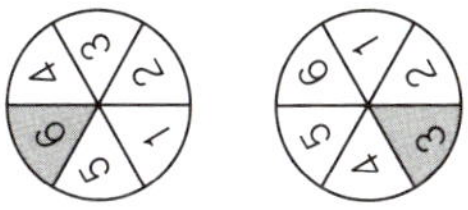

회전했을 때 숫자에 해당하는 모양은 각각 , 이고, 오른쪽 모양은 투영되어 보이므로 좌우 반전시켜서 겹치면,

15

정답 ⑤

16

정답 ③

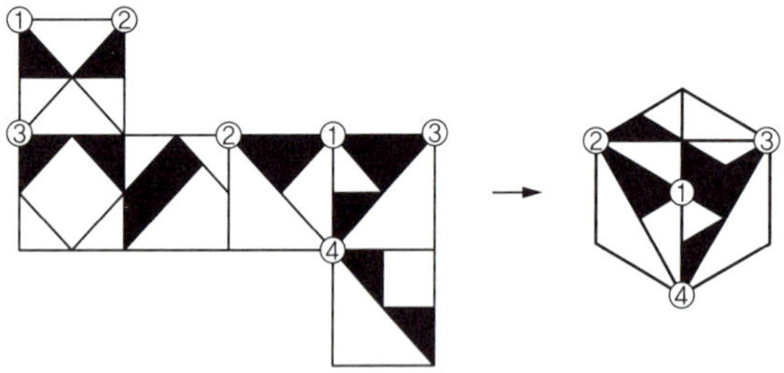

17

정답 ③

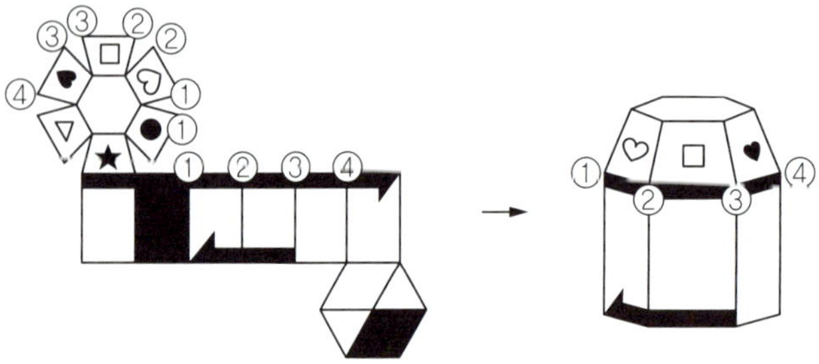

18

정답 ③

오답분석

①

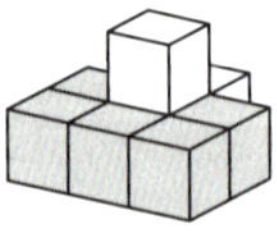

②

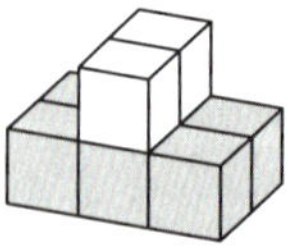

④

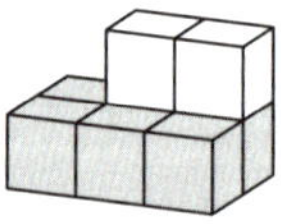

⑤

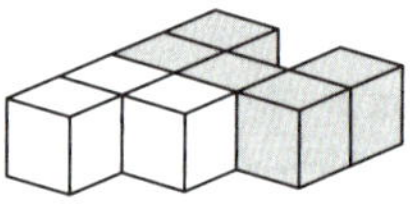

19

정답 ②

오답분석

①
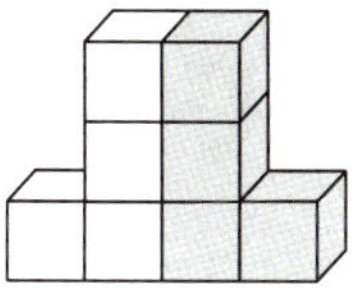

③
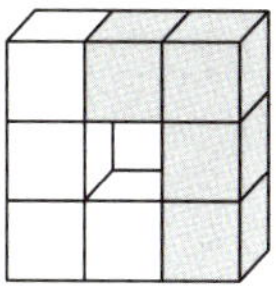

④
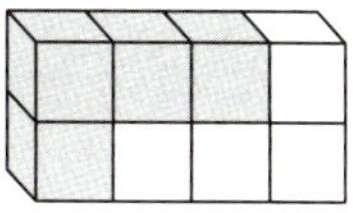

⑤
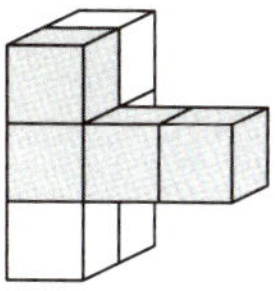

20

정답 ③

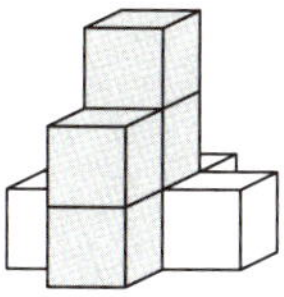

21

정답 ②

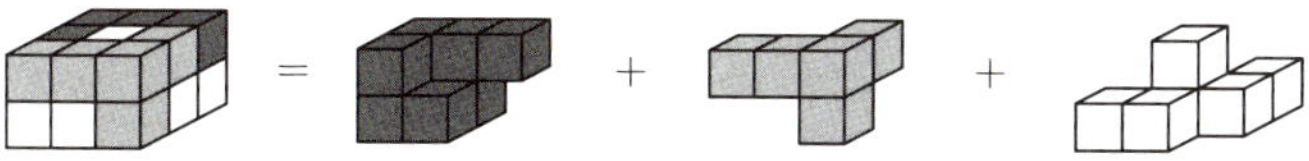

22

정답 ③

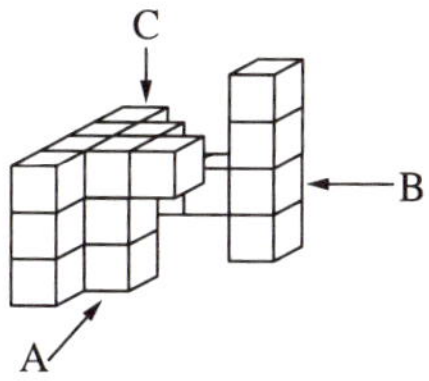

23

정답 ①

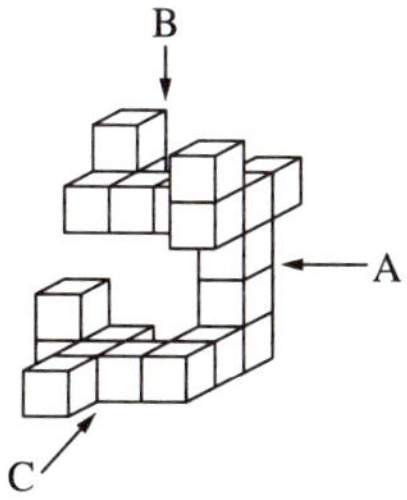

24

정답 ⑤

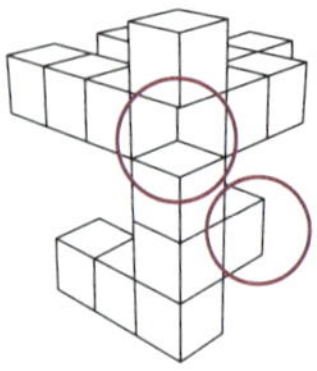

25

정답 ⑤

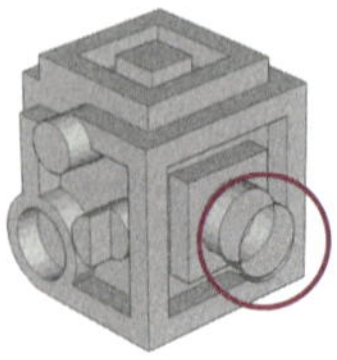

26

정답 ⑤

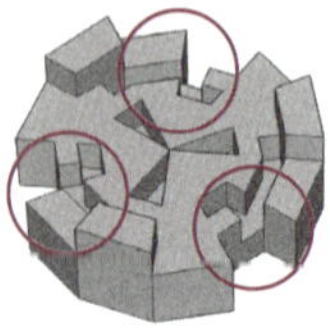

표시된 부분이 다른 입체도형과 구조가 반대로 되어있다.

27

정답 ①

28

정답 ④

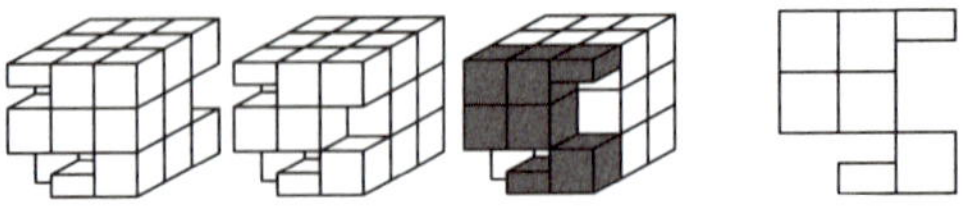

29

정답 ⑤

30

정답 ③

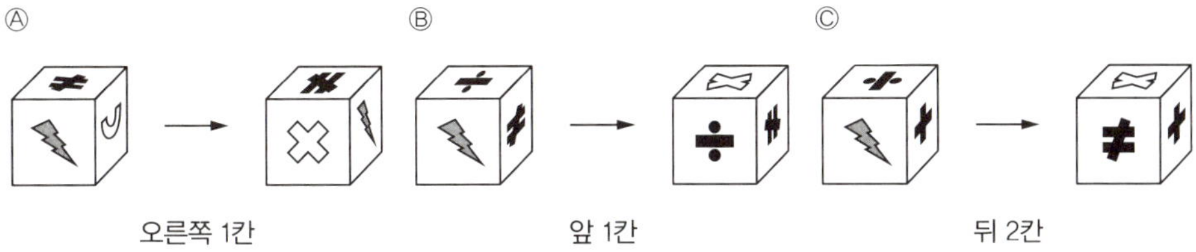

PART 3

실전모의고사

문제 p.218

1회 추리

01	02	03	04	05	06	07	08	09	10	11	12	13	14	15
③	②	①	①	②	①	②	⑤	②	②	①	①	①	⑤	②

01

정답 ③

제시된 단어는 인과 관계이다. '충격'이 있으면 '혼절'을 하고, '감사'한 일이 있으면 '사례'를 한다.

02

정답 ②

'자립'과 '의존'은 반의 관계이고, '심야'와 '백주'도 반의 관계이다.

03

정답 ①

'병원에 간다.'를 p, '사고가 나다.'를 q, '무단횡단을 하다.'를 r이라고 하면 첫 번째 명제는 $\sim p \rightarrow \sim q$이고 세 번째 명제는 $r \rightarrow p$이다. 첫 번째 명제의 대우는 $q \rightarrow p$이므로 세 번째 명제가 참이 되려면 빈칸에 필요한 명제는 $r \rightarrow q$이다. 이의 대우 명제인 $\sim q \rightarrow \sim r$도 항상 참이므로 빈칸에 들어갈 명제로 '사고가 나지 않으면 무단횡단을 하지 않은 것이다.'가 적절하다.

04

정답 ①

- A : 공부를 열심히 하면 시험을 잘 보고, 시험을 잘 보면 성적을 잘 받는다.
- B : '공부를 열심히 하면 성적을 잘 받는다.'가 참이라고 해서 그 역이 항상 성립한다고 할 수 없다.

05

정답 ②

세 번째 조건에서 D는 A의 바로 왼쪽에 앉으며, 마지막 조건에서 B는 E의 바로 오른쪽에 앉는다. 따라서 'D－A', 'E－B'를 각각 한 묶음으로 생각하여 나타낼 수 있는 경우는 다음과 같다.

구분	첫 번째	두 번째	세 번째	네 번째	다섯 번째
경우 1	D	A	C	E	B
경우 2	E	B	C	D	A

경우 2는 다섯 번째 조건에 맞지 않으므로 경우 1만 가능하다. 따라서 'E는 네 번째 자리에 앉을 수 있다.'는 옳다.

06

정답 ①

홀수 항은 ×5, 짝수 항은 (×3+1)인 수열이다.
따라서 ( )=40×3+1=121이다.

07

정답 ②

홀수 항은 ×(−3)이고, 짝수 항은 ÷5인 수열이다.
따라서 ( )=3÷(−3)=−1이다.

08

정답 ⑤

−5, ×2가 번갈아 적용되는 수열이다.
따라서 ( )=150−5=145이다.

09

정답 ②

☆ : 1234 → 4321
ㅁ : 각 자릿수 +1
● : 1234 → 1324
♡ : 각 자릿수 +2, +3, +2, +3

8ㅂㄷ5	→	5ㄷㅂ8	→	6ㄹㅅ9
	☆		ㅁ	

10

정답 ②

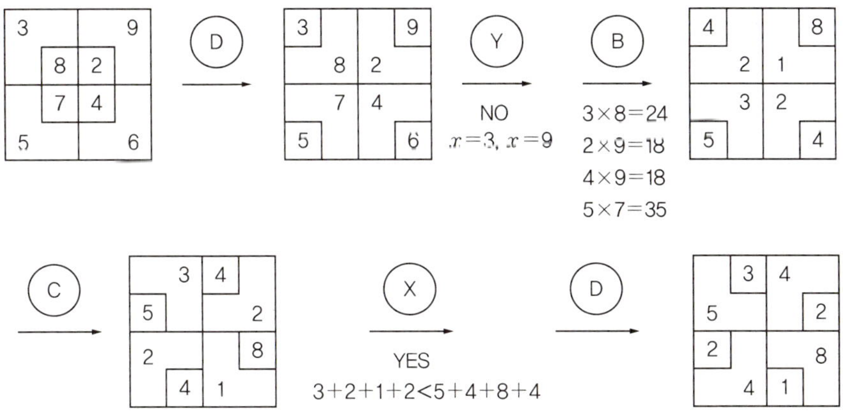

11

정답 ①

규칙은 가로로 적용된다. 첫 번째 도형을 시계 반대 방향으로 30° 회전시킨 도형이 두 번째 도형이고, 두 번째 도형을 x축 대칭시킨 도형이 세 번째 도형이다.

12

정답 ①

규칙은 세로 방향으로 적용된다.
첫 번째 도형과 두 번째 도형을 겹쳤을 때, 생기는 면에 색을 칠한 도형이 세 번째 도형이다.

13

정답 ①

행을 기준으로 규칙이 적용되었음을 알 수 있고 적용된 공통 규칙과 개별 규칙은 다음과 같다.

- 공통 규칙 : 시계 방향으로 두 칸 이동
- 개별 규칙
  - 1행 : 색 반전 & 좌우대칭
  - 2행 : 1열과 2열 교환
  - 3행 : 상하대칭 & 시계 방향으로 한 칸 이동

14

정답 ⑤

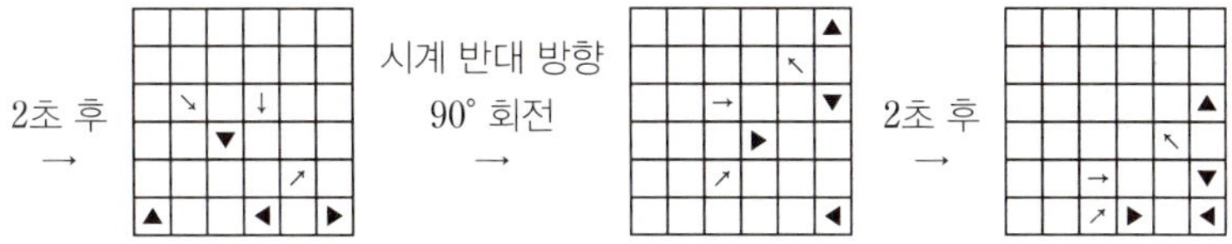

15

정답 ②

왼쪽 도형에 ?를 더했을 때 오른쪽 도형이 되려면 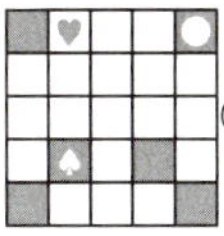 이 필요하다. 따라서 이를 시계 방향으로 90° 회전시킨

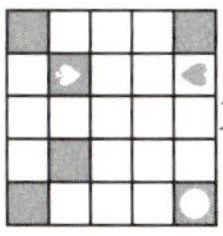 가 답이 된다.

1회 도형

01	02	03	04	05	06	07	08	09	10	11	12	13	14	15
①	②	⑤	②	④	②	②	②	①	④	④	③	②	①	①

01

정답 ①

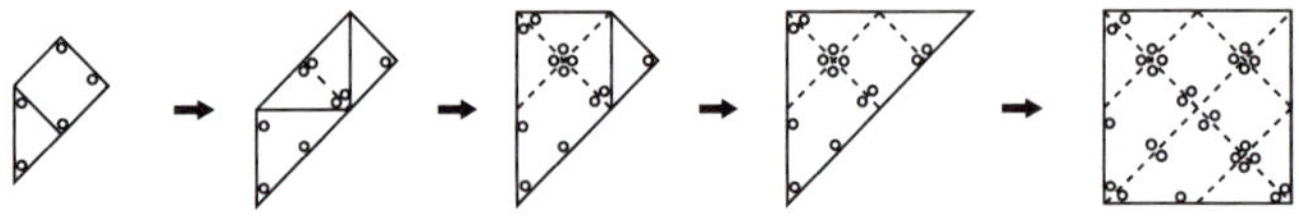

02

정답 ②

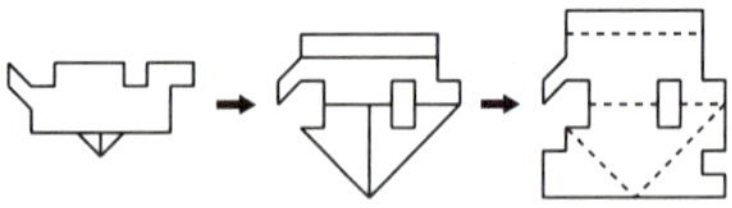

03

정답 ⑤

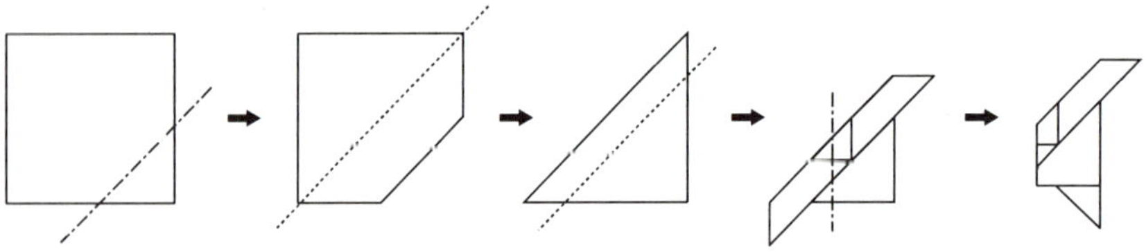

04

정답 ②

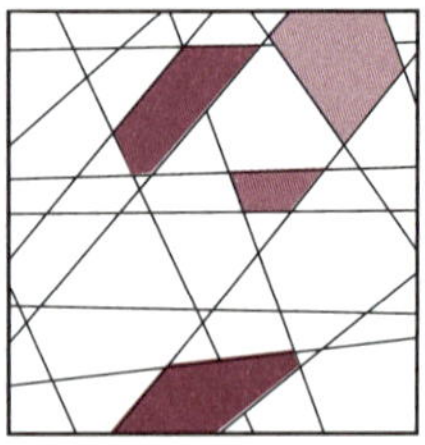

05

정답 ④

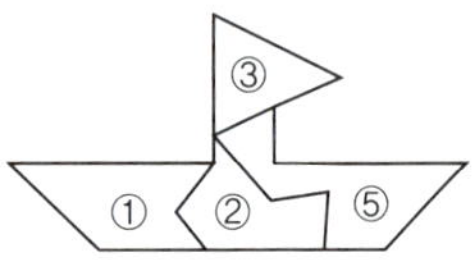

06

정답 ②

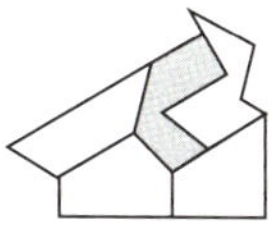

오답분석

①
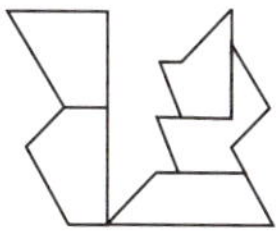
③
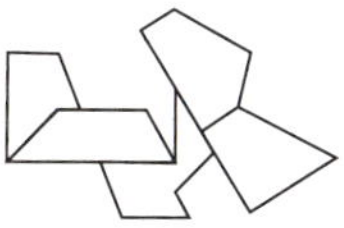
④
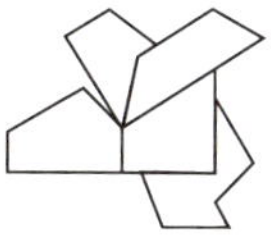
⑤
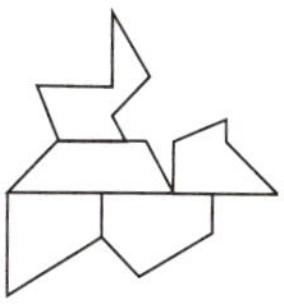

07

정답 ②

〈왼쪽〉
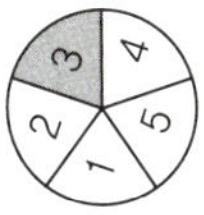
〈오른쪽〉
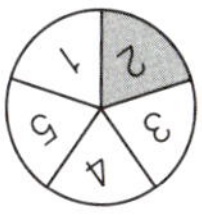

회전했을 때 숫자에 해당하는 모양은 각각 , 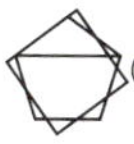이고, 왼쪽 모양은 투영되어 보이므로 좌우 반전시켜서 겹치면

→ 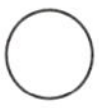 +  = 

08

정답 ②

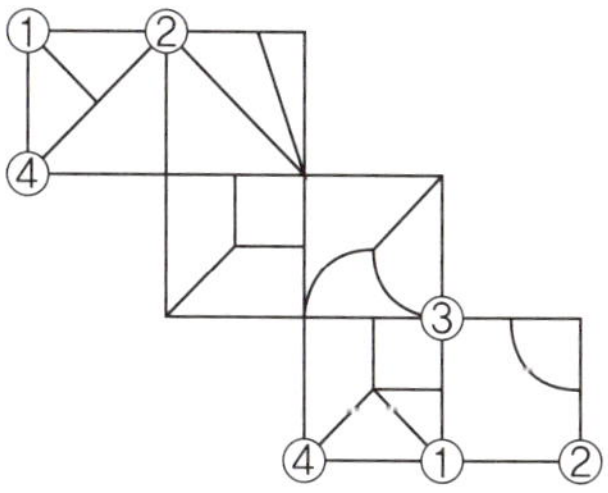

→

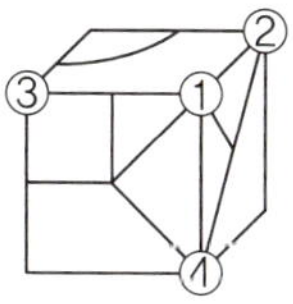

09

정답 ①

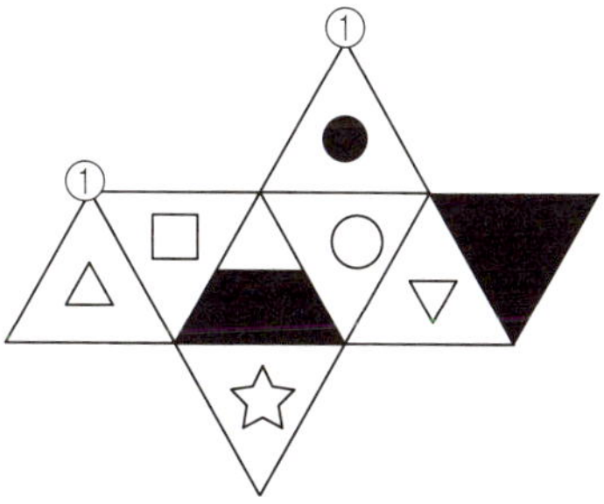

→

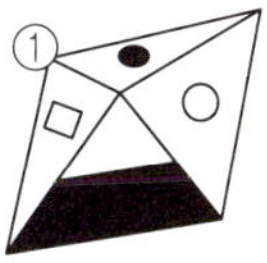

10

정답 ④

오답분석

①

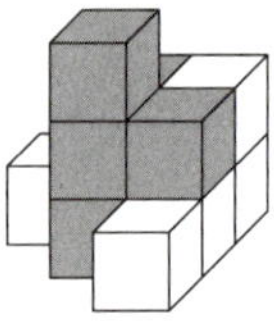

②

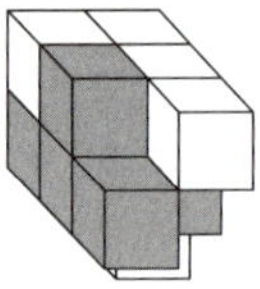

③

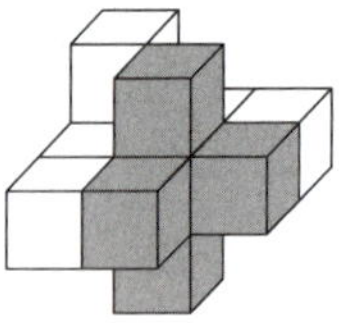

⑤

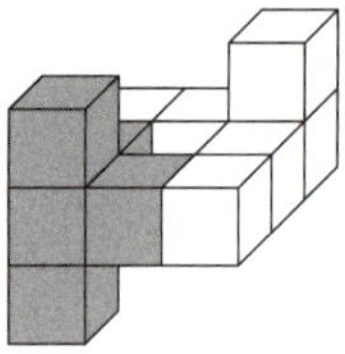

11

정답 ④

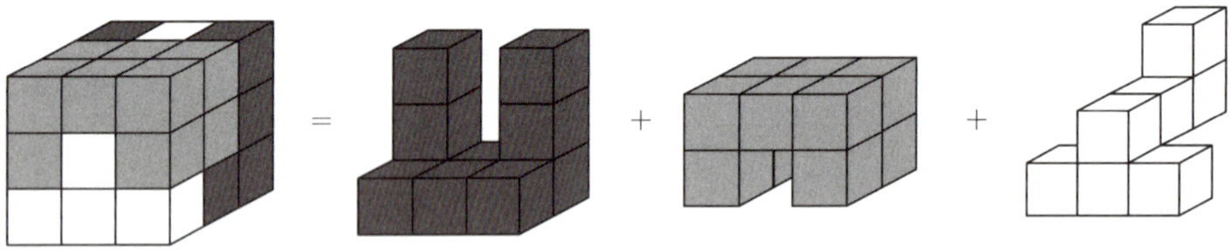

12

정답 ③

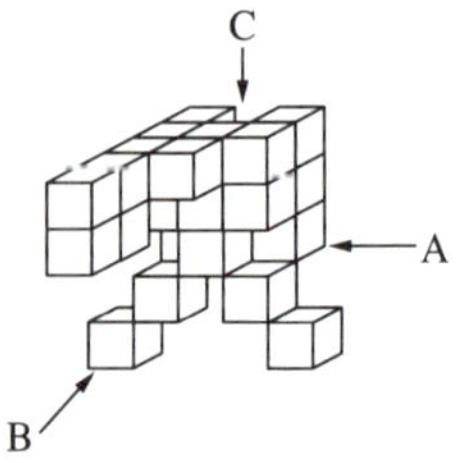

13

정답 ②

14

정답 ①

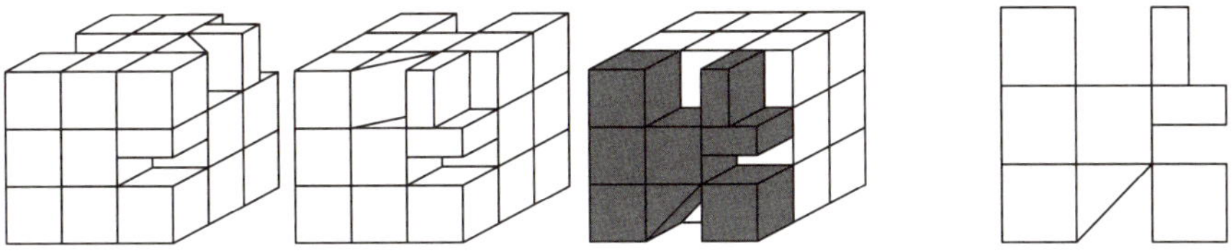

15

정답 ①

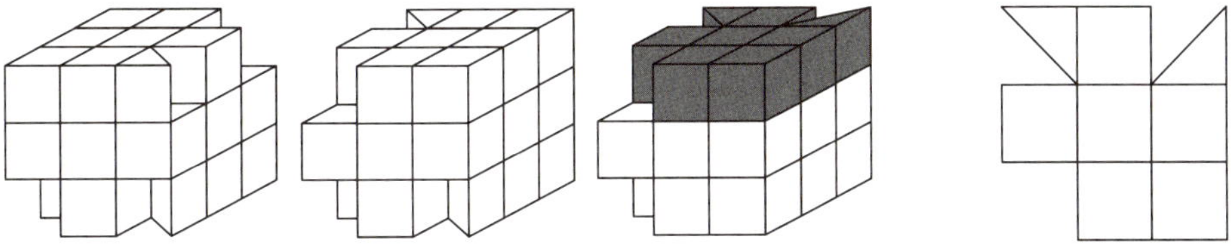

2회 추리

01	02	03	04	05	06	07	08	09	10	11	12	13	14	15
④	④	②	③	③	②	①	①	④	①	②	②	⑤	①	⑤

01

정답 ⑤

제시된 단어는 반의관계이다.

'이단'은 '전통이나 권위에 반항하는 주장이나 이론'을 뜻하고, '정통'은 '바른 계통'을 뜻한다. 따라서 '다른 것을 본뜨거나 본받음'의 뜻인 '모방'과 반의관계인 단어는 '어떤 방안, 물건 따위를 처음으로 생각하여 냄'의 뜻인 '창안'이다.

오답분석

① 사설 : 신문이나 잡지에서, 글쓴이의 주장이나 의견을 써내는 논설
② 종가 : 족보로 보아 한 문중에서 맏이로만 이어 온 큰집
③ 모의 : 실제의 것을 흉내 내어 그대로 해 봄
④ 답습 : 해 오던 방식이나 수법을 좇아 그대로 행함

02

정답 ④

제시문은 상하 관계이다. '과자'는 '간식'의 하위어이고, '막걸리'는 '술'의 하위어이다.

03

정답 ②

'마라톤을 좋아하다.'$=p$, '인내심이 있다.'$=q$, '몸무게가 무겁다.'$=r$, '체력이 좋다.'$=s$, '명랑하다.'$=t$라고 하면, 각 명제는 순서대로 $p \rightarrow q$ & s, $r \rightarrow s$, $t \rightarrow p$이다. 첫 번째 명제와 세 번째 명제를 연결하면 $t \rightarrow p \rightarrow q$이므로 $t \rightarrow q$이고 이의 대우 명제인 $\sim q \rightarrow \sim t$도 참이다. 따라서 유추할 수 있는 것은 '인내심이 없는 사람은 명랑하지 않다.'이다.

04

정답 ③

- A : 탈수 현상이 발생하면 설사 등의 증세가 일어나고, 이는 생활에 나쁜 영향을 준다.
- B : 몸의 수분 비율이 일정 수치 이하로 떨어지면 탈수 현상이 발생하고, 그러면 설사 등의 증세가 일어난다.

05

정답 ③

조건을 충족하는 경우를 표로 나타내보면 다음과 같다.

A	B	C	D
주황색	남색 또는 노란색	빨간색	남색 또는 노란색
파란색	보라색		
	초록색		

조건에서 A－주황색, C－빨간색, B · D－남색 또는 노란색 중 각각 하나씩(∵ B와 D는 보색관계의 구두, 빨간색－초록색을 제외한 나머지 보색 조합인 노란색－남색 중 각각 하나씩을 산다)임을 알 수 있다. 또한 B, D는 파란색을 싫어하므로 A 혹은 C가 파란색을 사야 한다. C와 D는 같은 수의 구두를 샀고 각각 두 켤레씩 사면 총 일곱 켤레를 초과하게 되므로 C는 빨간색 구두만을 샀고 이와 보색 관계인 구두를 산 B는 초록색 구두를 샀다. C가 한 켤레만 살 수 있으므로 A가 파란색을 샀다. 또한 C나 D가 보라색을 사면 네 번째 조건을 충족할 수 없으므로, B가 보라색을 샀다.

06

정답 ②

앞의 항에 -5, $\times(-2)$가 반복되는 수열이다.
따라서 ( )$=14-5=9$이다.

07

정답 ①

홀수 항은 $+5$이고, 짝수 항은 $+1$, $+4$, $+7$, …인 수열이다.
따라서 ( )$=(-2)+5=3$이다.

08

정답 ①

홀수 항은 $(+5)\times2$, 짝수 항은 $\times2+1$의 규칙을 가지고 있다.
따라서 ( )$=17\times2+1=35$이다.

09

정답 ④

▣ : 맨 앞 문자와 같은 문자 맨 뒤에 추가
○ : 맨 앞 문자 삭제
Σ : 오른쪽으로 한 칸씩 이동(맨 뒤는 맨 앞으로 이동)
▼ : 역순으로 재배열

87CHO →(▼) OHC78 →(○) HC78

10

정답 ①

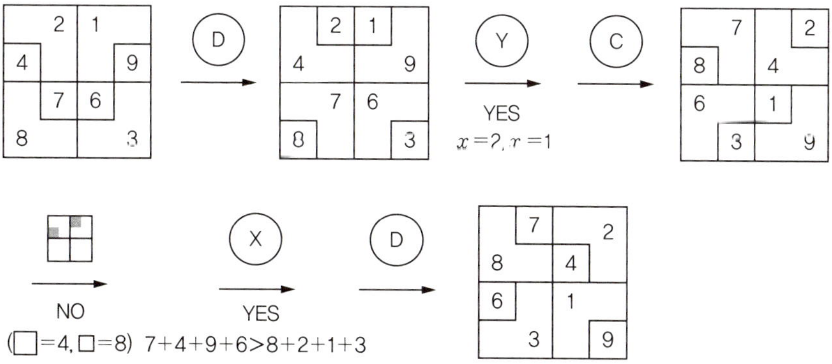

11

정답 ②

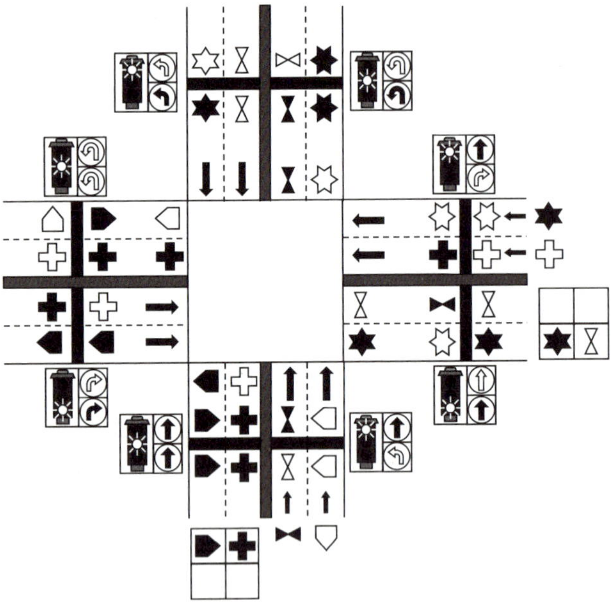

12

정답 ②

규칙은 가로 방향으로 적용된다.
첫 번째 도형을 좌우 대칭하여 펼친 도형이 두 번째 도형이고, 두 번째 도형을 수평으로 반을 잘랐을 때의 아래쪽 도형이 세 번째 도형이다.

13

정답 ⑤

열을 기준으로 규칙이 적용되었음을 알 수 있고 적용된 공통 규칙과 개별 규칙은 다음과 같다.

- 공통 규칙 : 좌우대칭
- 개별 규칙
  - 1열 : 시계 방향으로 한 칸 이동
  - 2열 : 색 반전 & 1행1열과 1행2열 교환
  - 3열 : 상하대칭

14

정답 ①

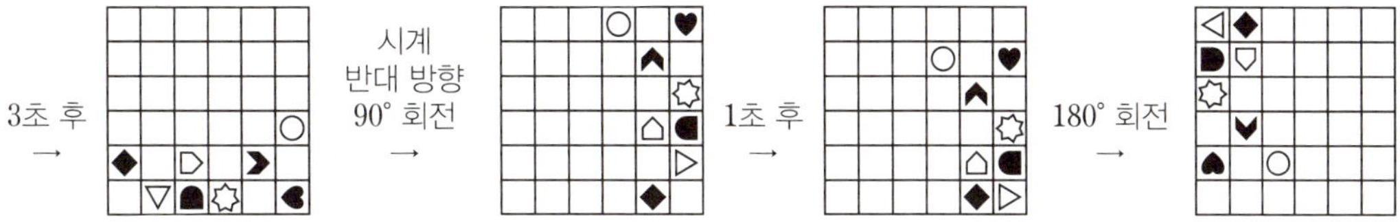

15

정답 ⑤

왼쪽 도형의 사각형 그림은 오른쪽 도형의 위에서 두 번째 줄 두 번째 칸에 해당한다. 왼쪽 도형을 시계 방향으로 90° 회전시키면 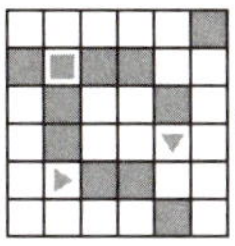 이 된다. 이 도형에 ?를 더했을 때 오른쪽 도형이 되려면 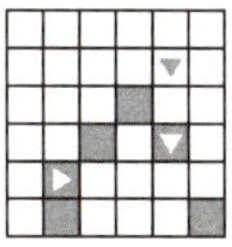 이 필요하다.

따라서 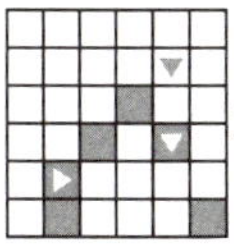 가 답이 된다.

2회 도형

01	02	03	04	05	06	07	08	09	10	11	12	13	14	15
③	①	⑤	①	①	②	③	⑤	④	③	④	④	②	④	⑤

01

정답 ③

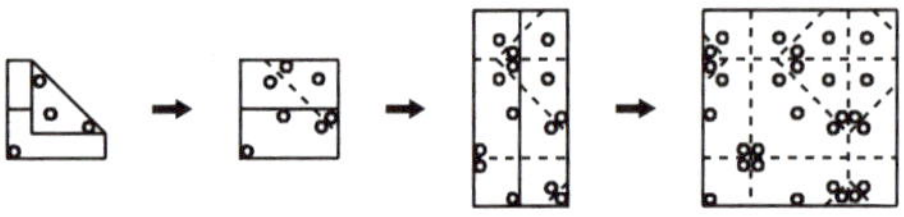

02

정답 ①

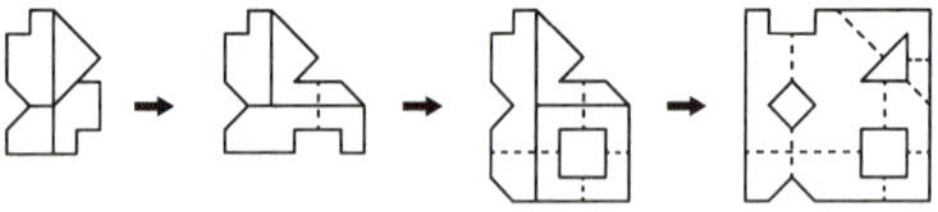

03

정답 ⑤

오답분석

① 윗부분을 앞으로 접었을 때 나오는 앞면의 모양이다.
② 윗부분을 앞으로 접었을 때 나오는 뒷면의 모양이다.
③ 윗부분을 뒤로 접었을 때 나오는 앞면의 모양이다.
④ 윗부분을 뒤로 접었을 때 나오는 뒷면의 모양이다.

04

정답 ①

05

정답 ①

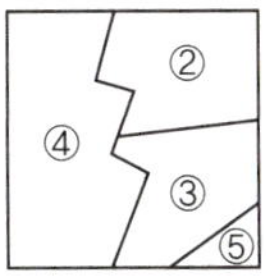

06

정답 ②

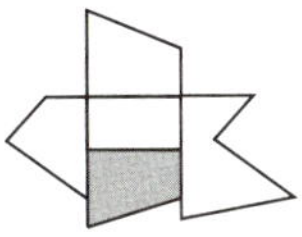

오답분석

①

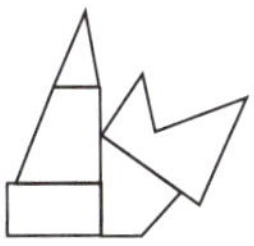

③

④

⑤

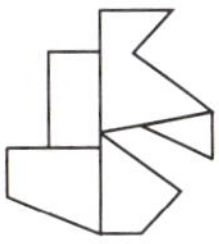

07

정답 ③

〈왼 쪽〉 〈오른쪽〉

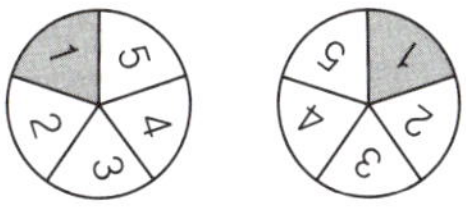

회전했을 때 숫자에 해당하는 모양은 각각 , 이고, 왼쪽 모양은 투영되어 보이므로 좌우 반전시켜서 겹치면,

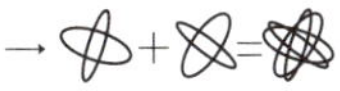

08

정답 ⑤

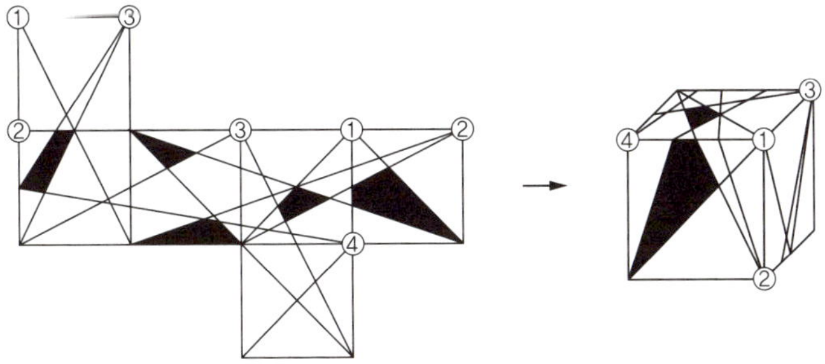

09

정답 ④

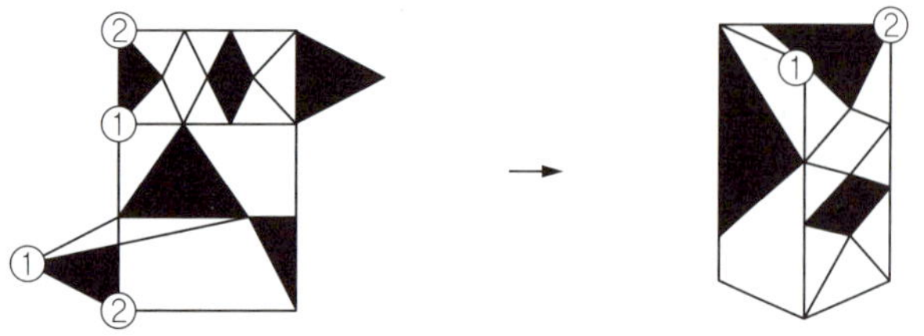

10

정답 ③

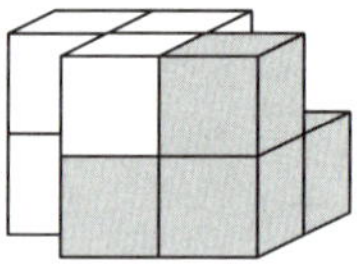

11

정답 ④

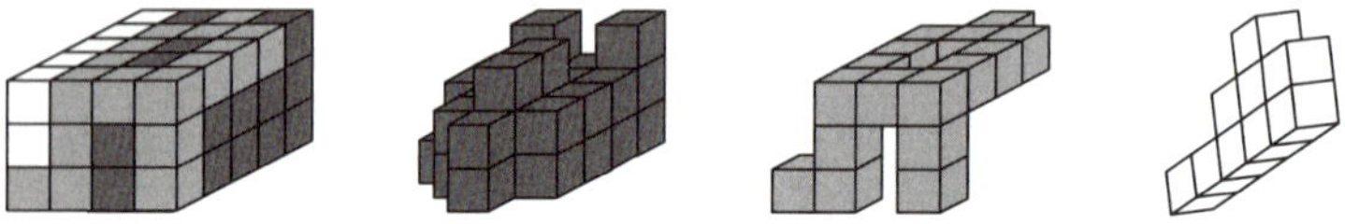

12

정답 ④

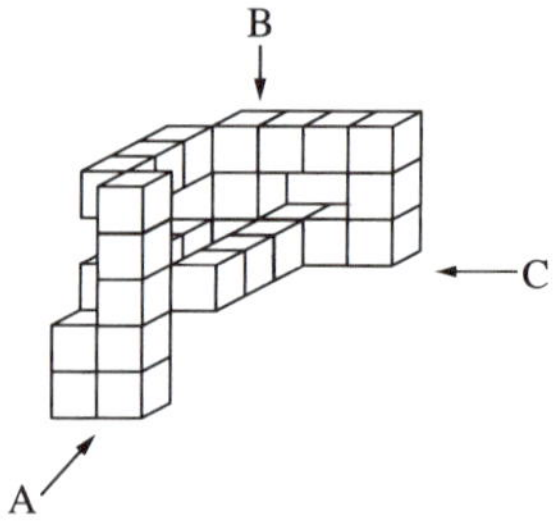

13

정답 ②

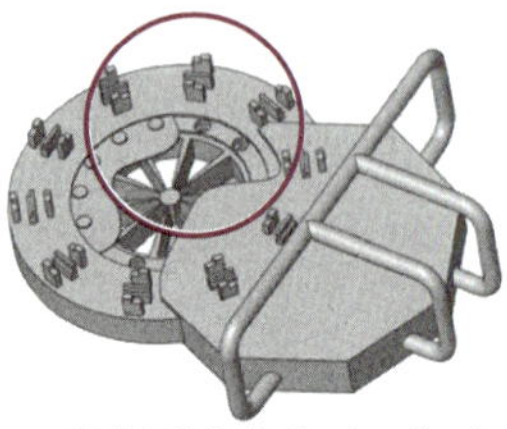

표시된 부분에 홈이 3개 파여 있어야 한다.

14

정답 ④

Ⓐ

오른쪽 1칸

Ⓑ

왼쪽 1칸

Ⓒ

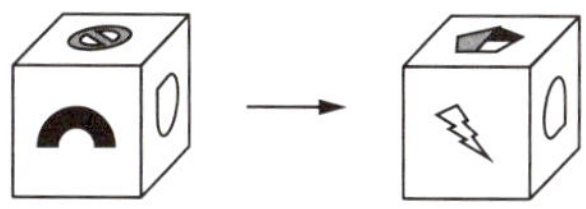

뒤 2칸

15

정답 ⑤

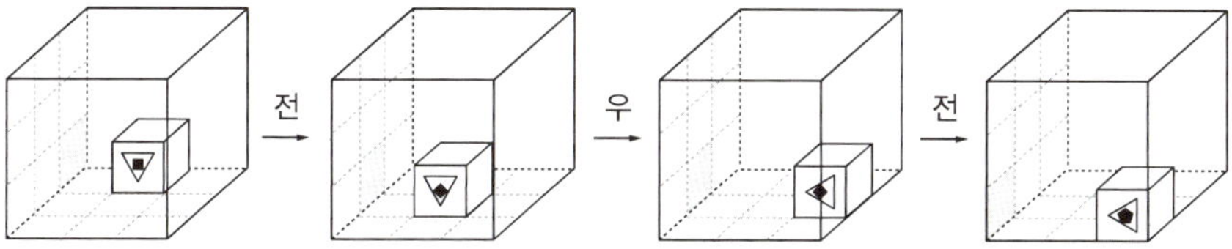

지식에 대한 투자가 가장 이윤이 많이 남는 법이다.

– 벤자민 프랭클린 –

유튜브로 쉽게 끝내는 인적성검사 추리 · 도형 완성

개정5판1쇄 발행	2025년 02월 20일 (인쇄 2024년 10월 18일)
초 판 발 행	2019년 07월 15일 (인쇄 2019년 05월 29일)
발 행 인	박영일
책 임 편 집	이해욱
편 저	SDC(Sidae Data Center)
편 집 진 행	안희선 · 김지영
표지디자인	김지수
편집디자인	양혜련 · 장성복
발 행 처	(주)시대고시기획
출 판 등 록	제10-1521호
주 소	서울시 마포구 큰우물로 75 [도화동 538 성지 B/D] 9F
전 화	1600-3600
팩 스	02-701-8823
홈 페 이 지	www.sdedu.co.kr
I S B N	979-11-383-8029-4 (13320)
정 가	20,000원

시대에듀가 합격을 준비하는
당신에게 제안합니다.
결심하셨다면 지금 당장 실행하십시오.
시대에듀와 함께라면 문제없습니다.
성공의 기회!
시대에듀를 잡으십시오.
NEXT STEP!
기회란 포착되어 활용되기 전에는 기회인지조차 알 수 없는 것이다.
- 마크 트웨인 -

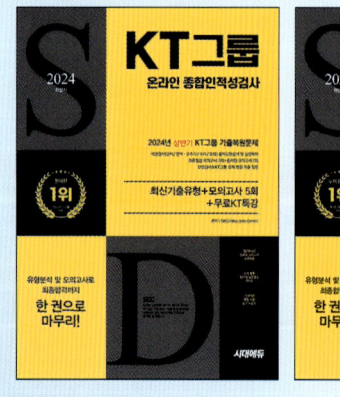

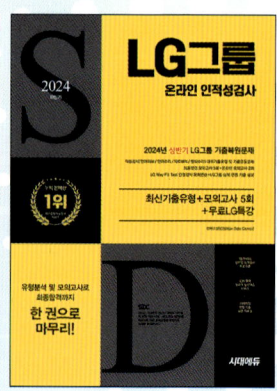

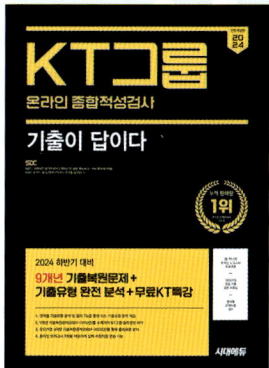

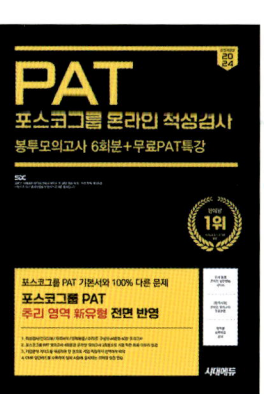

현재 나의 실력을 객관적으로 파악해 보자!

모바일 OMR

답안채점 / 성적분석 서비스

도서에 수록된 모의고사에 대한 객관적인 결과(정답률, 순위)를 종합적으로 분석하여 제공합니다.

OMR 입력

성적분석

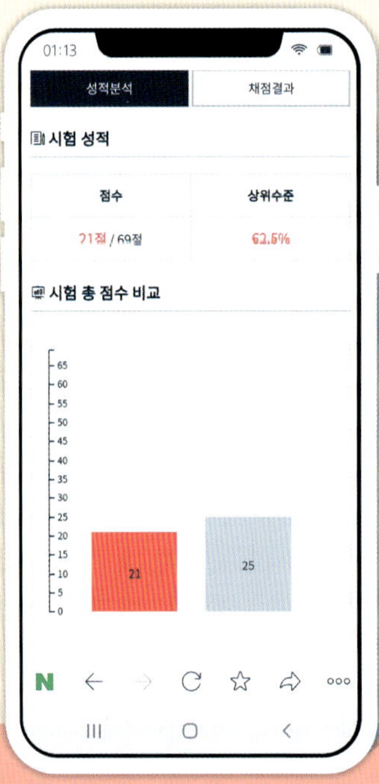

채점결과

※ OMR 답안채점 / 성적분석 서비스는 등록 후 30일간 사용 가능합니다.

도서 내 모의고사 우측 상단에 위치한 QR코드 찍기 → 로그인 하기 → '시작하기' 클릭 → '응시하기' 클릭 → 나의 답안을 모바일 OMR 카드에 입력 → '성적분석&채점결과' 클릭 → 현재 내 실력 확인하기